银发经济专业群精品教材

社会保障
理论与实务

袁　斌　主　编
邵文娟　杨　平　副主编

SHEHUI BAOZHANG LILUN YU SHIWU

东北财经大学出版社
Dongbei University of Finance & Economics Press
大连

图书在版编目（CIP）数据

社会保障理论与实务 / 袁斌主编. —大连：东北财经大学出版社，
2025.6.—（银发经济专业群精品教材）. —ISBN 978-7-5654-5650-3

Ⅰ.C 913.7

中国国家版本馆 CIP 数据核字第 20254GF206 号

社会保障理论与实务

SHEHUI BAOZHANG LILUN YU SHIWU

东北财经大学出版社出版

（大连市黑石礁尖山街217号　邮政编码　116025）

网　　址：http://www.dufep.cn

读者信箱：dufep@dufe.edu.cn

大连市东晟印刷有限公司印刷　　　　东北财经大学出版社发行

| 幅面尺寸：185mm×260mm | 字数：446千字 | 印张：18.75 |
| 2025年6月第1版 | | 2025年6月第1次印刷 |

责任编辑：孙　平　王　斌　曲以欢　孟　鑫　　责任校对：何　群

封面设计：张智波　　　　　　　　　　　　　　版式设计：原　皓

书号：ISBN 978-7-5654-5650-3　　　　　　　　定价：49.80元

前言

社会保障作为国家治理体系的重要组成部分，对于维护社会公平、促进经济发展、提高人民福祉具有不可替代的作用。党的二十大报告明确指出要"健全覆盖全民、统筹城乡、公平统一、安全规范、可持续的多层次社会保障体系"，为我国社会保障事业发展指明了前进方向。党的二十届三中全会提出要"健全灵活就业人员、农民工、新就业形态人员社保制度，扩大失业、工伤、生育保险覆盖面，全面取消在就业地参保户籍限制"，体现了党中央对社会保障工作的高度重视，也为我们编写本教材提供了根本遵循和行动指南。

本教材紧扣党的二十大报告精神，深入阐述社会保障理论与实务的各个方面。在理论部分，本教材将系统介绍社会保障的基本概念、发展历程、主要模式等内容，让学生深刻理解社会保障制度背后的逻辑和理念。在实务部分，本教材详细讲解社会保险、社会救助、社会福利、社会优抚等各项社会保障业务的操作流程和实务要点。通过对典型城市经办实务的分析，帮助学生掌握社会保障实务中的关键技能和方法，提高解决实际问题的能力。希望通过本教材的学习，学生们不仅在理论上对社会保障有全面的认识，更能在实践中运用所学知识，为推动我国社会保障事业的发展贡献自己的力量。

本教材的内容安排上，共由十二章构成，前三章阐述社会保障的基本理论知识，即第一章社会保障概述，系统介绍社会保障的概念、体系和功能；第二章社会保障建立与发展，系统分析社会保障从形成、发展到改革的历程；第三章社会保障水平，围绕社会保障水平的适度标准这一核心，分别从纵向和横向两个维度比较我国的社会保障水平。第四章到第八章，系统深入介绍我国养老、医疗、生育、失业、工伤、长期护理保险的现行制度和实务内容，每个险种遵循概述、制度和实务三大部分进行阐述；第九章到第十一章，分别介绍了社会救助、社会福利和社会优抚，结合我国现行制度的内容以及重点项目的实务进行系统阐述；最后的第十二章，重点围绕企业年金、职业年金、个人养老金、商业保险等内容介绍我国补充社会保障制度的构成。

在教材编写过程中，我们秉持着严谨、科学、全面的态度，广泛且深入地检索并梳理了国内外涵盖经典权威著作、前沿学术研究成果在内的大量资料，同时紧密契合我国现行社会保障制度的具体内容，从政策法规的条款细则、实际经办流程的操作规范，到不同地区的实践经验与创新探索，都进行了细致入微的研究与分析。我们将这些丰富的理论素材与实践经验深度融合，反复打磨、精心编排，最终形成了如今呈现在大家面前的这本教材。本教材的特色包括以下几个方面：

第一，教材内容紧扣我国社会保障制度现状与经办实务。本教材深入剖析了社保实务经办中的流程、要点和问题，无论是社会保险、社会救助，还是社会福利、社会优抚等方面，都以实际操作经验为基础，让学生能够了解社会保障制度在现实中的运行状况。

第二，为突出每章的教学目标与总体架构，设置了清晰的知识目标、能力目标、思政目标和思维导图等环节。知识目标旨在让学生全面掌握社会保障的基础理论、政策法规等；能力目标着重培养学生在社会保障领域的分析、解决问题以及实务操作能力；思政目标则引导学生树立正确的价值观，增强对社会保障事业的责任感与使命感。同时，每章配备思维导图，帮助学生梳理知识脉络，构建系统的知识体系。

第三，实务内容重视培养学生的实际操作与经办能力。为了让学生更好地将理论知识应用于实践，每章都设置了相关制度的实务内容，通过模拟经办场景、案例分析、操作练习等形式，让学生在实践中提升动手能力和经办能力，为未来从事社会保障工作打下坚实的基础。

第四，融入数字资源，紧密跟踪改革前沿动态。顺应教育数字化的发展趋势，本教材融入了数字教材元素，安排了延伸阅读等二维码链接内容。学生通过扫描二维码，可获取更多前沿资讯、政策解读、研究报告等拓展资源，拓宽学习视野，紧跟社会保障领域的发展动态。

本教材由辽宁对外经贸学院袁斌担任主编，邵文娟和杨平担任副主编，参编人员为孙一、谷晶双、陈禹民。本教材主编曾长期从事并担任社会保险经办机构主要负责人，具有多年实际经验，曾深度参与地方性社会保障政策的制定与落地，得以确保教材理论阐述与现行制度的高度契合。大连市社会保险事业服务中心副主任杨平，从专业角度对本书各章相关实务内容进行了审核和指导，确保教材实务内容的准确性。本教材编写团队长期从事社会保障领域的研究工作，在理论研究、政策解读与实践调研层面成果丰硕。本教材具体分工如下：袁斌编写第四章到第六章，邵文娟编写第一章、第二章，杨平编写第七章，孙一编写第三章和第十二章，谷晶双编写第十章和第十一章，陈禹民编写第八章和第九章。袁斌负责全书的总纂和校稿工作，从宏观架构到微观文字都进行了严格把关，确保全书的质量。

本教材是辽宁对外经贸学院2025年度课程提质工程优秀教材项目（2025yxjc01）的资助成果。在本教材的编写过程中，我们得到了多方大力支持与帮助，在此致以最诚挚的感谢。尤其要特别感谢大连市人力资源和社会保障局、医疗保障管理局、民政局及其下属单位的领导和工作人员，给我们提供了宝贵的资料和建设性的意见，让我们在编写教材时能够有的放矢，切实增强教材内容与实际工作的契合度。

在编写本书的过程中，编者力图体现最新的改革动态，但受编者水平和掌握的资料所限，书中难免存在疏漏和不足之处，恳请读者指正，以便本书不断修正和完善。

编者

2025年6月

目 录

第五章 医疗保险制度与实务

第六章 失业保险制度与实务

第七章 工伤保险制度与实务

第八章 长期护理保险制度与实务

主要参考文献

第一章

社会保障概述

知识目标

1. 了解社会保障的概念和特征；

2. 熟悉社会保障的功能；

3. 理解社会保险、社会救助、社会福利保障对象和保障水平的差异；

4. 掌握社会保障的体系构成。

能力目标

1. 能够根据不同的人群需求和社会经济状况，设计合理的社会保障体系结构；

2. 能够对社会保障体系进行剖析，诊断现行社会保障体系结构存在的问题，并提出优化策略。

思政目标

价值塑造与社会责任担当意识培养。自觉树立起关爱社会弱势群体、关注民生福祉、积极维护社会公平与和谐稳定的强烈社会责任感和使命感。

思维导图

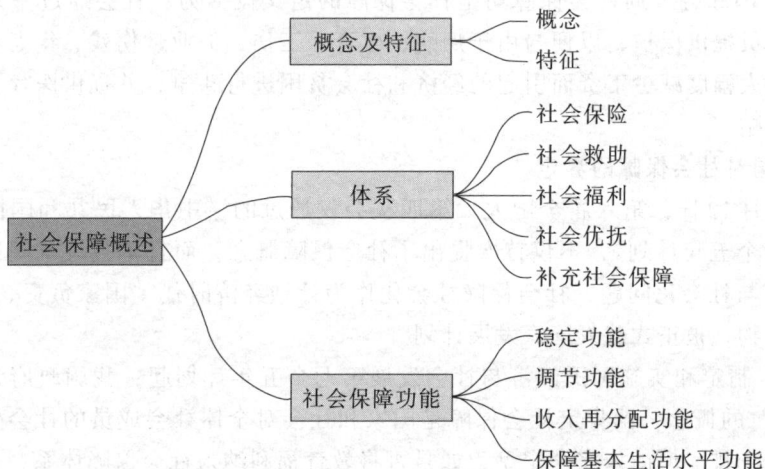

|第一节| 社会保障概念及特征

一、社会保障的概念

社会保障是一个历史的概念，又是一个在不同国家和不同地区具有特定含义的概念，即社会保障不仅在同一时期的各国之间存在着差别。但是，国际社会对社会保障这一概念还是有大体一致的共识。

（一）国际劳工组织对社会保障的界定

"社会保障"一词源于英文"Social Security"，原意是指"社会安全"，最初出现于美国1935年的《社会保障法》。1941年的《大西洋宪章》中也两次使用了这一概念。其后，国际劳工组织在其一系列的公约、建议书等文件中沿用了这一概念。1944年，第26届国际劳工大会发表《费城宣言》，国际劳工组织正式采纳社会保障一词。1952年6月，在日内瓦召开的第35届国际劳工大会上通过了第102号文件即《社会保障（最低标准）公约》，该公约作为社会保障的国际性文件，被视为社会保障制度建立的里程碑式文件，并成为解释社会保障制度规定的基本依据。

国际劳工组织对社会保障的定义也有一个不断发展和深化的过程。

1942年国际劳工组织对社会保障的定义为：通过一定的组织对这个组织的成员所面临的某种风险提供保障，为公民提供保险金、预防或治疗疾病、失业时的资助并帮助其找到工作。

1985年国际劳工局亚太地区局给社会保障的定义是：社会保障可以被理解为一个社会在出现规定的事件或在规定的情况下向其成员提供的保护，其目的是：①尽可能防止使收入丧失或收入锐减的意外出现；②当意外确实发生时，尽可能提供医疗并对引起的经济后果提供财政保护；③尽可能为遭受意外者的身体康复和职业恢复提供便利；④尽可能为抚养儿童提供福利待遇。

1989年，国际劳工局社会保障司把社会保障的定义概括为：社会通过一系列的公共措施来为其成员提供保护，以便与由于疾病、生育、工伤、失业、伤残、年老和死亡等原因造成停薪或大幅度减少工资而引起的经济和社会贫困进行斗争，并提供医疗和对有子女的家庭实行补贴。

（二）我国对社会保障的界定

1986年4月12日，第六届全国人大第四次会议通过的《中华人民共和国国民经济和社会发展第七个五年计划》，不仅首次提出了社会保障概念，而且单独设章阐述了社会保障制度的改革与社会化问题，社会保障社会化作为计划经济时代"国家负责、单位包办"保障制的对立物，被正式载入国家发展计划。

自1986年制定和实施国民经济与社会发展第七个五年计划起，我国政府采用的就是"大社会保障"的概念，即肯定社会保障是国家和社会对全体社会成员的社会生活提供基本保障的制度安排。但尚未完全定型，如是否将教育福利纳入社会保障体系，是否将商业保险尤其是商业性的人寿保险、医疗保险等纳入社会保障体系等，即使在政策性文献中也未能够统一。

（三）本书对社会保障内涵的界定

在综合考察现代社会保障制度在各国的发展实践，以及国际性组织、部分国家政府及有关学者对社会保障的概念界定后，本书将社会保障界定为：社会保障是以政府为责任主体，依据法律规定，通过国民收入再分配，对暂时或永久失去劳动能力以及由于各种原因而导致生活发生困难的国民给予物质帮助，以保障其基本生活的制度。

这一定义包括以下几层含义：

第一，社会保障的首要责任主体是国家或政府。

国家是对社会进行管理的最高权力机关，政府是具体执行国家权力的行政机构，对社会成员的基本生活实施保障是国家和政府不可推卸的职责，也只有国家才能通过国民收入再分配对全社会实行生活保障。同时，社会稳定与经济增长是社会的根本目标，政府有运用社会保障实现社会稳定和经济增长的内在动力。在现代社会，国家为公民提供社会保障是其义不容辞的责任，公民享受社会保障是法律赋予的权利。

第二，社会保障的对象是全体社会成员。

完善的社会保障制度应该把全体社会成员列为保障的对象，社会保障应该使所有社会成员都有可能成为受益者。社会保障制度的出现和存在是以风险的存在为前提的，而风险是社会上每个人都会遇到的，每个人和家庭，出于健康与幸福的需要，有权得到衣、食、住、医疗及其他必需的社会服务设施供给的保障，特别是由于失业、疾病、残疾、客居、老年等情况以及因个人不可抵抗力遭遇生活危机，无法为生，社会成员有权通过社会保障体系得到基本生活的保障。但是，在各国的社会保障制度中，大部分国家尚未对全体社会成员实施全面的社会保障项目，只是对部分成员或部分项目实施了保障措施，这显然是由政治、经济、文化等多重因素造成的。

第三，社会保障的目标是满足公民的基本生活需要，从而实现社会稳定和社会公平。

现代社会保障是基于生存权这一人的基本权利对处于困境中的社会成员给予生活保障，以保障其基本生活需求为目标，通过物质利益的调节来使各种社会关系处于一种稳定和谐的状态，避免因社会成员收入差距过大而引起社会动荡。所以，社会保障应能使社会的每个成员达到维持生存所需的生活标准。从这一点来看，社会保障是现代国家的一种安全制度。它在宏观上是以政府干预来消除市场失灵所产生的社会不安定因素及其所产生的社会风险，保证社会经济的协调稳定运行和发展；在微观上是为全体社会成员的基本生活权利提供安全保护，以保障社会成员基本生活需求为目标，确保社会成员不因遇到暂时或永久的困难而陷入孤立无援的境地。社会保障制度遵循效率优先、兼顾公平的原则。

应该指出的是，"基本生活需求"是一个社会历史性概念，它所包含的内容以及水平在社会历史的不同阶段、不同经济发展水平、不同社会文化、不同民族习惯条件下是不同的。例如，在经济发展水平较低的阶段，基本生活需求一般仅指物质生活达到温饱水平，而在经济发展达到较高水平时，社会保障不仅要满足物质生活上较高的需求，而且会把精神文化生活等也纳入社会保障体系中。

第四，社会保障的手段是对国民收入进行再分配，它是解决社会经济问题的杠杆之一。

市场分配是社会保障分配的前提。市场分配是以生产要素所有权的分配为前提，按照商品交易和市场价格的方式进行的。市场分配必然导致财富和收入在社会成员之间分配不公，造成两极分化，从而不仅危及社会稳定，还影响市场机制本身的健康有序运行和效率的提高，因而需要政府对市场分配的结果进行调节和修正。社会保障正是通过国民收入再分配的手段，从全社会筹集社会保障基金，对遭遇各种风险的社会成员提供基本生活保障，以缩小贫富差距，弥补市场分配的缺陷。市场的初次分配是为了实现效率，拉开收入差距。而社会保障属于再分配，是为了缩小收入差距，实现公平。建立健全社会保障制度关系到经济的可持续发展和社会的长治久安。

第五，社会保障的实施依据是国家立法。

由于社会保障是一种以稳定社会关系为目的的利益调节行为，它的资金提供者与直接受益者往往是分离的，其实施必须借助强制性的法律和行政手段，否则社会保障的运作就会失去其自身的保障。在这里，国家立法和行政措施是社会保障得以进行的重要条件。现代社会是法治社会，市场经济是法治经济，现代社会保障是以健全的法律体系为支撑的，必须以法律形式规范国家在社会保障中的责任，规范国家、企业和个人在社会保障中的权利与义务，规范社会保障的行政管理、基金管理和对象管理，从而使社会保障运作制度化、规范化。

第六，社会保障既是一种社会行为、一种社会政策，也是一项社会事业，还是一种社会经济制度。在现代社会，社会保障同时还是政府调控社会经济运行的重要手段。

社会保障首先是一种社会行为或行为过程，是国家和社会通过立法实施的、以国民收入再分配为手段，对社会成员的基本生活权利提供安全保障的社会行为。社会保障制度则应该是规范这种行为的法律法规、政策及其实施办法的总称。社会公共政策是由具有合法地位的政府，为了协调人们的行为，实现公众的利益，以一定的价值判断为基础，运用一定的资源对社会公私行为所做的强制性的规范与引导。作为社会政策组成部分的社会保障政策，除了具有引导、协调、控制和分配的一般政策功能外，其特征突出表现为公共性、整体性、超前性和合法性几个方面。更多的时候，人们提到的社会保障，是指社会保障制度。

二、社会保障的特征

（一）公共性

社会保障项目具有公共性，但其保障产品不完全是纯公共产品，而是一种准公共产品。因此，社会保障产品不能由政府全包统揽，应允许、鼓励有条件的社区、经济团体和个人举办社会保障事业。在保障方式上，应鼓励政府、社会、个人共同参与的多种保障模式。

（二）社会性

社会保障的社会性主要表现在三个方面：一是实施范围的社会性。社会保障是国家在全社会范围内统一实施的社会经济制度，其保障对象应该是全体社会成员，是面向全社会符合保障条件的公民普遍实施的制度。社会保障制度的覆盖面越大，筹集到的社会保障基金规模也就越大，其抵御风险的能力越强，也就会有更多的社会成员从社会保障制度中获益。二是资金来源和使用上的社会性。社会保障基金的主要部分是由国家在全社会范围内统一筹集的，国家通过征收社会保障税或社会保险费的形式从全社会的各个方面筹集社会保障基金；同时，社会保障基金的使用同样具有社会性，它是由国家按照全社会统一的标准和方式安排的。其中，社会保障基金中的社会统筹部分是由国家按照社会需要统一调剂使用的。三是制度目标的社会性。国家代表社会的共同利益制定社会保障制度，其实施目标是通过社会保障来满足社会成员的基本生活需要，促进社会的稳定与和谐，促进社会公平目标的最终实现。

（三）互济性

社会保障实行互助共济，按照大数法则，在整个社会的范围内统一筹集和调剂使用资金，依靠全社会的力量均衡负担和分散风险。社会保障的覆盖范围越大，抵御风险的能力也越强。一般而言，社会保障费用应由国家、用人单位、个人三方共同负担，并在较高的层次上和较大的范围内实现社会统筹与互济。

国民收入再分配，社会财力的转移，在实际工作中就是社会保障基金的调剂使用。这种转移包括横向的转移和纵向的转移。前者如贫富之间、健康者和疾病伤残者、在业者和失业者之间以及不同地区之间的转移，后者如代际转移或个人年轻时为自己积累养老金，不论何种转移，都具有互助、互济和自助的性质。相应地，要顺利地实现这种转移，必须明确树立互助、互济和自助的观念。

（四）强制性

从法律角度看，社会保障及其所有项目都在国家立法之列，因此带有一定的强制性。其中作为社会保障核心地位的社会保险具有绝对强制性。社会保险是国家通过立法，强制符合条件的用人单位和劳动者参加社会保险，履行法律所规定的缴费等义务。劳动者在满足一定资格条件后可依法享受社会保险待遇。任何法定范围内的用人单位和劳动者都必须参加社会保险。

这主要是为了保障全社会成员的基本生活，因为只有社会保障具有了强制性，才能实现上述目标。社会保障产生的原因及其宗旨本身就要求它具有强制性。其实，在社会保障产生之前，人类社会就已经存在各种保障形式，如商业保险和家庭保障等。但这些保障形式都带有很大的局限性，如商业保险采用的是任意加入方式，其局限性就是不可能把全社会成员都纳入进来，当没有参加商业保险的人们遇到各种经济风险时，很有可能会陷入困境；又如，家庭保障方式的互助与共济仅仅局限于家庭人员，因此它的保障功能具有很大的局限性。社会保障为什么产生以及有必要存在，其中一个重要原因就在于它具有强制性。这也是它与其他保障形式之间的一个根本区别。

（五）保障性

社会保障是国家按照经济发展水平和承受能力，对社会成员给予基本生活保障的一种社会经济制度。在社会生活中，当面临各种社会经济风险时，安全感曾是社会成员中少数人长期享有的特权。然而社会保障制度却能使全体社会成员，或至少是绝大多数人有可能从中获益，为他们提供安全的保障，不论何种社会意外事故发生都能维持其生活方式和生活水准。这种保障性通常由国家立法加以确定，由政府和社会组织加以保证。如《中华人民共和国宪法》第44条、第45条规定："退休人员的生活受到国家和社会的保障。""中华人民共和国公民在年老、疾病或者丧失劳动能力的情况下，有从国家和社会获得物质帮助的权利。国家发展为公民享受这些权利所需要的社会保险、社会救济和医疗卫生事业。""国家和社会帮助安排盲、聋、哑和其他有残疾的公民的劳动、生活和教育。"2004年新修订的《中华人民共和国宪法》在第一章总纲中明确提出"国家建立健全同经济发展水平相适应的社会保障制度"。

在现代市场经济条件下，社会成员在其生命周期的各个阶段，会受生老病死等自然规律的制约，会遭遇自然和社会各种意外事故的袭击，因而在生活上会发生各种困难和风险，影响其正常生活。社会保障制度作为社会的"安全网"，能够适时有效地对社会成员提供各种物质帮助和服务，满足其基本生活需要，从而保证其正常的劳动和生活。

（六）福利性

社会保障的宗旨是国家通过立法帮助遇到风险的人们渡过难关，使他们免于陷入困境。为了达到这个目的，国家不仅是社会保障管理和实施的主体，而且往往通过财政拨款来充实社会保障基金的资金来源。正因为国家通过社会保障来保障每一个社会成员的基本生活，这要求它本身具有一定的福利性。社会保障的福利性具体体现在以下几个方面：

（1）社会保障事业都是以非营利为基本目的，它的指导思想都是以造福于所有社会成员为前提。

（2）社会保障中个人的负担相对较轻，不少项目是免费的，特别是弱势群体从社会保障中获益最多而负担最轻。

（3）社会保障中的福利性服务较广泛。社会保障除了福利性津贴之外，还包括福利性服务，如医疗护理、伤残重建、工伤康复、职业介绍、职业培训、老年照顾等等，福利范围相当广泛。

（七）刚性

社会保障的范围及保障水平是由国家的经济发展水平决定的。然而实践证明，社会保险水平对于经济水平的变化缺乏弹性，表现出较强的刚性。它表现在，社会保障水平一旦上升，不论在什么经济条件下，都很难再降下来。原因有二：一方面，从社会心理的角度说，人们普遍把社会保障看作自己的社会基本权利，削减社会保障给付等于剥夺了人们部分社会权利，这在民主意识较强的国家里是很难办到的；另一方面，社会保障的核心内容——社会保险是以履行义务作为享受权利的前提，这就使得人们把社会保险给付看作自己劳动的成果，减少这种待遇，自然会引起人们的普遍不满和强烈反对，甚至导致游行、罢工等社会动荡。因此，社会保障给付总量连年递增，呈现出一种滚雪球的趋势。而经济发展，由于受多种因素影响，总是呈现波浪形发展规律。这两种不同的运动方式，体现了社会保障与经济发展之间既矛盾又统一的辩证关系。在经济增长的情况下，社会保障成为经济持续增长的加速器；在经济增长减慢或经济衰退的情况下，社会保障又成为经济回升的包袱。社会保障运动的规律与特点，告诫人们在处理社会保障与经济发展的关系时，必须遵循局部利益与整体利益、近期利益与长远利益兼顾的原则。

|第二节| 社会保障体系

社会保障是一个庞大、复杂的系统，分为几个层次，各个层次又由许多项目构成。社会保障体系就是由其各个层次的诸多项目构成的整体。如果把这些项目从保障对象、保障目标、资金来源、给付方式等方面加以归纳，可归总为三种不同的保障形式，即社会保险、社会救助、社会福利。它们是社会保障体系的三个基本组成部分。此外，还有这三种保障混合的形式以及一些补充社会保障形式如企业员工福利、互助保障、慈善事业等。

在世界各国的政策文献和相关论著中，对社会保障体系组成的表述虽不尽相同，所包括的项目也有多有少，但大体可归入上述三个基本组成部分。在我国，对社会保障体系的表述在政策文献及论著中虽互有差别，但三个基本组成部分是不变的。

社会保障的体系结构如图1-1所示，主要包括社会保险、社会救助、社会福利、社会优抚（军人保障）、补充社会保障等内容。

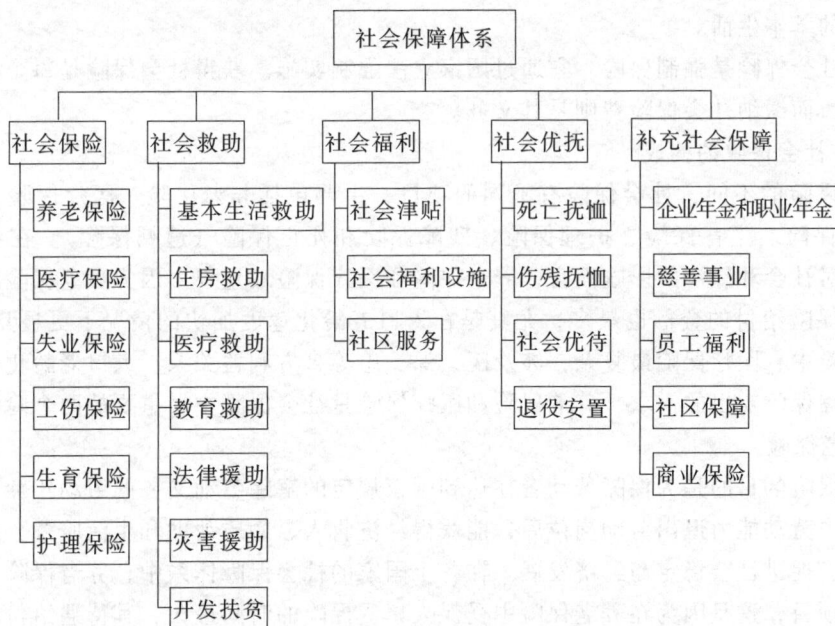

```
                        社会保障体系

    社会保险    社会救助    社会福利    社会优抚    补充社会保障

    养老保险    基本生活救助  社会津贴    死亡抚恤    企业年金和职业年金
    医疗保险    住房救助    社会福利设施  伤残抚恤    慈善事业
    失业保险    医疗救助    社区服务    社会优待    员工福利
    工伤保险    教育救助              退役安置    社区保障
    生育保险    法律援助                        商业保险
    护理保险    灾害援助
               开发扶贫
```

图1-1 社会保障体系构成图

一、社会保险

（一）社会保险的含义

社会保险是指国家通过立法建立，强制实施，为保障劳动者在遭受经济和社会风险，如年老、疾病、生育、失业、伤残等暂时或永久丧失劳动能力时提供物质帮助或收入补偿，从而保障其基本生活的社会保障制度。

无论是从保障对象还是从基金规模来看，社会保险都是社会保障体系的核心。社会保险的对象主要是劳动者，其群体的规模和数量在人口中最大，所面临的风险也最多，因此需要保障劳动者在暂时或永久失去劳动能力的特殊情况下仍能够参与社会分配。另外，社会保险所占用的资金也是社会保障基金中的最大部分。

从理论上说，社会保险是对被保险人在特定情况下分配个人消费品的一种形式。这种分配是社会通过立法，采取强制手段对国民收入进行的再分配，进而形成一种专门的消费基金，当被保险人丧失劳动能力和失业时，对其基本生活需要在物质上给予帮助。被保险人享有社会保险的权利，是以对社会保险履行了社会义务为前提的。

国家发展社会保险事业，是国家履行的社会责任，也是劳动者应享有的法定权利。应从以下几方面理解社会保险：

一是社会保险是一种社会保障制度。

二是社会保险对象通常是社会劳动者（少数国家除外），而且社会保险实行的是强制保险，被保险人没有选择的余地。

三是社会保险承保的风险是社会劳动者暂时或永远丧失劳动能力，或失业带来收入减少的风险，即劳动者由于年老、患病、工伤、失业、生育带来经济损失的风险。

四是社会保险的保障标准是保障社会劳动者暂时或永远丧失劳动能力，或失业带来收入减少时的基本生活。

五是社会保险是强制保险。它通过国家立法强制实施。获得社会保险是每个社会劳动者的权利，而缴纳社会保险费则是其义务。

（二）社会保险的构成

按照风险的不同，社会保险有不同的项目，主要包括养老保险、医疗保险、失业保险、工伤保险、生育保险、护理保险、残障保险和死亡保险（遗嘱保险）。在各种保险中，就其对社会和经济的影响而言，养老保险和医疗保险最重要，因为养老保险涉及的人口最多，保险给付的金额也最多，尤其是在人口老龄化速度加快的情况下更显其重要性。在各种保险中，医疗保险最复杂，涉及医、保、患等多方利益关系，人口老龄化也极大地增加了医疗保险支出的需求。养老保险和医疗保险是社会保障中最重要的两个险种。

1.养老保险

养老保险的目的是为保障劳动者在达到国家规定的解除劳动义务的劳动年龄界限，或因年老丧失劳动能力退出劳动岗位后，能获得经济收入、物质帮助和生活服务，以保障其基本生活，促进社会稳定与经济发展。在各个国家的社会保障体系中，养老保险一般都是最重要的项目，这是因为在养老保险中受保人享受保险的时间最久，其待遇给付的标准相对较高，在人口老龄化加剧的情况下养老保险的重要性更是不言而喻。

2.医疗保险

医疗保险旨在当参保人因疾病、受伤等需要医疗服务时，通过互助共济的方式分担医疗费用，减轻个人经济负担，保障其能获得必要、合理的医疗救治，促进居民健康，维护社会公平，提升医疗资源利用效率，增进社会整体福利。医疗保险是社会保险各个项目中保障对象最广泛的子项目。发生率高、具有普遍性的疾病风险，是每个人从出生到死亡过程中都不能回避的问题。

医疗保险制度的实施为劳动者以健康的体魄投入生产劳动提供了重要保证。医疗保险制度解除了劳动者的后顾之忧，减少了劳动者患病的几率，保证患病时能够得到及时治疗，从而使劳动者可以安心工作。

3.失业保险

失业保险旨在为失业人员提供基本生活保障，帮助其在失业期间维持生计，促进其再就业，同时缓冲就业市场波动，稳定社会秩序，减轻失业对个人和社会造成的负面影响。在现代市场经济条件下，失业不可避免，为了使失业者及其家庭能维持生活，保护劳动力和维持劳动力再生产，满足经济社会发展的需要，维持社会安定，建立失业社会保险是非常必要的。失业者享受保险待遇是有条件的，即失业前必须工作过一定时间或缴纳过一定时间的保险费；失业后立即到职业介绍机构登记，表示有劳动意愿等。领取失业保险金有一定期限，超过这个期限，就失去领取的资格，若没有期限规定，将不利于失业者再就业。

4.工伤保险

工伤保险的目的是保障因工作遭受事故伤害或患职业病的职工获得医疗救治和经济补偿，促进工伤预防和职业康复，分散用人单位的工伤风险，维护职工权益和社会稳定。与其他社会保险制度相比，工伤保险具有雇主赔偿的性质，工伤保险是由雇主承担缴费责任，政府在特殊情况下会予以资助，而劳动者个人不需要承担缴费义务。

5.生育保险

生育保险制度的宗旨在于通过向生育女职工提供生育津贴、产假以及医疗服务等方面的待遇，保障她们因生育而暂时丧失劳动能力时的基本经济收入和医疗保健，帮助生育女职工恢复劳动能力，重返工作岗位，并使婴儿得到必要的照顾和哺育，从而体现国家和社会对妇女在这一特殊时期给予的支持和爱护。

6.护理保险

护理保险的目的是为失能人员的基本生活照料和医疗护理提供资金保障，减轻其家庭的照护负担和经济压力，提高失能人员生活质量，促进社会公平和谐及养老服务产业发展。随着人口老龄化的发展，失能老年人数量持续增多，传统家庭照护模式难以满足失能老年人的长期护理需求。德国、日本等国家已进入少子老龄化时期，这些国家为此建立了专门的护理保险制度，即劳动者在劳动期间可以参加护理保险，待年老需要生活照料时，可以通过护理保险获得生活方面的保障。

（三）社会保险的特征

1.强制性

社会保险是通过立法强制实施的，社会保障的内容和实施都是通过法律进行的，凡是属于法律规定范围内的社会成员同社会保障机构之间就建立了社会保险关系。

社会保险不同于商业保险的自愿参保，社会保险的项目、保障的对象、内容、形式、应尽的义务、享受标准及运作程序等都是由国家法律明确规定的，法律要求符合条件者必须参加社会保险。只有强制参保，才能实现社会保险的社会性、公平性和可持续性。

2.权利和义务的一致性

社会保险制度是与就业相关联的制度，它的保障对象享受社会保障的资格和保障的水平，直接或间接与工龄的长短、工资水平等因素相联系。

权利与义务一致性的原则是指被保险人及其单位必须先尽缴纳费用的义务，然后被保险人才能享受保险给付的权利。社会保险是在权利义务相一致的社会保险原则基础上建立起来的，而不是在福利原则的基础上建立的。

3.补偿性

为保障劳动者的工资收入不致中断，或使劳动者工资中断时能立即获得一定比例的补偿，就必须实行强制性的社会保险。这样，劳动者就不会担心遇到风险时而失去收入来源，从而使劳动力的再生产得以继续。所以，在实行社会保险的条件下，各种风险得到补偿，也就使社会保险具有鲜明的补偿性。

社会保险的法定补偿是指补偿劳动者因受风险而导致的直接损失，是劳动者的主要工资性收入，劳动者因风险发生而酿成的直接损失以外的其他经济损失，则不在保险范围之内。

正因为社会保险具有补偿性，所以把社会保险待遇规定得过低或过高都是不合理、不正确的。规定得过低，与社会救助差不多，保证不了劳动力再生产正常运行所需的资金；规定得过高，近似于社会福利，只能助长懒惰思想，造成一些人依赖社会保险而不愿积极从事劳动活动；规定得和原工资标准一样也不合理，因为其不能体现在业和存续的区别，不利于生产发展。

4.基于大数法则分散风险

社会保险既强调社会性又强调风险分散机制。它借鉴了商业保险的机制和法则。商业保险的机制是在大数法则基础上分散同质风险。社会保险的技术基础与商业保险是相通的，它的有效运行要求有足够数量的同质风险。

大数法则是指在随机事件的大量出现中往往呈现几乎一致的规律。大数法则是概率论的法则之一，是保险的数理基础。保险人对任何一个风险损失的概率作出比较精确的估算时，都需要根据大数法则，通过大量的观察和统计，得出损失概率。根据大数法则，承保的风险单位越多，损失概率的偏差越小，反之则越大；而保险费率的大小又是以损失率的大小为依据，损失概率大的风险，费率就高，损失概率小的风险，费率就低。

5.储备性

参加者按规定缴纳费用作为基金，储存待用。就个人而言，从参加社会保险开始便按规定长期缴费，等于为自己储蓄了一笔费用，供遭遇风险时使用；就社会而言，是一种储备基金。

二、社会救助

（一）社会救助的含义

社会救助最主要是对社会成员提供最低生活保障，其目标是扶危济贫，救助社会弱势群体，对象是社会的低收入人群和困难人群。社会救助体现了浓厚的人道主义思想，是社会保障的最后一道防护线和安全网，是社会保障的最低层面。

（二）社会救助的构成

根据世界各国的实践，社会救助的实际内容可以分为基本生活救助、住房救助、医疗救助、教育救助、法律援助、灾害援助、开发扶贫等。

基本生活救助是对家庭人均收入低于贫困线或当地最低生活保障标准的贫困人口实行差额补助的一种社会救助。我国的城乡居民最低生活保障制度即是一种基本生活救助。

住房救助旨在为住房困难的低收入群体提供住房保障，改善其居住条件，促进社会稳定和谐，其实质就是由政府承担住房市场费用与居民支付能力之间的差额，解决部分居民因住房支付能力不足而居无定所的问题。我国的廉租房政策就是一种住房救助政策。

医疗救助旨在帮助困难群众获得基本医疗服务，减轻医疗负担，防止因病致贫、因病返贫。一般有三种形式：一是提供社会医疗救助金，给救助对象以经济补偿；二是给医疗机构一定的经济补贴，使后者直接减免救助对象的部分医疗费；三是由社会医疗救助机构举办专门医疗机构，免费为救助对象提供医疗服务。

教育救助旨在保障困难家庭学生享受教育权利，减轻其教育负担，促进教育公平，阻断贫困代际传递，往往是通过减免学杂费、资助学杂费等方式帮助贫困人口完成相关学业。

法律援助旨在为经济困难或特殊案件当事人无偿提供法律服务，保障其合法权益，维护司法公正，主要内容包括诉讼费减免，免费提供律师、公证和法律咨询服务等。

灾害援助旨在快速救援受灾群众，保障其基本生活，降低灾害损失，助力受灾地区恢复生产生活秩序，一般包括灾前准备、灾中救援、灾后救助三大环节。

开发扶贫旨在促进贫困地区经济发展，提升贫困人口收入，增强其自我发展能力，推动社会公平和谐，一般包括产业扶贫、教育扶贫、科技扶贫、就业扶贫等内容。

（三）社会救助的特征

社会救助具有以下几个特征：

（1）救助对象的限定性。社会救助的对象是由法律加以规定的，只有符合条件且真正陷入生活困境的社会成员才有资格享受救助。

（2）救助目标的低层次性。社会救助的目标是应对灾害和克服贫困，而非改善或提高福利或生活质量，从而处于现代社会保障体系的最低或最基本的层次，因此，社会救助又被称作社会保障的"最低纲领"。

（3）权利、义务的单向性。社会救助体现的是权利义务的单向性特征，即享受社会救助的社会成员只要符合救助的条件就有权利申请得到救助。对受益者而言，其享受的是单纯的权利，而无须承担相应的义务，不需要缴纳任何费用。

（4）救助资金运动的单向性。社会救助的资金主要来源于政府的财政资金，其受益者与资金提供者是完全分离的，它是国民收入在社会成员之间通过政府来进行的横向调剂，并且救助金是无须偿还的。

（5）救助手段的多样性。社会救助既可采用现金救助，又可采用实物救助；既有临时应急救助，又有长期固定救助；既有官方救助，又有民间救助等。

（6）救助程序的法定性。社会救助必须履行一系列的法定程序方能获得。

三、社会福利

（一）社会福利的含义

社会福利是国家通过福利津贴、价格补贴、实物供给和社会服务等手段，满足社会成员的生活需要、改善其生活质量的一种制度安排。社会福利是"正常生活水平"条件下的锦上添花，对受益者无须进行家计调查，往往具有普惠性。福利基金主要来源于国家税收，还来源于社会各方捐赠。

社会福利的对象基本涵盖了全体社会成员，社会福利所包括的内容十分广泛，不仅包括生活、教育、医疗方面的福利待遇，而且包括交通、文娱、体育等方面的待遇。社会福利的津贴来源主要是国家财政，社会慈善捐赠也是重要的来源渠道。社会福利除了津贴补助外，更多的是一种服务政策和服务措施。社会福利的目的在于提高广大社会成员的物质和精神生活水平，提高人民的生活质量。社会福利是更高层次的社会保障，属于社会保障的最高层面。

（二）社会福利的构成

1.社会津贴

通常在两种情况下提供社会津贴：其一是政府为提高全体社会成员的生活水平，改善其生活质量，使国民分享到社会发展的成果，而向其提供的资金补助或物质帮助；其二是政府在出台某项政策或改革措施时，为确保社会成员的生活水平和生活质量不因实施这一政策或措施而下降，对相关的社会成员提供一定的资金补助或物质帮助。从世界各国实施的情形看，社会津贴既有清晰可见的"明补"，也有包含在某些消费之中的"暗补"。

2.社会福利设施

社会福利设施是由国家、集体和社会共同建立和举办的福利企事业单位和场所。社会福利设施一般包括福利院、精神病院、养老院、托儿所、幼稚园及大众文体活动场所。社会福利企事业单位不仅包括管理和运营福利设施的单位，还包括为促进有劳动能力的残疾人就业而设立的社会福利企业，国家对其实行免税或税收优惠政策。这些有形的福利设施和社会福利企业，使社会成员能享受到国家和社会提供的福利，特别是对社会弱势群体来说，更是其基本生活和身心健康的有效保障。

3.社区服务

社区服务是由社会或所在社区为社会成员提供的福利服务。人们在日常生活中，不仅会遇到资金不足的困难，同时更多地面临缺少相关服务的问题。随着人们生活水平和文化素养的提高，资金保障会逐渐降为次要的地位，而服务保障则提高到更加重要的位置。

国外自20世纪70年代起蓬勃兴起的社区服务，正是顺应这一历史发展的潮流而出现的。同时，社区服务是联合国倡导的社区发展的一个重要组成部分，也是更好地体现以人为中心的福利服务思想的一条通道。社区是人们生活的地方，它更多地融入了人们的情感，由社区提供养老服务、残疾人服务、便民利民服务有得天独厚的优势，不仅不会使被服务者感到陌生和不安，而且还可节省大笔投资。我国在大力推行社会福利社会化的进程中，也应把大力发展社区服务作为其实现形式。

（三）社会福利的特征

1.保障对象的普遍性和特殊性相结合

社会福利的对象是全体社会成员，不论性别、年龄，也不分身份、地域和职业，所有社会成员都有享受社会福利的权利。同时，遵循"机会均等、利益共沾"的原则，国家应努力使每个社会成员公平地享有社会福利待遇。

2.福利主体的多元化

社会福利的主体可以是国家，也可以是社会福利法人、民间团体和个人。社会福利的主体多元化特征，不仅促进了社会共同参与保障体系建立局面的形成，而且增加了社会福利基金的来源渠道。除政府要承担相当份额的费用外，公共团体、企业和个人的投资、资助及社会慈善募捐等，都可以成为社会福利的重要财源。

3.福利服务化

延展阅读1-1

社会福利、社会救助、社会福利的区别

社会福利与其他社会保障项目相比，其不同之处突出表现为服务化。除提供各种福利性补贴外，社会福利还非常重视通过各种社会福利机构、社会福利设施、专职人员和志愿者，向社会成员提供全面的福利服务。福利服务内容广泛，涉及生、老、病、残、医、食、住、行等方面。

四、社会优抚

（一）社会优抚的含义

"优抚"是"优待"和"抚恤"的简称，社会优抚就是国家和社会依照法律规定，对为国家利益作出牺牲和特殊贡献者及其家属，通过优待、抚恤和安置等方式，确保其生活水平不低于甚至略高于当地群众的平均水平。

社会优抚制度与其他社会保障制度的不同之处在于其对象的特殊性，它是针对社会特殊对象所实行的优待抚恤，带有明显的褒扬性质。作为优待，包括政治、经济等方面；作为抚恤，包括抚慰和赈恤，抚慰是给予政治荣誉和精神上的安慰，赈恤则给予钱款或物质、服务的帮助。

（二）社会优抚的构成

社会优抚的内容比较广泛，涉及社会保障的各个方面。享受社会优抚的对象，由于各国政治背景和社会发展水平不同，规定的范围也有所不同，但一般是指现役军人、退役军人、军人家属。由国家对优抚对象所提供的优抚内容体现为如下几个方面：

1. 死亡抚恤

死亡抚恤是优抚保障中最基本的内容。军人若在服役期间为国身亡，必然使其家属尤其是被赡养人蒙受巨大的损失。因此，国家有责任抚慰家属，保障家属生活，提供既有褒扬意义又有物质补偿的抚恤金。死亡抚恤是政府按规定向遗属提供的，一般根据现役军人死亡的性质不同（因战、因公、因病）、生前的表现以及生前的收入和级别等情况确定不同的抚恤金待遇标准。根据抚恤的内容和性质不同，死亡抚恤又分为一次性给付和定期给付两种形式，一次性给付具有褒扬和社会补偿性质，定期给付则具有社会救助性质。

2. 伤残抚恤

伤残抚恤是国家依法对现役伤残军人及其家属，提供保障其生活的资金和服务的特殊保障项目。军人在服役期间受伤致残或患病致残后，会给本人及其家属的生活带来很大困难，国家应当通过保障措施，对其本人及家属进行褒扬和抚恤。伤残抚恤一般分为三种类型：因战、因公、因病致残。致残的类型及等级要由专门的审批机构在医疗终结后予以评定。伤残抚恤所保证的生活水平或抚恤的标准，一般是根据其本人致残的性质、类型、劳动能力丧失的程度及生活能力受影响的程度等因素确定。

3. 社会优待

社会优待是国家和社会依法对优抚对象提供资金和服务的优待性保障项目。其目标是保证现役军人及其家属维持一定的生活水平，并随着社会的发展不断提高其生活质量。优抚对象为国家和社会尽了义务，作了贡献，国家理应通过法定的措施和服务方式使其生活过得更好，并通过各种优待办法对其进行表彰和褒扬。

4. 退役安置

退役安置是国家和社会依法向退出现役的军人提供资金和服务保障，使之重返并适应社会的一种优抚保障项目。军人退役后，在培养职业能力和改变生活方式等方面，需要有一个过程，退役安置就是为了完成这一过程创造必要的条件。退役安置既提供资金保障（包括退役安置费，生活津贴和生产性贷款），又提供服务保障（包括就业安置、就学安置、职业技能培训等）。

（三）社会优抚的特征

1.优抚对象特殊性

社会优抚对象是指为维护国家和社会安全稳定而作出牺牲和贡献的特殊社会群体，由国家对他们的牺牲和贡献给予补偿和褒扬。优抚对象具体包括：①具有特殊贡献的伤残人员，包括伤残军人、伤残民兵、伤残民警；②复员退伍军人；③国家认定的烈士家属；④病故军人家属：⑤现役军人家属，包括现役军人和人民警察（武警、边防、消防民警）的家属。其中，家属是指特殊贡献者的父母、配偶、子女、依靠其生活的18岁以下的弟妹和抚养其长大又依靠其生活的其他亲属。

2.优抚目标双重性

社会优抚的目标是为优抚对象提供现金补贴和服务帮助，保障他们的基本生活，具有经济保障功能。同时，国家和社会还会通过各种优抚活动，向全社会宣传特殊贡献者的事迹和高尚品德，树立全社会的道德榜样和学习楷模。因此，社会优抚具有经济和政治双重目标。

3.优抚待遇补偿性

优抚具有补偿和褒扬性质，因此优抚待遇高于一般的社会保障标准，优抚对象能够优先优惠地享受国家和社会提供的各种优待、抚恤、服务和政策扶持，而且优抚工作是政府的一项重要行为，优抚优待的资金由国家财政投入，还有一部分由社会承担，只是在医疗保险和合作医疗等方面由个人缴纳一部分费用。

4.优抚内容综合性

社会优抚与社会保险、社会救助、社会福利不同，它是特别针对某一特殊身份的人所设立的，内容涉及社会保险、社会救助和社会福利等，包括抚恤、优待、养老、就业安置等多方面的内容，是一种综合性的项目。社会优抚对退伍和转业军人的安置、对其家属的抚恤体现了社会保险的性质；对优抚对象中特别困难人员在就业方面的扶持、帮助等体现了社会救助的特点；对优抚对象的优待，体现了社会福利的性质。因此，社会优抚不是单一的社会救助、社会保险或社会福利，而是三者的共同体现。

五、补充社会保障

（一）补充社会保障的含义

补充社会保障是指在国家法定意义上的基本社会保障制度之外，对社会成员起补充保障作用的各种保障措施的总称。补充社会保障是社会保障体系中不可缺少的一部分，对基本社会保障制度起到补缺、补充和提高的作用。虽然这些补充社会保障是基于不同的出发点和目标建立起来的，形式各异并自成体系，也不在法定或强制推行的范围内，但是也体现了国家的政策精神，对社会发展和增进总体福利起着不可低估的作用。

（二）补充社会保障的构成

1.企业年金与职业年金

企业年金，又称补充养老保险、职业养老金、私人退休金等，是企业为员工提供的在基本养老保险之外的养老金福利；在员工工作期间，通过缴纳一定的保险费和投资运营进行资金积累，直到老年时才可以享用，因此它是一笔延期支付的工资收入。在实行现代社会保险制度的国家中，企业年金已经成为一种较为普遍实行的企业补充养老金计划，是基本养老保险的重要补充。

西方国家职业年金制度的萌芽和产生要早于国家基本养老保险制度，首先适用于公务人员然后才扩展到企业，因此，国外的职业年金覆盖各类职业人群。随着各国职业年金制度的不断建立与完善，职业年金的覆盖人数逐步增长，基金规模不断扩大，职业年金制度在整个养老保险体系中的重要性日益增长。职业年金具有强制性、延期支付性、补充性和激励性的特征。职业年金已成为许多国家老年人收入来源的重要渠道。职业年金是社会养老保障体系的重要组成部分，对于完善养老保障体系、确保养老保障水平、有效应对老龄化社会的到来具有重要意义。

2.慈善事业

慈善事业，通常是指众多的社会成员建立在志愿基础上所从事的一种无偿的、对不幸无助人群的救助行为。它通过合法的社会组织，以社会捐助的方式，按特定的需要，把可汇聚的资源集中起来，再通过合法途径，用于无力自行摆脱危难的受助者。尽管慈善活动和慈善行为自古有之，但历史上的这些慈善活动和行为在严格的意义上并不能称为事业。只有在专门的组织运作下，运用民间资源，面向所有有需要帮助的社会成员，并且拥有经常性、持续性、规范性的特征，才能算是真正意义上的慈善事业。慈善事业是社会第三次分配的一种形式，是社会保障的补充体系。

慈善事业的运作包括接受捐献、资金管理和实施救助三个环节。慈善事业的基本特征是：一是以社会成员的慈善心为道德基础；二是以社会成员的捐献为经济基础；三是以社会性的民间公益团体或公益组织为组织基础；四是以捐助者的意愿为实施基础。这四个基本特征区分了慈善事业和政府所从事的社会救助事业。政府的社会救助事业是以社会稳定为政治基础，以财政拨款为经济基础，以政府机构为组织基础，以法律制度为实施基础。

慈善组织的主体，主要包括捐助主体、运营主体和监管主体三个方面。其中的捐助主体，主要包括个人或家庭、社区、宗教团体、企业和募捐组织等；运营主体，主要是指慈善组织，包括慈善基金会和慈善机构；监管主体，主要包括政府、社会评估机构和公共媒体等。慈善事业的客体主要是社会的弱势群体，还有一部分慈善事业是针对社会成员的全面发展，如发展科学文化、保护自然环境等。

3.员工福利

员工福利是企业基于雇佣关系，依据国家的强制性法令及相关规定，以企业自身的支付能力为依托，向员工所提供的、用以改善其本人和家庭生活质量的各种以非货币工资和延期支付形式为主的补充性报酬与服务。员工福利主要由国家立法强制实施的法定福利和企业自主实施的非法定福利构成。法定福利是国家通过立法强制实施的对员工的福利保护政策，包括社会保险、法定假期和住房福利等；非法定福利是企业自主建立的，为满足员工的生活和工作需要，在工资收入之外，向员工本人及其家属提供的一系列福利项目，包括货币津贴、实物和服务等形式，具体有企业安全和健康福利（企业年金、人寿保险、健康保险、住房援助计划等）、企业设施性福利、企业文娱性福利、企业培训性福利、企业服务性福利（雇员援助计划、雇员咨询计划、家庭援助计划、家庭生活安排计划）等。员工福利是企业或用人单位招揽人才和激励员工并借此赢得竞争胜利的一种重要手段，是企业人力资源管理的重要组成部分。

4.社区保障

所谓社区保障,就是以社区需求为核心,以社区救助和社区服务为主要内容,在政府的引导和管理之下,发挥社区居委会、党组织、非营利组织、企事业单位等组织的力量,整合社区资源,提高社区居民福利水平的保障方式。

狭义的社区保障是以国家的社会保障制度为基础,以社区居民作为保障对象,将国家财政支持的社会保障项目(包括社会救助、社会福利基础服务、社会优抚等项目)部分地转移到社区,利用社区资源协助政府做好社会保障基础工作,既构筑起保障人民基本生活的安全网,又减轻国家对保障项目的支持压力。广义的社区保障是指根据居民的不同需求,由社区居民委员会组织社团组织以及志愿者等力量,依托社区居民,充分挖掘和利用社区资源,向社区居民提供的旨在改善居民生活环境、提高居民生活质量的各种服务,以实现社区居民在物质及精神方面的双重保障。

社区保障的功能主要表现在:

(1)服务功能。在社区保障方面的社区服务目前分为面向全体社区居民的社区保障服务和面向特殊群体的社区保障服务。

(2)社会安定功能。社区安定涉及社区居民的切身利益,安全保障是社区居民最基本的保障需要。社区组织通过物业公司的保安值勤、警民联防、安装报警设施等方式为全体居民提供安全保障。社区开展的社会救助使社会弱势群体有了基本的生活保障,确保了社会稳定,发挥了社会保障"减震器"和"安全网"的功能。

(3)弱势群体权益保障功能。弱势群体权益保障是指社区在为弱势群体提供社会保障服务,满足其最基本的生活需要的同时,为满足其精神和心理需要、享有的正当权利、社会地位等提供保障服务。

5.商业保险

商业保险是指订立保险合同、以营利为目的的保险形式,由专门的保险企业经营。商业保险关系是由当事人自愿缔结的合同关系,投保人根据合同约定,向保险公司支付保险费,保险公司根据合同约定的可能发生的事故因其发生所造成的财产损失承担赔偿保险金责任,或者当被保险人死亡、伤残、疾病或达到约定的年龄、期限时承担给付保险金责任。商业保险是市场经济条件下风险管理的基本手段之一,是对社会保险的有益补充,是多层次社会保险体系的一个重要组成部分。

(三)补充社会保障的特征

补充社会保障是基本社会保障制度安排之外的,具有配角性、非强制性、非正式性等特征:

1.非强制性

相对于由国家法律规定、政府主导的基本社会保障而言,政府在补充社会保障中并非当事人和责任主体,没有公共权力的直接介入,从而也就没有其他社会保障制度那样的强制性。补充社会保障体现了自愿性和可选择性的特征,能够满足不同群体的需求。当然,这并不意味着政府对补充社会保障听之任之,事实上,政府仍然对补充社会保障负有管理监督并给予相应支持的责任。

2.非正式性

社会保障是各种具有经济福利性的、社会化的国民生活保障体系的统称，可以划分为基本社会保障（正式制度安排）和补充社会保障（非正式制度）两个部分。基本社会保障往往是法律规定的，由政府或官方机构主导，而补充社会保障一般是由社会团体、雇主举办的，个人自愿参加的，采取社会化运作和管理的保障项目。

3.处于配角的地位

补充社会保障是社会保障体制中的重要组成部分，但是往往处于配角的地位，起到补充和完善的作用。比如，企业年金能够弥补基本养老保险制度的不足，社区保障能够弥补基本社会保障制度的缺漏，慈善事业可以构成对社会救助制度的重要补充。

第三节　社会保障功能

社会保障制度在运行过程中，必然对经济、社会的运行及发展产生广泛而深刻的影响，形成其固有的外部效应，即社会保障制度的功能。

一、稳定功能

（一）对社会的稳定功能

从社会保障的起源和发展过程来看，社会保障的直接政治目的，是为了维护社会秩序和减少社会冲突。社会保障制度是整个社会系统中稳定机制的一个有机组成部分，对于保持和维护社会稳定具有"安全网"或"减震器"的功能。

市场竞争总是有风险的，总会有落伍者和失败者，因而必然出现贫富悬殊、收入差距、利益摩擦、失业贫困甚至生活无着的情况，这就使社会生活中隐藏着许多不安定的因素，时时威胁着经济和整个社会的稳定，特别是在经济发展的一定阶段，由于经济结构、社会结构、政治结构变动剧烈，这些不安定因素往往会表面化，极易引起社会动荡不安，使社会发展出现波动、停滞甚至倒退。

通过社会保障，解决无收入者、低收入者以及因意外灾害造成的难以维持基本生存、生活的问题，以免因生存受到挑战引起社会震荡和不稳定，保证社会成员基本生活得以维持，弱化不稳定因素，减少经济、社会运行中的震荡，能够为社会安定有序和国家长治久安提供一个最基本的前提。正因为如此，世界各主要国家都把社会保障制度看成是一种有效的"社会减震器"。

（二）对政治的稳定功能

从社会保障制度的起源与发展来看，社会保障制度的产生与其天然具有的政治功能密不可分。现代社会保障是工业化的产物。生产力快速发展、社会剩余产品增多，手工业被机械工业代替，家庭作业被工厂工业代替，小生产者人数逐渐减少，工业劳动者不断增加等是促成社会保障制度产生的必要条件。

从世界范围内社会保障制度的发展过程来看，各国执政者都高度重视发挥社会保障制度的政治功能。罗斯福就任美国总统后，在国内仍有众多反对意见的情况下，立即着手制定社会保障法，广泛开展社会保险，以其作为推行新政、尽快恢复国内社会秩序、维护社会稳定的突破口之一。

在政治上，社会保障既是各种利益集团相互较量的结果，也是调节不同利益集团、群体或社会阶层利益的必要手段，并在不同的社会制度下表现出不同的政治功能。在社会主义制度下，社会保障除具有一般的政治调节功能外，还特别强调社会成员在国家和社会生活中的主人翁地位；在资本主义制度下，社会保障亦强化了国民对现存制度的依赖意识和国家认同，同时对调节不同社会阶层的政治冲突和促进政治秩序的长期稳定并维持其整体正常运营发挥着特别重要的政治作用。现代社会保障制度在许多国家成为党派斗争、政治竞选中的重要议题，正是社会保障具有不容忽视的、巨大的政治调节功能的体现。

二、调节功能

（一）对经济的调节功能

在市场经济条件下，市场调节经济运行具有自发性、盲目性、滞后性的特征，经济的波动是难以避免的。社会保障可以消除或减轻经济波动，促进经济的稳定增长。作为经济的"自动稳定器"，社会保障在经济过热、需求过旺时，有自动增加基金收入、减少基金支出的倾向，从而可以在一定程度上抑制总需求；而在经济衰退时，社会保障有自动减少基金收入、增加基金支出的倾向，从而可以在一定程度上扩张总需求。

社会保障行政管理部门可以根据市场需求和供给的关系，来控制社会保障的支付水平。如果总需求大于总供给，当局可以有意识地提高社会保险费的征收标准，从而加大收入再分配力度，抑制企业和个人需求；同时严格确定给付条件，适当控制支付标准，减少国民通过社会保障渠道所获取的收入，进而抑制总需求。虽然社会保障支出的刚性十分明显，但并不是没有调节余地。同样道理，在总需求小于总供给时，当局可通过减收增支扩张需求。由于社会保障支出向低收入者倾斜，而低收入者的边际消费倾向较高，同时由于减收增支遇到的社会阻力较小，因此扩张需求的效果往往较明显。

（二）对劳动力配置的调节功能

第一，社会保障调节劳动力配置。劳动力是经济发展的重要因素，社会保障是保护劳动力再生产和促进劳动力合理流动的重要制度。一方面，社会保障通过为市场竞争中的失败者提供各种帮助，确保这部分劳动力及其家庭成员的基本生活，从而保护了劳动力的生产和再生产。另一方面，建立统一的社会保障网络，可以保证劳动者在转换工作时无后顾之忧，从而促进劳动力的合理流动，实现劳动力资源的有效配置。

第二，社会保障有利于改善就业结构，提高劳动者的劳动技能，稳定就业。实施社会保障制度的国家，几乎都将包括职业培训、在职教育在内的再就业工程纳入社会保障范围。劳动者因产业结构调整或因知识陈旧、技术过时而被排挤出劳动队伍，除了享受失业保险待遇以外，还能以各种方式进入社会保障就业机构接受劳动技能培训与教育。不论是国内还是国外，社会保障及与之配套的就业训练计划的推行，在提高劳动者素质、改善就业结构、扩大就业机会方面发挥了重要作用。

（三）对资本市场的调节促进功能

社会保障能为国家积聚发展资金，有利于调节资本市场的结构、促进资本市场的发展。社会保障的某些保障项目，如社会保险的各险种从收取税（费）到组织保险金给付，中间有一段十几年甚至几十年的时间距离。在这么长的时间内，社会保险主管部门必然掌握着巨额社会保险基金。这笔基金在尚未发生给付前，事实上都以各种形式成为经济发展资金的重要组成部分。社会保险基金的运用，使其成为资本市场的稳定力量，必定会打破资本市场的原有平衡，为资本市场增添新的竞争活力。这不仅能增加经济增长所必需的资本投入，增大长期资本投入的比例，而且有助于投资者实行稳健的投资策略，适时调整投资结构，加强和改善投资管理，提高投资质量和效益。

三、收入再分配功能

社会保障直接调节国民收入的分配与再分配。社会保障基金来自国民收入的分配和再分配，体现了社会保障的分配属性。在社会保障制度健全的国家，这种调节功能更加显著，它通过社会保障资金的筹集与社会保障待遇的给付，在不同的受保对象之间横向调节收入分配，同时还在代际实现收入分配的纵向调节。社会保障基金的筹集，一般通过税收或"转移性支付"给予保证。一般而言，社会保障作为一个完整的体系，由社会保险、社会救助、社会福利、社会优抚四部分构成，这四部分都具有一定的分配功能。

（一）社会保险的收入再分配功能

社会保险能改变国家、企业和劳动者之间的收入分配格局。这是因为，一方面，政府强制要求企业、个人参加社会保险，依法缴纳社会保险费；另一方面，财政又要补贴社会保险基金入不敷出的资金缺口。

其一，社会保险能改变企业与劳动者之间的收入分配格局。这是因为参加社会保险的企业必须按企业职工工资总额的一定比例支付社会保险费，而由职工享受社会保险待遇。

其二，社会保险能改变劳动者之间的分配关系。这是因为参加社会保险的劳动者都要按工资额的一定比例缴纳社会保险费，但由于风险分布不均，劳动者个人得到的保险金与缴纳的保险费并不一致。

其三，社会保险能改变企业之间的收入分配格局。同样由于风险分布不均，企业职工得到的保险金与企业的缴费并不完全对应。

其四，如果在全国范围内建立了统一的社会保险体系，社会保险将改变地区之间的收入分配关系。由于各地区经济发展不平衡，经济发达地区缴纳的保险费往往高于经济欠发达地区，而劳动者享受的社会保险待遇并未同等程度地表现出地区差异，这就相当于经济发达地区分摊了经济欠发达地区的部分保险费用。

其五，国家通过筹集社会保险费或征收社会保险税的形式建立社会保险基金，最终要为劳动者提供保险服务，对劳动者而言改变了国民收入在时间上的分配格局。

（二）其他保障项目的分配功能

社会救助、社会福利和社会优抚主要是从横向角度实现国民收入再分配。这三个保障项目的资金来源主要是国家财政拨款，最终都是来自企业与个人缴纳的税款。税收的课征要依据个人的支付能力，纳税能力强者多纳税，纳税能力弱者少纳税，无纳税能力者不纳税，而社会救助和社会优抚的对象一般是无纳税能力或纳税能力弱的社会成员，因此在社会救助和社会优抚这两个项目的资金筹集和支付安排过程中必然改变国民收入分配格局。虽然社会福利的对象是全体社会成员，但老年福利、儿童福利、残疾人福利等福利项目仍具有改变国民收入分配格局的功能。

四、保障基本生活水平功能

保障公民的基本生活，是社会稳定和经济发展的前提，也是社会保障最核心的功能之一。国家建立社会保障体系，保障公民的基本生活，免除劳动者的后顾之忧，不仅是经济发展和社会稳定的需要，也是人权保障的重要内容和社会进步的体现。工业革命和社会化生产在削弱家庭保障功能的同时，加大了劳动者所面临的经济风险。劳动者一旦遭遇年老、疾病、工伤或自然灾害，将无力维持生存，这势必引起社会动荡和经济停滞。社会保障确保劳动者在丧失经济收入或劳动能力的情况下，能维持自身及其家庭成员的基本生活，保证劳动力再生产进程不致受阻或中断。同时，国家还可以通过生育、抚育子女和教育津贴等形式确保劳动力资源的基本生活水平和整体素质。国家建立社会保障体系可以确保劳动者的基本生活不受影响，免除其后顾之忧。如今，社会保障已经成为国际公约和绝大多数国家法律明确规定的公民的一项基本权利。

维持社会稳定是社会保障最重要和最为直接的功能，这个目标是通过维持贫困人员的基本生活或者解决他们的最低生活保障来实现的，而保障国民基本生活则是通过社会保障的收入再分配机制来达到的，从而实现社会公平。

本章小结

社会保障是以政府为责任主体，依据法律规定，通过国民收入再分配，对暂时或永久失去劳动能力以及由于各种原因而导致生活发生困难的国民给予物质帮助，以保障其基本生活的制度。社会保障项目具有公共性、社会性、互济性、强制性、保障性、福利性、刚性等特征。

按照保障目的、保障对象、资金来源、给付标准等方面的不同，社会保障的体系结构主要包括社会保险、社会救助、社会福利、社会优抚（军人保障）、补充社会保障几大内容。

按照风险的不同，社会保险有不同的项目，主要包括养老保险、医疗保险、失业保险、工伤保险、生育保险、护理保险、残障保险和死亡保险（遗嘱保险）。

根据世界各国的实践，社会救助的实际内容可以分为基本生活救助、住房救助、医疗救助、教育救助、法律援助、灾害援助、开发扶贫等。

社会福利的构成包括社会津贴、社会福利设施、社区服务。

社会保障制度的功能具体表现为稳定功能、调节功能、收入再分配功能、保障基本生活水平功能。

关键术语

社会保障　社会保险　社会救助　社会福利　社会优抚

即测即练

复习思考题

一、单选题

1.（　　）是社会保障的核心。

A.社会保险　　　　B.社会福利　　　　C.社会救助　　　　D.社会优抚

2.（　　）是最先形成的、历史最悠久的社会保障形式。

A.社会保险　　　　B.社会福利　　　　C.社会救助　　　　D.社会优抚

3.社会保障的责任主体是（　　）。

A.全体国民　　　　B.国家和社会　　　C.企业　　　　　　D.用人单位

4.社会保障的对象是（　　）。

A.全体国民　　　　B.政府　　　　　　C.企业　　　　　　D.用人单位

5.社会保障的目标是（　　）。

A.促进经济发展　　　　　　　　　　　B.提高经济效率

C.满足公民的最低生活需要　　　　　　D.满足公民的基本生活需要

二、多选题

1.社会保障的基本特征有（　　）。

A.互济性　　　　　B.福利性　　　　　C.强制性　　　　　D.社会性

2.以下关于社会保障含义解释正确的有（　　）。

A.社会保障实施依据是国家立法

B.社会保障的实施手段是国民收入再分配

C.社会保障的责任主体是国家和社会

D.社会保障的目标是保障国民最低生活需要

3.社会保障的体系结构包括（　　）。

A.社会救助　　　　B.社会保险　　　　C.社会福利　　　　D.社会优抚

4.社会保障的功能有（　　）。

A.稳定社会功能　　　　　　　　　　　B.调节经济功能

C.收入再分配功能　　　　　　　　　　D.保障基本生活功能

5.补充社会保障包括（　　）。

A.基本养老保险　　　　　　　　　　　B.商业保险

C.慈善事业　　　　　　　　　　　　　D.员工福利

三、简答题

1.简述社会保障体系的构成。

2.社会保障对经济的调控功能表现在哪些方面？

四、案例分析

王先生32岁，有"五险一金"，3年前在某商业保险公司为自己投保了健康医疗保险。2024年，王先生不幸患病，所花的医药费由社会医疗保险按比例报销后，剩余部分又由商业保险公司提供了一定数额的赔付。

王先生享受到的双保险的"及时雨"，让他在患病期间得到及时的治疗，还为其分担了住院费的经济支付压力。

　　问题：社会保险和商业保险两者存在怎样的区别？

参考答案

第二章

社会保障建立与发展

知识目标

1. 了解社会保障产生的条件；

2. 熟悉社会保障萌芽、形成、发展、改革阶段的背景及主要内容；

3. 理解社会保障改革阶段的国际经验和教训；

4. 掌握我国社会保障建立和发展阶段的主要内容。

能力目标

1. 培养学生具有政策解读能力，准确解读不同时期社会保障政策法规的核心内容；

2. 培养学生具有趋势预测能力，根据社会保障制度的历史发展规律和当前社会经济形势，预测未来社会保障制度可能的发展方向。

思政目标

增强制度自信，培养历史责任感。了解我国社会保障制度从无到有、从初步建立到不断完善的发展历程，能够认识到我国社会保障体系建设取得的伟大成就。

思维导图

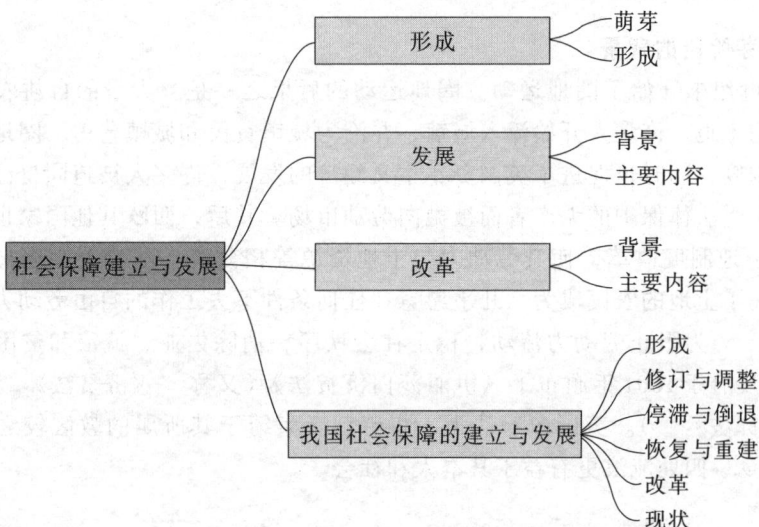

在人类社会的发展进程中，社会保障是伴随着社会经济的发展而不断发展起来的。它由非正式制度安排发展到正式制度安排，从为统治者服务到促进社会公平及为整个社会长期稳定、协调、和谐发展服务，从一种社会政策演变成社会政策与经济政策等交互作用并相互协调的混合政策，其本身就是社会文明发展进步的重要标志。总体来看，社会保障制度的形成与发展经历了社会保障的形成、发展和改革阶段（见表2-1）。考察社会保障的实践史及其在发展进程中的某些规律，剖析现代社会各种不同的实践模式，对完善现阶段社会保障制度安排，促进社会保障与整个社会经济长期稳定协调发展，显然具有非常重要的意义。

表2-1 社会保障发展历程及主要内容

发展阶段	标志	主要内容
形成阶段	萌芽：1601年英国《济贫法》	《济贫法》是现代社会保障制度的萌芽形态，是政府介入社会救济的开始，是低层次社会保障建立的象征
	形成：1883年起，德国陆续颁布《疾病社会保险法》《工伤事故保险法》《老年和残疾社会保险法》	社会保险制度的建立；《社会保障法》的颁布；苏联社会保险制度的诞生
发展阶段	第二次世界大战（以下简称二战）后经济的高速发展以及《贝弗里奇报告》的影响	形成四种社会保障制度模式：投保资助型社会保障模式、福利国家型社会保障模式、强制储蓄型社会保障模式和国家保险型社会保障模式
改革阶段	经济增长速度放慢，国家财政负担严重	开源节流、增收节支；社会保障制度结构变革

第一节 社会保障的形成

一、社会保障的萌芽

（一）萌芽阶段的背景

英国15世纪末开始了圈地运动。圈地运动的后果之一是，大量的自耕农和佃农失去了赖以生存的土地，许多人开始流入城镇，并沦为城镇贫民和城镇乞丐。圈地运动改革了英国的土地制度，同时也促进了英国资本主义经济的发展，许多人被迫同自己的生产资料分离，成了不受法律保护的无产者而被抛向劳动市场。其后，西欧其他国家也相继进行了性质类似的土地制度改革，使其劳动力与土地资源等相分离。随着工业化与城市化的发展，许多丧失了土地的农民成为"几乎愿意在任何条件下去工作的自由劳动力"。

延展阅读2-1

为阻止劳动力流动，稳定社会秩序，消除失业、流浪和贫困现象，英国政府于1601年颁布了《伊丽莎白济贫法》（又称"《济贫法》"或"旧《济贫法》"）。英国政府认为，将劳动者束缚于其所属的教区较之使其背井离乡、四处流浪更有益于其本人和社会。

社会保障制度
产生的条件

（二）《济贫法》的内容及特点

1.《济贫法》的内容

《济贫法》的主要内容如下：

（1）全国普遍设立收容贫民的济贫院，强调对贫民实施救济是每个济贫区的责任，并通过委任贫民救济官的方式建立全国范围的地方济贫行政体系。

（2）建立贫民救济院、贫民习艺所、教养院，对丧失劳动能力的穷人（包括老人和病残的人）实行教济，组织有劳动能力的贫民和孤儿通过劳动和习艺而自立，对具有劳动能力却逃避劳动的懒人进行惩罚。

（3）征收济贫税，并确定了从富裕地区征税补贴贫困地区的转移支付方式。

（4）对无劳动能力的老弱病残者，通过院内收容和院外救助两种方式进行救助。

（5）对失去依靠的儿童，以孤儿院收养、家庭补助、家庭寄养等方式进行抚养。

2.《济贫法》的特点

从内容及其实施效果看，《济贫法》具有以下特点：

（1）兼有强迫劳动与福利救济双重性质。在强迫劳动与福利救济的双重措施之间，更多的是强调对不劳动者的惩罚，而对有需求者的帮助却相对忽略。

（2）《济贫法》的基础是社会权利的不平等。统治阶级在履行保障其臣民的基本生存条件的社会责任的同时，享有按自己的意志支配臣民行动的社会权利。

延展阅读2-2

《济贫法》的历史意义

（三）新《济贫法》的颁布

旧《济贫法》的出现，表明当时的英国统治者已经意识到失业和贫困的危险，需要由政府采取一些措施来缓和因这些问题而导致的社会矛盾。在此背景下，1834年通过了新《济贫法》。

新《济贫法》的主要原则是：保障公民生存的义务，首次强调了需要救济是公民的一项权利，认为救济不是消极行动，而是一项积极的福利举措。新《济贫法》是对旧《济贫法》的修订，确立了国家承担社会保障责任的使命，第一次把社会救济以国家立法的形式确定下来，从而使社会救济成为一种制度。

新《济贫法》对贫民实行社会救济，安定了社会秩序，对英国在19世纪的大发展作出了贡献，也为欧洲其他工业化国家建立社会保障制度提供了制度借鉴。其他欧洲国家在土地革命后，也都实行了与英国类似的贫民救济计划。

二、社会保障的形成

济贫法律在欧洲的普遍颁布实施，只是互助救济向社会救济转化、国家作为社会保障责任主体承担对全体公民的保障责任的开始，是建立现代社会保障制度的准备。真正现代意义上的社会保障制度，是伴随着工业革命后生产社会化的发展和市场经济的建立而产生和发展起来的社会保险制度。

（一）社会保障形成的标志和背景

1.社会保障形成的标志

德国是世界上第一个建立社会保险制度的国家。19世纪80年代，俾斯麦政府相继颁布了一系列法令：1883年，颁布了《疾病社会保险法》；1884年，颁布了《工伤事故保险法》；1889 年，颁布了《老年和残疾社会保险法》。上述法令的颁布，标志着世界上第一个完整的社会保险体系的建立，社会保险制度由此产生。

2.社会保障形成阶段的背景

第一，德国工人运动的迅速发展。到 19 世纪中叶，随着资本主义市场经济的发展，劳动条件和环境日益恶劣，工伤事故经常发生，工人收入微薄。工人对此非常不满，从而加深了劳资矛盾，工人运动时有发生。同时，随着马克思主义思想在工人中的广泛传播，工人运动迅速发展，阶级斗争十分尖锐。当时德国已经成为欧洲的政治中心之一，德国的俾斯麦政权在镇压工人运动失败之后，转而采用"胡萝卜"的软化政策，以缓和劳资矛盾。

第二，德国新历史学派的产生。当时在德国，劳资矛盾已经成为最严重的社会经济问题，为了解决这个问题，德国新历史学派应运而生。该学派主张国家必须通过立法，实行包括社会保险在内的一系列社会政策，自上而下地实行经济与社会改革。但是，该学派同时又认为，包括劳资矛盾在内的经济问题必须同伦理道德联系起来才能解决。俾斯麦政权认同并采用了该学派的基本政策主张。

（二）社会保障形成阶段的主要内容

1.社会保险制度的建立

以 1883 年德国颁布《疾病社会保险法》为代表，社会保障进入了国家立法阶段。国家力图通过直接干预和调节社会再分配，通过实行社会保障制度来消除社会问题，缓和社会矛盾。

德国最初推出的一系列社会保险法案，为当今大多数国家实行的投保资助型社会保险制度奠定了基础，提供了基本原则。继德国之后，英国、法国等欧洲国家也相继颁布了社会保险法令，实行了社会保险制度，社会保险制度在欧洲得到广泛推行。社会保险制度的建立成为现代社会保障制度产生的标志。

2.《社会保障法》的颁布

（1）《社会保障法》颁布的背景

真正具有综合性特征的社会保障法律是美国 1935 年颁布的《社会保障法》，它是世界上第一部关于社会保障方面的法律，也首次使用了"社会保障"一词。《社会保障法》首先在美国诞生，应该说有它的必然性。

第一，经济萧条的发生。20 世纪 30 年代，资本主义世界发生了严重的经济危机，而这次世界性经济萧条最早产生于美国。1929 年 10 月 24 日，美国纽约证券市场陷入恐慌并崩溃，从此经济萧条席卷了整个资本主义世界。美国的生产急剧下降，大量的企业破产，大批工人失业。

第二，工人运动的大规模爆发。由于发生了严重的经济危机，美国爆发了多次大规模的工人运动。工人要求提供失业救济和社会保险。此时劳资矛盾非常尖锐，已经影响到社会稳定。当时美国的罗斯福政府意识到这个问题的严重性。

第三，凯恩斯主义的诞生。为了稳定资本主义经济，凯恩斯主张国家干预，实现充分就业。他认为，经济危机起源于社会有效需求不足，有效需求不足又是由未充分就业导致的。因此，他主张国家实行赤字财政政策，通过增加社会福利开支、举办公共事业等，扩大社会支出，从而提高社会有效需求。

（2）《社会保障法》的主要内容

1933年，罗斯福出任总统后，为了摆脱经济萧条、缓和劳资矛盾、重振美国经济，接受并采纳了凯恩斯主义的政策主张，制定并实施了"新政"。在这种形势下，美国颁布了《社会保障法》，这标志着美国现代社会保障制度的诞生。

美国颁布的《社会保障法》是在罗斯福的社会保障思想指导下形成的。这一社会保障制度包括五个保障项目：老年社会保险，失业社会保险，盲人救济金，老年人救济金，未成年人救济金。其制度内容既有社会保险，又有社会救助。

从德国社会保险制度的建立，到美国《社会保障法》的颁布实施，最终形成了由国家财政出资的济贫和由受益人缴费的互助自保相结合的社会保障体系。《社会保障法》奠定了美国社会保障体系的基本框架和基础，标志着社会保障制度由社会保险制度向综合性社会保障制度迈出了一大步。

延展阅读2-3

美国《社会保障法》的特征

3.苏联社会保险制度的诞生与同期国际发展

1917年俄国十月革命后，新生的苏维埃政权（1922年成立苏联）迅速颁布了以列宁国家保险理论为核心的社会保险法令。这一制度具有鲜明的社会主义特征——由国家全额筹资、覆盖全体劳动者、保障项目全面，成为社会主义阵营社会保障的范式，其影响力持续至20世纪70年代。

与此同时，20世纪初期至二战前的西方资本主义国家（除美国外）亦在拓展社会保障体系，但发展路径与苏联形成显著差异——其改革焦点集中于扩大社会保险覆盖项目（如引入失业保险）和提升待遇水平（如延长养老金支付期限），而非重构制度基础。

第二节　社会保障的发展

一、社会保障发展的背景

二战前，虽然社会保障在资本主义各国发展很快，但仍然是不完善的。这主要表现为社会保障项目少、支付标准相对较低。二战后，在资本主义各国，社会保障事业发展迅速，进入了一个崭新阶段，即全面发展阶段。

（一）二战后经济的高速发展

二战后资本主义各国的经济发展进入了一个"黄金时期"。在这一阶段，资本主义各国政府把政策的重点由原来的"一切为了战争"转向恢复本国经济、治愈战争创伤。迅速发展起来的经济和以前所未有的速度积累起来的社会财富，为战后福利国家的构建奠定了雄厚的物质基础。

（二）《贝弗里奇报告》的影响

被称为"福利国家之父"的贝弗里奇在二战期间就着手勾画战后英国社会保障的蓝图，并于1942年11月提出《社会保险及相关服务》的研究报告（史称《贝弗里奇报告》）。报告继承了新历史学派理论有关福利国家的思想，指出贫困、疾病、愚昧、肮脏和懒惰是影响英国社会进步、经济发展和人民生活的五大障碍，并提出政府要统一管理社会保障工作、通过社会保障实现国民收入再分配的建议。

《贝弗里奇报告》设计了一整套从摇篮到坟墓的社会福利制度，其基本结构由三部分组成：满足国民基本需要的社会保险；对特殊情况国民的社会救助；遇到超过基本生存需要的自愿保险。报告指出，社会保险和社会救助应由国家组织，目的是当个人遇到收入中断、丧失劳动能力以及额外支出时为其提供维持生存水平的保障，即保证每个人的生活水平不能低于国家最低生活水准；如果有些阶层需求的保障超出了最低生活的需要，可以通过参加私人举办的自愿保险计划去解决。

这份报告在二战后成为英国工党政府社会政策改革的纲领性文件，其核心思想被纳入1946年《国民保险法》和1948年《国民健康服务法》等立法，不仅奠定了英国现代福利国家制度的基础，更对西方福利模式及全球社会保障体系的发展产生了深远影响。

（三）社会主义阵营的形成

苏联在1917年十月革命后建立了世界上第一个社会主义国家，社会主义制度的诞生对资本主义世界形成了意识形态和制度层面的双重冲击。然而，社会主义阵营的真正形成及其与资本主义阵营的全面对抗格局，则是在二战结束后随着东欧社会主义国家体系的建立而最终确立的。

延展阅读2-4

《社会保障最低标准公约》

这种新的国际格局对资本主义世界构成了严峻挑战：一方面，社会主义阵营的迅速壮大直接威胁到资本主义体系的全球影响力；另一方面，战后资本主义国家经济危机的周期性爆发使得资本主义制度的内在矛盾更加凸显。在此背景下，资本主义国家的政府和民众开始深刻反思社会制度的缺陷，这种反思直接推动了各国社会保障制度的改革与完善，成为战后资本主义国家构建福利社会的重要动因。

二、社会保障发展阶段的主要内容

二战后到20世纪70年代以前，社会保障制度进入了全面发展阶段，亚洲、非洲、拉丁美洲国家广泛建立了社会保障制度。同时，欧洲国家和美国都把恢复、重建和发展社会保障作为缓解战后社会危机、促进国民经济恢复和发展的重要手段。社会保障无论在广度上还是在深度上，都取得了很大的进展。

社会保障制度模式是指在不同的社会保障理念及不同国家的国情影响下，各国社会保障制度内容、水平、运行机制具有的不同特点。社会保障制度模式事实上是由经济、政治、社会、历史文化发展等综合因素决定的。一般意义上的社会保障制度模式，在关注各国社会保障制度国别特色的同时，强调不同类型国家社会保障制度内容、水平与运行机制方面的共同特征。

按照政府、企业和个人在社会保障制度中承担的不同责任，社会保障权利与义务的对等关系，社会保障给付水平的高低，社会保障财务制度的形式等标准，可以将世界上曾经产生过的社会保障制度划分为四类：投保资助型社会保障模式、福利国家型社会保障模式、强制储蓄型社会保障模式和国家保险型社会保障模式。这四类社会保障模式的内涵各不相同，其侧重点也各不相同：投保资助型模式强调保险的机制，福利国家型模式强调国家的义务，强制储蓄型模式强调个人的责任，国家保险型模式强调国家的责任。

（一）投保资助型社会保障模式

1.起源和代表国家

投保资助型社会保障模式也称为社会保险型模式、俾斯麦型社会保障模式、"传统型"社会保障模式，是最早出现的社会保障模式。它起源于19世纪80年代的德国，后来被世界许多国家引进，包括欧洲大陆、美国、日本在内的许多发达资本主义国家和部分发展中国家都采用这种模式。这种模式以社会保险为核心，社会保险费用由雇员、雇主和国家三方负担，主要以雇员和雇主承担为主，社会保障的给付与雇员的收入、社会保险缴费相联系。在这一模式中，企业、个人和政府都是责任主体，在不同的项目中各有不同的角色。在社会保险中，主要缴税（费）人为企业和个人，政府只扮演最后责任人的角色；在社会救助、社会福利中，政府是最主要的责任人。在这一模式中，普惠的项目较少，许多项目具有"选择性"，即对那些收入低下的人群提供保护。

2.特征

投保资助型社会保障模式作为工业化的产物，是在工业化取得一定成就并有较雄厚的经济基础，以及单位和个人都具有一定经济承受能力的情况下实行的。它的目标是以劳动者为核心，通过提供一系列的基本生活保障，使社会成员在疾病、失业、年老、伤残以及由于婚姻关系、生育或死亡而需要特别援助的情况下得到经济补偿和保障。

其特点主要表现在以下几个方面：

（1）以劳动者为核心

面向劳动者，且主要是工薪劳动者，围绕劳动者在年老、疾病、工伤、失业等方面的风险设置保险项目，用以保障劳动者在遭遇这些事件时的基本生活。在某些情形下，还通过劳动者惠及其家庭成员。

（2）责任分担

强调雇主与劳动者个人分担社会保险缴费责任，国家财政给予适当支持，从而是一种风险共担和责任分担的社会保障机制。

（3）权利与义务有机结合

强调劳动者享受社会保险的权利与缴纳社会保险费的义务相联系，劳动者享有的社会保障待遇水平亦常常与缴纳社会保险费的多少和个人收入情况相联系，不参加社会保险或者未缴纳社会保险费是不能享受社会保障待遇的。

（4）互助共济

雇主与劳动者个人缴纳的社会保险费形成养老、医疗、失业、工伤、生育等社会保险基金，当劳动者遭遇保险事件时，享受相应的社会保险待遇；社会保险基金在受保成员之间调剂使用，充分体现互助互济、共担风险的原则。

（5）现收现付

社会保险基金的筹集以现收现付方式为主。投保资助型模式非常重视权利与义务的对等关系，强调责任分担意识，在追求公平的同时亦体现了效率原则。不过，采取现收现付方式筹集社会保险基金时，保险费率受人口年龄结构与人口就业比例的影响较大，难以应对人口老龄化导致的养老金支付高峰问题，进而可能因基金积累不足而造成财务危机。因此，有必要对此保持警惕。

（二）福利国家型社会保障模式

1.起源和代表国家

"福利国家"型社会保障模式以英国为典型代表。英国政府在《贝弗里奇报告》的基础上，颁布了一系列社会保障法案，于1948年第一个正式宣布建成"福利国家"。

瑞典自1948年构建的福利国家体系，通过全民覆盖的现金津贴（含儿童、遗属等创新项目）与公共服务（医疗、护理等）结合，成为20世纪60年代公认的"福利国家橱窗"，其普遍主义原则和高水平再分配机制影响深远。

二战后至20世纪60年代，福利国家型社会保障模式从英国扩展到北欧、西欧及英联邦国家，形成以全民保障和高水平再分配为特征的制度体系。这一时期许多国家的福利支出占GDP比重高达15%~20%，福利国家型社会保障模式被视为工业社会矛盾的系统解决方案。

2.特征

英国的"福利国家"内容十分广泛，包括全民医疗、社会保险和社会服务。具体而言，福利国家型社会保障模式及其所推行政策的主要特征如下：

（1）累进税制与高税收

国家通过确立累进税制对国民收入所得进行再分配，使社会财富不再集中在少数人手里。为维持福利国家高水平的福利支出，必然需要高税收来支撑，因此，高税收不仅充当着福利国家的财政基础，而且构成了福利国家的重要特征。

（2）普遍覆盖与全民共享

"普遍性"和"全民性"构成福利国家型社会保障模式的基本原则，其目标不仅是使公民免遭贫困、疾病、愚昧、肮脏和失业之苦，而且在于维持社会成员一定标准的生活质量，加强个人安全感。

（3）政府负责与保障全面

在福利国家，政府是社会保障的当然责任主体，不仅承担着直接的财政责任，而且承担着实施、管理与监督社会保障的责任。同时，福利国家的社会保障项目众多，待遇标准也较高，保障项目设置涵盖了每个社会成员"从摇篮到坟墓"的一切福利保障需求，而个人通常不需缴纳或只需低标准缴纳社会保障费用，福利开支主要由政府和企业负担。

（4）法治健全

各种社会保障制度均依法实行，并设有多层次的社会保障法律监督体系。例如，英国在《贝弗里奇报告》的基础上，先后制定了《国民保险法》《国民健康服务法》《家庭补助法》《国民保险（工业受伤）法》《国民救济法》。

（5）充分就业

国家采取各种措施促使人人都能有就业的机会，通过国家政权的力量，强制性消灭各种导致失业的因素来实现充分就业的目标。

（三）强制储蓄型社会保障模式

1.起源和代表国家

强制储蓄型社会保障模式是通过国家立法，强制用人单位、员工按照工资收入的一定比例向社会保险基金纳税（或缴费）的社会保障模式。目前，东南亚、拉丁美洲国家和部分非洲国家就采用了这一模式，主要以新加坡、智利为代表。

新加坡的中央公积金制度是一种强制性的社会保障储蓄计划，要求雇主和雇员按法定比例共同供款，款项以职工个人名义存入专属公积金账户，并由新加坡公积金局统一管理和投资运营。职工在满足特定条件（如退休、购房、医疗支出等）的情况下，可按规定提取个人账户中的资金，用于政府批准的用途，如养老、住房、医疗及教育等。

智利模式与新加坡模式不同，它强制雇员个人将工资的10%积累于养老账户，并由个人任意选择基金管理人进行投资，达到退休年龄后可以连本带利取回或继续留在某个基金管理公司，也可以选择从商业保险公司购买年金。当个人账户积累不足以保障退休后最低生活水平时，政府将对此负责。可见，第一，智利模式只是养老保险模式；第二，智利模式不要求企业供款；第三，在管理上智利是分散管理；第四，政府在养老保险方面仍然扮演着最后责任人的角色。

2.特征

强制储蓄型社会保障模式除具备国家立法规范、政府严格监督等特点外，还具有如下鲜明特点：

（1）用人单位、员工共同缴费或只由员工缴费

例如，新加坡政府不仅要求用人单位缴费，而且要求员工也向社会保险基金缴费。又如，智利政府只要求员工缴费，不要求用人单位为员工缴费，缴费直接计入员工的个人账户。新加坡在1955年公积金初创时期，缴费率仅为工资总额的10%，用人单位和员工各缴5%；1994年为40%，用人单位和员工各缴20%。

（2）权利和义务高度对称

在强制储蓄型社会保障模式下，用人单位、员工缴纳的数额决定了员工将来获得养老金数额的多少。显然，这种高度相关的社会保障制度不具有代际之间互助互济、分摊风险的功能，也不具有收入再分配的功能，员工享受养老金的权利同履行的缴费义务高度相关。

（3）财政转移支付的资金较少

在强制储蓄型社会保障模式下，政府用于社会保障的转移支付资金比较少，只有在养老保险基金管理公司出现亏损的情况下，政府才支付最低额度的投资收益担保。

（4）保障水平取决于社会保险基金的实际投资收益率

在强制储蓄型社会保障模式下，社会保险基金投资收益率的高低是决定养老金给付水平的重要因素。社会保险基金是不断沉淀下来的巨额金融资产，这部分金融资产投资收益率的高低，决定了缴费员工未来领取养老金的多少。

（四）国家保险型社会保障模式

1.起源和代表国家

自20世纪50年代开始，东欧和包括我国在内的亚洲社会主义国家，仿效苏联的社会保险模式，建立了国家保险型社会保障制度。

国家保险型社会保障模式是以公有制为基础、与高度集中的计划经济体制相适应的政府统包型社会保障模式，以苏联、东欧和改革前的中国等社会主义国家为代表，强调的是国家的责任。它的社会保险对象是公有经济部门的雇员，保险费由单位负担，各种社会保险项目由统一的组织机构即工会经办，并和工人共同管理。中华人民共和国成立后就是按这一模式建立社会保险制度的。虽然缴费的是企业（或单位），但最终的所有权人仍然是

国家，最终的责任人仍然是国家，保障的对象也是公有部门的雇员，所以我们称之为国家保险型社会保障模式。

2.特征

国家保险型社会保障模式主要有以下几个特征：

（1）宪法保证

国家通过宪法将社会保障确定为国家制度，公民所享有的社会保障权利由生产资料公有制保证，并通过相应的社会经济政策的实施取得。

（2）政府与企业承担责任

社会保障支出由政府和企业承担，其资金由全社会的公共资金无偿提供。由于国家已事先做了社会保险费的预留与扣除，个人不需要缴纳社会保险费。

（3）保障对象是全体公民

每一个有劳动能力的人都必须积极参加社会劳动并在劳动中获得相应的社会保障，国家对无劳动能力的社会成员也提供物质保障。

（4）工会参与社会保障事业的决策与管理

延展阅读2-5

社会保障发展
阶段的特征

国家保险型社会保障模式作为社会主义国家普遍采用过的社会保障模式，曾经造福亿万人民，但因这种保险超越了现阶段的承受能力，经过半个多世纪的实践，逐渐随着苏联的解体与东欧国家的剧变而被摒弃。我国则从20世纪80年代开始改革相应制度，并代之以能够适应社会主义市场经济体制的社会化社会保障制度。

|第三节| 社会保障的改革

一、社会保障改革的背景

从17世纪初社会保障制度产生开始起，资本主义社会保障制度一直处于一个快速发展期，无论是社会保障项目方面还是支付标准方面都在不断得到提高和完善。但从20世纪70年代末至今，资本主义各国逐步对本国的社会保障制度进行了调整，其调整的背景有以下几个方面：

（一）经济增长速度放慢

进入20世纪70年代中期以后，两次石油危机引发了发达国家的经济危机。经济萧条给整个资本主义世界在经济、社会以及政治方面带来了极大的冲击。失业率和财政赤字大幅上升，社会保障制度也陷入困境。主要资本主义国家的经济危机是社会保障财务收入减少的直接原因。经济的下滑直接导致财政收入减少，不管是征收社会保险税还是社会保险费的国家都面临社会保障收入下滑的境遇。原来设计的社会保障财务平衡机制被打破，人们不得不寻求新的解决平衡财务的办法。

（二）造成了劳动积极性的下降

过于完善的社会保障制度，助长了"人人为自己，国家为人人"的思想，直接导致一部分人的懒惰行为。本来有些人具有劳动能力并能够找到工作，但这些人的生活竟完全依赖于较高的社会保障待遇。这种状况给正在工作的人也带来了很大的负面影响，过于完善的社会保障制度使得现役劳动者不得不负担较重的社会保障费用来养活一批懒汉，使得现役劳动者对整个社会产生了不满，结果导致他们的劳动积极性下降，从而对整个经济的发展也产生了非常消极的影响。

（三）社会保障管理效率低下

一方面，在许多资本主义国家，对社会保障往往采取政府集中管理模式。随着社会保障管理的人数增多和管理机构规模也日趋扩大，导致社会保障的管理费用迅速增长；另一方面，社会保障管理效率则逐步下降，社会保障管理人员的服务质量也在日趋恶劣。这种国家财政在社会保障管理上投入增加和服务质量下降的状况，导致了整个社会的不满，人们要求改革社会保障管理体制的呼声日趋高涨。

（四）过高的社会保障水平严重削弱了企业的市场竞争力

在许多西方国家，社会保障费用在劳动力成本中的比重很大，如奥地利、比利时、法国、德国等国，社会保障费用已占劳动力成本的25%~30%；与此同时，这些国家的失业率已达10%左右。随着经济全球化深入发展，部分国家高昂的社会保障支出显著提升了企业用工成本，削弱了其国际竞争力。这种压力促使企业通过产业外迁或缩减用工规模等方式应对，进而对本国就业市场和经济活力造成双重冲击。在此背景下，一些发达经济体长期面临经济增长乏力与通胀压力并存的"滞胀"困境，社会保障体系与经济发展之间的结构性矛盾日益凸显。

（五）国家财政负担严重

由于经济增长缓慢、通货膨胀严重，企业和政府的收入不断下降，同时，失业和贫困者增多又导致社会保障开支随之增加，其结果是社会保障费用开始迅速膨胀，成为西方各国经济和财政的沉重负担。特别是随着老年人口的增多，先进、昂贵的医疗设备的采用，医疗保险开支出现了惊人地增长。1965—1975年，英国、法国和联邦德国医疗保险开支的年增长率是14.7%，荷兰高达17.9%。西方各国社会福利开支的增长速度比政府总的财政开支的增长速度还要快。

（六）老龄化的加剧使社会保障制度更加难以维持

在持续下降的出生率与不断延长的人口寿命共同作用下，世界人口年龄结构正快速向老龄化方向发展。人口老龄化对社会保障制度的影响是直接和深刻的：一方面，老年人口比重不断上升，导致社会养老金、医疗费和社会看护费等社会福利性支出急剧增加；另一方面，由于年轻人口比重的降低，社会保障税（费）的来源也会相应减少，社会保障经费日益陷入入不敷出的困难境地。

二、社会保障改革阶段的主要内容

为了摆脱社会保障发展的困境，西方发达国家从20世纪70年代末进入社会保障的改革和调整时期。以英国保守党政府1979年率先改革社会保障制度为标志，一些西方发达国家开始对社会保障进行调整和改革，重点是开源节流，有的国家对原有的制度进行参数调整，有的国家则是对原有制度进行改革。

（一）开源节流

1."节流"措施

在"节流"方面，一些国家通过修改计发基数、严格规范待遇领取资格、调整社会保障条件以缩小保障范围、延迟退休年龄，减少社会保障支出。

第一，对于福利补贴的申领者规定一些附加条件，改变过去无条件自动享受的做法。例如，在欧洲一些福利国家中，以前公民不论是否努力去寻找工作，都有资格得到某种最低收入。随着失业人数的增加，特别是长期性失业人数的增加，人们不再支持无条件享受最低收入的做法。荷兰和比利时现在的做法是，如果领取补贴者拒绝接受培训，不去找工作，或者拒绝接受分派的工作，就要扣减享受的补贴。

第二，重新调整福利标准，改变过去那种过多、过滥、过宽发放补贴的做法，以使现有的保险制度变得有支付能力和能够正常运转。瑞典已把失业救济金、疾病津贴和产妇津贴从占最低工资的90%减到75%，取消了支付工资的两个假日，并削减了奖学金、养老金和住房补贴；芬兰削减了子女补助费、学习津贴和其他福利费用；法国将国家公务员和国有部门职工退休金的缴纳年限由37年半延长到40年；英国改全年支付失业救济金为每年只支付6个月的失业救济金。

第三，加强福利服务管理，对享受福利者的经济情况进行严格的调查审核，以保证把福利发给确实需要的人们。英国确立了严格的医疗鉴定制度，以决定哪些人是因病短期内不能工作，哪些人是确实已丧失工作能力需要长期补助。比利时和德国开始对享受家庭津贴者实行收入调查。

第四，通过福利服务私营化来缓解政府沉重的财政赤字压力。国家不再对所有人的福利实行兜底政策，而且只承担很少的基本保险，每个人必须根据需要增加私人保险投资，私人保险金也交由私营机构去经营。政府通过减免税收的办法对参加私营养老保险计划的个人和经营养老服务的机构进行鼓励。

2."开源"措施

在"开源"方面，各国主要采取以下措施：一是调整缴费机制，包括提高缴费率（如法国、英国、荷兰等）、扩大参保范围、上调缴费基数上限（如美国将缴费收入上限从1950年的3 000美元逐步提高到1999年的72 600美元）；二是拓展筹资渠道，如开征社会保障专项税、对高收入群体的社保待遇课税（美国自1984年起对超过一定标准的公共年金征收所得税）；三是增设收费项目，多措并举扩大社会保障资金来源。

（二）社会保障制度结构变革

1.部分基金制的探索

现收现付制采取"以支定收"原则，在财务上做到当期收入全部用于当期支出，当期收支平衡。人口老龄化迫使实行现收现付制的国家不得不持续提高缴费率，以应对庞大的开支，高缴费率造成在职人口的不满情绪，带来"代际矛盾"。一些国家未雨绸缪，开始在现收现付制度中留有结余，用丰裕年度的资金填补亏空年度的缺口。

2.基金制的实践

智利1981年建立的养老保险个人账户制度采取雇员个人缴费，资金由参保人自主选择养老基金管理公司运营，政府仅承担最低保障责任。得益于资本市场的高回报（1981—1995年平均收益率10%以上），该制度不仅提高了养老金水平，还将国民储蓄率从10%提升至27%。这一成功经验引发拉美国家效仿，并推动了全球现收现付制的改革。不过，东亚国家（地区）基于集体主义传统，选择了政府集中管理的差异化路径。

3.补充制度的发展

一些国家开始尝试建立多层次的社会保险，推出强制性企业年金和自愿性个人养老储蓄，用于补充国家提供的基础保障，提高待遇水平。建立国家基本保险、企业补充保险和个人商业性储蓄保险等多层次的社会保险体系成为改革的趋势。中国从 20 世纪 80 年代中后期开始改革养老保险制度，引入了个人缴费和个人账户。

20 世纪 80 年代以来，各国通过立法以及相应的税收优惠政策大力刺激企业年金的发展，弥补国家社会保障支出的不足，企业年金进入一个"黄金发展期"。

延展阅读2-6

社会保障改革阶段的国际经验和教训

第四节　我国社会保障的建立与发展

新中国的社会保障制度，是逐步建立起来的。它虽然与历史上的社会保障实践有渊源，却与旧中国的社会保障制度无直接继承关系。考察中国社会保障制度半个多世纪的实践，在改革开放前的 30 年所走的历程是从国家责任发展到国家与单位责任并重的进程，进入改革开放时期后则是一个逐渐走向政府主导与社会各方共担责任的进程。

一、我国社会保障的形成

1949 年 10 月 1 日中华人民共和国成立，当时起临时宪法作用的《中国人民政治协商会议共同纲领》为建立新中国的社会保障制度提供了最基本的法律依据。该纲领明确规定"革命烈士家属和革命军人家属，其生活困难者应受国家和社会的优待。参加革命战争的残疾军人和退伍军人，应由人民政府给以适当安置，使其能谋生自立"，并要"逐步实行劳动保险制度"等。

新中国社会保障制度创立的标志是 1951 年 2 月政务院（国务院前身）颁布的《中华人民共和国劳动保险条例》（以下简称为《条例》）。《条例》具体规定了职工在患病、伤残、生育、年老、死亡后获得相应的物质帮助的办法，并且形成了两套不同的保障制度：其一是企业职工的社会保障制度，其二是政府机关、事业单位工作人员的社会保障制度。

（一）企业职工劳动保险的建立

在企业职工的劳动保险制度中，规定了其管理体制，覆盖范围、筹资方式及待遇资格和水平。

1.管理体制方面

依《条例》规定，企业基层工会负责保险基金的收缴、发放，各级工会指导督促，各级政府中的劳动行政机关负责监督并处理争议和申诉，中华全国总工会为全国最高的劳动保险事业的领导机构，国家劳动部为最高监督机关。覆盖范围方面：按《条例》规定，覆盖范围限于拥有职工 100 人以上的工矿企业以及铁路、航运、邮电行业及其附属单位；1953 年对《条例》进行了修改，扩大了覆盖范围，在原有的基础上又扩大到工、矿、交通行业的基本建设单位和国营建筑公司；1956 年再次扩展，覆盖了商业、外贸、金融等 13 个产业部门。

2.筹资方式方面

《条例》实际上确立了以企业单方付费制为基础的现收现付筹资模式，劳动保险金分为两大块，即企业基层工会管理的基金与全国总工会管理的基金；企业按月缴纳本企业职工工资总额的3%作为劳动保险金。前两个月缴纳的全数上缴全国总工会，自第三个月起每月缴纳的基金，其中30%上缴全国总工会作为总基金，70%作为劳动保险基金由企业基层工会管理。

3.待遇资格条件和水平

养老保险，男年满60岁、一般工龄25年，女年满50岁、一般工龄20年，可准予退休。退休后，按工龄长短，从劳动保险金中给付养老金，其数额为本人工资的35%～60%，1953年提高到50%～70%；医疗保险方面，企业职工患病所需的诊疗费、手术费、住院费及普通药费由企业负担，贵重药品、住院的膳费及就医路费由本人负担，并规定其病假生活待遇。

根据《条例》的规定，国有大中型企业举办了以本单位职工为对象的福利事业，即职工福利。职工福利包括集体福利设施、职工住房、福利补贴、文化体育设施等。职工福利经费来源主要有以下几条途径：国家提供的基建投资中的非生产性投资；按企业职工工资总额的2.5%提取的职工福利费；工会经费中的一部分；单位企业管理费中的职工福利开支；福利设施本身活动的收入。

企业基建投资完成后，福利设施的运营管理、维修维护以及职工福利补贴等长期成本仍需由企业承担。这些设施和福利虽为企业所有，但也使企业不得不持续投入人力、物力和财力进行日常管理，逐渐形成了"企业办社会"的局面。

（二）机关事业单位社会保险的建立

养老保险方面，1955年12月国务院颁布《国家机关工作人员退休处理暂行办法》，对国家干部享受养老金的资格与待遇水平作了规定：男年满60周岁，女年满55周岁，可办理退休；养老金按工作年限长短，以退休时基本工资的50%~80%计发。医疗保险方面，1952年6月政务院颁布《关于人民政府、党派、团体及所属事业单位的国家机关工作人员实行公费医疗预防措施的指示》，这一规定在报销范围上高于企业。在病假期间工资待遇方面，1952年9月政务院颁布《关于各级人民政府工作人员在患病期间待遇暂行办法》，该办法在1953年12月和1954年7月经过两次修订后在待遇上均高于企业。1955年颁布了《关于女工作人员生育假期的通知》，规定了生育保险待遇。

（三）其他保障项目的建立

1.社会救济的建立

新中国成立初期，社会救济的主要任务是医治战争创伤、安定人民生活、稳定社会秩序和促进国民经济恢复。当时，需要救济的对象，在城市有贫民、失业人员、无业游民、孤老残幼等，在农村有乞讨的灾民、难民；不仅要解决救济对象的吃穿住问题，还要安置他们落户，创造就业条件，并担负部分对象的教育改造任务。政府采取了一系列相应的救济措施，如救济贫民和灾民，组织失业人员生产自救，疏散城市流浪人口，资遣国民党散兵游勇，动员、遣送因病流入城市的农民回乡生产，接收、改造帝国主义举办的所谓"慈善"团体，安置孤老残幼，收养、改造烟民和妓女等。

随着农村集体经济的建成，对救灾方针进行了调整，强调依靠集体的力量，即依靠群众、依靠集体，以生产自救为主，辅之以必要的国家救济。

1956年6月，《高级农业生产合作社示范章程》颁布，其中第53条规定：农业生产合作社对于缺乏劳动力或者完全丧失劳动力，生活没有依靠的老、弱、孤、寡、残疾的社员，在生产上和生活上给予适当的安排和照顾，保证他们的吃、穿和柴火的供应，保证年幼的受到教育和年老的死后安葬，使他们生养死葬都有依靠。从此，中国农村以"五保"为内容、以社会救济为特征的社会保障制度初步形成。

2.社会福利的建立

新中国成立初期，中国社会福利的很大一部分内容是企事业单位和政府机关的职工福利。在社会上，福利是和社会救济结合在一起的，统称为救济福利事业。20世纪50年代后期，社会福利事业与社会救济分别发展，逐步形成了以"三无"（无劳动能力、无人赡养、无生活来源）、老人、儿童、残疾人、病人、精神病患者为主要对象的社会福利体系，建立和发展了如老人、儿童、残疾人的福利院，福利工厂以及精神病人疗养院等福利机构。政府和社会团体还投资兴办了以全体公民为对象的教育、医疗、文化、住房等公共福利设施。

到改革开放以前，救济和福利事业主要依靠政府投资兴办和提供经费。

3.社会优抚的建立

土地革命战争时期，中华苏维埃第一次全国代表大会颁布了《中国工农红军优待条例》，初步建立了对军人的社会保障制度。新中国成立后，军人的社会保障制度不断得到健全和发展，如《中华人民共和国兵役法》《关于军队干部退休的暂行规定》《军人抚恤优待条例》等法律法规中，对军人的工作和生活、军人离退休后的生活保障、伤残和死亡军人及其家属优待等事项都规定了明确的保障办法。

二、我国社会保障的修订与调整

新中国社会保障制度的建立和实施，结束了劳动者在旧社会老无所养、病无所依的悲惨命运，对保障人民生活、发展生产和安定社会起到了重要作用。但是，在实践中，国家保险型社会保障制度也表现出与我国经济发展水平不相适应，以及制度规定不尽合理、不够完善的问题。随着三大改造任务的完成，国家转入有计划的社会主义经济建设时期。为适应新形势的发展，中央政府开始对社会保障制度进行调整与完善。

这一时期，从职工劳保福利方面看，虽然为职工办了很多实事儿，但是某些方面走得快了，某些项目办得多了，某些规定不切合实际和不够合理。第二个五年计划期间，我国对劳保福利工作和制度进行了着重整顿。整顿的方针是：简化项目，加强管理，克服浪费；改进不合理的制度，降低过高的福利待遇；提倡少花钱、多办事；提倡依靠群众集体的力量，举办福利事业；提倡用互助互济的办法，解决职工生活中的某些困难问题。具体举措如下：

（一）建立企业职工和国家公务人员统一的退休制度

1957年11月16日，全国人民代表大会常务委员会第八十五次会议原则批准了《国务院关于工人、职员退休处理的暂行规定》，经全国范围内300多万人讨论并经修改后，由国务院于1958年2月9日公布实施。该暂行规定的实施，使企业和事业单位、国家机关、人民团体的工人、职员的退休条件、退休待遇实现了统一，避免了不同劳动群体在社会保障方面的待遇差别和矛盾，有助于不同职业岗位间人员的流动和联系，是新中国社会保障制度发展史上的一次重大进步。

（二）制定了民族工商业者以及集体企业职工养老保险方面的政策法规

1962年4月17日，中共中央批转《中央统战部关于处理资产阶级工商业者退休问题的意见》，同年7月16日，国务院又公布《关于处理资产阶级工商业者退休问题的补充规定》，对资产阶级工商业者的退休条件、待遇等都作了相应规定。

1964年4月，第二轻工业部和中华全国手工业合作总社颁布了《关于轻、手工业集体所有制企业职工、社员退休统筹暂行办法》和《关于轻、手工业集体所有制企业职工、社员退职暂行办法》，经过试点推行和修改完善，1966年4月20日正式公布实施。这样，除了国营企业、公私合营企业外，我国轻工业、手工业集体所有制企业职工的退休退职也进入了制度化、规范化的轨道。

（三）落实了精减职工养老保险政策，并解决了保险待遇异地支付问题

"大跃进"运动之后的国民经济大规模调整期间，几千万企业职工和城市居民被下放到农村。针对精减下放职工及其家属生活安置问题，国务院于1962年6月1日制定和颁布了《关于精减职工安置办法的若干规定》，这一规定的实施解决了精减职工中老弱人员的生活保障问题。

针对大批职工及其家属回到家乡或下放农村，职工退休待遇的支付领取发生困难的问题，1963年1月23日修订颁布的《关于享受长期劳动保险待遇的异地支付办法》规定，职工、家属在转移居住地点时，退休费、因工伤残抚恤金、因工伤残救济费和因工死亡供养直系家属抚恤费可以异地领取，解决了职工家属的后顾之忧。

（四）对医疗制度进行改革

1965年9月21日，中共中央在批转卫生部《关于把卫生工作的重点放到农村的报告》中指出："公费医疗制度应当适当改革，劳保医疗制度也应适当整顿。"根据这一精神，卫生部和财政部发出《关于改进公费医疗管理问题的通知》，对国家工作人员的医疗制度做了适当的改革，规定"在公费医疗制度方面，除滋补药品已自费外，可考虑实行收挂号费的办法"。

在企业职工的医疗保险方面，劳动部和全国总工会于1966年4月14日发出《关于改进企业职工劳保医疗制度几个问题的通知》，内容包括：企业职工患病和非因工负伤，在指定医院或企业附设医院治疗时，其所需的挂号费、出诊费，均由职工本人负担；职工患病所需贵重药费改由行政方面负担；职工因工负伤或患职业病住院期间的膳费，改由本人负担1/3，行政负担2/3；职工供养直系亲属的医疗待遇，其挂号费、检查费、化验费改由本人负担，而手术费和药费收半费的办法依然保留。

三、我国社会保障的停滞与倒退

1966年，"文化大革命"开始，社会保障事业遭到重创，一度处于瘫痪状态。

首先，职工社会保障管理体制方面出现了倒退现象，由政府、工会分工合作的社会化管理模式倒退至由政府一家做主的集权化管理模式。各级工会组织遭受严重冲击，致使其劳动保障领导机关的职责无法履行。

其次，职工社会保险资金筹集方式出现了倒退现象，从由企业按比例提取劳动保险金统筹使用的社会保险形式倒退至企业营业外列支的企业保险形式。1969年2月，财政部颁发的《关于国营企业财务工作中几项制度的改革意见（草案）》规定：国营企业一律停止提取劳动保险金，企业的退休职工、长期病号工资和其他劳保开支在营业外列支。这一做法使社会保险丧失了统筹调剂的职能，变成了"企业保险"。

最后，企业用工支付方面出现了倒退现象。一方面，正常的社会保障业务被破坏，社会保险机构被撤销，致使大批具备退休、退职条件的企业职工没有及时退出生产领域；另一方面，千百万青年学生到农村就业，企业得不到生产力补充和更新。这种状况造成企业职工年龄构成不断老化，一方面影响了劳动力的更新，另一方面使社会保险制度中的代际资源传递发生了阻隔。

四、我国社会保障的恢复与重建

随着"文化大革命"的结束，社会保障事业也与各行各业一起开始了拨乱反正和恢复重建的工作，具体包括：

（一）恢复职工退休、退职制度

1978年6月2日，国务院颁发《关于安置老弱病残干部的暂行办法》和《关于工人退休退职的暂行办法》。此文件的颁布和执行，较好地扭转了之前退休、退职制度执行不力、职工队伍老化、企业冗员增多等不利局面。

（二）整顿和恢复企业劳动保险管理工作

1980年3月14日，国家劳动总局、全国总工会联合发出《关于整顿与加强劳动保险工作的通知》，开始对中断的企业职工劳动保险管理工作进行全面整顿和恢复。整顿工作纠正了不符合国家社会保险政策规定的错误做法，健全了企业社会保险的管理机构，建立了各种社会保险管理资料，培训了一批社会保险的专业干部。

（三）开展国营企业职工退休费用社会统筹试点工作

1984年起，部分市、县开始进行"国营企业职工退休费用社会统筹"的改革试点，之后向全国各地推广。这次试点名为改革，实际上还是恢复性质的工作，其实质是跳出企业保险的范畴，恢复到"文化大革命"前就已存在的养老基金社会统筹的道路上来。

（四）社会救济工作得到恢复重建

1969年，国家撤销主管救灾救济、社会福利等事务的内务部，社会救济工作陷入瘫痪状态。1978年2月，五届全国人大一次会议决定重新设置主管社会救灾救济、社会福利事务的民政部。

这一时期的社会救济工作，在范围上有所扩大，除了传统的救济对象外，还增加了生活困难的原国民党起义投诚人员、摘帽右派分子、错划地（主）富（农）分子、归国华侨等共计25种人员。社会救济的方法和手段也从单独发放救济救灾款项变为实行救济救灾同扶贫、扶优相结合。

1986年，国家专门设立了贫困地区经济开发领导小组，1989年又成立了中国扶贫基金会，把社会救济的重点转移到帮助贫困户脱贫致富上来，把扶贫工作的重点转移到"老少边穷"地区上来。

（五）探索新型养老保险制度

自1978年中国进行经济体制改革以后，政府针对养老保险制度存在的弊端进行了一系列改革，其内容主要是：实行养老保险费用社会统筹；建立劳动合同制工人养老保险制度；养老保险基金实行国家、企业和个人三方负担；引入个人缴纳养老保险费机制；探索建立国家基本养老保险、企业补充养老保险和个人储蓄性养老保险多层次的养老保险体系。

五、我国社会保障的改革

(一) 1991—2000 年的探索性改革阶段

1991—2000 年这 10 年是中国社会保障制度的探索性改革阶段，也是我国社会保障制度框架形成的重要时期。在这个时期，中国社会保障制度主要由以下四个重要文件构成：

1.《关于企业职工养老保险制度改革的决定》

1991 年 6 月，国务院发布《关于企业职工养老保险制度改革的决定》，开始尝试社会养老保险结构的改革。在养老保险筹资方面，确定社会养老保险费用由国家、企业和职工三方共同筹资，职工个人按本人工资的 3% 缴纳养老保险费。在制度结构方面，确定建立国家基本养老保险、企业补充养老保险和个人储蓄性养老保险相结合的多层次养老保险体系。当时确定这个制度模式的目的是希望通过企业补充养老保险和个人储蓄性养老保险的方式调动多方面的积极性，适当分散国家的经济负担，并能够适当积累起一定的基金，促进经济发展。

2.《中共中央关于建立社会主义市场经济体制若干问题的决定》

1993 年 11 月，党的十四届三中全会审议通过《中共中央关于建立社会主义市场经济体制若干问题的决定》，标志着中国社会保障制度改革进入新阶段。该决定在社会保险制度方面取得两大关键突破：一是创新性地提出"社会统筹与个人账户相结合"的养老保险模式，这一设计既保留了现收现付制的社会共济功能，又通过个人账户引入积累制要素，为应对人口老龄化提供了制度性储备。二是首次明确要求建立统一的社会保障管理体系，实行行政管理与基金运营分离：社会保障行政部门专司政策制定与监督管理职能；社会保险基金经办机构独立运营基金，在确保支付安全性和流动性的前提下，可依法通过购买国债等稳健渠道实现保值增值。这一制度安排为后续社保基金市场化投资运营奠定了重要基础。

3.《关于深化企业职工养老保险制度改革的通知》

1995 年 3 月，国务院颁布《关于深化企业职工养老保险制度改革的通知》，正式确立"社会统筹与个人账户相结合"的城镇企业职工养老保险改革方向。这一创新性制度设计虽在理论上兼顾了社会共济与个人积累，但在实施过程中因中央与地方、行业与地区间的利益博弈及认知差异，导致全国范围内出现了上百种改革方案并存的碎片化局面，进而引发基金统筹层次低下、地区间待遇攀比、劳动力流动受阻等一系列问题，暴露了转型期社会保障改革面临的央地协调、制度统一与灵活性平衡等深层次矛盾，为后续养老保险制度改革提供了重要经验借鉴。

4.《关于建立统一的企业职工基本养老保险制度的决定》

1997 年 7 月，国务院颁布《关于建立统一的企业职工基本养老保险制度的决定》，着力解决养老保险制度碎片化问题，主要推出了以下改革措施：一是建立全国统一的个人账户制度，规定按职工工资的 11% 建立个人账户，其中个人缴费比例逐步提高至 8%，企业划入部分相应降至3%；二是严格控制企业缴费，明确企业缴费（含划入个人账户部分）不得超过工资总额的20%；三规定养老金结构由基础养老金和个人账户养老金两部分组成；四是推进制度整合，将11个行业统筹（涉及1400万在职职工和360万离退休人员）移交地方管理；五是加快省级统筹进程，建立省级调剂金制度，计划到2000年实现省级范围内缴费比例、基金管理、经办机构管理的"三统一"。这一系列改革举措标志着我国养老保险制度从分散走向统一的关键转变。

（二）2000—2006年的"做实"试点阶段

在"社会统筹和个人账户相结合"的制度模型下，由于改革前退休的"老人"，以及改革前参与工作、改革后才退休的"中人"缺乏积累，造成统筹账户存在巨大的支付缺口，各地社保部门均调用个人账户资金用于当期支付，个人账户有名无实，长年"空转"。挪用个人账户造成的新债，加之远未偿还的"隐性负债"，一起将偿付责任推向了未来。个人账户的长期空转不仅严重打击了个人缴费的积极性，而且背离了统账结合的改革方向。

2000年12月，国务院决定选择辽宁省进行完善城镇社会保障体系试点，发布了《关于完善城镇社会保障体系的试点方案》，决定从2001年7月开始在辽宁省进行完善城镇社会保障体系的试点工作。

延展阅读2-7

辽宁省养老保险试点改革

2003年，党中央、国务院决定，在黑龙江和吉林两省进行扩大完善城镇社会保障体系试点工作，提出在总结辽宁省试点经验的基础上，通过两省的试点，为完善我国城镇社会保障体系进一步积累经验。

2005年12月，国务院颁布《关于完善企业职工基本养老保险制度的决定》，标志着我国养老保险制度改革进入深化阶段。该决定自2006年起实施，将改革试点范围从东北三省（辽宁、吉林、黑龙江）进一步扩大至天津、上海、山东、山西、湖北、湖南、河南和新疆等8个省、自治区、直辖市。

（三）2006年至今的"全覆盖"改革阶段

2006年10月，党的十六届六中全会通过《中共中央关于构建社会主义和谐社会若干重大问题的决定》，首次从国家战略层面明确提出"到2020年基本建立覆盖城乡居民的社会保障体系"的宏伟目标。2007年，党的十七大报告明确提出"加快建立覆盖城乡居民的社会保障体系"，标志着中国社会保障制度建设进入全面攻坚的新阶段。这一战略部署将社会保障提升至全面建设小康社会的重要支柱地位，要求到2020年在十几亿人口的大国实现全民保障，这既是造福中国人民的伟大工程，也是人类社会保障史上的重大创举。尽管面临区域发展差异、人口老龄化等艰巨挑战，但这一目标的实现将为全球社会保障事业贡献中国智慧和中国方案。

1.养老保险的改革

（1）城乡居民基本养老保险

2009年，国务院发布《关于开展新型农村社会养老保险试点的指导意见》，标志着新型农村社会养老保险（简称新农保）制度的诞生，该文件规定新农保实行"基础养老金+个人账户"的制度模式和"个人缴费、集体补助与政府补贴相结合"的筹资模式。2011年，为解决城镇非就业人员的养老保险问题，国务院发布《关于开展城镇居民社会养老保险试点的指导意见》，要求2011年7月1日启动城镇居民社会养老保险试点工作。从制度设计来看，新农保与城镇居民社会养老保险几乎完全一致。2014年，国务院发布《关于建立统一的城乡居民基本养老保险制度的意见》，将新农保和城镇居民社会养老保险两项制度合并，在全国范围内建立起统一的城乡居民基本养老保险制度。

（2）机关事业单位工作人员基本养老保险和职业年金

2008年，国务院原则通过了《事业单位工作人员养老保险制度改革试点方案》，确定在山西、上海、浙江、广东、重庆5省市开展事业单位养老保险制度改革试点，但效果不佳，除广东省进行了"半截子改革"外，其他四省市基本没有推进。机关事业单位与企业之间养老保险制度的"双轨制"是当时社会保障领域最大的不公平，广受民众的诟病。为此，中共十八届三中全会明确提出"建立更加公平可持续的社会保障制度"，"推进机关事业单位养老保险制度改革"。2015年1月，国务院出台《关于机关事业单位工作人员养老保险制度改革的决定》，要求机关事业单位实行与企业完全一致的基本养老保险制度，同时建立职业年金制度，养老保险"双轨制"被打破。2015年4月，《机关事业单位职业年金办法》出台，对职业年金作出了框架性的规定。

2.医疗保险的改革

（1）城乡居民基本医疗保险

2007年，国务院发布《关于开展城镇居民基本医疗保险试点的指导意见》，规定不属于城镇职工医保制度覆盖范围的中小学阶段的学生（包括职业高中、中专、技校学生）、少年儿童和其他非从业城镇居民都可自愿参加城镇居民基本医疗保险（简称城镇居民医保）。此后，城镇居民医保进入试点推广阶段。2008年，《国务院办公厅关于将大学生纳入城镇居民基本医疗保险试点范围的指导意见》出台，各类全日制普通高等学校（包括民办高校）、科研院所中接受普通高等学历教育的全日制本专科生、全日制研究生被纳入城镇居民医保的覆盖范围。2009年是中国基本医疗保障体系建设的关键节点，这一年，新型农村合作医疗制度在全国所有农村地区实现全面覆盖，同时城镇居民基本医疗保险工作也在全国所有城市全面展开，标志着我国基本医疗保险制度首次实现对城乡居民的全覆盖。2009年7月，卫生部等五部门发布《关于巩固和发展新型农村合作医疗制度的意见》，提出：逐步提高筹资标准和待遇水平，有条件的地区可开展地市级统筹试点。2011年新农合和城镇居民医保普遍开展了门诊统筹工作。2016年，国务院印发《关于整合城乡居民基本医疗保险制度的意见》，明确提出整合城镇居民医保和新农合两项制度，要求实现"六统一"的整合目标：统一覆盖范围，将城乡居民纳入同一制度保障；统一筹资政策，实行个人缴费与政府补助相结合的筹资机制；统一保障待遇，均衡城乡医疗保障水平；统一医保目录，实现用药范围和服务项目的一致性；统一定点管理，对医疗机构实行统一协议管理；统一基金管理，实行基金统收统支。同时，推进经办机构整合，创新经办管理模式，为建立更加公平、更可持续的城乡居民基本医疗保险制度奠定了坚实基础。

（2）城乡居民大病保险

针对城乡居民医保保障水平较低、参保居民大病医疗费用负担重的情况，2012年国家发改委等六部委发布《关于开展城乡居民大病保险工作的指导意见》，要求：在先行试点的基础上，逐步建立城乡居民大病保险制度；大病保险的保障对象为城乡居民医保的参保人；从城乡居民医保基金中划出一定比例或额度作为大病保险资金，个人无须缴费；报销比例不低于50%；承办方式为向商业保险机构购买大病保险。2015年，国务院办公厅发布《关于全面实施城乡居民大病保险的意见》，要求：2015年年底前，大病保险覆盖所有城乡居民医保参保人群；到2017年，建立起比较完善的大病保险制度。

3.其他保障项目的改革

（1）工伤保险

2010年，国务院根据实施过程中出现的新情况、新问题，修订了《工伤保险条例》，自2011年1月1日起开始施行。新《工伤保险条例》将工伤保险的适用范围扩大至企事业单位、社会团体、民办非企业单位、基金会、律师事务所、会计师事务所等组织的职工和个体工商户的雇工，同时修改了工伤认定办法和工伤认定程序，提高了一次性伤残补助金标准和一次性工亡补助金。

（2）生育保险

2011年开始施行的《中华人民共和国社会保险法》对生育保险中出现的新情况、新问题作出了规定，明确了参保职工未就业配偶也能按照国家规定享受生育医疗费用的待遇；扩大了生育医疗费用的范围；在生育津贴中增加了"享受计划生育手术休假"的条款。2012年，国务院出台《女职工劳动保护特别规定》，将女职工产假由原来的90天延长至98天，将女职工流产的产假确定为15天（未满4个月流产）或42天（满4个月流产）；同时，明确了生育津贴，生育、流产的医疗费用标准和支付主体。2017年，国务院办公厅印发了《生育保险和职工基本医疗保险合并实施试点方案》，批准河北省邯郸市等12个城市开展生育保险和职工基本医疗保险合并实施试点，试点期限为1年左右，试点内容包括统一参保登记、统一基金征缴和管理、统一医疗服务管理、统一经办和信息服务、职工生育期间的生育保险待遇不变等。

（3）失业保险

失业保险不仅要把兜牢民生底线作为基本目标，更要把维护就业局势总体稳定作为核心目标。除保障失业人员基本生活外，预防失业、促进就业也是失业保险的重要功能。

在预防失业方面，近年来，按照党中央、国务院对发挥失业保险功能作用的要求，国家出台了一系列惠企利民政策。一是出台了失业保险稳定就业岗位政策。2014年，经国务院同意，人力资源和社会保障部、财政部等四部门联合印发的《关于失业保险支持企业稳定岗位有关问题的通知》规定，产业结构调整的企业依法参加失业保险，上年度未裁员或裁员率低于统筹地区城镇登记失业率的，由失业保险基金给予稳定岗位补贴，补贴金额不超过上年度实际缴纳失业保险费的50%。2015年，国务院印发《国务院关于进一步做好新形势下就业创业工作的意见》，将失业保险基金支持企业稳岗政策实施范围由三类企业扩大到所有符合条件的企业。2017年国务院印发《国务院关于做好当前和今后一段时期就业创业工作的意见》，提出支持去产能企业多渠道分流安置职工，对不裁员或少裁员的，降低稳岗补贴门槛，提高稳岗补贴标准。二是出台了参保职工技能提升补贴政策。为贯彻落实《国务院关于做好当前和今后一段时期就业创业工作的意见》关于从失业保险基金中列支参保职工技能提升补贴的政策要求，2017年人力资源和社会保障部、财政部共同印发了《关于失业保险支持参保职工提升职业技能有关问题的通知》，明确规定了申领条件、审核程序和补贴标准。

除执行《失业保险条例》规定的职业培训补贴和职业介绍补贴外，自2006年起，经国务院同意，在北京、上海、江苏、浙江、福建、山东、广东7省（市）开展扩大失业保险基金支出范围试点工作，明确失业保险基金可以用于促进就业的支出包括：职业介绍补贴、职业培训补贴、职业技能鉴定补贴、社会保险补贴、岗位补贴、小额贷款担保基金和小额担保贷款贴息等7个项目。

（4）最低生活保障制度

2007年，国务院颁布《关于在全国建立农村最低生活保障制度的通知》，标志着我国覆盖城乡居民的最低生活保障制度正式建立，当年全国各地区都建立起农村最低生活保障（简称农村低保）制度。此后，最低生活保障制度进入完善期。2012年，国务院出台《关于进一步加强和改进最低生活保障工作的意见》，对最低生活保障制度发展过程中存在的问题提出了新的要求和改进措施。2014年实施的《社会救助暂行办法》对最低生活保障制度的对象、标准、资金、实施等作了专门的规定。

（5）医疗救助

2006年年底，农村医疗救助制度已经覆盖所有涉农的县（市、区）。2005年，国务院办公厅转发了民政部等部门《关于建立城市医疗救助制度试点工作的意见》，提出从2005年开始，用2年时间进行试点，之后再用2~3年时间在全国建立起管理制度化、操作规范化的城市医疗救助制度；2008年，城市医疗救助制度全面实施。此后，城乡医疗救助制度走向完善阶段。2009年，民政部等四部门出台《关于进一步完善城乡医疗救助制度的意见》，提出用3年左右时间，在全国基本建立起资金来源稳定，管理运行规范，救助效果明显，能够为困难群众提供方便、快捷服务的医疗救助制度。2013年，国务院办公厅发布《关于建立疾病应急救助制度的指导意见》，提出设立疾病应急救助基金，解决在中国境内发生急重危伤病、需要急救但身份不明确或无力支付相应费用的患者的急救保障问题。2015年，国务院办公厅转发了民政部等部门《关于进一步完善医疗救助制度全面开展重特大疾病医疗救助工作的意见》，提出城市医疗救助制度和农村医疗救助制度于2015年年底前合并实施，全面开展重特大疾病医疗救助工作。

六、我国社会保障的现状

经过几十年的改革与发展，我国的社会保障制度已基本建立，社会保障的体系与格局也已从计划经济时代的国家负责、单位（集体）包办、板块结构、单一层次、封闭运行转化为现在的政府主导、责任分担、社会化和多层次化，从长期试验性改革状态逐步走向成熟、定型状态。特别是改革开放以来，我国社会保障制度不断完善，各项社会保险覆盖范围继续扩大，参保人数和基金规模持续增长，具体表现在以下几个方面。

（一）社会保险体系

我国社会保险体系（制度）主要由以下六个部分构成（如图2-1所示）：

养老保险主要包括城镇职工基本养老保险和城乡居民基本养老保险。城镇职工基本养老保险是针对城镇职工设立的养老保险制度，由用人单位和职工共同缴费，旨在保障职工退休后的基本生活。城乡居民基本养老保险覆盖城乡居民，包括农村居民和城镇非就业居民等，缴费档次多样，可根据自身情况选择，政府给予一定补贴。

我国社会保障体系

```
├── 社会保险
│   ├── 养老保险
│   │   ├── 城镇职工基本养老保险
│   │   └── 城乡居民基本养老保险
│   ├── 医疗保险
│   │   ├── 城镇职工基本医疗保险
│   │   └── 城乡居民基本医疗保险
│   ├── 失业保险
│   ├── 工伤保险
│   ├── 生育保险
│   └── 长期护理保险
├── 社会救助
│   ├── 最低生活保障
│   ├── 特困人员供养
│   ├── 受灾人员救助
│   ├── 医疗救助
│   ├── 教育救助
│   ├── 住房救助
│   ├── 就业救助
│   └── 临时救助
├── 社会福利
│   ├── 老年人福利
│   ├── 残疾人福利
│   ├── 儿童福利
│   ├── 公共福利
│   └── 员工福利
├── 社会优抚
│   ├── 优待制度
│   ├── 抚恤制度
│   ├── 安置制度
│   └── 军人保险制度
└── 补充社会保障
    ├── 补充养老保险
    ├── 补充医疗保险
    └── 其他形式
```

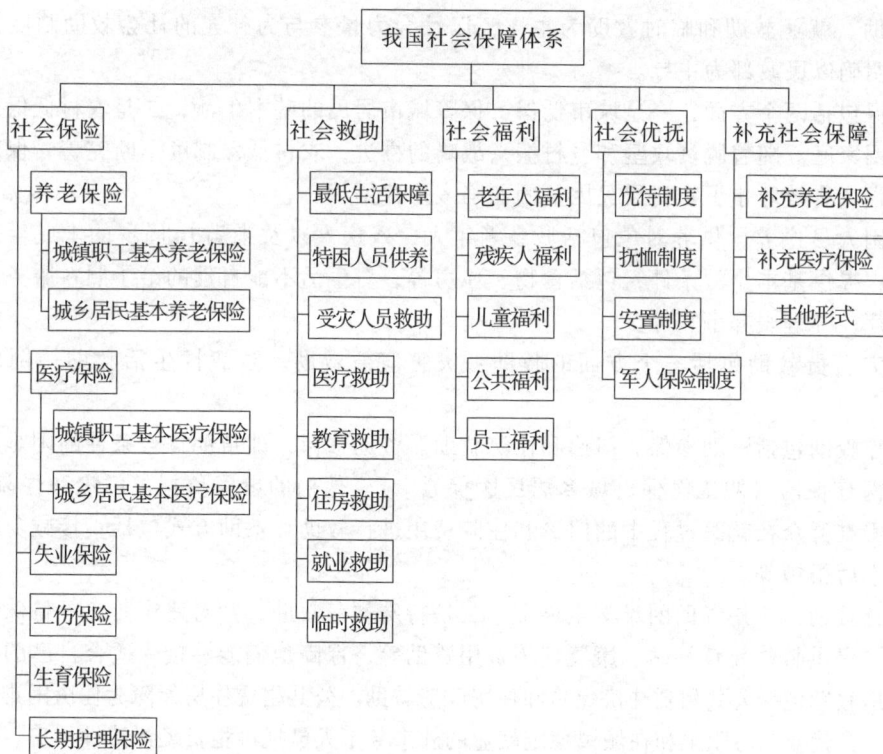

图2-1 我国社会保障体系构成

医疗保险包括城镇职工基本医疗保险和城乡居民基本医疗保险。城镇职工基本医疗保险由用人单位和职工按照一定比例共同缴费，用于支付参保职工因病就医的医疗费用，包括门诊费用、住院费用等。城乡居民基本医疗保险是为整合城镇居民基本医疗保险和新型农村合作医疗两项制度后而建立的，覆盖范围广，参保人可享受住院医疗费用、门诊医疗费用报销等待遇。

失业保险由用人单位和职工共同缴费，当职工失业时，符合一定条件的可以领取失业保险金，领取期限根据缴费年限确定，最长不超过24个月，同时还可以享受职业培训、职业介绍等就业服务。

工伤保险，由用人单位缴纳工伤保险费，职工不缴费，用于保障职工在工作过程中因工作原因受到事故伤害或者患职业病时获得医疗救治、经济补偿和职业康复等物质帮助。

生育保险，由用人单位缴纳生育保险费，职工不缴费，主要用于支付女职工生育期间的医疗费用、生育津贴等，男职工未就业配偶也可享受一定的生育医疗费用待遇。

我国长期护理保险制度自2016年启动试点以来持续深化探索，目前仍处于试点推广阶段。截至2024年，试点范围已覆盖全国49个城市，参保人数突破1.8亿人，累计享受待遇人数超260万人。

（二）社会救助体系

国务院2014年颁布的《社会救助暂行办法》，正式确立了我国综合性的社会救助制度。该办法将"托底线、救急难、可持续"作为社会救助工作的基本原则，明确了以最低生活保障（以下简称为低保）与特困人员供养、受灾人员救助以及医疗救助、教育救助、住房救助、就业救助和临时救助为主体，以社会力量参与为补充的社会救助制度体系框架，并明确以民政部为主导。

低保包括两个方面：一是城市低保，保障城市居民的基本生活；二是农村低保，覆盖农村贫困家庭。随着脱贫攻坚和乡村振兴战略的推进，农村低保制度不断完善，保障力度也在加强，有效防止了农村居民因贫困而陷入生存困境。

特困人员供养，供养对象包括城乡老年人、残疾人以及未满16周岁的未成年人。供养内容：提供基本生活条件，包括食物、住房等；对生活不能自理的给予照料服务；提供疾病治疗；办理丧葬事宜等。

受灾人员救助包括三个方面的救助：灾害应急救助；过渡性生活救助；倒房重建救助。

医疗救助包括资助参保、门诊和住院救助。资助参保，即帮助符合条件的困难群众参加基本医疗保险（职工医保、城乡居民医保），减轻他们的参保负担。门诊和住院救助，是指对困难群众在就医过程中的门诊和住院费用进行救助。救助方式包括直接减免医疗费用、事后报销等。

教育救助，一是资助困难学生求学；二是特殊教育救助，针对残疾儿童等特殊教育需求群体，提供特殊教育补贴、康复训练费用资助等，保障他们能够接受适合自己的教育。

住房救助包括公共租赁住房保障和住房改造救助。公共租赁住房保障为住房困难的低收入家庭、新就业无房职工和在城镇稳定就业的外来务工人员提供租赁型保障性住房。住房改造救助，即针对农村危房和城市老旧小区住房，对符合条件的困难家庭提供改造救助。

就业救助，一是政策扶持就业，通过开发公益性岗位等方式，优先安排就业困难人员就业；二是职业培训与指导，为就业困难人员提供免费的职业培训，提高他们的就业技能，同时提供就业指导和职业介绍服务，帮助他们尽快找到合适的工作岗位。

临时救助，主要针对因突发性、紧迫性、临时性原因导致基本生活陷入困境的家庭或个人给予应急性、过渡性救助。救助方式以现金为主，可叠加实物或转介其他社会服务。救助类型根据审批程序的紧急程度和适用情形分为一般性临时救助和紧急性临时救助。一般性临时救助适用于基本生活暂时陷入困境，但情况相对可控、非极端紧迫的情形。紧急性临时救助针对突发性、危及生命或可能造成严重后果的紧急事件。针对紧急性临时救助可采取先行救助、绿色通道、事后补办的审批程序。

（三）社会福利体系

1.老年人福利

（1）生活保障方面

① 高龄津贴。为80岁以上高龄老人发放一定金额的高龄津贴，百岁老人的津贴数额更高，这为高龄老年人提供了基本的生活补贴。

② 养老服务补贴。根据老年人的经济状况和身体自理能力，提供相应的服务补贴，用于购买居家养老服务或入住养老机构的费用补贴。

（2）养老设施与服务方面

① 社区养老服务设施，包括社区日间照料中心、老年活动中心等。社区日间照料中心为老年人提供日间托管、膳食供应、康复护理等服务；老年活动中心则为老年人提供文化娱乐活动场所，如组织棋牌活动、书法绘画课程等。

② 养老机构服务。有多种类型的养老机构，如公办养老机构、民办养老机构、公建民营养老机构等。这些养老机构能够提供住宿、餐饮、医疗护理、康复保健等全方位服务，满足不同老年人的需求。

2.残疾人福利

（1）康复服务方面

① 康复救助项目。政府实施康复救助工程，为符合条件的残疾人提供免费或部分补贴的康复服务。

② 康复机构建设。综合康复中心、专业康复医院等各级各类残疾人康复机构，能够提供物理治疗、作业治疗、言语治疗等多种康复服务，帮助残疾人恢复或补偿功能。

（2）就业保障方面

① 按比例就业政策。国家规定用人单位应当按照一定比例安排残疾人就业，达不到比例的单位需要缴纳残疾人就业保障金。

② 就业培训与支持服务。为残疾人提供职业技能培训，根据残疾人的身体状况和就业意愿，开设适合他们的培训课程。同时，还提供就业推荐、创业扶持等服务，帮助残疾人就业创业。

（3）生活保障方面

① 困难残疾人生活补贴。对生活困难的残疾人发放生活补贴，用于保障他们的基本生活需求。补贴标准根据残疾等级和家庭经济状况等因素确定。

② 重度残疾人护理补贴。针对重度残疾人，为其护理费用提供补贴，用于支付护理人员工资或购买护理用品等，减轻家庭护理负担。

3.儿童福利

（1）儿童生活保障方面

① 孤儿基本生活保障。为孤儿提供基本生活费用，包括生活费、教育费、医疗费等，确保孤儿能够健康成长。

② 事实无人抚养儿童保障。对父母双方不能履行或不能完全履行抚养和监护职责的儿童，按照孤儿保障标准或类似政策给予生活保障。

（2）儿童福利机构服务方面

① 儿童福利院，主要收养孤儿、弃婴等。儿童福利院为儿童提供生活照料、医疗保健、康复服务、教育等全方位服务。

② 未成年人救助保护中心，主要对遭受监护侵害、暂时无人监护等未成年人提供救助保护。未成年人救助保护中心可提供临时庇护、身份核查、家庭监护情况调查评估等服务，为未成年人提供安全的临时生活场所和后续的安置服务。

4.公共福利

（1）教育福利

① 义务教育免费政策。我国实行九年义务教育免费制度，包括免除学杂费、免费提供教科书等，保障全体儿童少年接受基础教育的权利。

② 教育资助体系。除义务教育外，在学前教育、高中教育和高等教育阶段也有一系列资助政策，如国家助学金、助学贷款等，帮助家庭经济困难的学生完成学业。

（2）公共卫生福利

国家提供基本公共卫生服务，包括建立居民健康档案、健康教育、预防接种、妇幼保健等，这些服务免费或低价向全体居民提供，旨在提高全民健康水平。

（3）文化体育福利

① 公共文化设施免费开放。图书馆、博物馆、文化馆、美术馆等公共文化设施免费向公众开放，丰富居民的文化生活。

② 全民健身设施与服务。建设社区健身设施、体育公园等，为居民提供健身场所；同时，组织开展全民健身活动，促进居民身体素质的提高。

5.员工福利

员工福利主要由用人单位提供，是国家法定福利与企业自主福利相结合的保障体系。法定福利包括"五险一金"（养老保险、医疗保险、失业保险、工伤保险、生育保险及住房公积金），企业自主福利则涵盖补充商业保险、带薪休假、职业培训等多种形式。这些福利既体现了劳动权益保障，也是进行人力资源管理的激励手段，共同构成多层次的员工保障网络。

（四）社会优抚体系

优抚对象包括中国人民解放军现役军人和武警官兵、革命伤残军人、复员退伍军人、革命烈士家属、因公牺牲军人家属、病故军人家属、现役军人家属等。

1.优待制度

（1）生活优待

义务兵入伍前是农业户口的，其在农村承包的责任田和分得的自留地等继续保留；入伍前是企业事业单位职工的，其家属继续享受原有的劳动保险福利待遇。

（2）医疗优待

二等乙级以上（含二等乙级）革命伤残军人，享受公费医疗待遇。

（3）交通及其他优待

残疾军人乘坐公共交通，票价优惠50%。在参观游览公园、博物馆、展览馆等公共文化场所时，优抚对象享受门票免费或半价等优惠政策。

2.抚恤制度

（1）死亡抚恤。现役军人死亡，根据死亡性质和本人死亡时的工资收入，由民政部门发给家属一次性抚恤金，立功和获得荣誉称号的现役军人死亡，可增发5%~35%的抚恤金。

（2）伤残抚恤。革命伤残军人的伤残等级，根据丧失劳动能力及影响生活能力的程度确定。

3.安置制度

安置的对象包括转业的军官、复员志愿兵和退伍义务兵。资金保障方面包括提供安置费、各级临时性生活津贴和生产性贷款；服务保障包括就业安置、就学安置、落户安置、职业培训、技术培训等。

4.军人保险制度

我国军人保险制度是国家为现役、退役军人及随军家属建立的专项保障体系，主要包括军人伤亡保险、退役养老保险、退役医疗保险和随军未就业的军人配偶保险四部分。军人伤亡保险，覆盖因战、因公死亡或致残风险，按标准发放一次性保险金；退役养老保险与退役医疗保险则为解决军人退役后的养老与医疗保障衔接问题，将军人服役年限视同社保缴费年限，退役后与地方养老、医疗保险无缝衔接；随军未就业的军人配偶保险，由国家承担保费，为其提供医疗和养老保险补贴，确保军人家庭在社会保障层面得到全方位的坚实保障。

（五）补充社会保障体系

我国补充社会保障体系主要由补充养老保险和补充医疗保险构成，还包括一些其他形式。

1.补充养老保险

（1）企业年金

企业年金是企业及其职工在依法参加基本养老保险的基础上，自愿建立的补充养老保险制度。企业和职工按照一定的比例共同缴费，缴费可以在企业成本中列支，享受一定的税收优惠。

（2）职业年金

主要针对机关事业单位及其工作人员，是一种强制性的补充养老保险制度。单位和个人按照一定比例缴费，资金全部进入职业年金个人账户，退休后根据个人账户积累情况领取待遇，与基本养老保险制度相衔接，保障机关事业单位工作人员退休后的生活质量。

（3）个人商业养老保险

个人自愿购买的商业保险产品，具有灵活性和个性化的特点。投保人可以根据自己的经济状况、风险承受能力和养老需求选择不同的保险产品和缴费方式，在达到约定的退休年龄后，按照合同约定领取养老金。

2.补充医疗保险

（1）大额医疗费用互助补充保险

一般由职工和用人单位共同缴费，主要用于解决参保人员在基本医疗保险报销后，个人负担的大额医疗费用过高的问题。

（2）公务员医疗补助

对公务员实行的一种补充医疗保险制度，主要用于补助公务员在基本医疗保险报销范围内的个人自付部分，以及基本医疗保险报销范围外的部分医疗费用，以保障公务员的医疗待遇水平。

（3）企业补充医疗保险

企业在参加基本医疗保险的基础上，为职工建立的补充医疗保险制度。一般用于报销职工基本医疗保险报销后的剩余部分，或者对基本医疗保险报销范围外的部分费用进行补偿。

（4）商业补充医疗保险

由商业保险公司推出的医疗保险产品，参保人可以根据自己的实际需求和经济状况选择购买，作为基本医疗保险的补充，以提高医疗保障水平。

3.其他形式

（1）商业健康保险

除了补充医疗保险外，商业保险公司还提供了其他健康保险产品，为被保险人在因疾病或意外导致失能、需要长期护理或收入中断等情况下提供经济补偿和保障。

（2）互助保障计划

互助保障计划是由工会倡导组织、职工自愿参加的一种互助互济的保障形式，如职工互助保障、工会互助保障等。参与者按照一定的标准缴纳互助金，当成员遇到特定的风险或困难时，可以获得一定的经济救助或帮助。

（3）慈善事业

包括各类慈善组织、基金会等开展的扶贫济困、医疗救助、教育救助等活动，为社会弱势群体提供补充性的物质帮助和精神支持。

本章小结

社会保障产生的条件包括生产的社会化、收入水平差距的不断扩大、家庭功能的弱化、社会生产力的发展、社会稳定的需要、社会保障思想的推动等。

社会保障制度的形成与发展经历了社会保障的形成、社会保障的发展和社会保障的改革三个阶段。形成阶段的主要内容为社会保险制度的建立、《社会保障法》的颁布、社会主义国家社会保险的诞生。发展阶段形成四种社会保障制度模式：投保资助型社会保障模式、福利国家型社会保障模式、强制储蓄型社会保障模式和国家保险型社会保障模式。改革阶段进行了开源节流改革和制度结构变革。

我国社会保障制度的建立，是从1951年颁布《劳动保险条例》开始的，以此为开端，逐步建立了企业职工的社会保险和机关事业单位工作人员的社会保险，其间经历过制度的修订与调整、停滞与倒退、重建与改革等阶段。

关键术语

社会保障制度模式　投保资助型　福利国家型　强制储蓄型　国家保险型　我国社会保障制度体系

复习思考题

即测即练

一、单选题

1.社会保障一词首次使用是在1935年美国通过的（　　）中。

A.《社会保障法》　　　　　　　　　　B.《社会保险法》

C.《费城宣言》　　　　　　　　　　　D.《济贫法》

2.（　　）是西方福利国家的代表，其社会保障实施的基础是1942年由贝弗里奇起草的《贝弗里奇报告》。

A.德国　　　　　　B.法国　　　　　　C.英国　　　　　　D.美国

3.（　　）是最早建立社会保险制度的国家。

A.法国　　　　　　B.德国　　　　　　C.英国　　　　　　D.美国

4.现代社会保障制度诞生的标志是（　　）。

A.社会救助的建立　　　　　　　　　　B.社会保险的建立

C.社会福利的建立　　　　　　　　D.社会优抚的建立

5.我国在（　　）第一次使用"社会保障"一词。

A.1949年　　　　　B.1951年　　　　C.1986年　　　　D.1989年

二、多选题

1.旧《济贫法》的主要内容包括（　　）。

A.建立征税机构　　　　　　　　　B.从富裕地区征税补给贫困地区

C.建立收容场所　　　　　　　　　D.组织儿童学艺

2.（　　）的颁布标志着世界上第一个最完整的社会保险体系的建立。

A.德国1883年《疾病社会保险法》

B.德国1884年《工伤事故保险法》

C.德国1889年《老年和残障社会保险法》

D.英国1911年《国民保险条例》

3.我国《劳动保险条例》建立了包括（　　）等多种保险项目。

A.职工养老保险　　　　　　　　　B.职工工伤及医疗保险

C.职工生育保险　　　　　　　　　D.职工失业保险

4.我国社会保障制度的发展历程包括（　　）阶段。

A.建立与形成　　　　　　　　　　B.修订与调整

C.停滞与倒退　　　　　　　　　　D.重建与改革

5.我国社会保障事业处于停滞和倒退阶段的主要表现是（　　）。

A.社会保险管理机构被撤销　　　　B.社会保险基金的调剂职能无法发挥

C.社会保障基金被停止提取　　　　D.社会保险变成了企业保险

三、简答题

1.从社会保障制度的产生和发展历程看，分为几个阶段？各阶段的主要内容是什么？

2.投保资助型社会保障制模式的主要内容是什么？

四、案例分析

中国社会保障的荣誉时刻

一、国际奖项与认可

2014年至2016年，在巴拿马召开的国际社会保障协会第32届全球大会上，中国政府获得"社会保障杰出成就奖"，这是国际社会保障协会对中国社会保障改革与制度建设卓越成就的高度认可，表明中国在社会保障覆盖人口和保障水平等方面的发展成果显著，为全球社会保障的发展作出了巨大贡献。

二、体系建设与制度完善

1.城乡统筹体系基本建立

2010年，中国颁布了《社会保险法》，标志着中国的社会保障制度进入法治化发展新阶段。经过多年努力，目前已建立起统筹城乡的、有中国特色的社会保障体系框架，包括覆盖城镇职工和城乡居民的基本养老保险和基本医疗保险制度，以及覆盖职业人群的工伤、失业和生育保险制度等。

2.全民参保计划推进

中国组织实施了"全民参保计划"，不断扩大社会保障覆盖范围，目前养老保险参保人数超过10.5亿人，医疗保险覆盖人数超过13亿人，工伤、失业、生育保险参保人数也分别达到了较高水平，基本实现了人人享有基本社会保障的目标。

三、保障水平与服务质量提升

1.保障水平稳步提高

从2005年起，连续多年大幅提高企业退休人员基本养老金水平，城镇职工和城乡居民医疗保险住院费用报销比例分别达到80%和70%左右，医保基金最高支付限额分别达职工年平均工资和居民年人均可支配收入的数倍，同时失业、工伤、生育保险的待遇水平也随经济增长相应提高。

2.公共服务体系健全

中国政府借助互联网、大数据等信息技术，不断提高社会保障领域公共服务能力建设，强化电子社保应用，优化、简化经办服务流程，提高服务效率和质量，公共服务链条延伸到街道、乡镇、社区、村，便捷可及、覆盖城乡的社会保障公共服务体系基本建成。

四、助力国家发展与社会稳定

1.应对人口老龄化挑战

中国在进入老龄化社会后，积极完善养老保险制度，通过建立多层次的养老保障体系，包括基本养老保险、企业年金、职业年金和个人商业养老保险等，缓解了人口老龄化对社会保障基金的中长期平衡压力，为老年人提供了稳定的生活保障，维护了社会的和谐稳定。

2.助力脱贫攻坚与乡村振兴

在脱贫攻坚过程中，社会保障发挥了兜底作用，通过农村最低生活保障制度、特困人员救助供养制度、临时救助制度等，为贫困家庭和贫困人口提供了基本生活保障，确保他们不愁吃、不愁穿，同时积极推进农村社会保险制度的建设和完善，提高了农村居民的参保意识和获得感，为乡村振兴战略的实施奠定了坚实基础。

请分析我国社会保障制度体系的构成以及我国社会保障取得的成就。

参考答案

第三章

社会保障水平

知识目标

1. 了解社会保障水平的内涵，理解社会保障水平指标的计算方法及其意义，包括社会保障支出总额占国内生产总值（GDP）的比重等指标；

2. 熟悉社会保障适度水平的概念，包括社会保障水平的适度性、适度标准以及社会保障预警系统的建立和作用；

3. 理解社会保障水平的经济效应，包括整体经济效应和分项经济效应，以及不同社会保障模式对经济变量的影响；

4. 掌握我国社会保障水平的统计口径、现状以及适度性的思考，了解我国社会保障水平在不同阶段的变化趋势和特点。

能力目标

1. 能够运用社会保障水平指标对不同国家或地区社会保障水平进行比较分析，准确评估社会保障制度的运行效果；

2. 具备分析社会保障水平经济效应的能力，能够从宏观经济角度评估社会保障政策的实施效果，为社会保障制度的改革与发展提供决策依据。

思政目标

引导学生理解社会保障水平相关知识，培养其运用专业方法分析问题的能力。同时，促使学生关注我国社会保障水平现状并思考适度性，增强对社会保障制度的认同感与责任感，树立以人民为中心的价值取向。

思维导图

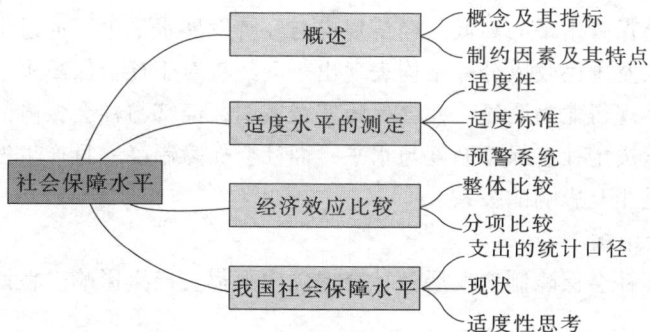

|第一节| 社会保障水平概述

一、社会保障水平的概念及其指标

社会保障水平是指在特定时期一国或地区社会成员享受社会保障待遇的高低程度。社会保障水平指标是指为了衡量、表现社会保障水平而选取的变量。通常，西方国家把社会保障总支出占国内生产总值的比重作为衡量社会保障水平的主要指标。其计算公式为：

$$社会保障水平 = \frac{社会保障支出总额}{国内生产总值} \times 100\%$$

其中，社会保障支出总额是指在特定时期一国或地区实际支出的各种社会保障支出的总和。

一般来说，国内生产总值能较准确地反映一国或地区经济活动的总体规模。社会保障支出总额占国内生产总值的比重，集中反映了一国或地区为了提高居民社会保障福利水平所动用的经济资源；而且，以比例形式来体现，消除了量纲的不同可能带来的不可比性，有利于不同国家或地区之间进行比较分析。该指标已成为衡量社会保障水平的主指标。

需要说明的是，社会保障水平实际上是由一系列指标来完整描述的，不应把社会保障水平简单地等同于社会保障水平主指标。即使各国用于社会保障的国民经济资源的比重相同，由于各国的经济结构、社会结构、人口结构与规模不同，社会保障制度体系千差万别，每个居民平均获得的社会保障待遇可能大相径庭，实际的社会保障效果也可能大不一样。因此，在具体衡量一国或地区的社会保障水平时，除了考虑社会保障总支出占国内生产总值的比重外，还应考虑人均社会保障待遇水平、社会保障覆盖面与社会保障制度结构等多项指标，这样才能对该国或地区的社会保障实际水平进行客观、全面的判断与评价。

二、社会保障水平的制约因素及其特点

社会保障体系作为现代社会的重要组成部分，其保障水平的高低关乎着民众的福祉与社会的稳定。实际上，社会保障水平并非孤立存在、随意设定，而是受到诸多因素的综合制约。深入剖析这些因素，对于理解不同国家和地区社会保障水平的差异，以及推动社会保障制度的科学发展意义重大。

（一）社会保障水平的制约因素

1.经济规模与经济发展水平

一国或地区所能提供的经济资源总量，作为社会保障支出的最终来源，其规模必然从根本上制约着社会保障水平的高低。经济规模与经济发展水平主要通过生产力水平、劳动生产率、国民收入及国民收入分配结构表现出来。经济对于社会保障水平的制约作用，在时间序列分析中体现得尤为明显。社会保障实践表明，经济与社会保障的相互关系是十分复杂的，经济因素决定社会保障制度与水平；而社会保障制度一旦产生发展，也会反过来影响经济，二者是相互影响的关系。

2.政治、社会结构

政治因素对于社会保障制度发展及社会保障水平都会产生影响。在西方国家多党竞争

的政治制度环境中，各党派为争取选民支持而承诺较高水平的社会保障福利，容易导致社会保障水平不断攀升的"登台阶"效应。社会结构对社会保障也会产生影响。比如，在我国城乡二元社会结构下，城乡间的社会保障水平就有较大差距。

3.制度年龄和人口结构

制度年龄是指社会保障制度建立的时间长度。一般来说，制度年龄越长，社会保障水平越高；反之，社会保障水平越低。社会保障水平与一国的人口结构有着密切的关系，尤其是伴随着全球人口老龄化的发展，社会保障水平呈现出明显的抬升趋势。

4.历史、人文等其他因素

社会保障水平的高低受到本国独特的历史、人文等因素的影响。例如，"福利橱窗"式的福利国家在北欧瑞典等国建成，一定程度上是因为瑞典长期选择一种独特的"混合主义"的经济政治模式，宣扬政府对社会生活的干预与政府的责任，加上第一次世界大战和二战的创伤，导致人们普遍要求一种稳定、安全的保障制度与"心理环境"。此外，瑞典富足小国的特殊国情，也使之成为可能。美国是一个宣扬所谓"个性自由"的国家，其经济在一直按照自由市场经济的逻辑发展，因此美国至今没有建立像多数发达国家那样完整的社会保障体系，这与其强大的经济实力不相符。

（二）社会保障水平的特点

1.动态性特征

社会保障水平随着经济发展、人口结构变化、制度完善等而发生变动。

2.刚性特征

社会保障水平具有刚性增长的特征，即缺乏弹性或者只具有单向度的弹性，表现为社会保障规模只能扩大不能缩小，项目只能上不能下，水平只能提高不能降低。

3.社会保障水平客观上存在一个"适度区域"

过低或过高的社会保障水平，都不利于社会保障制度自身运行和经济发展。确定社会保障的适度水平，是社会保障制度建设的一项基础性工作，在衡量、评价和调整社会保障制度运行中发挥重要作用。

第二节 社会保障适度水平的测定

一、社会保障水平的适度性

经济和社会协调发展的客观要求，使社会保障的实施成为必然。世界各国社会保障的实施促进了人口生活质量和文化教育素质的提高。然而，社会保障支出水平过高，又给经济社会发展带来诸多不利影响，这就提出了一个世界性的课题：社会保障水平保持怎样一个度才算合理？

社会保障水平是质与量的统一体。社会保障水平的质是指它与国民经济发展相适应，既要保证公民的基本生活又要激励公民去积极劳动，推动经济社会健康、持续发展。社会保障水平的量是指社会保障支出占国内生产总值的比重。社会保障水平的度是指保持社会保障水平质和量的限度、幅度，即社会保障支出水平在多大限度内既能保障公民的基本生活又能激励公民去积极劳动，推动经济社会健康、持续发展，超过了这个限度就会对公民的劳动积极性和经济社会健康发展产生不利影响。

社会保障水平的度存在极限或界限，即关节点或临界点。社会保障水平的度就是关节点范围内的幅度，在这个范围内社会保障将对经济社会发展起推动作用，超出了这个范围，社会保障就会制约经济社会健康发展。

适度保障水平的确立，从本质上说，就是要与社会保障的基本功能相适应，在实践过程中有利于充分发挥社会保障的功能作用。

二、社会保障水平的适度标准

社会保障支出水平应该与实际需求相适应，其支出下限应该满足达到最低生活保障标准（社会救助）和基本生活标准（社会保险）。社会保障支出不仅要着眼于当前的需求，而且要着眼于未来的需求，由于社会保障支出具有刚性特征，当前支出水平不宜定得过高，但又不能定得太低。

当社会保障支出水平达不到下限时，称为社会保障支出水平不足。社会保障支出水平的下限应该介于受保障人口相对应阶层的平均收入水平和贫困线之间。如果受保障人口的保障水平高于相对应阶层的平均收入水平，就会养懒汉，易产生贫困陷阱和失业陷阱，影响在职者的工作积极性；如果受保障人口的保障水平低于贫困线标准，受保障人口的基本生存需要就得不到保证。社会保障支出水平不足的后果包括：一是老年人和贫困者的基本生活得不到保障，影响社会的安定和发展；二是医疗保障不足，人口身体素质降低，影响国民身体素质的提高；三是教育及再就业培训受到影响，制约民族文化素质的提高和科技发展。

社会保障支出水平还会受筹资水平的限制，其支出上限应该与社会保障资金的筹集能力和筹资水平相适应。具体来说，社会保障支出水平受国内生产总值、财政收入、居民收入、社会保障基金增值能力、国有固定资产数量、社团和民间捐献等因素的影响。国内生产总值越高，财政收入越多，居民收入越多，社会保障基金增值能力越强，固定资产越多，社团和民间捐款越多，社会保障资金供给量越大，社会保障支出水平越高；反之亦然。从本质上说，社会保障支出水平主要取决于国民经济的总体发展水平。

当社会保障水平超过上限时，称为社会保障水平超度。社会保障水平超度的客观原因是失业率增高、人口老龄化加重、医疗费用膨胀等。社会保障水平超度的主观原因包括：一是政策性原因，主要是保障项目过多、保障水平过高；二是认识上的误区，以为社会福利项目越多表示社会越进步。社会保障水平超度的后果包括：一是不断加大财政赤字，进而影响国民经济的良性运行；二是社会保障和津贴标准高，提高了企业产品成本，进而影响国家对外经济竞争能力，同时影响私人企业的再投资；三是在劳动者中滋长了依赖、懒惰情绪，影响了经济效益；四是资金外溢，科技人才外流；五是形成了一些不利的政治后果。

三、社会保障预警系统

社会保障适度水平的一个重要应用，是建立社会保障预警系统。

社会保障预警是指社会保障预测、监督机构通过建立科学、灵敏的预警系统，通过对量化资料的分析，及时发现并预测可能出现的社会保障潜在风险，以使国家能够及时采取有效的预防措施，避免社会保障财务危机的发生，维持社会保障制度的良性运转。

西方工业化国家在20世纪70年代中期之后发生了较为普遍的社会福利危机，其中最重要的原因是社会福利待遇的刚性膨胀和缺乏必要的预警性监控系统。因此，西方国家在20世纪80年代和90年代推进社会保障改革时的两项重要内容，就是削减社会保障支出和建立健全社会保障预警系统。

科学、灵敏的社会保障预警系统包括：设置合理的社会保障预警指标，建立迅捷的信息资料收集与传导机制，开展人口老龄化、失业规模、社会保障支出的中长期趋势预测，定期发布社会保障运行情况的有关信息，等等。

设置社会保障预警指标，是建立社会保障预警系统的最重要的环节。其中，社会保障水平是核心指标，除此之外还包括与社会保障水平直接相关的指标，如社会保障支出占国家财政总支出的比重、社会保障基金流量与存量变动等，还包括宏观经济指标、人口结构变动指标等。

社会保障预警系统的建立，具有十分重大的实践意义，同时也是一项技术性很强的工作，而且越是长期趋势预警难度越大。在实际工作中，需要政府宏观经济部门、统计部门、社会保障主管部门、专家咨询机构和社会团体密切配合，通力合作，才能取得实际成效。

|第三节|　社会保障水平的经济效应比较

一、社会保障水平的整体经济效应比较

社会保障基金的筹集和支出参与了国民经济大系统的循环，因此，社会保障及社会保障水平的状况和变化，都必然直接或间接地作用于国民经济运行，产生系列连锁反应和整体效应。

为了便于研究，我们把与社会保障水平相关的变量分为三类：一类是"动力变量"，也是主要变量，即从根本上推动和支撑着社会保障水平存在和发展的变量，也可以称为主要供给变量，我们主要选择了"经济增长"和"人均GDP水平"。二类是"基本变量"，即社会保障水平的基本需求变量，也就是社会保障的基本目标变量，我们主要选择了"老年人口比重"和"失业率"。三类是"效应变量"，即社会保障水平对宏观经济运行因素的影响，这种变量我们主要选择了"国内储蓄""国内投资""私人消费"（如图3-1所示）。

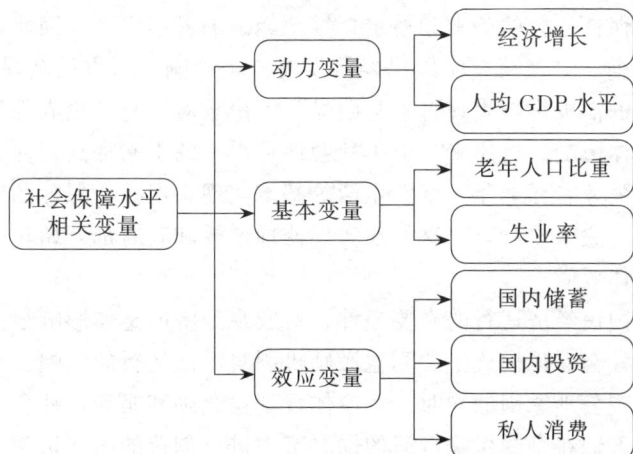

图3-1　社会保障水平相关变量的关系

（一）社会保障水平相关因素整体比较分析

总的来说，社会保障水平与老年人口比重、失业率、人均GDP水平之间是正相关关系，与国内储蓄、国内投资、私人消费之间是负相关关系（如图3-2所示）。按照前面对变量的三种分类可以看出，社会保障水平与它的"动力变量"和"基本变量"之间为正相关，与它的"效应变量"之间为负相关。从与"效应变量"的关系看，社会保障尽管是社会经济发展的稳定器，但保障水平无限上升并不有利于经济可持续发展，尤其是社会保障系统中如果缺少激励机制，它的负面效应就会越来越突出。社会保险型社会保障模式之所以与"效应变量"之间的负相关程度低，甚至美、日等国家还存在某些正相关关系，其原因之一是该模式中存个人缴费激励机制。所以，从总体效应上分析，社会保障制度在保证劳动者的基本生活需要、保证劳动力再生产的顺利进行、调节收入差别、维持社会稳定和促进经济发展等方面具有积极效应，但社会保障水平过高也会产生消极效应。

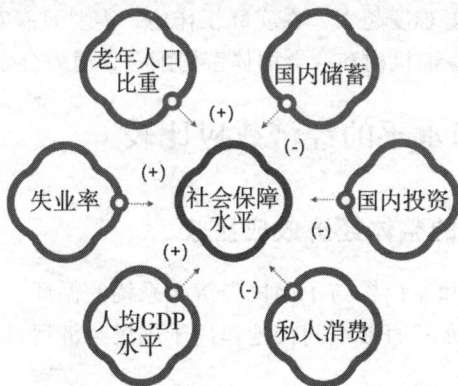

图3-2　社会保障水平相关因素比较分析

（二）社会保障水平整体效应的比较分析

西方社会保障制度的发展实践告诉我们，社会保障体制形成于20世纪初，并于60年代逐步成型，它本身经历了一个不断发展和完善的过程。时至今日，西方社会保障制度仍在不断改革和完善。有些问题出自社会保障体制的内部，有些问题出自社会保障体制对外部宏观经济运行的影响。从理论上说，社会保障体系的建立，是为了给社会经济发展创造一个良好的环境，保证社会的公平和稳定，推动经济的健康发展，因此，社会保障体系内的机制运行状况如何，必然对整个国民经济发展产生影响。西方社会保障体系建立之初，由于其对国民经济的消极影响表现得不甚明显，无论政府还是理论界都忽视了社会保障对宏观经济运行的总体影响。近年来，由于社会保障水平的不断提高，社会保障的基础性目标即保障贫困者、失业者和老年人基本生活等基本实现，但社会保障的外部影响和问题却暴露得愈来愈明显、愈来愈严重。这一现实促使理论界和政府都开始转向关注社会保障的外在整体作用或总体效应。

社会保障作为国民经济运行的必要条件，对宏观经济的整体影响很广泛，在此仅分析一个侧面——不同社会保障模式中的利益激励机制对经济运行的影响。

社会保障在体现公平原则的同时，还应体现利益激励和驱动。社会保障中的适度利益驱动，不仅是激励人们在享受保障待遇的同时努力进行创造的内在机制，而且是促进社会保障与整个宏观经济体系协调和良性运行的内在机制。

福利国家型社会保障模式，由于实行累进所得税筹资方式，社会保障金的获取与个人的缴费不直接挂钩，利益驱动机制不明显，所以受保障者的需求得不到自我控制，一味增长和膨胀，社会保障支出不断增加，致使社会保障支出水平持续攀升，进而造成政府财政支出中社会保障支出比重显著提高。政府财政支出中社会保障支出比重不断上升，引起公共开支加大，直接导致三个结果（如图 3-3 所示）：（1）国内储蓄比重减小；（2）国内投资比重减小，进而导致国内生产总值增长速度减缓；（3）通货膨胀率上升。

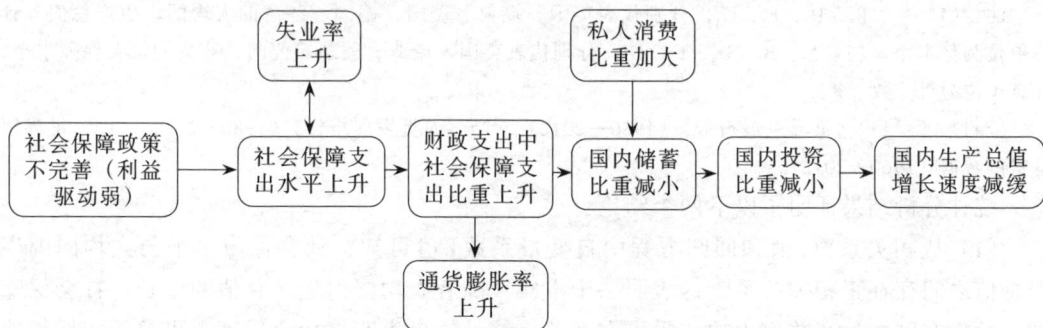

图 3-3 缺少利益驱动的福利国家型社会保障模式的经济运行轨迹

社会保险型社会保障模式，由于社会保障金的获取与个人的缴费直接挂钩，利益驱动机制相对明显，受保障者的需求能够得到自我制约，社会保障支出能够得到全方位控制，因此社会保障支出水平相对增长较慢，失业率较低，财政支出中社会保障支出比重较小，这样直接产生三个结果：（1）通货膨胀率较低；（2）国内储蓄比重上升；（3）国内投资比重增加，最后使国内生产总值增长率较高。

国民经济的整个运行并非仅仅由社会保障因素所驱动，这里只是说明不同的社会保障模式将会产生一系列不同的经济反应，并展现出线索相同而内容不同的经济运行轨迹。同时说明，社会保障因素是国民经济运行体系中不可轻视的重要环节。因此，研究和确立适度的社会保障水平，不单纯是社会保障体系建立的必要前提，也是保证国民经济良性运行的必要条件。

二、社会保障水平的分项经济效应比较

社会保障是现代社会经济运行的必要因素。其与其他经济因素之间的内在联系究竟如何，有必要进行深入和具体的研究。下面以社会保障支出占 GDP 的比重为核心指标，并以福利国家型和社会保险型（福利国家型以国家承担社会保障资金为特征，以英国和北欧国家为典型；社会保险型以个人和企业等共同承担社会保障资金为特征，以美国、日本、德国、法国为典型）两种持续时间较长的社会保障模式为分类依据，对社会保障与有关经济变量之间的关系进行相关和回归统计分析，力图展示其内在的联系和社会保障水平的分项经济运行效应。

（一）社会保障水平与人均国内生产总值

社会保障水平的相关因素中，最主要的因素是人均国内生产总值。只有人均国内生产总值保持增长，才会有足够的资金支撑社会保障的各项支出。统计分析表明，二者的相关系数在 0.6 以上（见表 3-1）。

表3-1 社会保障水平与人均国内生产总值间的相关系数和回归方程

国家	相关系数 r	回归方程（y=a+bx）	样本年份
英国	0.669	$A_2=22.4+0.00021A_3$	
瑞典	0.646	$B_2=30.6+0.00056B_3$	1980—2011年
芬兰	0.660	$G_2=23.4+0.00252G_3$	
美国	0.956	$D_2=16.61+0.00008D_3$	1980—2011年
德国	0.770	$F_2=24.05+0.00020F_3$	

注：（1）A_3、B_3、D_3、F_3、G_3分别代表英国、瑞典、美国、德国、芬兰的人均国内生产总值，计算单位为亿本币。（2）A_2、B_2、D_2、F_2、G_2分别代表英国、瑞典、美国、德国、芬兰的社会保障水平，计算单位为百分数（%）。

资料来源：（1）《世界发展报告》（1980—2012）。（2）《人类发展报告》（1980—2012）。（3）世界银行官网数据（1960—2012）。

统计分析结果证明了以下两个结论：

（1）从相关系数 r 值和回归方程中自变量系数 b 值可知，社会保障水平与人均国内生产总值之间存在正相关关系。这表明一个事实：随着人均国内生产总值的增长，社会保障支出总额在国内生产总值中的比重也在增长。统计结果表明，社会保障支出总额的增长速度超过了人均国内生产总值的增长速度。如果这些国家的社会保障水平继续无限制地上升，未来将吞噬国内生产总值的全部果实，最终导致国民经济崩溃。

（2）就回归方程中的自变量系数 b 值而言，福利国家型社会保障模式高于社会保险型社会保障模式。表3-1的数据说明，人均国内生产总值每增长1亿本币，社会保障支出的相应增长，福利国家型社会保障模式为0.00021%至0.00252%，社会保险型社会保障模式为0.00008%至0.00020%。这一统计分析证明：在相同人均国内生产总值增长速度下，福利国家型社会保障模式支出水平的上升速度快于社会保险型。

（二）社会保障水平与老年人口比重

老年人口是社会保障的最主要对象，因此老年人口比重是进行社会保障水平相关分析的重要变量之一。

经过统计分析发现，与社会保障水平相关度最高的是老年人口比重。根据国际标准和现有资料，选用65岁及以上人口比重作为老年人口比重的指标。相关和回归分析结果（见表3-2）。

表3-2 社会保障水平与65岁及以上人口比重的相关系数和回归方程

国家	相关系数 r	回归方程（y=a+bx）	样本年份
英国	0.795	$A_2=-44.21+4.42A_{10}$	1980—2011
瑞典	0.647	$B_2=-27.68+3.44B_{10}$	
日本	0.667	$E_2=10.89+0.38E_{10}$	1980—2011
德国	0.686	$F_2=0.631+1.43F_{10}$	

说明：（1）A_2、B_2、E_2、F_2分别代表英国、瑞典、日本、德国的社会保障水平，计算单位为百分数（%）。（2）A_{10}、B_{10}、E_{10}、F_{10}分别代表英国、瑞典、日本、德国的老年人口比重，计算单位为百分数（%）。

统计分析结果表明：

（1）老年人口比重与社会保障水平之间存在正相关关系，相关系数 r 在0.647~0.795之间。事实和理论上也正是如此，社会保障的必要性首推对老年人口的养老保障，社会保障支出总额中比重最高的也是老年养老金支出，几乎占50%。这一相关系数说明，研究社会保障水平，必须首先考虑老年人口比重。

（2）福利国家型社会保障模式和社会保险型社会保障模式，在老年人口比重和社会保障水平相关系数方面都很接近，没有太大差别。这说明，无论什么社会保障类型，老年人口比重都是决定保障支出水平的重要因素；同时说明，这两种类型的社会保障模式在支出水平上的差异主要不在于老年人口比重的作用，而在于其他社会福利支出水平的高低。

（三）社会保障水平与失业率

社会保障水平的相关因素中，一个较重要的相关因素是失业率。统计分析结果见表3-3。

表3-3　　　　　　　　　社会保障水平与失业率的相关系数和回归方程

国家	相关系数 r	回归方程（y=a+bx）	样本年份
英国	0.672	$A_9=16.0+0.33A_2$ $A_2=27.2+0.22A_9$	1980—2011
美国	0.648	$D_9=10.14+0.17D_2$ $D_2=27.4+0.71D_9$	
日本	0.923	$E_9=0.11+0.20E_2$ $E_2=1.93+4.17E_9$	1980—2011
德国	0.726	$F_9=-11.56+0.68F_2$ $F_2=25.95+0.41F_9$	

注：（1）A_9、D_9、E_9、F_9分别代表英国、美国、日本、德国的失业率，计算单位为百分数（%）。（2）A_2、D_2、E_2、F_2分别代表英国、美国、日本、德国的社会保障水平，计算单位为百分数（%）。

失业率和社会保障水平是相互影响的一对因素。失业率上升，失业保障金增长，必然导致社会保障水平上升。反过来，社会保障水平越高，失业者待遇越好，自愿失业的人越多，失业人数增加。从理论上说，二者之间的这种相互作用关系是客观存在的。在现实中，二者之间也确实呈现出明显的相关性，英、美、日、德四国的这一相关系数在0.648~0.923。只不过不同国家采取了不同的策略控制失业率的上升，使二者之间未形成恶性循环。正是为了说明失业率与社会保障水平之间互为因果的关系，表3-3的统计分析结果中每一国家分别列出两个回归方程。

统计分析结果表明：

（1）日本社会保障水平与失业率之间的相关系数高于其他三个国家，这说明日本社会保障水平上升受失业率的影响比其他国家大。

（2）回归方程中的自变量系数b值说明，失业率（A_9、D_9、E_9、F_9）对社会保障水平（A_2、D_2、E_2、F_2）的影响程度要比社会保障水平对失业率的影响程度大。社会保障水平每提高一个百分点，失业率相对要提高0.17%~0.68%；失业率每上升一个百分点，社会保障水平要上升0.22%~4.17%。当然，社会保障水平上升是多种因素共同作用的结果，绝不仅仅是失业率一个因素所致。这里只能说明在现象上二者之间的相关状况。

（四）社会保障水平与GDP中国内储蓄比重

社会保障水平的增加，往往要影响GDP中国内储蓄比重。为了研究这方面的具体数量关系，我们对二者进行了相关和回归分析。统计分析结果见表3-4。

表3-4　　　　　　社会保障水平与国内储蓄比重的相关系数和回归方程

国家	相关系数 r	回归方程（y=a+bx）	样本年份
英国	-0.677	$A_5=25.88-0.409A_2$	
瑞典	-0.630	$B_5=41.33-0.610B_2$	1980—2011
芬兰	-0.693	$G_5=40.57-0.626G_2$	
美国	-0.688	$D_5=26.49-0.455D_2$	1980—2011
日本	-0.901	$E_5=38.45-0.56E_2$	

注：（1）A_5、B_5、D_5、E_5、G_5分别代表英国、瑞典、美国、日本、芬兰的GDP中国内储蓄比重，计算单位为百分数（%）。（2）A_2、B_2、D_2、E_2、G_2分别代表英国、瑞典、美国、日本、芬兰的社会保障水平，计算单位为百分数（%）。

统计分析结果表明：

（1）社会保障水平与GDP中国内储蓄比重之间存在的是负相关关系，即社会保障支出水平上升，GDP中国内储蓄比重下降，这说明社会保障水平过高会影响国家储蓄的增加。

（2）在社会保障水平对GDP中国内储蓄比重的影响程度上，自变量系数b值说明，社会保障支出水平每提高一个百分点，国内储蓄比重下降的程度，福利国家型为0.409%~0.626%，社会保险型为0.455%~0.56%。这是因为人们储蓄的重要目的之一就是用于养老，当国家社会保障水平较高并足以使公民无养老之忧时，公民储蓄动机和行为就会降低。

（五）社会保障水平与GDP中国内投资比重

与国内储蓄相联系，国内投资在GDP中的比重也与社会保障水平相关。统计分析结果见表3-5。

表3-5　　　　　　社会保障水平与国内投资比重的相关系数和回归方程

国家	相关系数 r	回归方程（y=a+bx）	样本年份
英国	-0.628	$A_6=28.70-0.44A_2$	
瑞典	-0.620	$B_6=37.48-0.58B_2$	1980—2011
丹麦	-0.626	$C_6=25.33-0.19C_2$	
美国	-0.645	$D_6=24.10-0.23D_2$	
日本	-0.929	$E_6=37.90-0.67E_2$	1980—2011
德国	-0.663	$F_6=37.90-0.60F_2$	

注：（1）A_6、B_6、C_6、D_6、E_6、F_6分别代表英国、瑞典、丹麦、美国、日本、德国的GDP中国内投资比重，计算单位为百分数（%）。（2）A_2、B_2、C_2、D_2、E_2、F_2分别代表英国、瑞典、丹麦、美国、日本、德国的社会保障水平，计算单位为百分数（%）。

从统计分析结果中可以发现：

（1）社会保障水平与GDP中国内投资比重是负相关关系，即社会保障水平上升，GDP中国内投资比重就下降。这说明社会保障水平过高会影响国内投资的增加。

（2）回归方程中自变量系数 b 的数值表明，在社会保障水平对国内投资的具体影响程度上，两种社会保障模式在总体上的差别不大。这说明，两种模式的国家都会把国内投资放在非常重要的地位上，即使在社会保障水平不断上升并且较大程度上影响了国内储蓄的情况下，还是会想方设法保持一定的投资水平。

（六）社会保障水平与GDP中私人消费比重

社会保障资金取之于民，用之于民。从一般关系上考虑，似乎社会保障水平的上升不会影响私人消费。为了更深入地明确这一关系，我们对社会保障水平与GDP中私人消费比重之间的关系进行了相关和回归分析（见表3-6）。

表3-6　　　　　社会保障水平与GDP中私人消费比重的相关系数和回归方程

国家	相关系数 r	回归方程（y=a+bx）	样本年份
英国	+ 0.855	$A_7=65.76+0.739A_2$	
瑞典	+ 0.677	$B_7=68.52+0.251B_2$	1980—2011
丹麦	− 0.619	$C_7=94.21-0.615C_2$	
美国	+ 0.845	$D_7=70.71+0.565D_2$	
法国	+ 0.652	$H_7=79.96+0.014H_2$	1980—2011
德国	− 0.697	$F_7=89.17-0.403F_2$	

注：（1）A_7、B_7、C_7、D_7、F_7、H_7分别代表英国、瑞典、丹麦、美国、德国、法国的GDP中私人消费比重，计算单位为百分数（%）。（2）A_2、B_2、C_2、D_2、F_2、H_2分别代表英国、瑞典、丹麦、美国、德国、法国的社会保障水平，计算单位为百分数（%）。

这些数据说明：

（1）社会保障水平与私人消费之间存在明显的相关关系，有的国家相关系数高达0.855。这说明社会保障资金的运行对私人消费存在一定的影响。

（2）在二者相关关系上，丹麦、德国都呈现为负相关。这说明在这些国家中，随着社会保障水平的上升，私人消费在GDP中的比重相对降低。具体数量为：社会保障水平每提高一个百分点，丹麦、德国的私人消费比重分别下降0.615、0.403个百分点。这主要是因为社会保障推迟或抑制了消费。

（3）英国、瑞典、美国和法国的有关数据表明，社会保障水平的上升，不一定会引起私人消费在GDP中比重的下降。在二者的相关性方面，英国、瑞典、美国和法国均为正相关，相关系数还比较明显。其原因是，这些国家都属于高消费国家，需求对经济的影响较大，4个国家的私人消费并未因保障支出的增加而减少。

第四节　我国社会保障水平

一、我国社会保障支出的统计口径

理论上，社会保障水平的测定要求对社会保障总支出进行统计，即社会保障各分项目支出的总和。但这在实践中往往十分困难：一是各国社会保障支出结构迥异，很难形成一个广泛认同的统计口径；二是有些项目虽然属于社会保障支出的范畴，但客观上却难以统计。因此，在衡量社会保障水平高低及进行比较研究时，需要特别注意统计口径问题。

相对而言，我国社会保障支出统计口径较为复杂，这是因为：一方面，长期以来我国传统的社会保障实行分散化管理，缺乏规范的、权威的社会保障统计指标体系，且现有指标之间缺乏协调性，指标之间存在不同程度的重叠，有些指标残缺不全；另一方面，我国的社会保障体制框架正处于不断健全的过程中，新的保障项目逐步推出，有些支出项目是否应该统计在社会保障中，各方面也还没有完全一致的认识，这些都给社会保障总支出的统计带来了困难。

经过这些年的发展，我国社会保障指标体系已经相当庞大，而且具有广泛的实际应用基础。确立我国社会保障支出的统计口径，不能简单地抛开现有指标，而应以目前的指标体系为基础。这样有利于充分利用历史数据，也便于进行纵向比较研究。

在确定我国社会保障支出的统计口径时，还应注意两个问题：（1）与社会保障制度改革的趋向相吻合，反映不断变化的社会保障状况；（2）与国际惯例接轨，尤其是与国外情况进行比较时，一定要注意所用口径的可比性，否则可能会得出不切实际的结论。

综合上述分析，本书采用如下统计口径：1998年以前（不包括1998年）统一按《中国劳动统计年鉴》中的"全国保险福利费用总额"来确定当年社会保障支出。1998年以来，我国不断深化社会保障体制改革，推动社会保障社会化，加大财政对社会保障事业的支持力度，继续以"全国保险福利费用总额"的口径来界定社会保障支出，很难满足统计分析研究的需要。而且，1999年以后，《中国劳动统计年鉴》的统计口径也发生了变化，无法得到"全国保险福利费用总额"这个指标。本书在各项社会保险基金支出和财政用于社会保障与就业支出加总的基础上，剔除其中的重叠部分，从而得到我国社会保障支出的统计口径（如图3-4所示）。

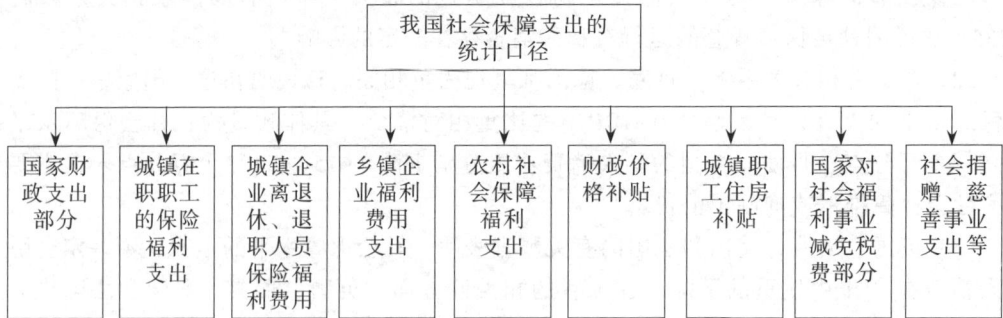

图 3-4　我国社会保障支出的统计口径

二、改革与发展中的我国社会保障水平

改革开放以来，我国社会保障制度相继进入恢复、发展、改革时期，总体水平持续提高，既反映了我国总体经济实力的增强和人民生活水平的提高，也反映了人们对社会保障在社会经济生活中的重要作用认识的深化。从1980年到1990年，以"全国保险福利费用总额"为统计口径的社会保障支出，就反映了这种变化（见表3-7）。

表3-7　　　　　　　　　　　　1980—1990年社会保障支出及水平估算

项目	1980年	1985年	1986年	1987年	1988年	1989年	1990年
社会保障支出（亿元）	136.4	327.4	413.5	501.7	655.5	768.0	937.9
GDP（亿元）	4 545.6	9 016.0	10 275.2	12 058.6	15 042.8	16 992.3	18 667.8
占GDP比重（%）	3.00	3.63	4.02	4.16	4.36	4.52	5.02

资料来源：国家统计局人口和社会科技统计司.中国劳动统计年鉴（1998）［M］. 北京：中国统计出版社，1998.

20世纪90年代初期，随着社会主义市场经济体制改革目标的确立，推进社会保障体制改革被提上了政府工作的议事日程，相应的政策措施和试点方案陆续出台。全面准确地统计这个阶段的社会保障支出变化情况，十分困难。本章中，对1991—1997年我国社会保障水平的估算是由全国的国有单位（包括民政部门）、城镇集体单位和其他单位的保险福利费支出汇总得出的。由表3-8可知，20世纪90年代初期以来，我国社会保障水平不断下降，直到1997年才开始出现相反的变化。一方面，这种下降是对过去国有单位职工享有明显脱离经济发展水平的保障程度的纠偏，有其合理性；另一方面，我国传统意义上的社会保障范围过窄，严重制约了国有企业改革的进一步深化，也不利于劳动力结构的调整，但在其保障程度下降的同时，却没有及时扩大范围和打破社会保障的所有制限制，因此，表现出来的总体保障水平下降现象有其不合理之处。

表3-8　　　　　　　　　　　　1991—1997年社会保障支出及水平估算

项目	1991年	1992年	1993年	1994年	1995年	1996年	1997年
社会保障支出（亿元）	1 094.7	1 309.5	1 670.2	1 958.1	2 361.3	2 725.3	3 043.5
GDP（亿元）	21 781.5	26 923.5	35 333.9	48 197.9	60 793.7	71 176.6	78 973.0
占GDP比重（%）	5.03	4.86	4.73	4.06	3.88	3.83	3.85

资料来源：国家统计局人口和社会科技统计司.中国劳动统计年鉴（1998）［M］. 北京：中国统计出版社，1998.

本章中，从1998年开始采用新的统计口径，即把财政预算中的社会保障支出加上社会保险基金支出，并剔除其中的重叠部分，所得到的总额作为社会保障支出。1998年前后相当一部分单位还是被传统的单位保障方式所覆盖，相对应的社会保障支出没有及时纳入新的统计口径之中。表现在社会保障支出上，表3-9中1998年的水平远不如表3-8中1997年的水平高。但是，1998年以来，我国深化了国有企业改革，加大了劳动力结构调整力度，加快了养老、医疗、失业和低保等社会保障体系的建设步伐，社会保障覆盖面迅速扩大。在此基础上，国家财政不断加大社会保障投入力度，社会保障支出占GDP的比重快速上升，在2001年就达到并超过了1997年的水平（以全国保险福利费用总额估算）。在水平提高的同时，国家更加注重社会保障的社会属性，很多单位参加了地方统筹，并逐步提高统筹层次。因此，社会保障水平在此基础之上的上升的确反映了社会保障功能的强化。

值得注意的是，自2002年起，我国社会保障支出水平出现小幅度波动。主要原因有两点：其一，当时新的重大社会保障政策尚未出台，仍沿用20世纪90年代末的政策框架，此框架下社会保障基金自求平衡机制趋于健全，财政对社会保险基金（尤其是养老保险基金）缺口补助增速大幅放缓，而财政支出与经济仍保持较高增速；其二，当时统计的社会保障支出涵盖了财政补充全国社会保障基金的支出，该基金属中央财政战略储备基金，并非实际意义上的社会保障支出，且2003年起，相比2000—2002年，财政补充全国社会保障基金的支出显著下降。

党的十八大以来，在以人民为中心的发展思想的指导下，国家加快发展民生事业，改革完善社会保障制度，扩大覆盖面，提高待遇津贴水平，社会保障事业不断迈上新台阶。比如，2018年社会保障水平相比2017年有较大幅度提升，其中的主要原因是机关事业单位基本养老保险改革的深化和企业职工基本养老保险基金中央调剂制度的实施。2018年全国社会保险基金支出比2017年增长32.7%，剔除机关事业单位基本养老保险后同口径增长12.7%；2018年7月1日，建立实施企业职工基本养老保险基金中央调剂制度，当年调剂基金总规模2 422亿元。2012—2021年，基本养老保险、失业保险、工伤保险参保人数分别从7.88亿、1.52亿、1.9亿增加到10.3亿、2.3亿、2.83亿；企业退休人员月人均养老金从1 686元增长到2 987元，城乡居民月人均养老金从82元增长到179元，月平均失业保险金由707元提高到1 585元，月平均工伤保险伤残津贴由1 864元提高到约4 000元；基本养老、失业、工伤三项社会保险基金累计结存6.9万亿元，全国社会保障基金战略储备约2.59万亿元，中央层面划转国有资本充实社保基金总额超过1.68万亿元。

表3-9 1998—2021年社会保障支出及水平估算

项目	1998年	1999年	2000年	2001年	2002年	2003年	2004年
社会保障支出（亿元）	1 636.9	2108.1	2 385.6	2 748	3 471.5	4 016.4	4 627.4
GDP（亿元）	85 195.5	90 564.4	100 280.1	110 863.1	121 717.4	137 422	161 840.2
占GDP比重（%）	1.92	2.33	2.38	2.48	2.85	2.92	2.86
项目	2005年	2006年	2007年	2008年	2009年	2010年	2011年
社会保障支出（亿元）	5 400.8	6 477.4	7 887.8	9 925.1	12 302.6	15 018.9	18 652.9
GDP（亿元）	187 318.9	219 438.5	270 092.3	319 244.6	348 517.7	412 119.3	487 940.2
占GDP比重（%）	2.88	2.95	2.92	3.11	3.53	3.64	3.82
项目	2012年	2013年	2014年	2015年	2016年	2017年	2018年
社会保障支出（亿元）	23 331.3	27 916.3	33 002.7	38 988.1	46 888.4	57 145.6	67 792.7
GDP（亿元）	538 580	592 963.2	643 563.1	688 858.2	746 395.1	832 035.9	919 281.1

续表

项目	2012年	2013年	2014年	2015年	2016年	2017年	2018年
占GDP比重（%）	4.33	4.71	5.13	5.66	6.28	6.87	7.37

项目	2019年	2020年	2021年				
社会保障支出（亿元）	75 346.6	78 611.8	86 734.9				
GDP（亿元）	986 515.2	1 013 567	1 149 237				
占GDP比重（%）	7.64	7.76	7.55				

三、对我国社会保障水平适度性的思考

社会保障政策既属于经济政策的范畴，也属于社会政策的范畴；对社会保障水平适度性的研究，如果只侧重于其中的一个方面，结论的片面性可能难以避免，只有把两方面统一起来，才可能得出较为客观的结论。一方面，社会保障制度的建立和完善是社会经济发展到一定阶段的产物，社会保障水平的确定必须考虑到经济的承受能力。二战后很长一段时间，西方世界经济的持续繁荣与其采取有效适度的福利政策密不可分。因此，就经济政策来看，适度的社会保障水平有利于协调积累与消费的关系，优化国民财富的分配，缓解社会化生产与生产资料私有制之间的矛盾。另一方面，从不少国家社会保障政策出台的背景来看，缓和阶级矛盾、维护社会稳定往往是其主要原因。19世纪80年代，德国俾斯麦政府采取的一系列旨在维护社会稳定、缓和阶级矛盾的措施为其经济迅速繁荣奠定了坚实的基础。实际上，社会保障水平确定的过程也就是经济政策与社会政策相协调的过程。从社会政策的角度考虑，保障每个公民最基本的生活水平，对于维护社会稳定来说意义重大；然而，保障每个公民最基本的生活水平要以一定的经济发展水平为基础。

（一）从经济和财力可持续增长看社会保障水平

经济发展和社会保障是水涨船高的关系，不但应避免像一些拉美国家那样因盲目进行"福利赶超"而落入"中等收入陷阱"，又应避免像一些北欧国家那样因实行"泛福利化"而导致社会活力不足。根据上文的统计口径，尽管近年来受中美贸易摩擦等因素影响，我国社会保障支出增长速度有所放缓，但其占GDP的比重仍然维持在9%以上的较高水平。这一水平虽然比不上西方发达国家，但与发展水平接近的国家相比并不算低，甚至高于同口径计算的墨西哥、伊朗、智利等国家的水平。实际上，我国财政支出中的住房保障支出以及财政医疗卫生支出中用于公立医院、基层医疗卫生机构、公共卫生、医疗保障的支出，在不少国家也被纳入社会保障支出范畴。如果考虑到这一层，我国社会保障支出占GDP的比重已超过10%，这样的保障水平应该说是不低的。

现代意义上的社会保障通常以社会保险为核心，而社会保险缴费的强制性则以国家政治权力为基础。当社会保险基金面临财务风险时，国家财政通常发挥兜底作用，承担所有

可能的风险。在很多国家中，社会保障收支本身就是财政预算的重要组成部分。此外，有些社会保障项目的资金需求完全由财政支出予以满足，如社会救助。由此可见，社会保障水平的高低与财政状况的好坏有着十分密切的联系。国家财政汲取能力较强，社会保障支出的适当增加也就有了较好的物质基础。社会保障制度改革以来，我国财政收入快速增长，高于同时期 GDP 的增速，财政收入占 GDP 的比重随之不断攀升，由1998年的11.6%攀升到2019年的19.3%，社会保障水平亦随之水涨船高。

2021年，我国未包括住房保障及医疗卫生有关支出在内的较小口径的社保支出占财政总支出的比重是30%左右，而包括住房保障及医疗卫生有关支出在内的较大口径的社保支出占财政总支出的比重则达到35%~40%。由表3-10可知，我国社会保障支出占财政总支出的比重，虽然比不上部分发达国家，但与我国发展水平相似的国家相比，显然是比较高的。需要注意的是，近年来我国财政收入增长乏力，尽管各级政府一再强调要扎实推动共同富裕，加大民生保障力度，但财力能否提供充分保障，是一个必须予以正视的现实问题。

表3-10 部分国家社会保障支出占财政总支出的比重

国家	比重（%）	国家	比重（%）
法国	38.6	马来西亚	13.4
德国	46.2	泰国	11.9
日本	34	印度尼西亚	9.8
英国	39.5	巴西	36.7
瑞典	41.4	肯尼亚	7.5
意大利	38.4	俄罗斯	26.9

资料来源：财政部社会保障司课题组.社会保障支出水平的国际比较［J］.财政研究，2007（10）：36-42.

（二）从全体人民共同富裕看社会保障水平

共同富裕是中国式现代化的重要特征，随着如期全面消除绝对贫困、全面建成小康社会，我国已经进入了扎实推动共同富裕的历史新阶段。从这一新阶段的特点和发展路径看，应重点关注和解决两方面问题：一是低水平脱贫问题。对照世界银行设定的国际贫困标准，我国的脱贫标准尽管比适用于低收入国家的每人日均1.9美元的水平高，但还达不到适用于中低收入国家的每人日均3.2美元的水平，而事实上我国的人均GDP水平已经跨入中高收入国家行列。由此可见，我国全面消除绝对贫困的标准是不高的。二是"三大差距"问题。《中共中央 国务院关于支持浙江高质量发展建设共同富裕示范区的意见》明确提出，以解决地区差距、城乡差距、收入差距问题为促进共同富裕的主攻方向。实际上，地区差距问题和城乡差距问题最终都可以归结为收入差距问题。所以，扎实推动共同富裕的实质是：针对经济发展进入新阶段后的突出问题，探索破解新时代社会主要矛盾的有效途径，让各区域、各阶层、各群体之间的收入水平更加均衡。

（三）从企业承受能力看社会保障水平

我国的社会保障主要由社会保险、社会救助、社会福利和社会优抚四大子项目组成。从各个子项目支出占社会保障总支出的比重来看，社会保险所占比重最大，目前已超过80%，达到了西方多数国家的水平。与其他子项目不同的是，社会保险强调的是在缴纳保险费的基础上实现社会范围内的统筹。社会保险缴费通常由企业（或雇主）和雇员共同负担。

鉴于社会保险项目在社会保障体系中的重要地位，社会保险缴费率的高低直接影响到社会保障水平的高低，社会保障水平的确定反过来也会对社会保险缴费产生重要影响。目前我国城镇基本养老保险企业缴费率的平均水平大致为20%，有些地区较高。OECD国家雇主缴费率的简单平均数为12%，其中美国为5.35%，奥地利为12.55%（包括养老和伤残保险），芬兰为16.6%，德国为9.3%，日本为8.25%。另外，拉丁美洲、中东、撒哈拉以南非洲和亚洲发展中国家缴费率的平均数则为10%~12%。无论是与发达国家还是与发展中国家相比，我国目前的企业缴费率都明显偏高。企业缴费率偏高直接增加企业的人工成本，影响企业的国际竞争力。因此，不少学者认为，从我国经济发展水平和企业负担能力的角度来看，应该适当降低当前的缴费水平。

经研究发现，欧盟各国社会保障税的平均税负相差很大，雇主缴纳的社会保障税的平均税负最低和最高的国家分别是丹麦和法国，平均税负分别为0.5%和38.9%。国外有关研究表明，尽管有些国家的企业负担着较重的社会保障税，但并没有因此大幅度增加劳动成本，也没有明显影响企业产品的国际竞争力，其原因在于雇工或其代表把社会保障税和净工资看作可以相互替代的收入形式。也就是说，如果把社会保障税负、净工资以及个人所得税负之和看作劳动成本的话，当社会保障税负增加时，净工资会相应降低，个人所得税也相应减少，劳动成本相对稳定。

近年来，为积极应对经济下行压力，我国先后6次降低社保费率，社保总费率从41%下降到33.95%，有力促进了实体经济发展。2020年，我国实施了力度空前的阶段性社保费减免缓返补政策。全年累计为各类企业减免养老、失业、工伤3项社会保险费1.54万亿元，占全年减税降费总额的2/3；同时，通过失业保险稳岗返还政策向企业发放补贴1 042亿元，有效缓解了企业经营压力，稳定了就业市场。

（四）从统筹城乡发展看社会保障水平

新中国成立以来很长一段时间，我国对国有单位职工实行"低工资、高福利"的政策，对该政策的弊端进行分析的文献不少，但当我们基于社会保障水平来分析低工资和高福利并存的政策时，如下的推断则是合乎逻辑的。首先，低工资政策能够实施的一个主要原因在于有较高的福利保障，因此，起作用的是低工资和高福利之间存在一定的替代性。其次，从表面上看，我国传统意义上的社会保障津贴不需要职工缴纳任何费用，其实不然，因为一方面职工并没有在享受较高程度保障的同时得到较高的收入，另一方面国家或企业为职工提供的社会保障福利的价值终归是由职工创造的。因此，如果把我国应缴纳的社会保障支出明确地表现出来，即把社会保障缴费从以前的隐性状态显性化，那么，职工的低工资就可以认为是由缴纳相当高费率的社会保险费所造成的。最后，鉴于我国城乡二元结构长期存在的事实，实际上，城镇几乎形成了一个相对独立的系统。在这个系统中，存在着类似于西方发达国家的福利制度，这种福利制度与我国偏低的经济社会发展水平不相适应，给经济效益的提高和劳动者积极性的发挥带来了极大的负面效应。从某种意义上说，我国传统经济体制的种种弊端是由在城镇居民中存在过高的社会保障水平造成的。与之形成鲜明对比的是，长期以来，我国的非城镇或农村居民却几乎未能享受到真正现代意义上的社会保障福利，因此，事实上在他们中间存在着水平偏低的社会保障。

近些年来，随着我国经济的快速发展，统筹城乡融合发展力度及对农村社会事业的支持力度不断加大，农村社会保障事业得到了较快发展。不过，长期形成的利益差距和二元格局很难在短期内发生根本性变化，社会保障支出的城乡差距依然突出。一方面，从社会保障制度框架看，城乡差距显而易见。社会保障是依据制度规定对国民收入进行再分配的，社会保障支出也相应地要依托于社会保障制度，而城乡社会保障支出的差距首先就体现在制度本身的不同上。在城镇，目前我国已经建立起了以社会保险（主要由养老保险、医疗保险、失业保险、工伤保险和生育保险组成）为主体，以社会救助和社会福利为必要补充的较为健全的制度框架，为居民应对经济社会风险提供了较为可靠的安全网。在农村，社会保障已经在制度上实现了全覆盖，但从具体制度框架及规定看，与城镇以社会保险为主体的保障制度有明显的不同，制度"含金量"也有较大差别。另一方面，从社会保障待遇水平看，城乡差距更加明显。我国社会保障在实际运行中以现收现付为主，社会保障支出主要体现在社会保障待遇水平上。因此，城乡社会保障待遇水平是反映支出水平差距的较为有效的指标。实际上，农村社会保障待遇水平是远低于城镇的。比如，2020年城乡居民人均养老金水平仅为城镇退休职工人均养老金水平的6%，2022年农村低保平均标准仅为城市低保平均标准的75%。

综上所述，当前我国城乡社会保障水平悬殊是城乡差别的重要体现，也是实施乡村振兴战略、推进城乡融合发展的重要内容。今后，我国在提高社会保障水平时，应按照城乡融合发展的要求，把有限的财力集中于支持社会保障事业发展的薄弱环节。

（五）从应对人口老龄化的严峻挑战看社会保障水平

我国是世界上老年人口最多的国家，目前人口老龄化程度已高于世界平均水平。在可预见的未来较长一段时间，我国人口老龄化将呈现出速度加快、规模进一步扩大的特征。2021年我国60岁以上人口为2.67亿，占比达到18.9%，与2010年相比增加5.64个百分点。"十四五"期间，我国60岁以上人口占全部人口的比重将超过20%，企业新退休人数将超过4 000万。到2035年左右，60岁以上人口占比将超过30%。伴随人口预期寿命延长、劳动年龄人口数量下降、劳动人口平均受教育年限增加，加之退休年龄偏低、养老保险缴费年限偏短，我国抚养比近年来在持续下降。20世纪90年代，在职职工与退休人员的抚养比为5：1，目前已到2.8：1。未来如果没有相关社会保障制度的创新突破，一方面人口老龄化不断加剧，另一方面养老保险抚养比下降、养老金支付刚性增长，社会保障水平将势必随着银发时代的到来而攀升。

本章小结

社会保障水平是指在特定时期一国或地区社会成员享受社会保障待遇的高低程度。

"适度"的社会保障水平会对社会经济产生积极的作用，"不适度"的社会保障水平对保障公民的基本生活以及对社会保障制度自身的发展都有许多不利的影响。

　　我国社会保障支出的统计口径较为复杂，本章提出了一个综合的统计口径。对我国社会保障适度水平的研究，既应统筹考虑经济发展水平和社会政治稳定，也应考虑到国家财政和企业的实际负担能力，还应考虑到一些比较突出的结构性问题。

　　社会保障水平的经济效应包括整体经济效应和分项经济效应。不同社会保障模式对经济变量的影响不同，如福利国家型和保险型模式在经济增长、储蓄、投资、消费等方面存在着差异。研究和确立适度的社会保障水平，是保证国民经济良性运行的必要条件。

关键术语

　　社会保障水平　社会保障水平指标　社会保障预警系统　经济效应　适度水平　统计口径

复习思考题

一、单选题

即测即练

1. 社会保障水平的测定通常以（　　）为主要指标。

A. 社会保障支出总额

B. 国内生产总值

C. 社会保障支出总额占国内生产总值的比重

D. 人均社会保障待遇水平

2. 社会保障水平的制约因素中，（　　）是社会保障支出的最终来源，从根本上制约着社会保障水平的高低。

A. 经济规模与经济发展水平　　　　B. 政治社会结构

C. 制度年龄和人口结构　　　　　　D. 历史人文因素

3. 社会保障水平的适度性要求社会保障支出水平在一定限度内既能保障公民的基本生活又能激励公民去积极劳动，推动经济社会健康、持续发展。这一限度被称为（　　）。

A. 适度区域　　　　　　　　　　　B. 临界点

C. 预警线　　　　　　　　　　　　D. 标准线

4. 我国社会保障支出的统计口径在（　　）年发生了变化，此后不再使用"全国保险福利费用总额"来确定当年社会保障支出。

A.1980　　　　　　B.1990　　　　　　C.1998　　　　　　D.2000

5. 社会保障水平与（　　）之间存在正相关关系，即随着该指标的增长，社会保障支出总额在国内生产总值中的比重也在增长。

A. 国内储蓄　　　　　　　　　　　B. 国内投资

C. 私人消费　　　　　　　　　　　D. 人均国内生产总值

二、多选题

1. 社会保障水平的制约因素包括（　　）。

A. 经济规模与经济发展水平　　　　B. 政治社会结构

C. 制度年龄和人口结构　　　　　　D. 历史人文因素

2. 社会保障水平的测定和评价应综合考虑的因素包括（　　）。

A.历史   B.人口

C.经济   D.社会

3.社会保障适度水平的测定涉及（   ）。

A.社会保障水平的适度性

B.社会保障水平的适度标准

C.社会保障预警系统的建立和作用

D.社会保障支出的统计口径

4.社会保障水平的经济效应包括（   ）。

A.整体经济效应   B.分项经济效应

C.宏观经济效应   D.微观经济效应

5.我国社会保障水平在不同阶段的变化趋势和特点包括（   ）。

A.改革开放以来总体水平持续提高

B.20世纪90年代初期曾出现下降

C.20世纪90年代后期逐渐回升

D.当前需在推动共同富裕、企业承受能力、统筹城乡发展、应对人口老龄化等方面综合考量

三、简答题

1.简述社会保障水平的制约因素及其特点。

2.社会保障水平的经济效应主要体现在哪些方面？

参考答案

第四章

养老保险制度与实务

知识目标

1. 了解养老保险的含义、特征和制度模式；

2. 熟悉现收现付、完全积累、部分积累的含义及特点；

3. 理解养老保险制度的内容，包括参保对象、资金筹集、养老金标准、待遇领取资格等；

4. 掌握我国养老保险制度内容，包括城镇职工基本养老保险和城乡居民基本养老保险制度参保对象、资金筹集、账户构成、养老金计发办法、资格条件等。

能力目标

1. 熟悉各类人群办理养老保险的参保登记、缴费核定、账户管理、待遇审核与支付等业务流程；

2. 能够准确计算各类人群的缴费金额、养老金待遇，处理养老保险关系转移接续过程中的账户资金划转和年限计算等复杂问题。

思政目标

1. 培养社会公平正义观念，认识到养老保险是社会再分配的重要手段，保障老年人的基本权益，树立正确的价值观，积极维护养老保险制度的健康运行；

2. 培养诚信意识，强调在养老保险缴费和待遇领取过程中必须如实申报工资收入、缴费年限等信息，杜绝欺诈行为。

思维导图

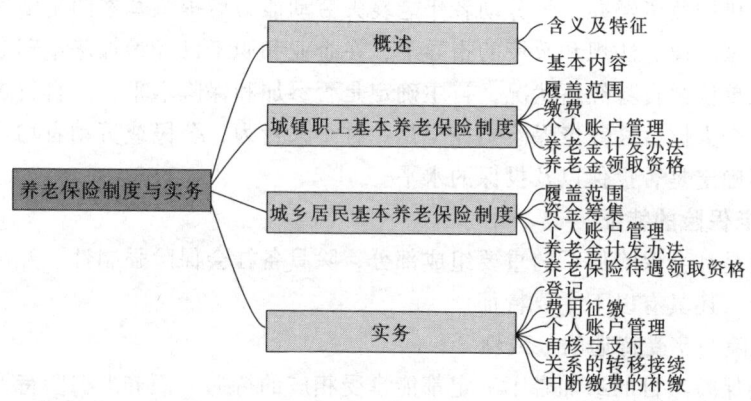

|第一节| 养老保险概述

一、养老保险的含义及特征

（一）养老保险的含义

1.老年社会保障的含义

老年社会保障是对退出劳动领域或无劳动能力的老年人实行的社会保险、社会福利和社会救助措施，包括经济赡养、生活照料、精神慰藉等方面。老年社会保障是社会保障系统中的一个主要项目，而养老保险是老年社会保障的核心部分。

由于各国的社会文化不同，各国养老保障制度的内容也有所不同。随时代的变化，一个国家养老保障制度的内容也会发生变化。过去，子代和非正式制度在养老行为中扮演重要的角色，国家一般在礼制中作出赡养老人的规定，在礼仪活动中向公众展示和宣传，对贤能之士或官僚体制中的杰出成员提供物质供养和精神肯定。与过去不同，在现代养老保障制度中，子代和非正式制度起次要作用，国家和本人在养老方面承担主要责任，子代和非正式制度成为补充或以非正式的方式起作用。

根据社会成员享受养老待遇的条件不同，现代养老保障制度可分为保险性质、保障性质和福利性质的社会保障制度。保险性质的制度称为养老保险制度，保障性质的制度称为社会救助或援助养老制度，福利性质的制度则为每个国民均可受益的普惠式养老制度。

2.养老保险的含义

由于各国养老保险政策及其实践内容不同，对养老保险的定义也不尽一致，但对于养老保险的基本内涵是普遍认同的。一般认为，养老保险是国家和社会通过立法，在劳动者因年老退出劳动岗位后，为其提供相应的收入保障的制度安排。其目的是增强劳动者抵御老年风险的能力，同时弥补家庭养老的不足。

从世界各国养老保险的实践内容来看，大多数国家都根据保险范围、保险水平、保险方式的不同，将养老保险分为基本养老保险、补充养老保险和个人储蓄性养老保险三个层次。国际社会通常称之为养老保险的第一支柱、第二支柱和第三支柱。基本养老保险是由国家立法强制实行的政府行为，一般规定全体劳动者都必须参加。养老保险事务由政府设立的社会保险机构负责经办，为劳动者年老丧失劳动能力后提供基本的生活保障。补充养老保险是在国家法律、法规和政策的指导下，在企业和职工已经参加基本养老保险的前提下，由企业或单位视自身经营状况，自主确定是否参加和保险水平，并自行选择经办机构的保险行为。个人储蓄性养老保险则完全是一种个人行为，公民或劳动者均可视自己的收入水平和意愿确定是否投保以及投保的水平。

（二）养老保险的特征

养老保险是社会保险体系的重要组成部分，除具备社会保险强制性、互济性和普遍性等共同特征外，还具有以下主要特征：

1.参加保险与享受待遇的一致性

其他社会保险项目的参加者不一定都能享受相应的待遇，而养老保险待遇的享受人群是最确定、最普遍、最完整的。因为人人都会步入老年，都需要养老。参加养老保险的特定人群一旦进入老年，都可以享受养老保险待遇。

2.保障水平的适度性

养老保险的基本功能是保障劳动者在年老时的基本生活，这就决定其保障水平要适度，既不能过低，也不能过高。一般来说，养老保险的整体水平要高于贫困救济线和失业保险金的水平，低于社会平均工资和个人在职时的收入水平。

3.享受期限的长期性

参保人员一旦达到享受待遇的条件或取得享受待遇的资格，就可以长期享受待遇至死亡。其待遇水平基本稳定，且逐步提高，不会下降。

4.保障方式多层次

广义的养老保险既包括国家法定的基本养老保险，还包括用人单位建立的补充养老保险（企业年金、个人自愿参加的储蓄性养老保险等）。建立和完善多层次的养老保险体系已成为一种国际趋势。

5.与家庭养老相联系

养老保险的产生和发展，逐步取代了传统家庭养老的部分或大部分功能。养老保障程度低时，家庭养老的作用更大一些；反之，就相应减弱。但养老保险并不能完全替代家庭责任。几乎所有国家的宪法或法律都规定了公民有赡养老人的义务。因此，养老保险与家庭养老是相互联系、相得益彰的统一体。

6.费用开支的大额性

社会养老保险享受对象的普遍性和享受待遇的长期性决定了其费用开支在整个社会保险中最大。

养老保险的上述特点使其成为社会保险中最受社会关注、最重要的一种保险项目。因此，也有人认为养老保险是衡量一个国家社会保险制度完备程度的标志。养老保险制度是社会保险制度中最为重要的组成部分，它的支出最多，影响最大，计划性强，养老保险基金的筹集与支付要进行周密的预测、计算、分析，并不断进行必要的调整。

二、养老保险的基本内容

（一）养老保险的覆盖范围

养老保险的覆盖范围，是指法定的适用对象和适用人群。各国因经济社会发展水平不一和制度规定的差异，其覆盖范围也宽窄有别。虽然社会保险是针对劳动者的一项社会制度，但在有些国家，养老保险制度却覆盖了全体国民，如瑞典就是普遍性的保障模式。有些国家的养老保险只包括劳动者，是选择性保障模式，如德国、美国等。一般而言，社会养老保障覆盖面的大小取决于各国的具体国情。而在考虑其具体国情时，至少有以下几点是直接影响养老保险覆盖面的确定的：经济发展水平、人口类型、人口政策、职业结构、历史文化传统等。

（二）养老保险的资金筹集

养老保险的筹资包括资金来源、分担方式、筹资方式与筹资模式。

养老保险的资金来源主要有参保人及其雇主的缴费（税）、财政补助、社会捐助及养老保险基金投资收益。

1.养老保险资金来源及分担方式

养老保险的分担方式规定了劳动者个人、雇主及政府的责任，包括由三方分担、两方分担和一方承担。我国城镇职工基本养老保险由用人单位和职工个人双方缴费（税），政府承担"兜底"责任；城乡居民养老保险由政府和个人共同出资，农村地区是"个人缴费、集体补助与财政补贴相结合"。

从各国的养老保险制度实践来看，养老保险费用的分摊不外乎如下几种方式：

（1）由雇主、雇员和国家三方共同负担的方式，如英国、德国和意大利等，这种方式最为普遍。

（2）由雇主和雇员双方分担，如法国、荷兰、葡萄牙、新加坡等。

（3）由雇主和国家分担费用，如瑞典2000年以前就是采取这一方式，还有计划经济时期的中国企业职工养老保险。

（4）由国家和个人分担费用，如中国的城乡居民养老保险。

（5）完全由雇员个人负担，如智利等。

2.养老保险筹资方式

养老保险的筹资方式包括缴费和纳税。一般地，对养老保险资金实行预算内管理的国家多实行纳税方式，而建立养老保险个人账户的国家则使用缴费方式。

资金筹集一般都按参保人的工资收入的同一比例征集保险费，费率高低取决于退休后生活水平预期。费率高，当前生活受影响；费率低，今后生活受影响。

在具体筹集养老金时，不同的国家往往还有不同的办法。大多数国家一般都按参保人的工资收入的同一比例征集保险费；有的国家对不同工资收入的参保人按同一金额征收；有的国家对不同工资收入的参保人按不同的费率征收保险费，高工资高费率，低工资低费率；有的国家规定缴费工资的最低限额，最低限额以下的参保人免交保险费；有的国家规定缴费工资的最高限额。一般来说，高工资高费率，低工资低费率（如哥伦比亚等），以及规定缴费工资最低限额（如德国等），有"抽肥补瘦"功效，正向收入再分配功能较强。

3.养老保险筹资模式

养老保险基金的筹集模式主要包括现收现付制、完全积累制和部分积累制。

（1）现收现付制

①现收现付制的含义

现收现付是指养老金从收缴到支付都在现期（通常为1~2年）完成，实现收支现期平衡。现收现付制的基本原理是根据横向平衡的原则，在长期稳定的人口结构下，该体制的生产性劳动人口负担老年人口的退休费用，而现有生产性劳动人口的退休费用则由下一代生产性劳动人口负担。因而，现收现付制正常运行的一个基本条件是有长期稳定的人口结构，还要保持较稳定的退休者和生产者的比例。劳动者代际收入转移与收入再分配是其经济内涵，短期收支平衡是现收现付制的基本特征。

②现收现付制的优缺点

现收现付制的优点：第一，保险费的筹集采用弹性费率，通常在一年时间里完成收缴和支付，没有巨额资金的积累，可以避免因通货膨胀而导致基金贬值的风险，保障退休金的实际货币价值。第二，财务收支在短期内实现平衡，所以不必考虑利率因素及复杂的精算技术，简便易行，管理成本较低。第三，现收现付制互助共济功能较强。此模式采用代际收入转移的原理，具有代际收入正向再分配的功能，对工资收入低、寿命较长的参保人比较有利。第四，易于保证国民的生活水平，因为在确定现收现付制支付水平时，通常会考虑当时国民的生活水平。

现收现付制的缺点：第一，受人口年龄结构变动的影响较大，所以难以应对人口老龄化的挑战。现收现付制是下一代人赡养上一代人的制度，其供养水平直接受两代人人口比例的影响。如果供养人的规模相对较小，被供养人的规模相对较大，就会导致供养人的平均负担过重。第二，容易造成国家财政负担加重，因为在此种模式下，当出现社会保障基金入不敷出的情况时，往往最终由国家财政来承担责任。第三，由于缺乏资金的积累，因此抵御突发风险的能力较弱，会影响国民对社会保险的信心。

（2）完全积累制

①完全积累制的含义

完全积累制又称基金制或预筹积累制。这是一种以远期纵向收支平衡为指导原则的筹资模式。它首先对有关人口平均预期寿命和社会经济发展状况进行较长期的宏观预测，然后在此基础上预测社会成员在享受保险待遇期间所需支付的保险费用总量，将其按一定比例分摊到劳动者整个就业期间或投保期间。完全积累制强调劳动者个人不同生命周期的收入再分配，即将劳动者工作期间的部分收入转移到退休期间使用。

②完全积累制的优缺点

完全积累制的优点：第一，通过预提积累保险基金，有利于实现人口老龄化背景下对劳动者的经济保障。第二，具有很强的激励机制，透明度高。第三，强调劳动者个人不同生命周期收入的再分配，有利于缓和现收现付制所产生的代际矛盾。第四，有利于增加储蓄和资金积累，促进资本市场的发展，进而对经济发展具有重要的推动作用。

完全积累制的缺点：第一，由于完全积累制采用个人账户，要求具备较多的个人信息和复杂的信息处理系统，管理成本相对较高。第二，完全积累制缺乏代际收入再分配功能。第三，由于缴费与受益之间往往有较长的时间间隔（往往几十年），其间难免会出现不可控制的风险，如通货膨胀等。因此，在动态经济中要实现基金的保值与增值，具有相当大的难度。

（3）部分积累制

①部分积累制的含义

部分积累制是一种介于现收现付制和完全积累制之间的混合模式，是一种资金筹集的创新模式。在社会保险基金的筹集中，一部分采取现收现付制，保证当前的支出需要；另一部分采取完全积累制，满足未来支付需求的不断增长。

②部分积累制的优缺点

部分积累制的优点：第一，这种模式是在维持社会统筹现收现付制框架的基础上引进了个人账户制的形式，具有激励机制和监督机制，同时保持了社会统筹互济的机制，吸收了现收现付制和完全积累制的长处，克服它们的缺点，避免可能出现的问题。第二，这种模式具有较强的灵活性，资金储备全面，不必完全筹足资金，可以根据具体情况而定。第三，缴纳的费（税）率也可以根据储备多少和实际需要进行调整，既避免了完全积累制可能带来的风险，又可以解决现收现付制存在的缺乏储备和负担不均等问题。

部分积累制的缺点：第一，具体操作难度较大，尤其是在各种费（税）率的掌握上，很难做到恰到好处。第二，如果各种标准和费率设置不当，不但达不到预期效果，反而会导致管理成本的大幅度提高。第三，在具体实施过程中，要实现新旧模式的平稳过渡，也是相当困难的事情。

在现收现付制、完全积累制和部分积累制3种筹集模式中，各国选择的模式通常与本国的养老保险制度直接相关。很多国家都采用现收现付制模式，但为了适应人口老龄化的需要，部分积累制在部分国家开始"回归"，这是因为部分积累制在应对经济变化和实施宏观调控方面具有较多优势。

（三）享受养老保险待遇的资格与条件

确定参保对象是否达到领取养老金的资格，是养老金给付的前提条件。一般来说，需要满足两个条件：一是达到政府规定的法定退休年龄；二是缴费或投保或居住达到一定的年限。达到法定退休年龄只是享受养老保险待遇的一个必要条件，只有同时满足第二个条件的劳动者（公民），才有资格获得养老保险金的给付。

1.年龄

目前，世界各国对劳动者退休年龄的规定是不同的。1952年和1967年国际劳工大会通过的有关公约规定，劳动者领取养老金的年龄不得超过65岁。法定退休年龄是政府有关管理部门，综合考虑劳动者体质状况、劳动力资源状况、社会人口平均寿命、劳动者平均工作年限、社会经济发展状况等因素而确定的。

退休年龄是最主要的条件，只有达到法定退休年龄才有资格领取养老金。养老保险确定保险费率，达到养老基金收支平衡等都是以法定退休年龄为依据的。提前退休，养老保险金就可能不够支付；延期退休，可能损害参保人养老金利益。当然，各国都有些特殊规定，允许在一定条件下提前或延期退休。

2.缴费年限

缴费年限（或工龄）也是重要条件，只有缴够最低年限，才能在退休后领取退休金，否则养老保险制度也会收不抵支。在个人不缴费的养老保险计划中，与规定工龄的原理相同，虽然明着不缴费，但其实工薪的一部分已经被按月扣除，扣除必须达到最低月数，这样养老基金收支才能平衡。

采用工龄合格期的国家主要有苏联、计划经济时期的中国和东欧国家。例如，根据国务院1978年颁布的《关于工人退休、退职的暂行办法》的规定，我国职工工龄的合格期为连续工龄满10年；我国养老保险改革后，则以缴费年限作为判断条件。

3.居住年限

在部分"福利国家"，养老保险结构中有"普惠制"成分，只要达到养老年龄并在该国居住过一定年限（居龄）就可以获得普惠制的养老金。居龄对有些欧美国家和地区很重要，在领取养老金问题上，国家鼓励国民多在本国居住，而不是周游列国。采用这种方法的国家主要有新西兰、加拿大、冰岛、瑞典、丹麦等。例如，丹麦政府规定，国民年金的享受条件是年满67岁，在本国连续居住5年的本国公民。

（四）养老金的给付

1.养老金给付范围及项目

各国依照本国的国民经济发展水平和社会需求来确定养老金的给付范围、项目及标准，具体的给付标准有一定的差异。在某些国家，养老金给付范围既包括被保险者本人，也包括无收入的配偶、未成年子女以及其他由被保险人抚养的直系亲属。瑞士、瑞典等国的给付项目除基本养老金之外，还有低收入补助、看护补助、超缴保险费期间增发额、超龄退休补贴、配偶及未成年子女补贴等。

支付给被保险人抚养的直系亲属的各种家属补助，在世界很多国家已经相当普遍。对家属的补助办法，有的采取定期定额补助，与被保险人的收入、投保期限无关；有的按投保人养老金的一定比例补助。有的国家对补助对象，即对被保险人抚养的直系亲属没有条件限制，而相当多的国家则对享受家庭补助的直系亲属规定某些限制条件，如配偶和子女的年龄、子女的数量等。

2.养老金支付标准

在满足了各项领取养老金的条件后，养老保险的利益最终就要落实在养老金的支付上。保险支付都按照一定的公式，养老保险制度不同，支付公式也会有所不同。

不同性质的养老金，其支付原则也有所不同。从世界范围来看，可以将养老金分为"普惠"养老金、"最低生活"养老金、就业关联养老金、收入关联养老金和缴费关联养老金。

（1）"普惠"养老金、"最低生活"养老金

"普惠"养老金就是养老金支付以年龄或居龄为根据，到达一定年龄的人，无论其过去收入高低和就业年限长短，都可以得到一份数量相同的年金。

"最低生活"养老金就是养老金支付以生活贫困线为依据，任何人只要在生活贫困线以下，都可以得到津贴。

"普惠"养老金和"最低生活"养老金一般采用绝对金额制。这种计算方法是将被保险人及其供养的直系亲属，按不同标准划分为若干种类，每一种类的人按同一绝对额发放养老金，这种计算方法与被保险人退休前工资的多少无关，多用于普通国民保险或家庭补助的给付，属于较大范围的养老金范畴。

（2）就业关联养老金、收入关联养老金和缴费关联养老金

就业关联养老金就是养老金支付以就业年限为依据，过去就业年限越长，养老金就越高。

收入关联养老金就是以工资收入为依据，过去收入越高，养老金就越高。

缴费关联养老金就是以缴纳保险费为依据，所缴保险费越多，养老金就越高。缴费多少往往与就业长短和收入高低有关系，因此，缴费关联在一定意义上就是就业收入关联。

就业关联养老金、收入关联养老金和缴费关联养老金，以被保险人退休前某段时间内的平均工资或最高工资数额为基数，再根据是否与投保年限有关，按一定比例计算养老金金额。若与投保年限无关，养老金的计算通常是工资基数乘以一定比例，这个比例或根据收入，或根据工龄长短来确定。若与投保年限有关，养老金的计算通常是计算基数乘以一定比例，再乘以投保年限。在这种情形下，比例不是十分重要的，养老金金额更多地取决于基数和投保年限两个因素。

前两种（"普惠"养老金和"最低生活"养老金）与就业收入不关联的养老金旨在实现"平等"的社会目标，其正向收入再分配功能较强，对低收入和低工龄的参保人群体相对有利，后三种（就业关联养老金、收入关联养老金和缴费关联养老金）与就业收入关联

的养老金旨在刺激劳动效率，其正向收入再分配功能较弱，对高收入高工龄的群体相对有利。

（3）养老金替代率

养老金水平的高低，一般用相对值来衡量，即用"养老金工资替代率"（养老金占退休前工资收入的百分比）来表示。

保险水平的高低取决于制度设计，养老金水平要求高，在职时缴费费率就要相应提高；要求低，费率就可以低一点。一般认为，70%～80%水平的养老金工资替代率可以使职工保持与退休前大体相当的生活水平。当然这里是指可能包括企业年金在内的各项养老金总和替代率，而不只是基本养老金替代率。国际劳工组织《社会保障（最低标准）公约》（1952年）规定，参加养老保险30年的雇员，基本养老金工资替代率应达到40%。

我国的基本养老金工资替代率也有一个发展和变化过程。1951年2月我国颁布《劳动保险条例》，替代率为35%～60%；1953年在《劳动保险条例实施细则修正草案》中替代率调整为50%～70%；1958年，我国颁布的《关于工人、职员退职处理的暂行规定》将退休金根据连续工龄和一般工龄的长度分为三个档次，替代率依次为50%、60%和70%；改革开放后，我国的基本养老保险制度进入了调整和改革的阶段，我国的基本养老保险替代率在70%～80%，1997年国务院颁布《国务院关于建立统一的企业职工基本养老保险制度的决定》，我国的基本养老保险目标替代率为58.5%。当然替代率高低不能简单比较，还要看工资基数。过去的替代率是"基本工资"的替代率，虽然替代率较高，但实际退休金并不高，经过企业福利货币化，工资基数增加了，替代率下降并不意味着实际退休金的下降。虽然如此，目前的养老金也只能保证基本生活水平。养老金替代率保持在70%～80%可以保证员工退休后生活水平基本维持不变，因此，还需要企业年金和个人储蓄。

3.养老保险缴费与待遇之间的联系

养老保险的计发模式包括给付确定模式和缴费确定模式。

（1）给付确定模式

所谓给付确定模式（defined benefit，DB），也称为收益基准制，是指在设定以保障一定生活水平需要的养老金替代率基础上，考虑相关影响因素来测量养老保险费的征缴比例。养老金的标准一般按照参保者的年龄、工作年限、工资基数等因素来制定，只要参保者符合规定条件，就能享受养老保险计划所规定的相应待遇。这一待遇具有一定的确定性，而与其对社会保险的缴费或贡献并没有一一对应关系。待遇往往是事先可以计算或确定的，而缴费往往根据人口变化、工资增长等因素进行调整。这种模式主要是实现养老保险金的横向平衡，具有较强的再分配功能，体现了风险共担原则，通常与现收现付模式联系在一起，反映了养老保险待遇与就业期间的收入水平、缴费期限、收入替代率、收入再分配等因素的内在联系。在DB模式下，积累基金的投资风险由政府或雇主承担。DB模式更易于实现收入再分配的目标，但其运作的透明度不高，给付公式的设计比较复杂，不易为受益人所理解。

（2）缴费确定模式

所谓缴费确定模式（defined contribution，DC），也称为缴款基准制，是指通过保险精算确定一个相对稳定的缴费比例或标准筹集养老保险基金，并完全或部分地存入劳动者的个人账户。当劳动者退休时，以其个人账户的积累数额（本金加上利息）作为养老金。其实质是"以收定支"模式，劳动者养老金的收益水平取决于其个人在劳动期间对社会保险缴费的贡献或全部工作年限以及基金积累的投资回报率。这种模式一般与基金制养老保险制度相联系，体现了养老金待遇与缴费积累数额、利率及投资收益之间的内在联系。其中，投资收益状况对养老金待遇将产生至关重要的影响。DC模式引入个人账户管理运营，参保人对个人账户积累基金的投资运营具有相当的投资决策权。因此，在DC模式下，积累基金的投资风险由参保人（雇员）自己承担，与之相对应，其投资收益也主要由雇员自己享有。DC模式极大地加强了劳动者在职时的缴费与退休后获得退休金之间的关联，给付公式设计简单明了，管理透明度高，劳动力流动时的可携带性也较强。但是，DC模式的再分配效应较差。

（五）养老保险基金的账户管理

养老保险基金筹集后的管理方式，主要有社会统筹模式、个人账户模式，以及社会统筹与个人账户相结合模式等。

社会统筹模式，是通过养老保险筹资渠道筹集到的养老保险基金全部进入社会统筹，由相关部门根据当年或一个周期内的社会需要统筹规划，考虑养老保险基金的使用问题。该模式的最大特点就是高度社会化，最大限度地发挥了社会保险互助共济和风险共担的功能，将"大数法则"运用到极致。该模式通常只考虑短期内基金的平衡，一般没有或只有很少的节余，因此，采用该模式的养老保险制度要在人口结构稳定的情况下才得以维持。当人口结构发生变化，如出现人口老龄化危机时，就难以为继。在具体制度安排中，这种模式总是和现收现付的财务模式联系在一起。

与社会统筹模式相对应，个人账户模式是指征缴的养老保险费全部进入个人账户，当劳动者步入老年、失去劳动能力、离开劳动力市场以后，再按照个人账户积累的金额（本金+运营收入），领取属于自己的养老金。这种模式对于劳动者具有一定的激励作用，但没有互助共济和风险分担功能，且基金保值增值压力大。在具体制度安排中，这种模式总是和完全积累的财务模式联系在一起。

社会统筹与个人账户相结合是我国独创的一种新型养老保险基金运行模式，社会统筹部分现收现付与个人账户部分完全积累同时并存。该模式实行的是国家、企业和个人三方分担供款责任，但分别记账的方式。其中个人所缴部分全部进入个人账户，其余的实现社会互济，保险基金支付时实现结构性组合。但是，该模式在我国实践时间还不长，其效果到底如何还有待实践的进一步检验，其运行规则与监督机制等也还有待完善。

延展阅读4-2

养老保险基金的影响因素

延展阅读4-3

养生保险的管理体制

第二节 城镇职工基本养老保险制度

当前，我国基本养老保险制度由城镇职工养老保险制度与城乡居民养老保险制度两部分组成。城镇职工养老保险制度是由机关事业单位养老保险和城镇企业职工养老保险制度于2014年10月"并轨"正式实施的；城乡居民养老保险制度是由城镇居民养老保险和新型农村社会养老保险于2014年7月合并形成的，实现了养老保险制度全覆盖，并逐步从制度全覆盖走向人群全覆盖。我国的城乡二元养老保险制度逐步衔接与融合，这种动态的结构调整与我国城乡经济发展趋势相吻合，体现了我国基本养老保险制度的基本形态与发展趋势。

一、城镇职工基本养老保险覆盖范围

（一）城镇各类企业及其职工

城镇各类企业及其职工是城镇职工养老保险的主力军，是制度最先覆盖的人群，具体包括以下几类：

（1）国有企业、城镇集体企业、外商投资企业、城镇私营企业和其他城镇企业及其职工，包括企业招用的在中国境内合法就业的外国人，企业招用的农民合同制职工。

（2）社会力量所办学校等民办非企业单位及其职工。

（3）机关事业单位编制外已签订劳动合同或已形成事实劳动关系的人员。

（二）城镇个体工商户和灵活就业人员

个体工商户是有经营能力，经市场监督管理部门登记，从事工商业经营的公民。个体工商户业主及其雇员和帮工应当参加城镇职工养老保险。以非全日制、临时性和弹性工作等灵活形式就业的人员

城镇灵活就业人员是指在国家规定的劳动年龄内，以提供合法劳动并获得劳动报酬的自由职业、非全日制、临时性和弹性工作等灵活多样方式就业的城镇就业人员，不包括领取营业执照的个体工商户和建立劳动关系的私营企业就业人员。

这类人员在工作时间、劳动报酬、工作场所、劳动关系等方面与传统的建立在工厂制度基础上的劳动者不一样，有的没有用人单位，有的与用人单位没有建立固定的劳动关系，但是他们提供了某种形式的劳动，有劳动收入，可以将他们纳入职工基本养老保险覆盖范围。随着现代经济社会的发展，尤其是技术的进步和经济结构的变化，就业形式会越来越灵活，灵活就业人员会越来越多，将其纳入职工基本养老保险覆盖范围，有利于扩大基本养老保险的覆盖面，保护灵活就业人员的社会保险权益。考虑到灵活就业人员的收入情况不同，其参加基本养老保险完全由个人缴费，不能强制。因此，《中华人民共和国社会保险法》规定，灵活就业人员可以自愿参加职工基本养老保险。

（三）机关事业单位及其工作人员

延展阅读4-4

城镇职工基本养老保险覆盖范围的变迁

2015年1月，根据国务院《关于机关事业单位工作人员养老保险制度改革的决定》（国发〔2015〕2号）的规定，按照公务员法管理的单位、参照公务员法管理的机关、事业单位及其编制内的工作人员，正式实行养老保险制度。可见，机关事业单位及其工作人员也需要参加城镇职工养老保险，按照相关规定进行缴费和领取基本养老金。

二、城镇职工基本养老保险缴费

（一）缴费比例

依据《中华人民共和国社会保险法》《国务院关于完善企业职工基本养老保险制度的决定》和其他相关制度的规定，城镇企业职工养老保险基金一般由用人单位和个人共同缴

纳，用人单位缴费比例为缴费工资的16%，个人缴费比例为缴费工资的8%。无雇工的个体工商户、未在用人单位参加基本养老保险的非全日制从业人员以及其他灵活就业人员等以个体身份参保的，其费用则由个人全部缴纳，缴费比例为20%。

（二）缴费基数

企业缴费基数为上年度本单位职工工资总额。对于缴费基数低于全省上年度在岗职工平均工资60%和不能核定工资总额的企业，可按职工缴费基数之和作为基数。

职工个人缴费基数为职工本人上一年度月平均工资。

个人缴费基数体现"上有封顶，下有保底"的原则，规定了缴费基数上限、下限：本人月平均工资低于当地职工月平均工资60%的，按当地职工月平均工资的60%作为缴费基数；本人月平均工资高于当地职工月平均工资300%的，按当地职工月平均工资的300%作为缴费基数，超过部分不计入缴费工资基数，也不计入计发养老金的基数。

城镇个体工商户和灵活就业人员参加基本养老保险的缴费基数为当地上年度在岗职工平均工资。为鼓励个体工商户和灵活就业人员参保，有些地区城镇个体工商户和灵活就业人员缴费基数按当地上一年度在岗职工月平均工资的60%～300%，由缴费人员根据收入状况自主选择申报缴费。

三、城镇职工基本养老保险个人账户管理

养老保险基金由社会统筹基金和个人账户基金两部分组成。1995年，国家确定基本养老保险基金实行社会统筹与个人账户相结合的基金管理模式，从社会统筹转变为社会统筹与个人账户相结合的混合模式。

（一）个人账户的含义

个人账户也称个人基金账户，是我国基本养老保险制度中实行的统账结合模式的重要内容。该账户由各级社会保险机构按国家颁布的公民身份号码为参加基本养老保险的职工每人建立一个终身不变的个人账户。按我国的最新规定，个人账户有三层含义：

（1）个人账户的基金实行强制性个人储蓄缴纳积累。

（2）该个人账户归个人专有，不作社会互济，职工在职时，基金管理采取完全积累的方式，退休后按月支付养老金。

（3）基本养老金个人账户的支付属于缴费限定型，与职工本人在职时对社会保险基金的贡献大小和工资数额的高低紧密相关。

（二）个人账户的主要信息

个人账户记载保险对象的姓名、年龄、性别、居住地点、工作单位及变动、保险账号等基本情况，同时，也记载和核算有关记在个人名下的资金及资金的变动情况，具体包括三部分：

（1）资金筹集情况，主要是指进入保险制度的时间、缴纳费用的标准和单位缴纳的数额、档次变动情况、中断缴费及补交的情况等。

（2）资金积累情况，主要是指资金获得的利率及其变动情况、本息核算情况、最终积累总额等情况。

（3）保险金领取情况，主要是指保险金领取的年龄、领取标准及其变动、保障余额的

继承等。

四、城镇职工基本养老金计发办法

《中华人民共和国社会保险法》第十五条规定："基本养老金由统筹养老金和个人账户养老金组成。基本养老金根据个人累计缴费年限、缴费工资、当地职工平均工资、个人账户金额、城镇人口平均预期寿命等因素确定。"由于我国原来养老保险资金筹集采用完全的现收现付模式，现在已经转化为部分积累型统账结合制度，这就不可避免地要处理两种制度的转轨过渡问题。转轨过渡期，大多数在职职工和退休人员没有养老保险积累，需要为在职职工补充建立个人账户，为已退休的人员筹集养老保险金，同时要保证新老办法平稳过渡、前后待遇水平基本衔接。

1997年，《国务院关于建立统一的企业职工基本养老保险制度的决定》（国发〔1997〕26号）对不同类型的人员规定了不同的基本养老金计发办法。我国现行城镇企业职工基本养老保险的参保对象具体可以划分为"老人"、"新人"及"中人"三种。这种划分方法是我国养老保险制度在从"老制度"向"新制度"转型的过程中产生的。一般来说，"老人"是指国务院下发的《国务院关于建立统一的企业职工基本养老保险制度的决定》实施以前的退休人员；"新人"是指国务院下发的《国务院关于建立统一的企业职工基本养老保险制度的决定》实施以后的参保人员；"中人"是指国务院下发的《国务院关于建立统一的企业职工基本养老保险制度的决定》实施以前已参加工作、实施后才退休的参保人员。

（一）"新人"基本养老金计算

"新人"缴费年限（含视同缴费年限，下同）累计满15年，退休后按月发给基本养老金。基本养老金由基础养老金和个人账户养老金组成。退休时的基础养老金月标准以当地上年度在岗职工月平均工资和本人指数化月平均缴费工资的平均值为基数，缴费每满一年发给1%。个人账户养老金月标准为个人账户储存额除以计发月数，计发月数根据职工退休时城镇人口平均预期寿命、本人退休年龄、利息等因素确定。

"新人"基本养老金的计算公式为：

基本养老金=基础养老金+个人账户养老金

个人账户养老金=个人账户总额÷计发月数

$$基础养老金=\left(\frac{退休时当地上年度}{在岗职工月平均工资}+\frac{本人指数化月}{平均缴费工资}\right)÷2×累计缴费年限（含视同缴费年限）×1\%$$

$$本人指数化月平均缴费工资=\frac{职工本人的平均}{缴费工资指数}×\frac{职工退休时当地上年度}{在岗职工月平均工资}$$

$$平均缴费工资指数=\left(\frac{第1年缴费工资}{第1年职工平均工资}+\frac{第2年缴费工资}{第2年职工平均工资}+\cdots+\frac{第N年缴费工资}{第N年职工平均工资}\right)÷N\left(\begin{array}{l}N为实际\\缴费年限\end{array}\right)$$

个人账户养老金的计发月数及退休年龄见表4-1。

表4-1　　　　　　　　　　个人账户养老金的计发月数及退休年龄

退休年龄	40	41	42	43	44	45	46	47	48	49	50
计发月数	233	230	226	223	220	216	212	208	204	199	195

退休年龄	51	52	53	54	55	56	57	58	59	60	61
计发月数	190	185	180	175	170	164	158	152	145	139	132
退休年龄	62	63	64	65	66	67	68	69	70	—	—
计发月数	125	117	109	101	93	84	75	65	56	—	—

（二）"中人"基本养老金计算

由于"中人"以前个人账户的积累很少，缴费年限累计满15年的，退休后在发给基础养老金和个人账户养老金的基础上，再发给过渡性养老金。鉴于基本养老金计发办法改革的关键是解决好"中人"的过渡问题，为了保证改革的顺利推进，《国务院关于建立统一的企业职工基本养老保险制度的决定》（国发〔1997〕26号）要求，各省、自治区、直辖市人民政府按照待遇水平合理衔接、新老政策平稳过渡等原则，在认真测算的基础上，制定具体的过渡办法。"中人"养老金的计算公式为：

基本养老金=基础养老金+个人账户养老金+过渡性养老金+调节金

过渡性养老金=本人指数化月平均缴费工资×视同缴费年限×R

式中：R表示计发系数（1%~1.4%，由各统筹地区政府决定）。

基础养老金和个人账户养老金的计算公式同"新人"养老金的计算公式。

如果统一制度后，在设计"中人"过渡办法时，即使取了过渡性养老金计发系数的高限，也解决不了新老待遇的有机衔接问题，就需要用"调节金"来平衡过渡。

（三）"老人"基本养老金计算

对于"老人"，仍按照其退休时核定的养老金进行给付，一般为其退休时标准工资的一定百分比，并随以后基本养老金的调整而增加养老保险待遇。同时，"老人"可以享受的基本养老金可以按当地职工上一年度平均工资增长率的一定比例（如40%~60%）进行调整，具体办法在国家政策指导下由省、自治区、直辖市人民政府确定。

（四）其他待遇

《中华人民共和国社会保险法》第十七条规定：参加基本养老保险的个人，因病或者非因工死亡的，其遗属可以领取丧葬补助金和抚恤金；在未达到法定退休年龄时因病或者非因工致残完全丧失劳动能力的，可以领取病残津贴。所需资金从基本养老保险基金中支付。人社部、财政部出台的《企业职工基本养老保险遗属待遇暂行办法》（人社部发〔2021〕18号），对全国参加城镇职工基本养老保险的遗属领取丧葬补助金和抚恤金作了统一规定，具体内容如下：

第一，遗属待遇为一次性待遇，所需资金从企业职工基本养老保险统筹基金中列支。

第二，丧葬补助金的标准，按照参保人员死亡时所在省（自治区、直辖市）上一年度城镇居民月人均可支配收入的2倍计算。

第三，抚恤金标准根据本人的缴费年限（包括实际缴费年限和视同缴费年限）确定发放月数，以死亡时本省（自治区、直辖市）上一年度城镇居民月人均可支配收入为基数，发放标准从3个月到最高24个月。

（五）基本养老保险待遇调整

延展阅读4-5

城镇职工基本养老保险发放的抚恤金标准

《中华人民共和国社会保险法》第十八条规定："国家建立基本养老金正常调整机制。根据职工平均工资增长、物价上涨情况，适时提高基本养老保险待遇水平。"

基本养老保险待遇水平不仅取决于每个退休人员的缴费基数和缴费年限，还取决于退休养老期间国家的经济发展水平。基本养老金标准应当随着经济发展逐步提高，让退休人员也能享受经济发展的成果。随着人口平均寿命的延长，职工退休后可能会生活十年、二十年甚至更长时间，在这个过程中，通货膨胀不可避免，同样数量的养老金，购买力在下降，如果不及时进行调整，退休人员的实际养老保险待遇实质上是下降的。

五、城镇职工基本养老金领取资格

我国领取养老金须满足以下三个条件：一是达到法定退休年龄并办理退休手续；二是所在单位和个人依法参加养老保险并履行了养老保险缴费义务；三是个人缴费至少满15年（包括视同缴费年限）。

（一）退休年龄

1.原法定退休年龄

（1）法定退休年龄，即国家法律规定的正常退休年龄：男工人和男干部年满60周岁，女干部年满55周岁，女工人年满50周岁。

（2）从事特殊工种岗位的职工退休年龄可以提前5年，即男年满55周岁、女年满45周岁，这主要针对工人而言，但工作条件和工作环境与从事特殊工种工人相同的基层干部，也可以享受提前5年退休的政策（从事特殊工种退休的条件：①从事高空、特别繁重体力劳动工作累计满10年以上；②从事井下、高温工作累计满9年以上；③从事有毒有害工作累计满8年以上）。

（3）男年满50周岁，女年满45周岁，连续工龄满10年，由医院证明并经劳动能力鉴定委员会确认，完全丧失劳动能力的，可办理因病提前退休。

（4）因工致残（包括职业病），由医院证明并经劳动能力鉴定委员会确定完全丧失劳动能力的，退休不受连续工龄和年龄的限制。

2.延迟退休年龄

根据2024年9月13日第十四届全国人民代表大会常务委员会第十一次会议通过的《全国人民代表大会常务委员会关于实施渐进式延迟法定退休年龄的决定》以及相关办法，自2025年1月1日起，我国退休年龄规定如下：

从2025年1月1日起，男职工和原法定退休年龄为55周岁的女职工，法定退休年龄每4个月延迟1个月，分别逐步延迟至63周岁和58周岁；原法定退休年龄为50周岁的女职工，法定退休年龄每2个月延迟1个月，逐步延迟至55周岁。

3.弹性退休制度

职工达到国家规定的按月领取基本养老金最低缴费年限，可以自愿选择弹性提前退休，提前时间距法定退休年龄最长不超过3年，且退休年龄不得低于女职工50周岁、55周岁及男职工60周岁的原法定退休年龄。职工达到法定退休年龄时，所在单位与职工协商一致的，可以弹性延迟退休，延迟时间距法定退休年龄最长不超过3年。所在单位与职工应提前1个月，以书面形式明确延迟退休时间等事项。

对领取失业保险金且距法定退休年龄不足1年的人员，领取失业保险金年限延长至法定退休年龄，在实施渐进式延迟法定退休年龄期间，由失业保险基金按照规定为其缴纳养老保险费。

此次延迟退休政策体现了小步调整、弹性实施、分类推进、统筹兼顾的原则，既考虑了我国人口老龄化、劳动力供给等实际情况，又充分尊重了职工的个人意愿，给予了职工在退休年龄上一定的选择权，同时也对特殊人群和特殊情况作出了相应规定，以保障劳动者的合法权益和养老保险制度的可持续发展。

（二）缴费年限

1.原最低缴费年限

缴费满15年是享受基本养老保险待遇的"门槛"。1997年，国务院改革企业职工基本养老保险制度时，将按月领取基本养老保险金的最低缴费年限规定为15年。需要说明的是，规定最低缴费年限为15年，并不是说缴满15年就可以不再缴费。对职工来说，15年是法律规定的最低年限，只要与用人单位建立劳动关系，就应当按照国家规定缴费，个人享受基本养老保险待遇与个人缴费年限是直接挂钩的，缴费年限越长，缴费基数越大，退休后可领取的养老金就越多。

延展阅读4-6

《全国人民代表大会常务委员会关于实施渐进式延迟法定退休年龄的决定》及《国务院关于渐进式延迟法定退休年龄的办法》

（1）视同缴费年限

缴费年限包括视同缴费年限和实际缴费年限。视同缴费年限是指职工全部工作年限中，其实际缴费年限之前的按国家规定计算的连续工作时间。固定职工在实行企业和职工个人共同缴纳基本养老保险费制度之前，按国家规定计算为连续工龄的时间，都可以作为"视同缴费年限"，并且可以与实际"缴费年限"合并计发养老保险金。机关事业单位正式职工调入企业后，应参加企业职工基本养老保险，其原有的工作年限视同缴费年限。复员退伍军人、城镇下乡知识青年被招为合同制工人，且参加基本养老保险的，其军龄及下乡期间按国家规定计算为连续工龄的年限，可视同缴费年限。

根据国务院《关于深化企业职工养老保险制度改革的通知》的规定，实行个人缴费制度前，职工的连续工龄可视同缴费年限。视同缴费年限可以与实际缴费年限合并计发基本养老保险金。

（2）实际缴费年限

实际缴费年限是指职工参加基本养老保险后，按规定按时足额缴纳基本养老保险费的年限。理解实际缴费年限应注意以下两点：一是实际缴费年限是职工个人的缴费年限，不应与职工所在企业的缴费情况联系在一起。实际工作中，一些地方把实际缴费年限与企业的缴费情况挂钩，规定若企业不按时足额缴纳基本养老保险费，则不计算该企业职工的实际缴费年限，这种做法侵害了职工个人的利益。二是职工个人必须足额缴纳基本养老保险费，若非足额缴纳，欠缴年限暂时不能计算为实际缴费年限，待职工补齐欠缴本金和利息后方能计算。

2.最低缴费年限的提升

根据2024年9月发布的《全国人民代表大会常务委员会关于实施渐进式延迟法定退休

年龄的决定》和《国务院关于渐进式延迟法定退休年龄的办法》,职工基本养老保险最低缴费年限的规定如下:

(1)2025年至2029年期间退休的最低缴费年限

在这期间退休的职工,最低缴费年限仍为15年。主要是考虑到部分缴费年限15年左右的职工已经临近退休,设立5年缓冲期,可以减轻对他们的影响。

(2)2030年至2039年期间退休的最低缴费年限

从2030年1月1日起,将职工按月领取基本养老金最低缴费年限由15年逐步提高至20年,每年提高6个月。如2030年基本养老金最低缴费年限提升至"15年+6个月";到2039年及之后,基本养老金最低缴费年限提升至20年。对于2030年后退休的职工,采取小步调整的方式,便于尚未达到最低缴费年限的职工提前做好参保安排。

|第三节| 城乡居民基本养老保险制度

城乡居民社会养老保险制度的实施,提前实现了我国建立覆盖城乡全体居民的养老保险制度目标,对于逐步缩小城乡差距、维护社会公平意义重大。2014年2月,国务院印发《关于建立统一的城乡居民基本养老保险制度的意见》,要求在总结新型农村社会养老保险和城镇居民社会养老保险试点经验的基础上,整合新农保和城居保两项制度,在全国范围内建立统一的城乡居民基本养老保险(以下简称城乡居民养老保险)制度。

一、城乡居民基本养老保险覆盖范围

年满16周岁(不含在校学生),非国家机关和事业单位工作人员及不属于职工基本养老保险制度覆盖范围的城乡居民,可以在户籍地参加城乡居民养老保险。

依据人力资源和社会保障部、国家医疗保障局2019年11月颁布的《香港澳门台湾居民在内地参加社会保险暂行办法》的规定,在内地居住且办理港澳台居民居住证的未就业港澳台居民,可以在居住地按照规定参加城乡居民基本养老保险。

二、城乡居民基本养老保险资金筹集

城乡居民养老保险基金由个人缴费、集体补助、政府补贴构成。

(一)个人缴费

参加城乡居民养老保险的人员应当按规定缴纳养老保险费。缴费标准目前设为每年100元、200元、300元、400元、500元、600元、700元、800元、900元、1 000元、1 500元、2 000元12个档次,省(自治区、直辖市)人民政府可以根据实际情况增设缴费档次,最高缴费档次标准原则上不超过当地灵活就业人员参加职工基本养老保险的年缴费额,并报人力资源和社会保障部备案。人力资源和社会保障部会同财政部依据城乡居民收入增长等情况适时调整缴费档次标准。参保人自主选择档次缴费,多缴多得。

根据人社部门发布的方案,从2024年1月1日起,城乡居民养老保险个人缴费档次调整为8个:200元、300元、500元、1 000元、2 000元、3 000元、5 000元、7 000元。这一调整优化了缴费结构,将原来较多的缴费档次精简为8个,使参保群众在选择缴费档

次时更加清晰明了，有助于提高参保的积极性和缴费的便利性，同时体现了多缴多得。新增了 7 000 元的高档次选项，取消了部分中间档次，鼓励有能力的参保人选择更高档次缴费，体现"多缴多得"的导向；保障了困难群体，明确 200 元档次专门面向低保对象、特困人员等困难群体并由财政全额代缴，确保这部分弱势群体能够享受到基本的养老保险制度保障，体现了制度的公平性和兜底性。

（二）集体补助

有条件的村集体经济组织应当对参保人缴费给予补助，补助标准由村民委员会召开村民会议民主确定，鼓励有条件的社区将集体补助纳入社区公益事业资金筹集范围。鼓励其他社会经济组织、公益慈善组织、个人为参保人缴费提供资助，补助、资助金额不得超过当地设定的最高缴费档次标准。

（三）政府补贴

政府对符合领取城乡居民基本养老保险待遇条件的参保人全额支付基础养老金。其中，中央财政对中西部地区按中央确定的基础养老金标准给予全额补助，对东部地区给予 50% 的补助。

地方人民政府应当对参保人缴费给予补贴，对选择最低档次标准缴费的，补贴标准不低于每人每年 30 元；对选择较高档次标准缴费的，适当增加补贴金额；对选择 500 元及以上档次标准缴费的，补贴标准不低于每人每年 60 元，具体标准和办法由省（自治区、直辖市）人民政府确定。对重度残疾人等缴费困难群体，地方人民政府为其代缴部分或全部最低标准的养老保险费。

延展阅读4-7

浙江省人力社保厅《关于调整城乡居民基本养老保险缴费档次和缴费补贴标准等有关事项的通知》

三、城乡居民基本养老保险个人账户管理

每个参加城乡居民养老保险的人员在缴费成功后均有一个终身记录的养老保险个人账户，其中个人缴费、集体补助、其他社会组织或个人对参保人的缴费资助、政府补贴等全部记入个人账户，其储存额每年按国家规定的记账利率进行计息，记录缴费年限。

当缴费人员进行跨统筹区转移时，个人账户的储存额一并转移到转入地的个人账户上，缴费年限累计计算。已经按规定领取城乡居民养老保险待遇的参保人无论户籍是否迁移，其养老保险关系和个人账户金额均不再转移。

参保人员若在同一年度内同时参加城镇职工养老保险和城乡居民养老保险的，其重复缴费时段只计算城镇职工养老保险缴费年限，并将城乡居民养老保险重复缴费时段相应个人缴费、集体补助和财政补贴等金额退还本人。

四、城乡居民基本养老金计发办法

城乡居民养老保险待遇由基础养老金和个人账户养老金构成，支付终身。

月养老金＝月基础养老金＋个人账户总额÷139

（1）基础养老金。中央确定基础养老金最低标准，建立基础养老金最低标准正常调整机制，根据经济发展和物价变动等情况，适时调整全国基础养老金最低标准。自 2018 年 1 月 1 日起，全国城乡居民基本养老保险基础养老金最低标准提高至每人每月 88 元，2024 年提高到 123 元。提高标准所需资金，中央财政对中西部地区给予全额补助，对东部地区给予 50% 的补助。

地方人民政府可以根据实际情况适当提高基础养老金标准；对长期缴费的，可适当加发基础养老金，提高和加发部分的资金由地方人民政府支出，具体办法由省（自治区、直辖市）人民政府规定，并报人力资源和社会保障部备案。

（2）个人账户养老金。个人账户养老金的月计发标准，目前为个人账户全部储存额除以139（与现行职工基本养老保险个人账户养老金计发系数相同）。参保人死亡，个人账户资金余额可以依法继承。

领取城乡居民养老保险待遇的人员死亡的，从次月起停止支付养老金，有条件的地方人民政府可以结合本地实际探索建立丧葬补助金制度。

五、城乡居民养老保险待遇领取资格

参加城乡居民基本养老保险的个人，年满60周岁、累计缴费满15年，且未领取国家规定的基本养老保险待遇的，可以按月领取城乡居民养老保险待遇。

新农保或城居保制度实施时已年满60周岁，在国务院《关于建立统一的城乡居民基本养老保险制度的意见》印发之日前未领取国家规定的基本养老保障待遇的，不用缴费，自本意见实施之月起，可以按月领取城乡居民养老保险基础养老金；距规定领取年龄不足15年的，应逐年缴费，也允许补缴，累计缴费不超过15年；距规定领取年龄超过15年的，应按年缴费，累计缴费不少于15年。

城乡居民养老保险待遇领取人员死亡的，从次月起停止支付其养老金。社会保险经办机构应每年对城乡居民养老保险待遇领取人员进行核对；村（居）民委员会要协助社会保险经办机构开展工作，在建制村（社区）范围内对参保人待遇领取资格进行公示，并与职工基本养老保险待遇等领取记录进行比对，确保不重、不漏、不错。

第四节 养老保险实务

一、养老保险登记

（一）参保登记

1.参保登记的对象

社会保险登记是用人单位和劳动者与社会保险经办机构建立养老保险关系的标志。凡应依法参加养老保险的用人单位，都应该按照《社会保险费征缴暂行条例》的规定，到用人单位所在的区（市、县）社会保险经办机构办理社会保险登记。

无雇工的个体工商户、未在用人单位参加基本养老保险的非全日制从业人员以及其他灵活就业人员也可按规定参加企业职工基本养老保险，与社会保险经办机构建立养老保险关系，进行养老保险的参保登记。

2.参保单位登记的材料和流程

从事生产经营的缴费单位自领取营业执照之日起30日内、非生产经营性单位自成立之日起30日内，应当向当地社会保险经办机构申请办理社会保险登记。

办理路径有两种：（1）窗口办，当地社会保险经办机构综合办公窗口；（2）网上办，登录本市或本省（自治区、直辖市）政务服务网。

首次办理城镇职工基本养老保险参保登记的用人单位，需要准备以下材料，按照如图4-1所示的流程操作。

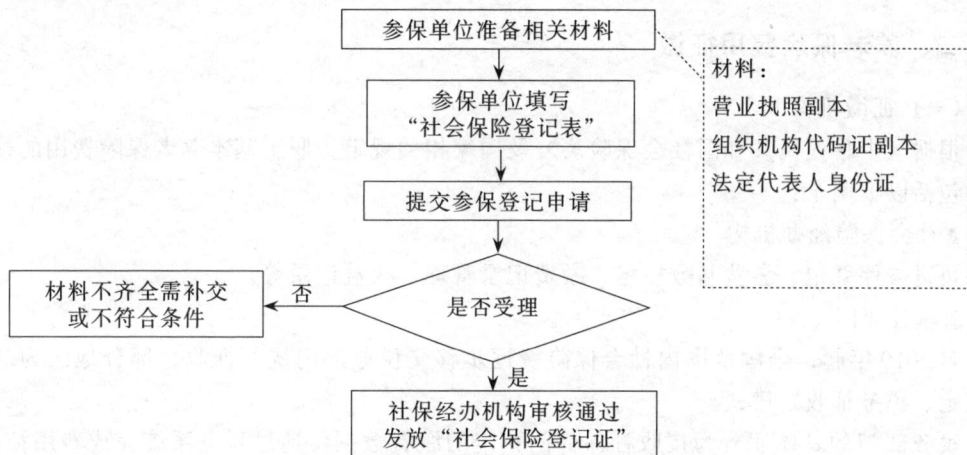

图 4-1 用人单位首次参保登记流程图

3.职工参保登记

用人单位自用工之日起30日内为其职工提出个人参保登记申请，为新参保职工建立个人基本信息及参保档案。所需提供的新参保职工材料包括：（1）身份证；（2）劳动合同；（3）劳动用工备案表。

用人单位为新参保职工办理参保登记的流程和所需材料如图4-2所示。

延展阅读4-8

"社会保险
登记表"

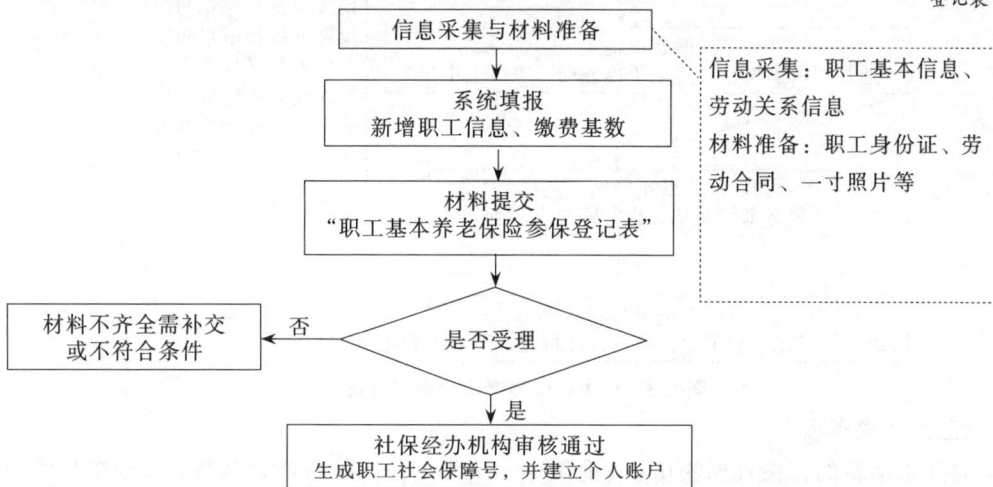

图4-2 用人单位为新参保职工办理参保登记的流程图

（二）变更登记

对基本养老保险进行变更登记的，须携带社会保险登记及变更事项的证明材料到区（市、县）社保经办机构办理变更登记手续。

（三）注销登记

用人单位发生解散、破产、撤销、合并等情形，终止养老保险缴费义务时，应及时向社会保险经办机构申请办理注销社会保险登记，同时终止养老保险关系。对于参保个人来说，如果死亡，基本养老保险关系即行终止。职工到境外就业

延展阅读4-9

"职工基本养
老保险参保登
记表"

或居住，合法取得当地永久性居民身份后，职工所在单位应停止为其缴纳养老保险费，及时办理终止养老保险关系手续。

二、养老保险费用征缴

（一）征缴机构

根据《中华人民共和国社会保险法》及国家相关规定，职工基本养老保险费用的征缴机构包括以下两个：

1.社会保险经办机构

负责参保登记、缴费基数核定、缴费记录管理、权益记录等。

2.税务部门

自2019年起，全国范围内社会保险费逐步移交税务部门统一征收，部分地区为"社保核定、税务征收"模式。

税务部门的具体职责为接收社保部门核定的缴费数据，通过税务系统完成费用征收、催缴及执法检查。

（二）征缴流程

用人单位养老保险费用征缴流程如图4-3所示。

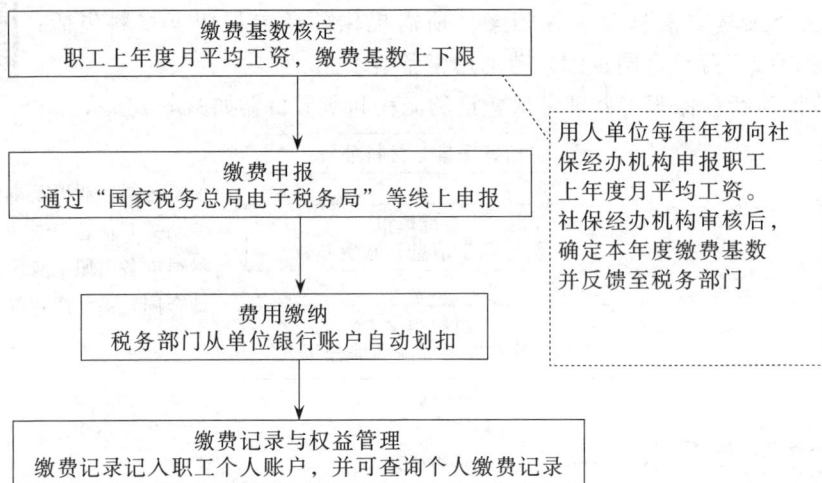

缴费基数核定
职工上年度月平均工资，缴费基数上下限

缴费申报
通过"国家税务总局电子税务局"等线上申报

费用缴纳
税务部门从单位银行账户自动划扣

缴费记录与权益管理
缴费记录记入职工个人账户，并可查询个人缴费记录

用人单位每年年初向社保经办机构申报职工上年度月平均工资。社保经办机构审核后，确定本年度缴费基数并反馈至税务部门

图4-3 用人单位养老保险费用征缴流程

（三）注意事项

逾期未缴费的，按日加收0.05%滞纳金。不得虚报、瞒报缴费基数，违规单位将面临1~3倍罚款；职工个人缴费部分必须由单位代扣代缴，不得转嫁职工。职工跨省就业的，需办理养老保险关系转移接续，缴费年限累计计算。

延展阅读4-10

职工基本养老保险费用正常征缴和欠费补缴

三、养老保险个人账户管理

个人账户是城镇职工基本养老保险制度的重要组成部分，由职工个人缴费（缴费基数的8%）及利息构成，属于完全积累制。个人缴费按月记入账户，国家每年公布个人账户记账利率（通常高于银行定期存款利率），利息按复利计算。

（一）个人账户的查询

个人账户建立以后，依据1999年国务院颁布的《社会保险费征缴暂行条例》（国务院令第259号）的规定，社保经办机构除负责保管个人账户外，还应当至少每年向参保个人发送一次记录单，参保主体也有权查询缴费记录。个人账户查询方式包括以下两种：

1.线上渠道

国家社会保险公共服务平台：登录官网或"掌上12333"App，实名认证后可查询历年缴费记录、账户余额及利息。

地方社保平台：如"北京通""粤省事"等地方政务平台，支持一键查询。

微信/支付宝：通过"城市服务"模块绑定社保卡查询。

2.线下渠道

社会保险经办机构服务窗口：持身份证或社保卡到参保地社保经办机构查询。

自助终端机：部分社保大厅或银行网点提供自助打印缴费明细服务。

银行渠道：到合作银行（如社保卡发卡行）可查询关联账户信息。

（二）个人账户的跨省转移

参保人通过"国家社会保险公共服务平台"或线下窗口申请"养老保险参保缴费凭证"。向新参保地提交凭证，由两地社保机构对接完成转移（45个工作日内）。

转移仅限缴费记录及本金，利息在退休时统一结算。

（三）个人账户的清算

在参保人员死亡、跨统筹地区调出、出国定居申请清算、缴费年限达不到按月领取养老金等情况下，个人账户储存额可进行清算，若有余额则把个人缴费部分的本息合计一次性支付给继承人或本人。账户处理完毕后予以封存，与参保职工个人账户分开管理。

不同情况下，个人账户的管理方式也有所不同，具体见表4-2。

表4-2　　　　　　　　　　　不同情况下个人账户的管理方式

类型	养老保险
退休人员	按月支付
死亡	由继承人一次性领取个人账户中个人缴纳的本息合计，若无继承人则归集统筹基金
失踪	
转外国籍	可申请一次性领取个人账户全部储存额，也可申请办理封存或转移
参保后达到退休年龄而又不满足退休条件要求清算	
中断缴费	暂时封存

单位缴费人员由于各种原因，需暂时停止缴纳社会保险费时，单位应到社会保险经办机构办理该人员养老保险个人账户的封存。当恢复缴纳社会保险费时，单位应到社会保险经办机构办理该人员养老保险个人账户的启封。

个人账户的继承有两种情况：第一，职工在职期间死亡时，其养老保险的个人账户继承额为职工死亡时个人账户储存额中个人缴费部分的本息合计。第二，离退休人员死亡时，其个人账户继承额为个人账户储存额支付其个人账户养老金后，个人缴费部分的本息余额。

延展阅读4-11

城镇职工基本养老保险个人账户的建立、记账与计息

四、养老保险待遇的审核与支付

（一）养老保险待遇的审核

1.审核内容

基本信息：包括参保人姓名、性别、身份证号码、出生日期、户籍等。

参保缴费情况：查看历年缴费记录，确认缴费基数是否合规、有无欠费，统计实际缴费年限和视同缴费年限。

退休条件：审核是否达到法定退休年龄，特殊工种提前退休等需审核特殊工种经历等相关材料。

待遇领取资格：检查是否存在重复参保、服刑等影响待遇领取的情况。

2.审核流程

养老保险待遇的审核流程如图4-4所示。

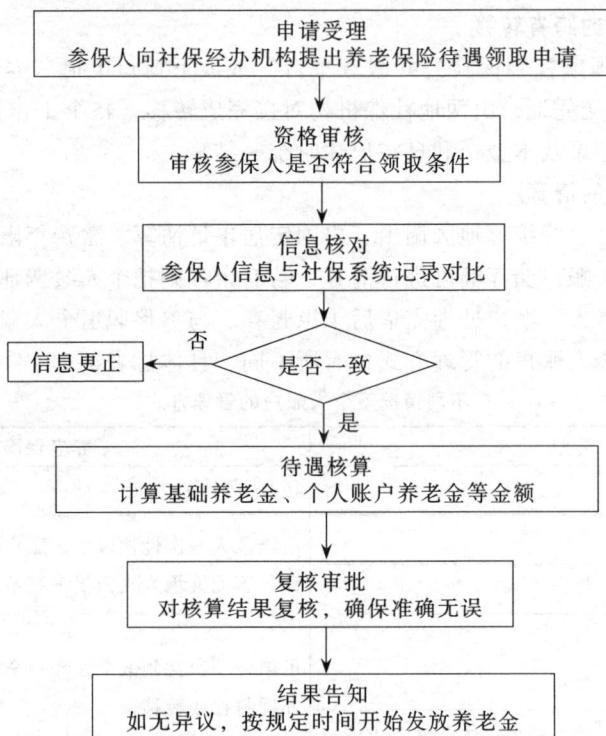

图4-4 养老保险待遇的审核流程

延展阅读4-12

退休的类别

（二）养老保险待遇的支付

1.支付流程

养老保险待遇审核通过后，具体发放流程如图4-5所示。养老金的发放要严格按规定时间发放，确保参保人按时领取。保证支付金额与核定金额一致，避免多付或少付。确保发放账户安全，防止养老金被冒领、挪用等情况发生。

2.支付状态的变更

办理待遇享受状态变更时，除要求申报人员填报申请表外，对因死亡办理停止支付的，接收居民死亡证明或其他死亡证明；对因判刑或其他原因申报暂停支付的，接收判刑

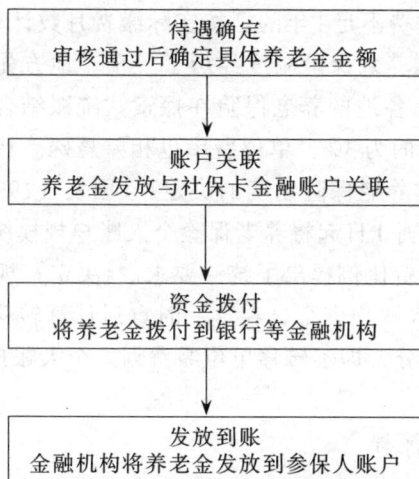

图4-5 养老金支付流程图

或其他有关证明；对申报恢复支付的，接收刑满证明或具有领取养老金资格证明。

对办理支付状态变更的，应审核变更时间与办理变更时间是否一致，如实际恢复支付时间晚于应恢复支付时间，生成补缴支付金额；如停止支付时间晚于应停止支付时间，则生成减缴支付金额。

五、养老保险关系的转移接续

职工在同一统筹范围内流动时，只转移养老保险关系和个人账户档案，不转移基金。职工跨统筹地区流动时，还要转移职工个人账户基金，缴费年限累计计算。个人达到法定退休年龄时，基本养老金分段计算、统一支付。

延展阅读4-13

基本养老金的社会化管理发放及基金入不敷出的解决顺序

（一）养老保险的跨统筹地区转移

1.转移接续手续的办理

（1）参保人员返回户籍所在地（省、自治区、直辖市）就业参保的，户籍所在地的相关社保经办机构应及时办理转移接续手续。

（2）参保人员未返回户籍所在地就业参保的，由新参保地的社保经办机构为其及时办理转移接续手续。但对男性年满50周岁和女性年满40周岁的，应在原参保地继续保留基本养老保险关系，同时在新参保地建立临时基本养老保险缴费账户，记录单位和个人全部缴费。参保人员再次跨省流动就业或在新参保地达到待遇领取条件时，将临时基本养老保险缴费账户中的全部缴费本息，转移归集到原参保地或待遇领取地。

（3）参保人员经县级以上党委组织部门、人力资源和社会保障行政部门批准调动，且与调入单位建立劳动关系并缴纳基本养老保险费的，不受以上年龄规定限制，应在调入地及时办理基本养老保险关系转移接续手续。

2.个人账户和统筹基金转移

（1）个人账户储蓄额。1998年1月1日之前按个人缴费累计本息计算转移，1998年1月1日之后按记入个人账户的全部储存额计算转移。

（2）统筹基金（单位缴费）。以本人1998年1月1日之后各年度实际缴费工资为基数，按12%的总和转移，参保缴费不足1年的，按实际缴费月数计算转移。以1998年1月1日作为时间界限，是因为我国养老保险制度经历了一个"地方先探索试点而后全国规范统一"的过程。1997年以前，各地的养老保险在探索"统账结合"模式时，个人账户规模差异较大，高的达16%，低的为3%；单位费率也相差悬殊。1997年，国务院发布的《关于建立统一的企业职工基本养老保险制度的决定》（国发〔1997〕26号）（以下简称《决定》）明确规定从1998年1月1日起将养老保险个人账户规模统一为11%（2005年进一步调整为8%），同时对单位缴费比例提出了统一要求。《决定》规定，对单位缴费从1998年1月1日起计算转移；对个人账户资金，在这一时点后计算转移全部储存额，而在这一时点前只计算转移个人缴费部分，即不转移单位缴费划入个人账户的资金，这样对各地转移就业人员比较公平。

3.跨统筹地区转移接续流程

（1）申请途径

线上申请：通过国家社会保险公共服务平台、"掌上12333"App、支付宝/微信的"电子社保卡"小程序等渠道提交申请。

线下申请：到新就业地社保经办机构的窗口填写"基本养老保险关系转移接续申请表"。

（2）转移接续流程

转移接续流程如图4-6所示。

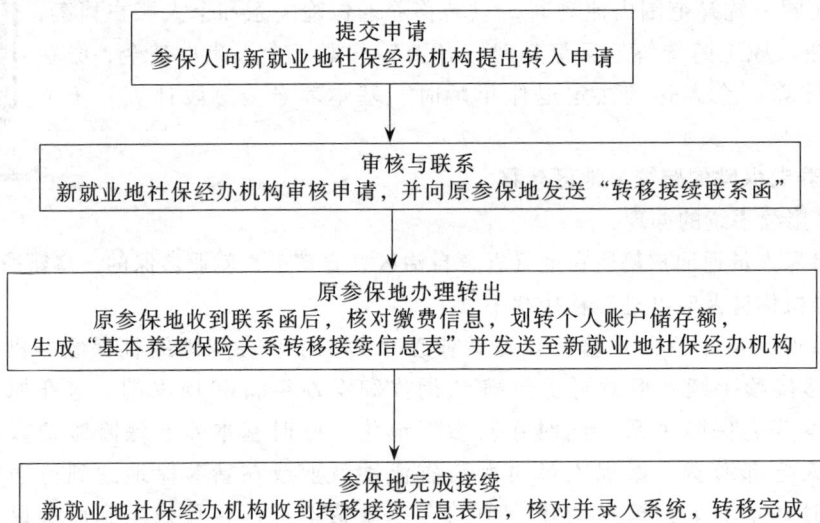

```
┌─────────────────────────────────────────────┐
│              提交申请                          │
│  参保人向新就业地社保经办机构提出转入申请        │
└─────────────────────────────────────────────┘
                      ↓
┌─────────────────────────────────────────────┐
│              审核与联系                        │
│ 新就业地社保经办机构审核申请，并向原参保地发送   │
│            "转移接续联系函"                    │
└─────────────────────────────────────────────┘
                      ↓
┌─────────────────────────────────────────────┐
│            原参保地办理转出                     │
│  原参保地收到联系函后，核对缴费信息，划转个人账户储存额，│
│ 生成"基本养老保险关系转移接续信息表"并发送至新就业地社保经办机构│
└─────────────────────────────────────────────┘
                      ↓
┌─────────────────────────────────────────────┐
│            参保地完成接续                      │
│ 新就业地社保经办机构收到转移接续信息表后，核对并录入系统，转移完成│
└─────────────────────────────────────────────┘
```

图4-6　转移接续流程图

延展阅读4-14

"基本养老保险关系转移接续信息表"

（3）注意事项

转移时间全程约需45个工作日。若两地重复参保缴费，需清理重复时段的缴费记录，重复部分个人账户金额退还本人。

男性满50周岁、女性满40周岁且在非户籍地首次参保的，只能建立临时账户，退休前须将临时账户转移至户籍地或待遇领取地。

（二）养老保险的跨险种转移

1.转移类型

养老保险的跨险种转移接续，通常指在职工基本养老保险和城乡居民养老保险之间的衔接。

（1）职工养老转居民养老

职工养老保险缴费不足15年，且不愿继续缴费或无法延缴，达到职工退休年龄后，可选择转入居民养老，按居民养老政策领取待遇。

（2）居民养老转职工养老

参加职工养老保险并缴费满15年（含延长缴费后满15年），可申请将居民养老转入职工养老。退休时若职工养老缴费不足15年，则只能转入居民养老。

2.转移接续流程

（1）城镇职工养老保险转移到城乡居民养老保险

城镇职工养老保险转移到城乡居民养老保险流程如图4-7所示。

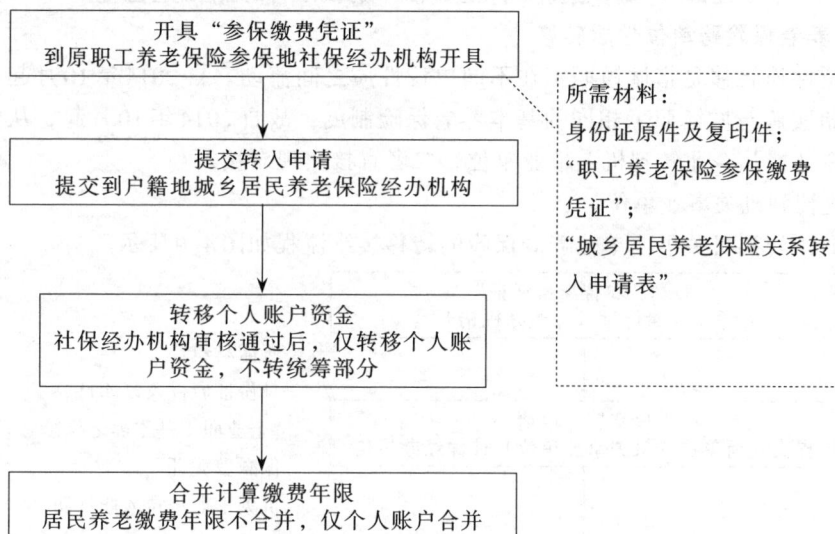

图4-7　城镇职工养老保险转移到城乡居民养老保险流程图

（2）城乡居民养老保险转移到城镇职工养老保险

跨制度转移需在退休前办理，退休后不可再申请。若已领取职工养老待遇，不可再转入居民养老。同一时间段重复参加职工和居民养老保险的，需清理重复缴费部分（仅保留职工养老缴费，居民养老个人账户退费）。

关于缴费年限的计算：职工养老转居民养老的，职工缴费年限可合并计算为居民养老缴费年限；居民养老转职工养老的，居民缴费年限不直接累计，但个人账户金额合并。

关于年龄的限制：职工养老转入居民养老的，需满60周岁且缴费不满15年；居民养老转入职工养老的，需职工养老缴费满15年。

城乡居民养老保险转移到城镇职工养老保险的流程如图4-8所示。

```
┌─────────────────────────────────┐
│      开具"参保缴费凭证"          │
│   到城乡居民养老保险参保地开具   │
└─────────────────────────────────┘
                 │
                 ▼
┌─────────────────────────────────┐
│          提交转入申请            │
│ 提交到职工养老保险参保地社保经办机构 │
└─────────────────────────────────┘
                 │
                 ▼
┌─────────────────────────────────┐
│         转移个人账户资金         │
│ 社保经办机构审核通过后,转移居民养老 │
│ 个人账户全部储存额至职工养老账户 │
└─────────────────────────────────┘
                 │
                 ▼
┌─────────────────────────────────┐
│     居民养老缴费年限按政策折算   │
└─────────────────────────────────┘
```

所需材料:
身份证原件及复印件;
"城乡居民养老保险参保缴费凭证";
"职工养老保险关系转入申请表"

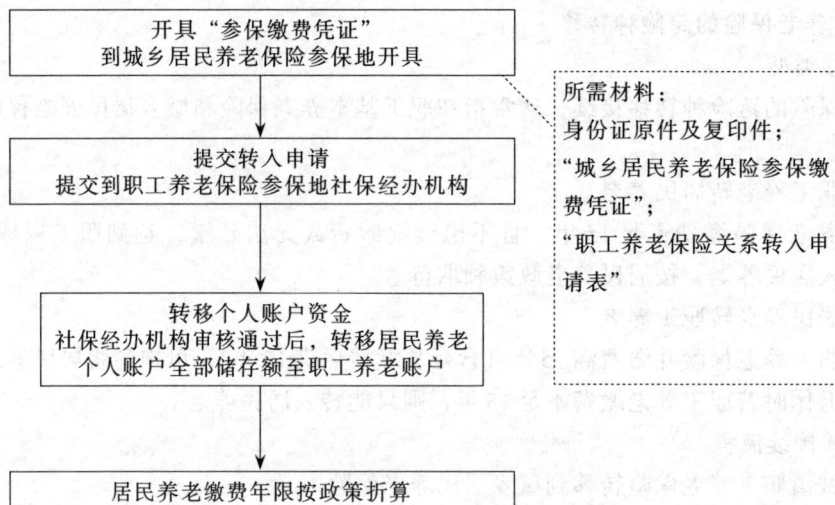

图4-8　城乡居民养老保险转移到城镇职工养老保险流程图

(三) 养老保险跨单位性质转移

跨单位性质转移是指城镇职工在不同单位性质之间流动。自2014年10月起,机关事业单位开始实施与城镇职工相同的基本养老保险制度,故自2014年10月起,从机关事业单位转到企业或从企业转到机关事业单位,二者直接实现对接。

1.企业转到机关事业单位

企业职工转到机关事业单位养老保险的转移接续流程如图4-9所示。

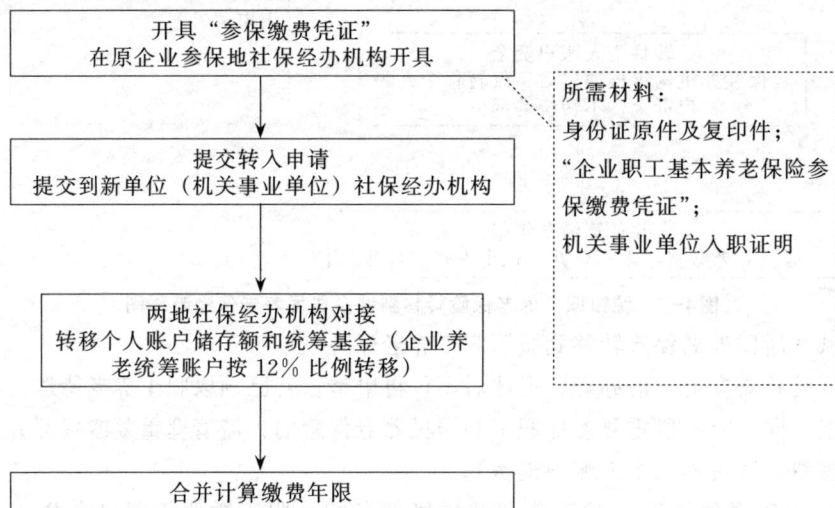

```
┌─────────────────────────────────┐
│      开具"参保缴费凭证"          │
│    在原企业参保地社保经办机构开具 │
└─────────────────────────────────┘
                 │
                 ▼
┌─────────────────────────────────┐
│          提交转入申请            │
│ 提交到新单位(机关事业单位)社保经办机构 │
└─────────────────────────────────┘
                 │
                 ▼
┌─────────────────────────────────┐
│       两地社保经办机构对接       │
│ 转移个人账户储存额和统筹基金(企业养 │
│ 老统筹账户按 12% 比例转移)      │
└─────────────────────────────────┘
                 │
                 ▼
┌─────────────────────────────────┐
│         合并计算缴费年限         │
└─────────────────────────────────┘
```

所需材料:
身份证原件及复印件;
"企业职工基本养老保险参保缴费凭证";
机关事业单位入职证明

图4-9　企业职工转到机关事业单位养老保险的转移接续流程图

2.机关事业单位转到企业

机关事业单位转到企业职工养老保险的转移接续流程如图4-10所示。

开具"参保缴费凭证"
在原机关事业单位参保地开具

所需材料：
身份证原件及复印件；
"机关事业单位基本养老保
险参保缴费凭证"；
企业入职证明

提交转入申请
提交到新企业参保地社保经办机构，新社保经办机构发函至原社保
经办机构

原机关事业单位社保经办机构转移资金
（个人账户全部储存额+统筹账户按实际缴
费基数的12%转移）

合并计算缴费年限

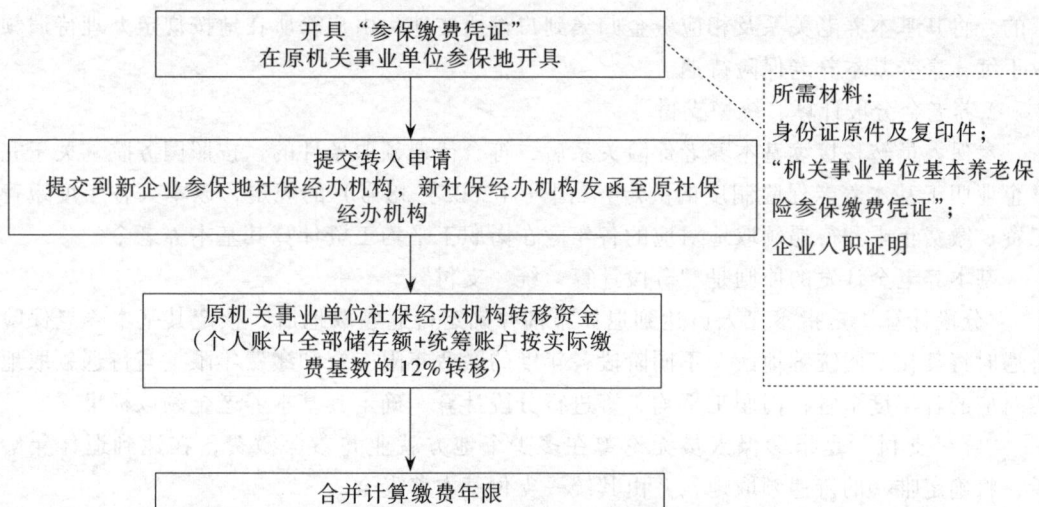

图4-10 机关事业单位转到企业职工养老保险的转移接续流程图

3.特殊问题处理

（1）机关事业单位改革前后年限衔接

2014年10月前（养老保险改革前）的工龄视同缴费年限，不需要补缴；改革后的实际缴费年限与企业职工养老保险年限合并计算。

（2）职业年金处理

机关事业单位转入企业时，职业年金可转入企业年金账户（如有）或保留在原管理机构；企业转入机关事业单位时，企业年金可转入职业年金账户。

（3）重复参保处理

同一时间段内重复缴费的，保留其中一个账户，重复部分个人账户退费，统筹部分不退。

需要注意的是，转移接续手续必须在退休前办理，退休后不可再申请跨制度转移。关于视同缴费年限的认定，机关事业单位改革前的工龄需提供档案材料（如工资表、任职文件）进行认定。关于资金转移比例的规定，企业转机关事业单位的，统筹账户转移比例为12%；机关事业单位转企业的，统筹账户转移比例为实际缴费基数的12%。

（四）多地区流动人员的待遇计算

1.待遇领取地的规定

退休地确定的基本原则为"户籍地优先，从长、从后计算"。

（1）基本养老保险关系在户籍所在地的，由户籍所在地负责办理待遇领取手续，享受基本养老保险待遇。

（2）基本养老保险关系不在户籍所在地，而在其基本养老保险关系所在地累计缴费年限满10年的，在该地办理待遇领取手续，享受当地基本养老保险待遇。

（3）基本养老保险关系不在户籍所在地，且在其基本养老保险关系所在地累计缴费年限不满10年的，将其基本养老保险关系转回上一个缴费年限满10年的原参保地办理待遇领取手续，享受基本养老保险待遇。

（4）基本养老保险关系不在户籍所在地，且在每个参保地的累计缴费年限均不满10

年的，将其基本养老关系及相应资金归集到户籍所在地，由户籍所在地按规定办理待遇领取手续，享受基本养老保险待遇。

2.养老金分段计算、统一支付

参保人员转移接续基本养老保险关系后，符合待遇领取条件的，按照国务院《关于完善企业职工基本养老保险制度的决定》（国发〔2005〕38号）的规定，以本人各年度缴费工资、缴费年限和待遇领取地对应的各年度在岗职工平均工资计算其基本养老金。

基本养老金计发的原则是"分段计算、统一支付"。

"分段计算"是指参保人员达到退休条件并确定待遇领取地后，核定其基本养老保险待遇时将其在不同统筹地区、不同阶段各年度的缴费年限工资和缴费年限，与待遇领取地相对应的各年度全省在岗职工平均工资进行分段计算，确定其基本养老金领取标准。

"统一支付"是指参保人员无论曾在多少个地方就业并参保缴费，在达到退休年龄后，将确定唯一的待遇领取地，并由其统一支付基本养老金。

六、养老保险中断缴费的补缴

（一）中断缴费的情况

职工中断缴费有多种情况，既有因中断工作的（如失业、升学、判刑等），也有因特殊原因单位或职工个人不能按时缴费的。中断工作停止缴费的职工由于不缴纳基本养老保险费，中断缴费期间也不计算缴费年限，其个人账户由原经办机构予以保留，个人账户继续计息。职工调动或中断工作前后，个人账户储存额累计计算，不间断计息。职工失业期间达到退休年龄，累计缴费年限满15年的，可以按规定办理正常退休手续，享受基本养老保险待遇。

因某种原因，单位或职工个人不能按时足额缴纳基本养老保险费的，视为欠缴。欠缴月份无论全额欠缴还是部分欠缴均暂不记入个人账户，待单位或职工个人按规定补齐欠缴金额后方可补记入个人账户。

职工个人所在企业欠缴养老保险费用期间，职工个人可以继续缴纳养老保险费用，其足额缴纳的费用记入个人账户，并计算为职工实际缴费年限。出现欠缴情况后，以后缴费采用滚动分配记账，即缴费先补缴以前欠缴费用及利息后，剩余部分作为当月缴费。

对农民工中断就业或返乡没有继续缴费的，由原参保地保留其养老保险关系，保存其全部参保缴费记录及个人账户，个人账户储存额继续按规定计息。农民工返回城镇就业并继续参保缴费的，无论其回到原参保地就业还是到其他城镇就业，均按前述规定累计计算其缴费年限，合并计算其个人账户储存额。

（二）补缴经办规则

（1）用人单位为其职工补缴在本单位劳动关系存续期间应缴未缴的基本养老保险费。补缴起始时间一般情况不得早于该单位参保登记时间，如单位未及时办理参保登记，经确认后可根据注册时间修改参保登记时间后予以办理。

（2）补缴基数和比例按应缴未缴期间用人单位参保地对应期政策执行。因用人单位不能提供职工应缴未缴期间工资发放表等原因无法确定缴费基数的，按对应期历年养老保险缴费基数下限确定。

（3）用人单位为职工申请补缴，应一次性补缴在本单位的全部应缴未缴金额。除退休、跨省转移、出国定居和死亡等情形可按"退一补一"原则办理补缴业务外，单位整体欠费的应整体进行补缴，不允许部分职工选择性补缴。已办理养老保险关系跨省转移或待遇领取人员，不再办理补缴，未缴纳基本养老保险费的时间不计算缴费年限。

（4）超过法定退休年龄且无参保缴费记录人员，原则上不得通过一次性补缴的方式纳入企业职工基本养老保险。

（5）应缴费但未缴费的用人单位是申请补缴责任主体，社会保险经办机构一般不受理个人提出的补缴业务。具体有以下几类情形：①职工已离开原用人单位的，可由原用人单位提出书面申请；②原单位已经不存在的，可由承接原单位职工管理职能的相关单位提出申请；③无相关单位提出申请的，职工可持以下手续申请：各级社保经办机构稽核部门（岗位）责令补缴时出具的相关文书或人民法院、审计部门、实施劳动监察的行政部门、劳动人事争议仲裁委员会出具的具有法律效力、证明一次性缴费期间存在劳动关系的相应文书（该文书应产生于一次性缴纳养老保险费之前，以下简称五类文书）；④"退一补一"或经"一事一议"原则确认的情形；⑤法律法规、政策明确可由个人申请补缴的其他情形。

（6）累计超过36个月（含）、低于120个月申请一次性补缴的，需经市、县两级联审；120个月（含）以上的需经省、市、县三级联审。

（7）滞纳金的处理原则：①经人民法院宣告破产的企业，自宣告破产之日起，在其清算期间，不再计算和加收破产前欠费的滞纳金；②经市场监管、税务部门批准注销废业的企业，凭市场监管、税务部门注销废业手续，职工个人补缴时不收取滞纳金；③受疫情影响、经办系统调整等有明确规定的其他情形的，补缴欠费时，按规定可不收取滞纳金。

（三）补缴经办流程

1.累计未缴费年限低于36个月的

（1）提供能够证明在本单位存续劳动关系的原始材料，包括但不限于以下材料（下同）：招工录用表、劳动合同、用工备案手续（或用工备案系统截图等）、工资发放表或原始工资发放会计凭证等。上述材料无法提供的，必须提供任一一种五类文书。

（2）用人单位参保地社保经办机构受理补缴申请，审核补缴要件，审核通过的，办理补缴业务；审核不通过的，告知原因并退回。

（3）各级社保经办机构对补缴资料的规范性、完整性负责，所有补缴资料要统一电子化归档，一人一档，系统留存，随时可查。

2.累计未缴费年限超过36个月（含）的

（1）用人单位提供能够证明在本单位存续劳动关系的原始材料外，应提供任一一种五类文书。

（2）用人单位参保地社保经办机构受理补缴申请，审核补缴要件，审核通过的，受理补缴业务，告知用人单位需要履行联审程序，留存联系方式另行通知联审结果；审核不通过的，告知原因并退回。

（3）各级社保经办机构汇总受理的补缴业务，按照一人一档要求，规范整理补缴资料，定期报送本地区联审工作小组。

延展阅读4-15

"企业职工基本养老保险补缴业务审核表"

（4）县（区、市）联审工作小组初审通过的，补缴材料和联审会议纪要（签章）PDF（彩色）电子版由县（区、市）联审工作小组办公室报市级联审工作小组办公室复核。

（5）市级联审工作小组办公室定期报省级联审工作小组审定。

（6）各级社保经办机构对补缴资料的规范性、完整性负责，按照要求归档备查。

本章小结

养老保险是国家和社会通过立法，在劳动者因年老退出劳动岗位后，为其提供相应的收入保障的制度安排。

养老保险的制度涉及覆盖范围、资金筹集、享受待遇的资格与条件、养老金给付、基金管理等内容。

养老保险制度模式包括投保资助型、福利国家型、强制储蓄型、国家保险型等四种模式。

城镇职工基本养老保险制度和城乡居民基本养老保险制度涉及覆盖范围、养老保险缴费、个人账户管理、基本养老金计发办法、享受基本养老金的资格条件等内容。

养老保险实务主要包括养老保险登记、费用征缴、个人账户管理、待遇的审核与支付、养老保险关系的转移接续、个人中断缴费的补缴等内容。

关键术语

投保资助型　福利国家型　强制储蓄型　国家保险型　现收现付制　完全积累制　部分积累制　城镇职工基本养老保险制度　城乡居民基本养老保险制度　养老金计发办法　个人账户储存额　个人账户养老金　计发月数　基础养老金　过渡性养老金

复习思考题

即测即练

一、单选题

1.我国社会保险中，（　　）保险的费率是最高的。

A.医疗　　　　　　　B.养老　　　　　　C.工伤　　　D.失业

2.下列国家中，养老保险的资金完全由雇员个人负担的是（　　）。

A.智利　　　　　　　B.荷兰　　　　　　C.葡萄牙　　　D.新加坡

3.给付确定模式又被称为（　　）。

A."以支定收"模式　　　　　　　B."以收定支"模式

C.基金积累模式　　　　　　　　D.现收现付模式

4.我国现行的城镇职工基本养老保险中，企业按本企业工资总额的（　　）记入"统筹账户"；职工个人按本人缴费工资的（　　）记入"个人账户"。

A.20%、7%　　　　　　　　　　B.16%、8%

C.19%、9%　　　　　　　　　　D.18%、2%

5.养老保险的"并轨"正式实施时间为（　　　）。

A.2010年　　　　　B.2013年　　　　　C.2014年　　　　　D.2017年

二、多选题

1.关于积累制的描述，正确的有（　　　）。

A.当前退休者所需要养老金主要来自既往缴费形成的积累

B.相对现收现付制，更容易应对人口老龄化风险

C.容易面临通货膨胀风险

D.积累的资金投资风险较小

2.关于现收现付制的描述，正确的有（　　　）。

A.不容易面临通货膨胀风险

B.容易应对人口老龄化风险

C.基本无养老基金积累

D.当前退休者所需要养老金直接向现役劳动者征收取得

3.关于个人账户，以下说法正确的有（　　　）。

A.做实个人账户的背景主要是个人账户的"空账"运行

B.个人账户养老金的多少因人而异

C.个人账户的资金规模由1997年的11%调整为2005年的8%

D.个人账户养老金比基础养老金数额多

4.我国现行城镇职工基本养老保险的覆盖范围和对象包括（　　　）。

A.城镇各类企业及其职工

B.个体工商户

C.灵活就业人员

D.机关事业单位及其工作人员

5.关于2005年改革后的计发月数，说法正确的有（　　　）。

A.计发月数是计算个人账户养老金的除数

B.计发月数与预期余命挂钩，预期余命越长，计发月数越小

C.计发月数与退休年龄挂钩，退休越晚，计发月数越小

D.60岁退休的计发月数是139

三、简答题

1.简述现收现付制的优缺点。

2.简述完全积累制的优缺点。

四、案例分析

某市职工李某于1999年1月1日开始参加城镇职工基本养老保险，开始缴纳养老保险费。2024年1月1日年满60周岁正式退休，从1999年到2024年期间连续缴纳养老保险费，本人养老保险月平均缴费指数为1.6。该市2023年在岗职工月平均工资为9 000元，李某个人账户累计278 000元。（注：60岁退休人员个人账户计发月数为139）

请结合所学的养老保险知识，回答以下问题：

（1）判断李某是否有资格领取基本养老金，并说明理由。

（2）请分析李某养老金的构成。

（3）计算李某退休后第一个月基本养老金为多少？

（4）该市相关部门规定，2023年1月1日起，该市退休职工的基本养老金普遍上涨5%，请计算上涨后李某每月基本养老金为多少？

参考答案

第五章

医疗保险制度与实务

知识目标

1. 了解医疗保险的含义、特征和制度模式；

2. 熟悉医疗保险制度的基本内容，包括资金筹集、待遇给付等；

3. 理解医疗保险支付方式，如按服务项目付费、按病种付费、按人头付费、总额预付制等的原理、实施方法、优缺点；

4. 掌握我国医疗保险制度内容，包括城镇职工基本医疗保险和城乡居民基本医疗保险制度参保对象、资金筹集、账户构成、待遇标准、资格条件等。

能力目标

1. 能够熟练为各类人群办理医疗保险参保登记、费用缴纳等手续，准确计算参保费用，处理参保过程中的特殊情况，如重复参保、断保接续等问题；

2. 具备解读医保政策法规的能力，能够根据政策变化及时调整业务操作流程，为参保单位和个人提供准确的政策咨询服务，解答医保相关疑问；

3. 针对医保运行中出现的问题，如医保基金收支不平衡、欺诈骗保行为等，能够运用所学知识进行深入分析，查找问题根源，并提出切实可行的解决方案。

思政目标

1. 深刻认识医疗保险制度在保障人民健康、促进社会公平、维护社会稳定方面的重要作用，培养强烈的社会责任感，树立以人民为中心的服务理念；

2. 树立诚实守信的职业操守，在医保业务工作中，坚决杜绝欺诈骗保、违规操作等行为，确保医保基金安全。

思维导图

```
                              ┌─────────────┐      含义、主体及特征
                              │    概述      │ ───  基本内容
                              └─────────────┘      制度模式

                                                   履盖范围
                          ┌───────────────────┐    缴费
                          │ 城镇职工基本医疗保险制度 │ ─── 个人账户管理
                          └───────────────────┘    待遇标准
                                                   享受条件

                          ┌───────────────────┐    履盖范围
    ┌──────────────┐     │ 城乡居民基本医疗保险制度 │ ─── 资金筹集
    │ 医疗保险制度与实务 │ ─── └───────────────────┘    待遇标准
    └──────────────┘
                          ┌─────────────┐          履盖范围
                          │  生育保险制度  │ ───      资金筹集
                          └─────────────┘          待遇标准
                                                   享受条件

                                                   参保登记
                          ┌─────────────┐          缴费审核
                          │    实务      │ ───      待遇享受与审核支付
                          └─────────────┘          异地就医的待遇享受与审核支付
                                                   关系转移接续流程
```

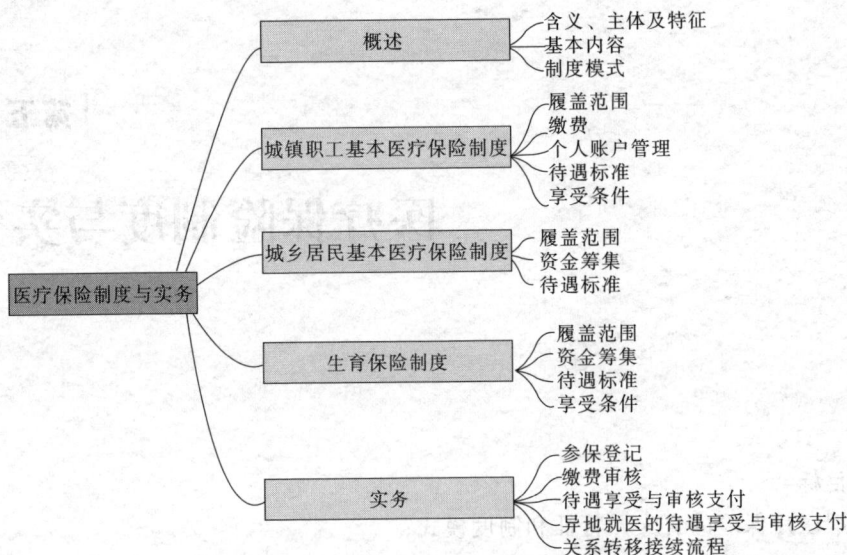

|第一节| 医疗保险概述

一、医疗保险的含义、主体及特征

(一) 医疗保障及医疗保险的含义

随着社会的发展，人们的生活水平在不断提高，健康水平也在不断得到改善，但这种健康水平的改善是以完善的医疗社会保障制度为前提条件的。社会经济越发展，人们越关注自身的健康问题。政府的责任就在于在保证经济高效率增长的同时，通过为国民建立完善的医疗社会保障制度来实现公民身体健康的目标。

1.医疗保障的含义

医疗保障是整个社会保障制度中的重要组成部分，它是指由政府从财政、政策和技术上为广大国民提供某些或全部基本的医疗健康服务，以改善他们健康状况的一种社会保障制度。

医疗保障体系主要由四部分组成：基本医疗保险、护理社会保险、医疗社会救助和补充医疗保险。它们涵盖了疾病预防、疾病治疗和疾病康复。基本医疗保险、护理社会保险、医疗社会救助和补充医疗保险在实施对象和保障水平等方面有所不同。基本医疗保险、护理社会保险和医疗社会救助是由国家制定和颁布法律来强制实行的社会保险制度，不管个人和单位是否愿意，必须强制地被纳入进来，并缴纳相应的保险费。这里要强调的是，补充医疗保险在性质上不同于其他三者。补充医疗保险是由国家给予一定的政策支持，但它基本上是一种单位行为或者个人行为。

2.医疗保险的含义

医疗保险可分为广义的医疗保险和狭义的医疗保险。国际上一般将广义的医疗保险称为"健康保险"，所包含的内容比较广泛，包括死亡、人身伤害、疾病等。发达国家的健康保险不仅补偿由于疾病给人们带来的医疗费用等直接经济损失，也补偿由疾病导致的收

入下降等间接经济损失，还有些国家的健康保险包含了预防保健、健康促进等方面的内容。狭义的医疗保险单纯指对疾病和意外伤害发生后所导致的医疗费用的补偿。

本教材使用的医疗保险概念，是指通过国家立法，由政府、单位、个人筹资建立医疗保险基金，为公民提供因疾病所需医疗费用补偿的一种社会保险制度。

（二）医疗保险的主体及其关系

在现代社会医疗保险系统中，形成了一种由保险人、被保险人、医疗服务提供方和政府组成的四方三角关系，其中，被保险人既是医疗保险的需求方，也是医疗服务的需求方。现代社会医疗保险系统的构成要素及其相互关系可以用图5-1表示。在医疗保险系统中，各方围绕保险基金的筹集和医疗费用的补偿问题相互作用、相互影响。各方关系主要表现在以下几个方面：

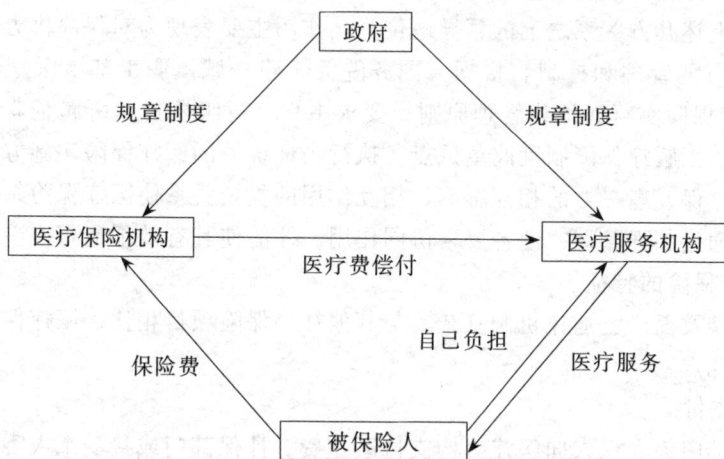

图5-1 医疗保险系统各主体之间的关系

1.医疗保险机构与被保险人（保、患）之间的保险合同关系

医疗保险机构是指在医疗保险工作中具体办理医疗保险业务的机构。医疗保险机构有依法对参加医疗保险的个人及其单位进行管理的权力。

被保险人即医疗保险的需求者和医疗服务的需求者，他们按规定向医疗保险机构缴纳保险费并签订医疗保险合同，是医疗保险合同的受益人。在医疗保险系统中，被保险人向医疗保险机构缴纳保险费，通过保险合同向其保险机构要求获得保险服务，医疗保险机构以保险给付清单等形式提供保险服务。医疗保险机构与被保险人（保、患）之间是一种保险合同关系。

2.医疗服务提供者与医疗保险机构（医、保）之间的保障合同关系

医疗服务提供者是指为参保人员提供诊断治疗的医疗机构，它们被称为定点医疗机构。要成为定点医疗机构的医院必须向有关部门提出申请，通过资格审定，并与医疗保险机构缔结合同，明确各自的责任、权利和义务。参保人必须到与医疗保险经办机构有合同关系的医院、药店就诊、配药，否则医疗费用不予支付。

医疗保险机构为参保人确定医疗服务的范围，并通过一定的支付形式向医疗服务提供者支付医疗费用，同时还要对医疗服务质量进行监督。医疗保险机构通过确定承保范围为被保险人提供基本医疗服务，以保障他们的健康；通过改变支付方式使医疗服务提供者进行自我约束，同时还采取一些外部监督措施，以达到既保障医疗服务的质量又能够控制医

疗费用的目的。影响两者之间联系的主要因素是服务范围的大小、项目的多少和费用的支付方式等。

3.医疗服务提供者与被保险人（医、患）之间的治疗合同关系

治疗合同用以对病人与其所选择的服务提供者的行为加以调控，被保险方从医疗服务提供者处选择自己所需要的医疗服务，支付一定费用，接受医疗服务提供者所提供的服务。在这一环节，医疗保险机构通过社会统筹和个人账户的费用分担方式、使患者进行自我约束，审慎地选择所需要的服务种类及服务量，以达到控制医疗费用的目的，其主要影响因素是被保险人选择服务的自由程度、被保险人直接支付服务费用的多少等。

4.政府与医疗保险系统医、保、患三方的关系

随着现代医疗保险制度的建立和完善，政府逐渐以经济、法律、行政等手段参与这一系统，并处在上述几方关系之上的领导地位，其作用主要表现为对保险供方、保险需方和医疗服务提供方的管理和控制。根据《国务院关于建立城镇职工基本医疗保险制度的决定》，职工医疗保险实行属地化管理原则，要求中央、省级机关和所属企业、事业单位都参加所在地的职工医疗保障制度改革试点，执行当地统一的医疗保险实施方案。

总之，医、保、患三方的相互影响、相互作用的复杂关系使医疗保险系统运行机制极其复杂，只有通过加强管理，使各要素协同作用，才能使其有效地运行。

（三）医疗保险的特征

医疗保险涉及面广、运作机制复杂，与其他社会保险项目相比，医疗保险所独有的特征主要有以下几点：

1.第三方支付

社会保险部门为参保人向医疗机构支付医疗费。社保部门或接受个人委托向医院和药店支付费用，或由参保人暂先垫付再向保险机构报销医药费。从根本原理上来讲，参保者向医疗保险机构缴纳保费，医疗服务提供者向参保患者提供医疗服务，患者接受服务后，不是直接向医疗服务提供者付费，而是委托医疗保险机构支付。这种支付关系在其他社会保险中是没有的。

2.涉及多方利益

医疗保险制度与其他社会保险制度相比涉及的关系比较多，比如，养老保险制度和失业保险制度只是关系到政府、企业和个人三方面的利益，医疗保险制度除了这三方以外，还关系到医疗服务机构（医院和药商）的利益，所以利益关系比较复杂。

3.支付频率高

相较于其他保险，医疗保险发生的频率较高。不论是单个人发生伤病的频次，还是整个参保群体发生伤病的比例都非常大，致使医疗保险机构支付医疗费用的频率要比失业、工伤等社会保险项目的支付频率高。所以，医疗保险采用现收现付制和年度平衡的财务结算方式。

4.受益多少与缴费多少无关

医疗保险一定时期内缴费比例都是固定的，当发生疾病时，医疗保险机构根据患者实际所花费的符合规定的医疗费用确定支付金额。所以说，医疗保险待遇水平不是取决于参保患者缴费多少，而是根据患者病情、病种、就医次数、所需药品和医疗服务等实际发生的费用而定。

二、医疗保险的基本内容

（一）医疗保险基金的筹集及负担方式

1.政府全额负担

在实行全民免费医疗的国家，医疗保险基金主要来自政府的财政拨款，这些国家的公民就医时，通常只需支付少量的挂号费、门诊费与药费。在英国、俄罗斯、朝鲜、古巴、澳大利亚、加拿大等国家，实行全民免费医疗，其医疗费用以国家财政负担为主。在一些未实行全民免费医疗的国家，其中部分特殊群体，如老人、低收入群体、儿童等的医疗费用也是由政府负担，其经费主要来自政府的财政拨款。

2.政府和个人负担

医疗费用由政府和个人负担，具体包括两种方式：一种方式是政府负担居民在公立医院的费用（全部或部分）。例如，澳大利亚政府实行的是全民医疗保险制度，所有居民均可免费在公立医院得到基本的医疗服务，但是在私立医院就医时必须自费。购买私人医疗保险的公民既可以到私立医院看病，也可以到公立医院以自费病人的身份就医，政府负责支付75%的费用。另一种方式是个人缴纳部分医疗保险费，政府给予补助。例如，日本、韩国、泰国等国家对农民的医疗保险均采用这种方法。我国城镇居民基本医疗保险、新型农村合作医疗的筹资也是通过个人缴费与政府补助来实现的。

3.政府、企业和个人负担

实行社会医疗保险的大多数国家都采用这种方法，只是三方负担的比例有所不同。在医疗保险经费来源中，除了企业与个人按工资收入的一定比例缴纳外，不足的部分可由国家及政府财政补贴。1938年，日本颁布了《国民健康保险法》，要求所有国民必须加入国民健康保险，国民健康保险涵盖所有职工、从业人员和农民，有单位的从业人员的健康保险费由政府、企业、个人三方负担。

4.企业和个人负担

商业医疗保险基金主要来自参保者个人及其雇主缴纳的保险费，一般而言，政府财政不出资或不补贴。美国是实施商业医疗保险模式的典型代表，通常雇主为雇员及其家属购买医疗保险，雇员本人也要承担较少的一部分费用。

5.个人全额负担

个体工商户及其从业人员、灵活就业人员参加医疗保险时，基本是由个人全额负担保险费。有些国家的居民会自发组织医疗互助会，但他们得不到任何的经费补贴。在日本就存在农民互助保险组合，它既不同于商业保险，也不同于政府举办的社会医疗保险，其资金由所有成员缴纳的会费及保险费构成。参加保险的人们相互之间比较熟悉，他们缴纳的费用全部用在自己的身上，即通过彼此互助来减轻个人的就医负担。

（二）医疗保险基金的缴纳方式

医疗保险基金的缴纳方式包括固定保险费金额、与工资挂钩（按工资的一定比例缴纳）、与收入挂钩（按工资和工资以外的全部收入的一定百分比缴纳）等。从世界各国的情况来看，医疗保险基金通常采用的缴费方式是与工资挂钩，即采用工资税的方式。这种方式的优点：一是考虑了每个人的支付能力，使参保人都支付得起医疗保险费；二是有利于控制医疗保险筹资与工资收入的相对水平，不至于过高或过低；三是有利于建立随工资水平变化而相应调整医疗保险筹资水平的自然调整机制；四是可以通过制定不同的税率进行收入再分配，防止社会人群收入水平差距过大。

医疗保险缴费率的计算公式为：

缴费率（CR）=（支付待遇+管理费+必要的筹备金）÷被保险人工资总额

在缴纳保险费用时，个人和用人单位可以按相同的比例缴费，也可以按不同的比例缴费。一般而言，用人单位缴纳的保费率要高于个人缴纳的保费率。

为了体现公平，各国都规定了医疗保险缴费工资的上限和下限，即当工资达到下限水平时，才开始计算应缴纳的保险费；而超过上限水平时，不再多收保险费。

（三）医疗保险的支付方式

医疗保险支付是医疗保险运行体系中的一个重要环节，是指参保者缴纳保险费后，保险机构依据合同或法律的规定，给付被保险人因患病而发生的医疗费用，或者直接补偿医疗服务提供者为参保者提供适宜服务所需的费用。

医疗保险支付从原理上来说是保险机构对医疗机构的支付，即"第三方付费"。支付方式有多种，大体上可分为先付制和后付制。先付制是指医疗保险机构在保险期刚开始就预先支付全部费用，无论以后发生多少费用都由医疗机构承担；后付制则是指医疗保险机构在保险期末，根据医疗机构提供服务的实际情况如数支付费用。先付制能有效控制医疗机构的医疗行为和医疗费用，但易导致服务质量降低，患者的医疗需求得不到有效满足；后付制有利于参保人自由地选择医疗服务项目，医疗服务需求能够更大限度地得到满足，但容易引发医疗机构的过度供给和患者的过度需求，造成医疗资源的极大浪费。

在实践中，我国医疗保险机构对医疗机构采用的是多元复合式医保支付方式，主要包括以下几种：按病组（DRGs）付费、按病种分值（DIP）付费、按服务项目付费、按人头付费、按床日付费、总额预付制等。近年来，我国门诊支付中也开始采用APG支付方式。

1.按疾病诊断相关分组付费

按疾病诊断相关分组（diagnosis related groups，DRGs），是一种基于疾病病种分类、组合的科学付费方法。它根据病人的年龄、性别、住院天数、临床诊断、手术操作、疾病严重程度、合并症与并发症等因素，将临床过程相近或资源消耗相当的病例分入同一组，然后按照所分入的疾病相关组付账。其目的是对不同强度和复杂程度的医疗服务进行合理分类，以便于医保支付、医院管理和医疗质量评估等。例如，将单纯性阑尾炎手术患者分为一组，而将伴有严重并发症的阑尾炎手术患者分为另一组，因为这两组患者在医疗资源消耗和治疗难度上有明显差异。

延展阅读5-1

按疾病诊断相
关分组付费
（DRGs）的
做法

到2024年底，全国所有统筹地区都实行DRGs支付方式改革。根据疾病诊断、病情严重程度、治疗方法等因素将患者分入相应病组，医保按病组的付费标准支付。

2.按病种分值付费

按病种分值（DIP）付费是基于大数据的病种分值付费技术，根据历史数据，将不同疾病诊断和治疗方式进行组合，形成一个个病种组合，并赋予每个病种组合相应的分值。医保部门根据医疗机构实际治疗的病种组合对应的分值，以及医保基金的预算总额等因素，计算出每个分值对应的医保支付金额，以此来向医疗机构支付医疗费用。

对于每一种纳入按病种分值付费范围的疾病，医保机构预先设定一个固定的支付金额，该金额涵盖了医疗机构对患者治疗该疾病从入院到出院整个过程中合理的医疗费用，包括诊断、检查、治疗、手术、药品、护理等所有相关服务费用。例如，对于单纯性阑尾炎手术这一病种，医保部门规定不管医院在实际治疗过程中具体使用何种药物、检查手段或住院天数长短（在合理范围内），医保都按照固定的金额进行支付。

按病种分值付费的优点在于医保部门能够较为精准地预测医疗费用支出；促使医疗机构优化内部管理流程，加强成本控制；对于患者来说，能够大致了解自己治疗某种疾病所需的费用。其缺点在于难以完全适应疾病的复杂多样性，可能会导致医疗质量下降的风险。

3.按服务项目付费

按服务项目付费是医疗保险最传统、应用最广泛的支付方式。它是指医疗保险机构根据医疗机构上报的医疗服务项目和服务量，向医疗机构支付费用，属于事后付费。在具体操作时，可以先由医疗单位付费后再与医疗保险机构结算，也可以先由患者垫付再由医疗保险机构报销部分或全部费用。这种付费方式具有实际操作方便、数量直接相关的特点，医疗机构因此具有提供过度服务甚至虚报的动机。同时，第三方付费的事实易使医患双方缺乏费用控制机制，从而容易造成医疗资源的浪费等。

按服务项目付费在一些特殊检查、治疗项目或门诊服务等场景中仍有应用。比如患者在门诊进行的单项检查、单项治疗等，或是住院期间使用的一些特殊的、不适合按其他方式打包付费的药品或耗材等，医保按实际使用的项目和价格结算。

4.按人头付费

按人头付费是指医疗保险机构按合同规定的时间（如一年），根据接受医疗服务的被保险人人数和规定的收费标准，支付医疗服务费用的支付方式。在此期间（如一年），医疗机构负责提供合同规定范围内的一切医疗服务，不再另行收费。按人头付费实际上就是一定时期、一定人数的医疗费用包干制。由于医疗机构的收入与被保险者的人数成正比，与提供的服务成反比，结余归自己，超支自付，这就产生了内在的成本制约机制，从而有利于控制医疗费用以及合理利用卫生资源。不过，这种付费方式也可能导致医疗机构因医疗费用较低而减少服务提供或降低服务质量的现象。

按人头付费在我国基层医疗服务中有所应用，医疗保险机构制定每一门诊人次或者每一住院人次的费用偿付标准，根据医疗机构实际提供的服务人次支付费用。比如社区卫生服务中心为居民提供家庭医生签约服务等，按服务的人头数量和标准获得医保支付。

5.按床日付费

针对长期、慢性病住院医疗服务，医保机构按预先确定的住院床日费用标准支付住院病人每日的费用。按床日付费常用于长期、慢性病住院医疗服务。如一些需要长期住院进行康复治疗、慢性病调养的患者，医保按住院的床日数和每日费用标准支付给医疗机构。

6.总额预算制

医保机构与定点医疗机构协商确定某一定点医疗机构一年或一季度的总额预算，不论实际医疗费用支出多少，都以这个预算数作为支付的最高限度，来强制性控制支付额度，而定点医疗机构对保险范围中的所有参保人员必须提供规定的医疗服务。这种付费方式的特点是医疗机构必须保证质量、规范诊疗，为前来就诊的被保险人提供合同规定的服务，自负盈亏。这种方式有利于控制医疗费用过快增长，最终提升医疗保险保障绩效，更好地保障患者的医疗权益。

总额预算制通常在医保统筹地区对整体医疗费用进行宏观控制时使用，尤其是在医保基金收支压力较大，需要严格控制费用增长的地区或时间段，会强化总额预算制的应用和管理。总额预算制在我国很多地区仍在采用。例如连云港市，2024年以区域总额预算为基础，住院实行DIP付费，门诊实行按项目、按总额的多元复合式医保结算方式。

7.门诊病人分组

门诊病人分组（ambulatory patient groups，APG）是一种用于门诊医疗服务的病例组合分类系统。它根据患者的门诊诊断、治疗方式、医疗资源利用程度等因素，将门诊病人划分到不同的组中。医保部门根据这些分组来确定支付标准，其目的是使门诊医疗费用的支付更加科学合理，类似于DRGs在住院医疗服务中的应用，但更侧重于门诊场景。例如，将只需要简单药物治疗的感冒患者分为一组，而将患有慢性疾病需要定期检查和复杂药物治疗的患者分为另一组。

与住院支付方式改革不同，APG专门针对门诊医疗服务进行设计，充分考虑了门诊医疗服务的频次高、病种多样、治疗周期短的特点，并有助于优化门诊医疗资源的配置。

2024年，我国门诊支付中已经开始采用APG支付方式。例如，烟台市根据《烟台市医疗保障局关于做好我市门诊慢特病按门诊病例分组（APG）付费改革工作的通知》（烟医保发〔2023〕35号），调整了APG付费医疗机构范围，增加了付费病种数量，完善了APG分组方案。此外，济宁、大连、金华、青岛、宿迁、鄂州、西宁等多地也在积极推进或探索门诊APG支付方式。

延展阅读5-2

我国医疗保险支付方式的改革

（四）医疗保险待遇给付

1.给付项目

由于各个国家的经济社会发展水平和医疗保险的筹资水平不同，医疗保险的给付项目的范围和支付标准也有不同。在一些福利国家，除患者的医疗费用外，逐渐将预防、免疫、疾病的早期诊断、保健、老年护理和康复等项目也纳入社会医疗保险的范围。比如，在医疗保险制度的起源地——德国，其医疗保险的给付项目包括：一是保健和预防疾病的项目；二是疾病的早期诊断项目；三是门诊和住院期间的医生治疗、牙医治疗，提供药品、急救用品和辅助等医疗服务项目；四是疾病津贴；五是生育津贴及其医疗服务。

总的来说，在医疗保险的待遇项目上，有两种类型：一些国家只对劳动者即被保险人本人提供保险待遇；一些国家同时对被保险人的直系亲属也提供某种待遇。

各国医疗保险提供的具体待遇项目主要有以下几种：

（1）疾病患者医疗服务。包括门诊、检查、药品、住院等在内的各种医疗服务的提供是医疗保险的主要内容。国家用于医疗保险的费用，绝大部分包含在医疗服务里面，不仅包括疾病患者的诊断、医治、护理服务的现金和实物支出，而且包括建立公立医院、购置医疗器械的投资以及医生的工资和医院日常办公开支。

通常所说的医疗保险主要指的是这一项目，其特点是依病情进行诊治直到痊愈，而不论医疗服务费用的多少。这项十分重要的待遇，常常是免费提供，或只收很低的费用。医疗保险的福利性即体现在这里，这也是医疗保险经常被直接纳入社会福利体系的原因。

（2）疾病津贴。指劳动者患病之后的生活费用，一般以现金形式给付，并与劳动者以前的工资水平相联系。

（3）病假。指劳动者领取疾病津贴期间享受病假待遇。

（4）供养亲属的医疗照顾。许多通过社会保险制度给受保人提供医疗补助的国家，也对他们的亲属提供类似的服务。受供养的亲属包括配偶和年幼子女，有时还包括和受保人共同居住并依靠受保人供养的其他成年人或年幼的亲属。有的国家虽然也对供养亲属提供医疗服务，但比受保人得到的医疗服务要少，比如供养亲属住院的最长期限要短一些，由患者自己负担某些费用的比例可能要大一些。

2.给付标准

延展阅读5-3

保险机构为了防止被保险人在免费或低费使用医疗服务的情况下出现"道德风险"，控制过度需求造成的医疗费用过快上涨，常采取让被保险人在接受医疗服务的同时支付部分医疗费的做法。需方支付涉及起付线、封顶线和共付段（简称"两线一段"）等多种形式（如图5-2所示）。

医疗保险待遇
的给付原则

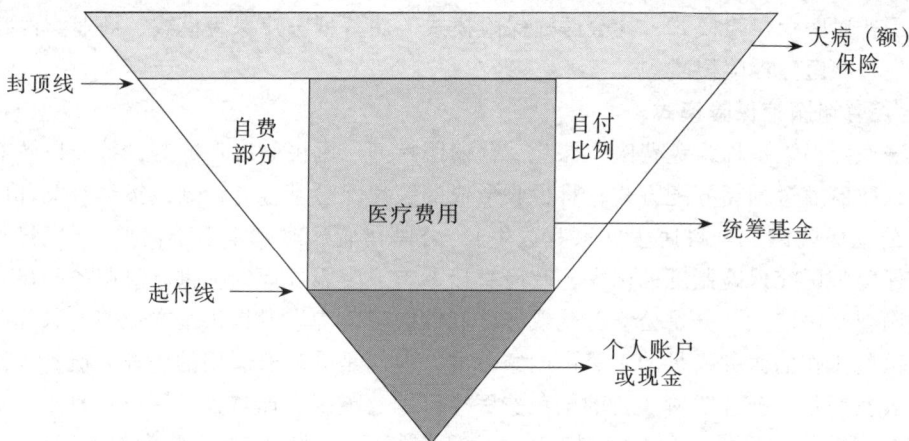

图5-2　医疗费用支付的"两线一段"示意图

（1）起付线。被保险人在就医时先支付一笔定额的医疗费用，其余医疗费用全部或部分由保险机构支付。先自付的医疗费用水平称起付线或起保线。实行这种办法，一则可以减少处理大量的小额支付手续，降低管理成本；二则可以提高基金支付的"门槛"，有利于控制参保人可能出现的浪费行为。

（2）封顶线。保险机构设立最高支付限额，超出这一限额的医疗费用即由病人自己负担，这种最高支付限额即是社会医疗保险基金支付的"封顶线"。

（3）共付段。其是指在起付线以上、封顶线以下的医疗费用部分，由医保基金和参保人按一定比例共同支付。共付段的设置可以增强参保人的费用意识，让参保人在享受医保待遇的同时，也承担一定的医疗费用，避免参保人无节制地使用医疗服务，从而合理控制医疗费用的增长。同时也体现医保制度的互助共济原则，通过医保基金和参保人共同承担费用，在满足参保人医疗需求的同时，也能保证医保基金的可持续性。

3.给付条件

医疗保险的给付是指被保险人生病后，医疗社会保险机构按照事先规定的条件和待遇标准，向被保险人提供医疗服务或为其报销医疗费用。

医疗保险的给付条件包括被保险人获得医疗服务给付的资格、履行必要的手续及遵守相关规章制度，如定点医疗机构就医、逐级转诊等。被保险人生病时，只有符合事先规定的给付条件，才能获得医疗保险的医疗给付。

在实行医疗社会保险的国家，一般规定必须是在受保职业中工作的雇员，有的国家要求从事受保职业一定时间或最低的缴费期限，大多数国家没有最低合格期限的条件。在实行国家医疗保险和全民医疗保健服务的国家，一般要求是本国国民或居民，对从国外迁入者一般有限制。

三、医疗保险制度模式

实施医疗保险制度的国家，基本上都是以某种制度为主，同时并存其他制度形式。由于医疗保险涉及医（医院、医生）、保（医疗保险机构）、患（患者）三方关系，因此，医疗保险制度分类是一个十分复杂的问题。按照医疗保障对象、医疗保险基金筹集、医疗保险费用支付、就医方式、医疗保险资金和业务管理等指标，可将目前世界各国的医疗保险制度分为全民普遍医疗保险模式、社会医疗保险模式、储蓄型医疗保险模式、商业型医疗保险模式、集资型医疗保险模式等。

（一）全民普遍医疗保险模式

全民普遍医疗保险也称为免费医疗保险、普遍医疗型、国民健康保障等，筹资以政府一般税为主，政府通过预算分配方式，将税收形成的医疗保险基金有计划地拨给有关部门或直接拨给公立医院以及全科医生（家庭医生），公民在看病时基本上不需要支付费用。在实行国家保障型医疗保险制度的国家，政府直接参与卫生服务等的提供，对服务和设备资源拥有控制权。医院大部分是公立医院或非营利性医院，为患者提供基本免费的医疗服务。在公立医院工作的医务人员的工资由国家分配，他们是受政府雇用的公务人员，我国未改革前的公费医疗，前苏联所实行的全免费医疗，以及英国、加拿大、瑞典、丹麦、意大利、葡萄牙、芬兰、爱尔兰和澳大利亚等国家所实行的全民医疗保险制度都属于此类。该模式的主要特点包括：①全民性，保障对象覆盖全体公民；②福利性，属于免费医疗；③资金来源于税收转移支付，个人不缴保费；④政府责任大，政府办医院或购买私人医生的服务，并对医疗服务过程进行监管；⑤保障项目齐全，包括预防、医疗、分娩、护理、康复等；⑥卫生资源配置具有较强的计划性。

（二）社会医疗保险模式

社会医疗保险模式是按照大数法则分摊风险的机制和社会互助原则，将少数社会成员随机产生的各种疾病风险分散到全体社会参保成员的一种医疗保险制度。社会医疗保险一般通过国家立法强制实施，其基金的筹集主要来自雇主和雇员的缴费，政府酌情补贴，当参保人及其家属因病、受伤或生育需要医治时，由社会提供医疗服务和医疗费用的补偿，同时个人还要承担一定的费用支出。目前，德国、法国、荷兰、比利时、奥地利、日本、韩国等100多个国家和地区采用该种模式。该模式的主要特点是：①采用多渠道方式筹集医疗保险费，即通过立法形式强制规定雇主和雇员按一定比例缴纳保险费，建立医疗保险基金，用于参保人及其家属的就医；②依法设立社会化管理的医疗保险机构，作为"第三方支付"组织，代表参保人员统一管理医保基金，并按规定向为参保人员提供医疗服务的医疗机构支付医疗费用；③患者在就医时，需要自付一定费用，比例为20%~30%。

(三) 储蓄型医疗保险模式

新加坡是储蓄型医疗保险模式的代表，它是指通过立法强制劳资双方或劳动者建立医疗保健储蓄账户（即个人账户），并用以支付个人及家庭成员医疗费用的一种医疗保险制度。这种模式下的医疗保障，是以家庭为单位的"纵向"筹资，而不是社会共担风险，它是基于自我负责精神建立的一种制度。马来西亚、印度尼西亚等发展中国家也采用了这种制度。

新加坡实行的储蓄型医疗保险主要是在政府的主导下，实行保健储蓄（Medisave）、健保双全（Medishield）和保健基金（MediFund）的"3M"计划，政府提供一定的医疗津贴，以确保本国国民均能享有良好的医疗保健服务。

(四) 商业型医疗保险模式

商业型医疗保险模式通过雇主和雇员购买私人医疗保险来筹资，医疗服务则几乎全部是由私人提供的，政府很少插手医疗服务事务，只负责私人医疗保险不愿承担的人群，如老人和贫困者等。商业型医疗保险模式的主要代表国家有美国和南非。该种模式的主要特点是：①自愿投保，投保人自己决定是否购买保险以及购买保险的种类；②保险人和被保险人签订契约，明确双方的权利与义务关系；③商业医疗保险的供求关系由市场来调节；④投得越多，保得越多；投得越少，保得越少。

美国的医疗保障体系可分为两大部分，即社会医疗保险和商业医疗保险，以私人商业医疗保险为主，参与主体包括私人部门、非营利组织和公共部门。社会医疗保险由政府主办，包括三个部分，即针对老人和失能者的医疗照顾计划，针对低收入人群的医疗救助计划，政府直接负责支付与提供医疗服务的、专门针对印第安人和退伍军人实施的健康服务计划（免费医疗制度）等。私人医疗保险一般由企业雇主和雇员共同出资形成医疗保险基金，向医疗保险公司集体购买医疗保险，政府一般不出资、不补贴，也不直接参与管理。

(五) 集资型医疗保险模式

集资型医疗保险模式又叫社区合作医疗模式，是指在各级政府的支持下，面向城市及农村人群，按照参加者"风险分担，互助互济"的原则多方筹措资金，用以支付参保人及其家庭成员的医疗预防、保健等服务费用的一项综合性医疗保健模式。集资型医疗保险以中国的合作医疗和泰国的健康保险卡制度为典型代表。

集资型医疗保险模式具有如下几个特征：

（1）城镇居民和农民、地方政府、中央政府三方共同出资建立统筹基金；

（2）合作医疗补偿以大病住院费用为主，兼顾门诊费用；

（3）居民或农民自愿参加，各地方政府结合各地实际情况，有针对性地选择适合各地的发展模式，采取不同的补偿模式及管理模式。

(六) 混合型医疗保险模式

混合型医疗保险模式具有多种医疗保险模式的特征，但又不完全等同于某一主要模式。比如，既有国家医疗保险模式为公民提供的免费性质的医疗服务，又有私立医疗机构为公民提供的营利性质的医疗服务。从医疗保障的覆盖范围看，我国对职工和居民分别提供水平差异较大的医疗保险，城镇职工有比较完善的医疗保险，即公费医疗保险（免费医疗保险模式）、城镇职工基本医疗保险（社会医疗保险模式），而城乡居民可以获得城乡居民医疗保险（集资型医疗保险模式）和大病统筹（商业型医疗保险模式）的帮助，这实际上就是混合型医疗保险模式。

|第二节| 城镇职工基本医疗保险制度

一、城镇职工基本医疗保险覆盖范围

我国城镇职工基本医疗保险制度的覆盖范围为城镇所有用人单位及其职工。城镇所有用人单位包括企业、机关、事业单位、社会团体、民办非企业等。职工主要包括在岗职工、非在岗职工、外籍职工、港澳台职工。兼职人员、实习生和返聘的离退休人员则不用参加。停工留薪的非在岗职工或存在双重劳动关系的职工是否参保由雇主与员工协商确定。

乡镇企业及其职工、城镇个体经济组织的业主及其从业人员是否参加基本医疗保险，由各省、自治区、直辖市人民政府决定。有些地区把乡镇企业中的城镇职工和被城镇个体经济组织雇用的雇工作为应参保对象，有些地区则将乡镇企业和有雇工的城镇个体经济组织及其职工全部纳入基本医疗保险制度的覆盖范围。

无雇工的个体工商户、未在用人单位参加职工基本医疗保险的非全日制从业人员以及其他灵活就业人员可以参加职工基本医疗保险，由个人按照国家规定缴纳基本医疗保险费。

二、城镇职工基本医疗保险缴费

我国现行的城镇职工基本医疗保险制度中，基金的筹集渠道主要包括职工个人、用人单位和国家补贴，其中职工个人和用人单位是筹集医疗保险基金的主要渠道。

（一）缴费基数和比例

根据国务院《关于建立城镇职工基本医疗保险制度的决定》的规定，基本医疗保险费由用人单位和职工共同缴纳，用人单位缴费率应控制在职工工资总额的6%左右，职工缴费率一般为本人工资收入的2%。随着经济的发展，用人单位和职工的缴费率可作相应调整。根据国务院办公厅《关于全面推进生育保险和职工基本医疗保险合并实施的意见》（国办发〔2019〕10号），生育保险和职工基本医疗保险合并实施后，城镇职工基本医疗保险（含生育保险）单位缴费比例有所调整，如北京市为9.8%，上海市为10.5%，个人缴费率仍为2%。职工按规定缴纳的基本医疗保险费免征个人所得税，用人单位按规定缴纳的基本医疗保险费在税前列支。

职工本人月工资低于上年度全省在岗职工月平均工资60%的，按60%核定个人缴费基数；超过300%的，按300%核定个人缴费基数。

当个人缴费基数之和大于用人单位全部职工工资总额时，以个人缴费基数之和作为单位缴费基数。

无雇工的个体工商户、未在用人单位参加职工基本医疗保险的非全日制从业人员及其他灵活就业人员（以下统称灵活就业参保人员）可以参加职工基本医疗保险，由个人按上年度全省在岗职工月平均工资的60%为缴费基数，按统筹地区用人单位费率的70%缴纳基本医疗保险费。

（二）缴费年限

基本医疗保险的缴费年限，是指职工实现退休后继续享受医疗保险待遇，不需要再缴纳基本医疗保险费所达到的最低缴纳基本医疗保险费的年限。目前对此没有全国统一的规定，由各统筹地区根据本地情况来确定。从目前各地方规定的情况看，一般要求达到退休年龄时，男性参保人员缴费年限要满25~30年，女性参保人员缴费年限要满20~25年（地区不同，规定有别）。未达到规定的缴纳医疗保险年限，退休时可以一次性清算。按照国家的规定办理了退休手续，按月领取基本养老保险金或者退休费的人员，享受退休人员的基本医疗保险待遇，不再缴纳基本医疗保险费。

三、城镇职工基本医疗保险个人账户管理

根据2021年4月22日国务院办公厅发布的《关于建立健全职工基本医疗保险门诊共济保障机制的指导意见》（国办发〔2021〕14号），职工基本医疗保险的在职职工个人账户由个人缴纳的基本医疗保险费记入，记入标准原则上控制在本人参保缴费基数的2%，单位缴纳的基本医疗保险费全部纳入统筹基金；退休人员个人账户原则上由统筹基金按定额划入，划入额度逐步调整到统筹地区根据本意见实施改革当年基本养老金平均水平的2%左右。个人账户的具体划入比例或标准，由省级医保部门会同财政部门按照以上原则，指导统筹地区结合本地实际研究确定。个人账户主要用于支付参保人员在定点医疗机构或定点零售药店发生的政策范围内自付费用。

城镇职工基本医疗保险的个人账户的本金和利息为个人所有，只能用于基本医疗保险，但可以结转使用和继承。职工和退休人员死亡时，其个人账户存储额划入其继承人的个人账户，继承人未参加基本医疗保险的，个人账户存储额可一次性支付给继承人；没有继承人的，个人账户存储额纳入基本医疗保险统筹基金。退休人员本人不再缴费，其个人账户基金完全从统筹基金中划拨。

医疗保险统筹基金是指统筹地区所有用人单位为职工缴纳的医疗保险费完全划入统筹基金账户。统筹基金包括：统筹地区全部参保单位缴费总额、财政补贴、社会捐助、银行利息、滞纳金等。医疗保险统筹基金属于全体参保人员，实行专项储存、专款专用，任何单位和个人都不得挪用。统筹基金主要用于参保人员住院、非定点医院急诊抢救、异地转诊（院）、异地安置、普通门诊等医疗费用。

四、城镇职工基本医疗保险待遇标准

依据国务院《关于建立城镇职工基本医疗保险制度的决定》的规定，统筹基金和个人账户要划定各自的支付范围，分别核算，不得互相挤占。要确定统筹基金的起付标准和最高支付限额。起付标准以下的医疗费用，从个人账户中支付或由个人自付。起付标准以上、最高支付限额以下的医疗费用，主要从统筹基金中支付，个人也要负担一定比例。超过最高支付限额的医疗费用，可以通过商业医疗保险等途径解决。统筹基金的具体起付标准、最高支付限额以及在起付标准以上和最高支付限额以下医疗费用的个人负担比例，由统筹地区根据以支定收、收支平衡的原则确定。

（一）个人账户支付的范围

个人账户支付范围包括下列项目：

（1）在定点医疗机构门（急）诊的医疗费用；

（2）在定点零售药店购买药品、医疗器械、医用耗材发生的由个人负担的费用；

（3）起付标准以下的医疗费用；

（4）起付标准以上、最高支付限额以下应当由个人负担的医疗费用；

（5）最高支付限额以上应当由个人负担的医疗费用；

（6）可以用于支付参保人员本人及其配偶、父母、子女在定点医疗机构就医发生的由个人负担的医疗费用。

探索个人账户用于配偶、父母、子女参加城乡居民基本医疗保险等的个人缴费。个人账户不得用于公共卫生费用、体育健身或养生保健消费等不属于基本医疗保险保障范围的支出。

（二）统筹基金的支付范围及起付标准、封顶线、共付制

1.统筹基金的支付范围

（1）住院治疗的医疗费用。

（2）急诊抢救留观并收入住院治疗的，其住院留观7日内的医疗费用。

（3）血液透析、恶性肿瘤放化疗、肾移植后服抗排异药等特殊病种的门诊医疗费用。

（4）普通门诊费用。普通门诊统筹覆盖职工医保全体参保人员，政策范围内支付比例从50%起步，随着医保基金承受能力的增强逐步提高保障水平，待遇支付可适当向退休人员倾斜。相关部门应针对门诊医疗服务特点，科学测算起付标准和最高支付限额，并做好与住院费用支付政策的衔接。

2.统筹基金支付的起付标准、封顶线、共付制

延展阅读5-4

大连市城镇职工医疗保险普通门诊报销标准和住院报销标准（2024年）

（1）起付标准。社会统筹基金开始分担的医疗费用的金额起点，原则上控制在统筹地区职工年平均工资的10%左右，超过这个水平的医疗费用由社会统筹基金支付，起付标准以下的医疗费用从个人账户中支付或由个人自付。

（2）封顶线。社会统筹基金最高支付限额，原则上控制在统筹地区职工年平均工资的4倍左右，即超过这个水平的医疗费用社会统筹基金不再支付。

（3）共付制。社会统筹基金分担医疗费用时，要求个人负担一定比例，个人负担比例由统筹地区根据"以收定支、收支平衡"的原则确定。实践中，个人负担比例与就诊医院的级（类）别相关，就诊的医院级别越高，个人负担比例越高。

五、享受城镇职工基本医疗保险待遇的条件

要想享受医疗保险待遇，首先必须参保缴费，其次必须符合"两定点三目录"的规定，转诊和转院必须符合相关转诊制度规定。

延展阅读5-5

"三目录、两定点"的相关规定

第三节 | 城乡居民基本医疗保险制度

一、城乡居民基本医疗保险覆盖范围

城乡居民基本医疗保险的覆盖范围没有明确的限定，一般用排除法进行

确定，即当城乡居民没有参加城镇职工基本医疗保险或公费医疗时，可以自愿选择参加城乡居民医疗保险。

城乡居民基本医疗保险的参保人员没有年龄限制，可谓是从摇篮到坟墓的保障政策。如《湖南省城乡居民基本医疗保险实施办法》规定，职工基本医疗保险应参保人员以及按国家规定享有其他保障的人员以外，其他所有城乡居民均属居民医保制度覆盖范围，具体包括：①农村居民；②城镇非从业居民；③在校学生及学龄前儿童；④社区矫正对象；⑤在省内居住且办理了居住证的未就业港澳台居民；⑥在省内就读的港澳台大学生、外国国籍留学生；⑦在省内永久居留的未就业的外国人；⑧国家规定的其他人员。

二、城乡居民基本医疗保险资金筹集

城乡居民基本医疗保险的筹资采用多渠道、以个人缴费与政府补助相结合为主的筹资方式，鼓励集体、单位或其他社会经济组织给予扶持或资助。各地统筹考虑城乡居民医保与大病保险保障需求，按照基金收支平衡的原则，合理确定城乡统一的筹资标准。

在《人力资源和社会保障部关于积极推动医疗、医保、医药联动改革的指导意见》（人社部发〔2016〕56号）的指导下，各地逐步建立起与经济社会发展水平、各方承受能力相适应，个人缴费标准与城乡居民可支配收入相衔接的筹资机制。各地的筹资标准、财政补贴的水平因地方经济发展的情况而各不相同。

根据国家医保局、财政部、国家税务总局《关于做好2024年城乡居民基本医疗保障有关工作的通知》，2024年城乡居民医保的财政补助标准最低为每人每年670元，个人缴费标准最低为每人每年400元。中央财政继续按规定对地方实施分档补助，对西部、中部地区分别按照人均财政补助标准80%、60%的比例给予补助，对东部地区各省份分别按一定比例补助。

城乡居民最低生活保障和生活困难补助人员、城乡低收入救助人员、特困供养人员、享受定期抚恤补助的优抚对象、由民政部门管理具有本市户籍的见义勇为人员（含定期抚恤补助的见义勇为死亡人员遗属）、去世离休干部无工作配偶、计划生育特殊家庭成员、低收入农户、困境儿童生活保障的事实无人抚养儿童、区级福利机构内由政府供养的困境儿童生活保障的孤儿弃婴、残疾人员和参照本市城乡社会救助对象医疗救助政策享受医疗待遇的退养人员、退离居委会老积极分子，个人缴费由户籍所在区财政全额补贴。

延展阅读5-6

2025年部分省市城乡居民基本医疗保险缴费和补贴标准

三、城乡居民基本医疗保险待遇标准

城乡居民基本医疗保险在待遇支付上将门诊小病医疗费用纳入统筹基金支付范围，在基层医疗机构发生的常见病、多发病的门诊医疗费用均可报销，报销比例在50%左右。政策范围内的住院费用由统筹基金支付，报销比例在70%左右。一些主要在门诊治疗且费用较高的慢性病、特殊疾病（如恶性肿瘤门诊放化疗、尿毒症透析、糖尿病患者胰岛素治疗等）的门诊医疗费用也纳入统筹基金支付范围，参照住院制定相应的管理和支付办法。

（1）参保人员发生的，符合统筹地区基本医疗保险药品目录、诊疗项目目录、医疗服务设施范围以及学生儿童补充报销范围规定的门（急）诊、住院医疗费用，由城乡居民医

疗保险基金按规定支付。

（2）上年度参保人员在本年度连续参保缴费的，可享受门（急）诊医疗费用报销待遇；未连续参保缴费的，不享受门（急）诊医疗费用报销待遇。当年符合参保条件且参保缴费的，视为连续参保缴费。

（3）城乡居民医保基金在一个医疗保险年度内门（急）诊的起付标准，各地略有差别。

（4）患有特殊病种的参保人员按规定办理备案手续后，特殊病种门诊就医享受住院医疗费用报销待遇。特殊病种类别另行规定。

延展阅读5-7

大连市城乡居民基本医疗保险待遇报销标准（2024年）

（5）城乡居民医保基金不予支付下列医疗费用：①应当由公共卫生负担的；②在非基本医疗保险定点医疗机构就诊的；③在非本人定点医疗机构就诊的（急诊除外）；④因交通事故、医疗事故或者其他责任事故造成伤害的；⑤因本人吸毒、打架斗殴或者因其他违法行为造成伤害的；⑥因自杀、自残、酗酒等原因就诊的；⑦在国外或者中国香港及澳门特别行政区以及中国台湾地区就诊的；⑧按照国家和本地规定不应由城乡居民医保基金支付的其他情形。

医疗费用依法应当由第三人负担，第三人不支付或者无法确定第三人的，由城乡居民医保基金先行支付。城乡居民医保基金先行支付后，有权向第三人追偿。

第四节 生育保险制度

2017年1月，国务院办公厅印发了《生育保险和职工基本医疗保险合并实施试点方案》，明确了保留险种、待遇不降和统一管理的改革思路。同年6月，国家在12个城市启动了生育保险和医疗保险合并实施的试点。试点内容实行"四统一、一不变"，即：统一参保登记、统一基金征缴和管理、统一医疗服务管理、统一经办和信息服务，职工生育期间生育保险待遇不变。

2019年3月，国务院办公厅印发了《关于全面推进生育保险和职工基本医疗保险合并实施的意见》（国办发〔2019〕10号），开始在全国范围内推进生育保险和基本医疗保险的合并实施工作。

一、生育保险覆盖范围

我国生育保险覆盖的对象是城镇各类企业及职工、职工未就业配偶。

随着生育保险和职工基本医疗保险的合并实施，参加职工基本医疗保险的在职职工同步参加生育保险。生育保险的参保对象即为参加城镇职工基本医疗保险的在职职工。

《关于全面推进生育保险和职工基本医疗保险合并实施的意见》（国办发〔2019〕10号）对合并实施后的参保登记、征缴管理、经办服务做了细化。目前各地均已按照国办发〔2019〕10号文件的规定，落实参加职工医保的在职职工同步参加生育保险的要求。

从实践情况看，随着这项工作的全面推进，生育保险覆盖面进一步扩大，参保单位、个人办理业务和享受服务更加便捷，制度可持续性更有保障。截至2023年年末，全国生育保险参保人数为2.49亿人，城镇职工基本医疗保险参保人数为3.71亿人。大部分地区的灵活就业人员可以参加职工基本医疗保险，但不能参加生育保险，退休职工通常仍参加职工基本医疗保险，以享受医疗费用报销等医保待遇，但其不再需要参加生育保险。去掉这两部分人员后，生育保险参保人数已与职工医保参保在职职工人数基本相当。

二、生育保险资金筹集

我国相关法律明确规定职工个人不缴纳生育保险费，要求企业的缴纳比例不超过职工工资总额的1%，具体比例没有统一的规定，由各地政府根据当地的实际情况确定。

按照用人单位参加生育保险和职工基本医疗保险的缴费比例之和确定新的用人单位职工基本医疗保险费率，个人不缴纳生育保险费。职工基本医疗保险基金严格执行社会保险基金财务制度，不再单列生育保险基金收入，在职工基本医疗保险统筹基金待遇支出中设置生育待遇支出项目。

三、生育保险待遇标准

我国生育保险待遇的主要内容包括生育医疗费用、产假、生育津贴及法律、法规规定的其他津贴。

（一）生育医疗费用

生育医疗费用包括生育的医疗费用和计划生育的医疗费用。纳入职工生育保险范围的生育医疗费用实行"定额补贴、实时结算和零星报销相结合"的补偿办法，由基本医疗保险统筹基金支付；超出职工生育保险范围的，由参保人员自行承担。

《中华人民共和国社会保险法》第五十五条详细规定了生育医疗费用的具体内容，包括女职工因怀孕、生育发生的检查费、接生费、手术费、住院费、药费和计划生育手术费等。生育医疗费用有以下几个特点：第一，生育保险待遇从生育之前的孕期就开始给付，事先保障和事后保障相结合。第二，医疗服务范围的确定性。生育保险的检查项目、治疗手段大都是基础性服务项目，医疗服务项目相对比较固定，费用比较低廉。第三，生育保险医疗服务保障水平高于医疗保险。考虑到孕产妇及下一代的身体健康和安全，在生育保险制度设计上，在医疗保险药品目录、诊疗项目目录等规定的范围内，医疗费用报销比例一般高于医疗保险。没有规定起付线和封顶线，在门诊进行的产前检查、住院分娩或者出现高危状况下的医疗费用都可以由基本医疗保险统筹基金支付。

1.生育的医疗费用

生育的医疗费用是指女职工在妊娠期、分娩期、产乳期内，因生育所发生的检查费、接生费、手术费、住院费、药费等医疗费用。女职工生育出院后，因生育引起疾病的医疗费，也由基本医疗保险统筹基金支付。

2.计划生育的医疗费用

职工计划生育手术费用是指女职工因实行计划生育的需要，实施放置（取出）宫内节育器、流产术、引产术、绝育及复通手术所发生的医疗费用。参保职工在基本医疗保险定点医疗机构和经计划生育管理部门、医疗保障部门认可的计划生育服务机构实施计划生育手术，其费用可以由相应的社会保险基金支付。

3.职工未就业配偶的生育医疗费用待遇

《中华人民共和国社会保险法》第五十四条规定，职工未就业配偶按照国家规定享受生育医疗费用待遇。这里所说的"生育医疗费用待遇"主要是指参保职工未就业配偶因生育发生的医疗费用。夫妻双方均参加生育保险，女方符合享受条件的，由女方享受，男方不再享受生育医疗补助。

（1）参加城镇居民基本医疗保险的未就业妇女，其生育医疗费用可以按照规定从城镇居民基本医疗保险基金中支付。根据人力资源和社会保障部办公厅《关于妥善解决城镇居民生育医疗费用的通知》（人社部〔2009〕97号）的规定，各地要将城镇居民基本医疗保险参保人员住院分娩发生的符合规定的医疗费用纳入城镇居民基本医疗保险基金的支付范围。开展门诊统筹的地区，可将参保居民符合规定的产前检查费用纳入基金支付范围。

（2）参加新农合的农村妇女，其生育医疗费用可以按照规定从新农合基金中支付。2003年，国务院发布的《关于建立新型农村合作医疗制度的意见》明确农村妇女住院分娩的医疗费用由新农合解决。

（3）中西部地区分娩补助计划。2009年，卫生部（现国家卫生健康委员会）、财政部印发了《关于进一步加强农村孕产妇住院分娩工作的指导意见》，规定实施农村孕产妇住院分娩补助政策，对农村孕产妇住院分娩所需费用予以财政补助。参加新农合的农村孕产妇在财政补助之外的住院分娩费用，可按当地新农合的规定给予补偿。对个人负担较重的贫困孕产妇，可由农村医疗救助制度按规定给予救助。

4.法律、行政法规规定的其他项目费用

这是一条"兜底"条款。各地根据自身的经济发展水平、生育人口的数量，规定了不同的医疗费用开支项目。

（二）产假

产假是指在职妇女产期前后的休假待遇，享受产假的主要是女职工。生育是人类繁衍生存和劳动力再生产的行为，既是一种自然行为，又是一种社会行为。职业妇女既要从事经济活动，又要担负生育子女的天职，实际上是为社会作出了双重贡献。国家和社会有必要通过制度安排，使生育女职工从开始怀孕就得到生活、身体等方面的照顾，使她们能安心在家休养，逐步恢复身体健康，以便投入日后的工作，这对于保护妇女及婴儿的身体健康具有十分重要的意义。

2012年修订的《女职工劳动保护特别规定》第七条规定，女职工生育享受98天产假，其中产前可以休假15天；难产的，增加产假15天；生育多胞胎的，每多生育1个婴儿，增加产假15天。女职工怀孕未满4个月流产的，享受15天产假；怀孕满4个月流产的，享受42天产假。

延展阅读5-8

（三）生育津贴

生育津贴是指国家法律规定对职业妇女因生育而离开工作岗位期间给予的生活费用，用以保障女职工产假期间的基本生活需要。按照《中华人民共和国社会保险法》第五十六条的规定，我国女职工的生育津贴主要包括产假津贴和计划生育手术休假津贴。

辽宁省关于产假的规定

1.产假津贴

女职工产假期间的生育津贴，对已经参加生育保险的，按照用人单位上年度职工月平均工资标准由生育保险基金支付；对未参加生育保险的，按照女职工产假前工资的标准由用人单位支付；女职工生育或者流产的医疗费用，按照生育保险规定的项目和标准，对已经参加生育保险的，由基本医疗保险统筹基金支付。

延展阅读5-9

计划生育手术
休假标准

2.计划生育手术休假津贴

公民实行计划生育手术享受国家规定的休假，按照卫生部、计划生育委员会（现已整合为国家卫生健康委员会）发布的《关于转发〈节育手术常规〉的通知》和劳动部（现人力资源和社会保障部）《关于女职工生育待遇若干问题的通知》的有关规定执行，具体休假从1天到42天不等。

延展阅读5-10

部分地区延长
生育奖励假

生育津贴按照职工所在用人单位上年度职工月平均工资计发。生育津贴低于本人工资标准的，差额部分由企业补足。

四、享受生育保险待遇的条件

在我国，享受生育保险待遇以缴纳保险费和投保年限作为前提条件。

（1）用人单位已经缴纳生育保险费并达到最低时限。权利与义务相适应，是社会保险制度赖以存在的前提条件。只有履行法定的义务之后，才能享受各项社会保险待遇，生育保险也是如此，只有用人单位依法缴纳了生育保险费，其职工才能享受生育保险待遇。例如，广州规定参保职工参加生育保险累计满1年以上、继续参保才能享受生育保险待遇；长沙规定参保职工从参加生育保险的下月起连续缴费10个月后，才能享受生育保险待遇。

（2）符合国家和省、市人口与计划生育政策规定。

|第五节| 医疗保险实务

一、医疗保险参保登记

（一）职工基本医疗保险参保登记

1.单位参保登记

（1）办理时间

新成立用人单位自设立之日起30日内，须申请办理基本医疗保险单位参保登记。

（2）办理流程

单位医疗保险参保流程如图5-3所示，申请人可通过线上或线下方式提交申请材料，经办人员确认申请材料是否符合要求，依据相关政策、法规进行审核，符合条件的办理单位参保登记。经办机构审核通过后，为单位及其职工办理参保登记手续，包括录入单位信息、职工基本信息等。

延展阅读5-11

医疗保险管理主
体及经办机构

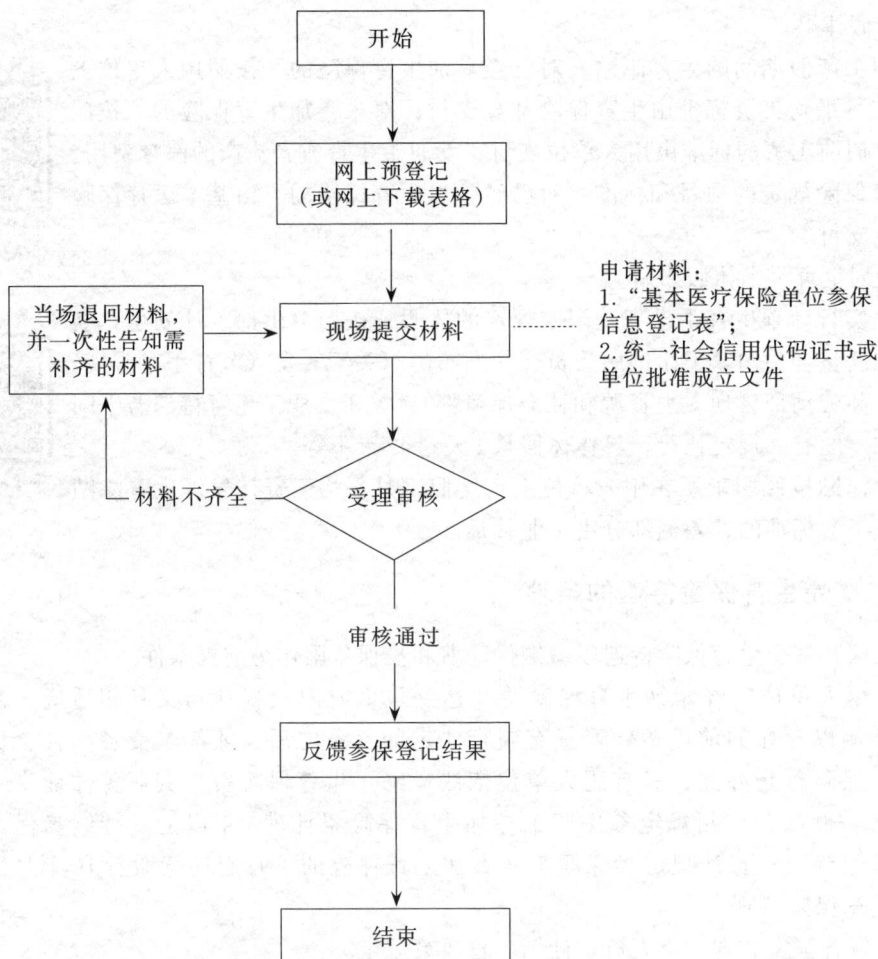

图5-3 用人单位基本医疗保险参保流程图

2.职工参保登记

延展阅读5-12

"基本医疗保
险单位参保信
息登记表"

（1）办理时间

用人单位应当自用工之日起30日内为其职工向医保经办机构申请办理职工医保参保登记。

（2）办理流程

职工基本医疗保险参保流程如图5-4所示，参保单位登录网上申报平台，提交申请材料，经办人员确认申请材料是否符合要求，不符合要求的一次性告知，依据相关政策、法规进行审核，符合条件的办理职工参保登记。

3.灵活就业人员参保

灵活就业人员可以持本人身份证及相关证明材料（如居住证等，各地要求不同）到当地医保经办机构或通过线上渠道（如当地医保局官方网站、手机App）办理参保登记。登记内容主要涉及个人身份信息、联系方式、就业情况等。

```
          ┌──────────┐
          │   开始   │
          └────┬─────┘
               ↓
   ┌───────────────────┐          ┌─────────────────────────┐
   │  登录网上申报平台申报 │ ········ │ 申请时需提交的材料：      │
   └───────────────────┘          │ 1."职工基本医疗保险参保   │
        ↑          │               │   登记表"；             │
 ┌──────────────┐  │               │ 2.参保人员有效身份证件复  │
 │  退回重新填写  │  │               │   印件                  │
 └──────────────┘  │               └─────────────────────────┘
        ↑          ↓
   数据不全  ┌──────────┐
   或有误    │   受理   │
        ←────┤          │
          └────┬─────┘
       数据齐全准确
               ↓
        ┌──────────┐
        │ 决定并送达 │
        └────┬─────┘
               ↓
          ┌──────────┐
          │   结束   │
          └──────────┘
```

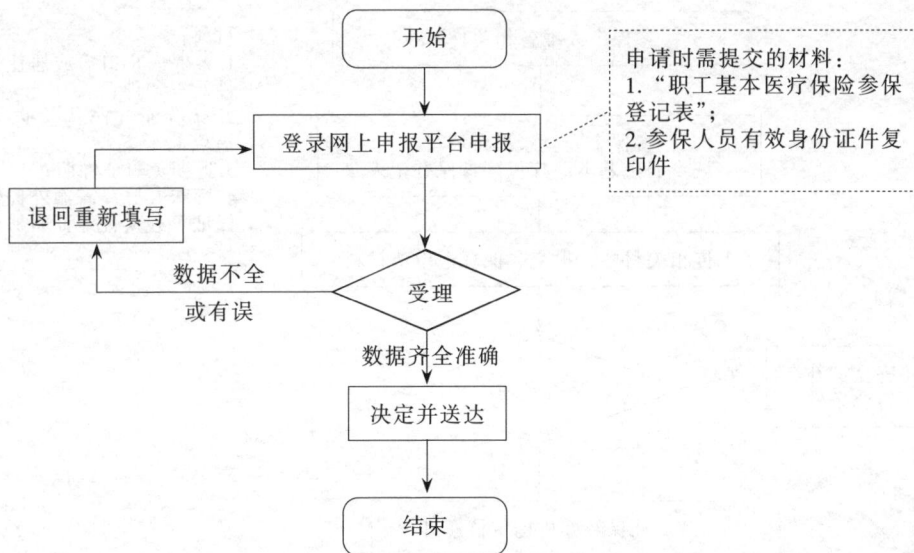

图5-4　职工基本医疗保险参保登记流程图

（二）城乡居民基本医疗保险参保登记

1.参保对象

未参加职工基本医疗保险的城乡居民，包括农村居民、城镇非就业居民、在校学生、在本地取得居住证的常住人口以及已在本地参加基本医疗保险流动人口的未成年子女等。

2.办理材料

通常需要提供有效身份证件，如身份证、户口本、港澳台居民居住证、外国人居留证件或外国人永久居留证等，以及"城乡居民基本医疗保险参保登记表"。

3.办理方式及流程

（1）线下办理

① 窗口办理：参保人携带上述材料前往户籍所在地或居住证登记地所在的乡镇（街道）便民服务中心或当地医保经办机构窗口办理参保登记。

② 办理流程：参保人提交申请材料，经办人员确认材料是否符合要求，不符合要求的一次性告知；然后依据相关政策、法规进行审核；符合条件的办理城乡居民参保登记并告知参保人。

（2）线上办理

① 办理渠道：可通过当地医保部门指定的App、微信或支付宝小程序等进行办理，如"福建医疗保障"小程序、"湖北医疗保障"微信小程序、"河南医保"小程序、"陕西医保"微信小程序、"穗好办"App等。

② 办理流程：参保人进入相应线上平台，找到"城乡居民参保登记"板块，按提示填写参保人员个人信息，上传相关证件照片或扫描件，核对"城乡居民基本医疗保险参保登记表"信息无误后提交。提交成功后，等待医保经办机构审核，审核通过后即完成登记（参见图5-5）。

延展阅读5-13

"职工基本医疗保险参保登记表"

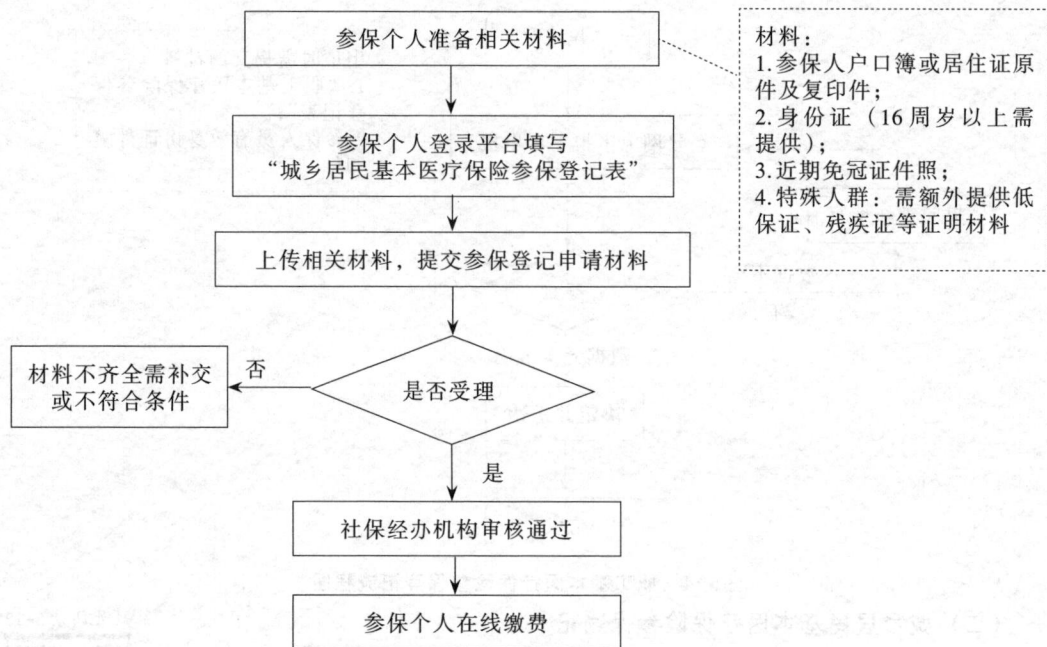

图5-5　城乡居民基本医疗保险参保登记流程图

二、医疗保险缴费审核

延展阅读5-14

"城乡居民基
本医疗保险参
保登记表"

（一）职工基本医疗保险缴费审核

1.参保单位审核

（1）主体资格审核

审核单位是否依法注册登记，需查看营业执照等，确认单位是否具备合法参保资格。

（2）申报资料审核

审核单位提交的参保人员名单、工资表、财务报表等资料是否齐全、真实、准确。如发现资料不全或存在疑问，要求单位补充或解释说明。

（3）缴费基数审核

审核单位申报的缴费基数是否符合规定，即是否以上年度本单位在职职工工资总额为基数，同时核对申报基数是否在当地规定的上下限范围内，低于下限的是否按下限执行，高于上限的是否按上限执行。

2.参保人员审核

（1）身份信息审核

审核参保人员的姓名、性别、身份证号码、出生日期等身份信息是否真实准确，是否与有效身份证件一致，防止虚假参保。

（2）参保条件审核

审核参保人员是否符合职工基本医疗保险的参保条件，如是否为在职职工、是否已参加其他基本医疗保险等，避免重复参保。

（3）缴费记录审核

审核参保人员的历史缴费记录是否完整、连续，有无欠费、断缴等情况，对于存在欠费的，要求单位或个人及时补缴。

3.特殊情况审核

（1）在职转退休审核

审核参保人员达到法定退休年龄时，其医保缴费年限是否满足当地规定的最低年限要求，对于未达到最低年限的，须按规定补缴差额部分。

（2）异地转移审核

参保人员在不同地区之间转移职工基本医疗保险关系时，审核转出地和转入地的缴费年限、个人账户余额等是否准确衔接，确保参保人员的权益不受损失。

（二）城乡居民基本医疗保险缴费审核

城乡居民基本医疗保险缴费审核流程如图5-6所示，具体包括参保资格审核、缴费标准审核、缴费信息审核、参保人缴费等环节。

1.参保资格审核

（1）身份信息审核

对参保人的姓名、性别、身份证号码、出生日期等身份信息进行核对，确保与有效身份证件一致，防止虚假参保。

（2）户籍及居住情况审核

审核参保人是否为本地区城乡居民户籍，对于非本地区户籍的居民，需确认其是否在本地取得居住证或符合当地参保政策规定的其他条件。

（3）参保状态审核

查询参保人是否已参加职工基本医疗保险或其他基本医疗保险，避免重复参保。

2.缴费标准审核

（1）个人缴费标准审核

依据当地政策规定，审核参保人应缴纳的个人费用是否正确，审核时需确认参保人按此标准缴费。

（2）资助对象审核

对于特困供养人员、低保对象、防止返贫监测对象等享受资助政策的人员，需审核其身份是否真实准确，确认是否按规定的资助标准给予相应的资助。

3.缴费信息审核

（1）缴费金额审核

核对参保人实际缴纳的金额与应缴纳的金额是否一致，防止少缴、多缴或误缴等情况。

（2）缴费时间审核

确认参保人是否在规定的缴费时间内完成缴费，对于超过集中缴费期参保缴费的，需审核其是否符合政策规定的特殊情况，如大中专毕业学生、退役军人、刑满释放人员和新增动态调整困难群众等，以及是否按规定执行待遇等待期。

首次参加城乡居民基本医保，本人或代办人凭户口簿、身份证在乡镇（街道）政务大厅医疗保障窗口进行参保登记、信息维护

历年参保缴费城乡居民

信息正确否？

否

是

城乡居民个人通过农村商业银行、农行、邮政银行手机APP缴费

城乡居民到农村商业银行、农行、邮政银行网点柜台缴费

村社干部统一收缴，再通过乡镇税务代征客户端系统导入缴费信息

五保、孤儿、事实无人抚养儿童、一类低保人员由乡镇统计上报花名，医保部门统一代缴

缴费成功后，缴费信息将进入国家税务局城乡居民缴费系统，由税务工作者统计参保人员并将缴费信息推送到医保部门城乡居民管理系统，个人缴费由代办银行划入县级人行国库

参保人员在市域内住院执行先诊疗后付费及一站式结报

城乡居民个人缴费及各级财政配套资金将一并转存入市医保部门在市财政设立的医保基金专户

县医保部门对参保人员因住院等发生的医疗费用进行审核，并向市局申请拨付报销费用

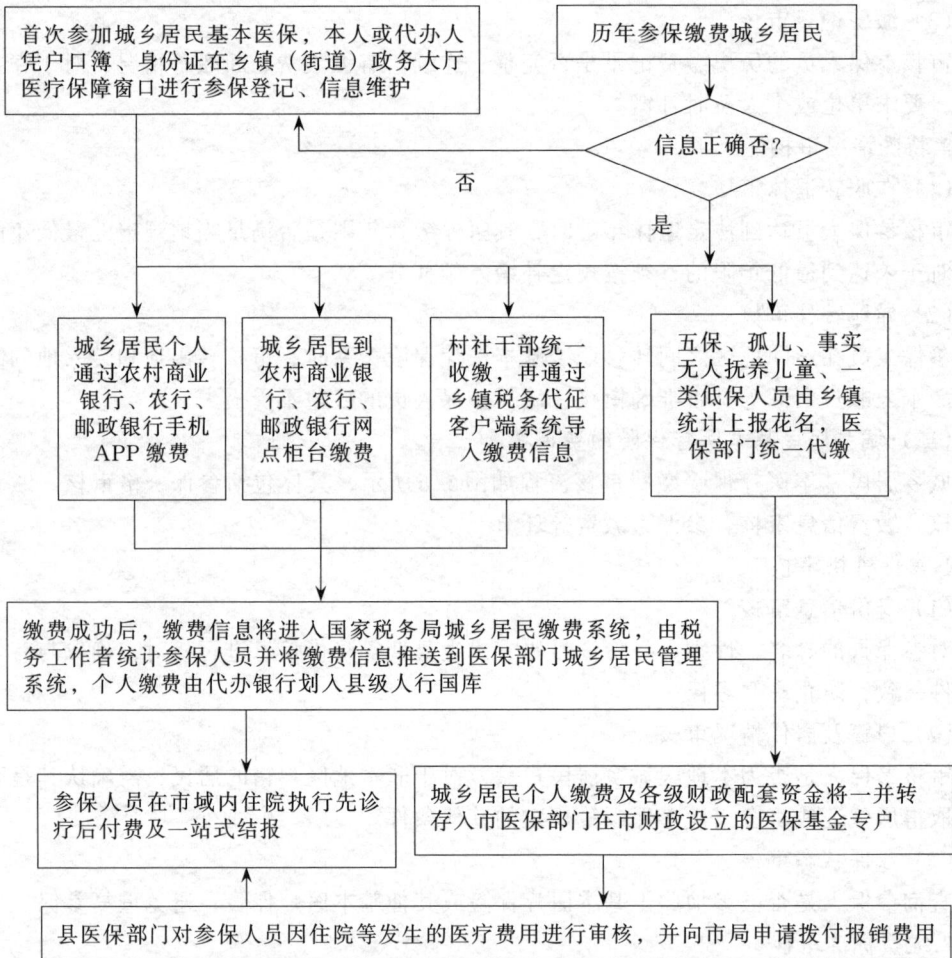

图5-6　城乡居民基本医疗保险缴费流程图

（3）缴费方式审核

审核参保人选择的缴费方式是否合规，如线上缴费是否通过正规的电子税务局、微信、支付宝等渠道，线下缴费是否在指定的银行或办税服务厅等地点办理。

（三）中断缴费后的补缴流程及待遇享受规则

1.职工基本医疗保险的补缴流程及待遇享受规则

（1）中断缴费原因

单位原因中断缴费的，单位需承担补缴责任，补缴费用由单位全额承担（含职工个人应缴部分）；职工不需要额外操作，但需督促单位及时补缴。

个人原因中断缴费的，职工可以以灵活就业人员身份自行补缴（部分地区允许）；若找到新单位，可由新单位补缴中断缴费期间的医保费用（需协商费用承担方式）。

（2）补缴流程

①单位补缴

单位向当地医保经办机构提交补缴申请；医保部门核定补缴金额（含本金+滞纳金）；单位通过银行转账或税务渠道完成缴费。

②个人补缴（灵活就业身份）

部分地区允许以灵活就业身份补缴职工医保，补缴年限一般不超过退休前需累计的医保缴费年限。参保个人可以携带身份证、社保卡到医保经办机构申请补缴或者通过当地政务服务网或医保App办理补缴。

（3）补缴费用计算

补缴基数：按照断缴期间职工的实际工资或当地最低缴费基数计算（以医保部门核定为准）。单位补缴部分为单位缴费比例×补缴基数；个人补缴部分为个人缴费比例（2%）×补缴基数。滞纳金按日加收0.05%（个人补缴一般无须缴纳滞纳金，由于单位原因断缴时，滞纳金由单位承担）。

（4）补缴后待遇享受规则

医保待遇恢复时间：单位补缴到账后，医保待遇即时恢复，无等待期；个人灵活就业补缴后，一般需缴费到账后次月生效。

断缴期间待遇：断缴期间发生的医疗费用，无法报销（补缴仅恢复后续待遇，不追溯既往）；个人账户余额可正常使用（若医保卡未被冻结）。断缴期间生育保险待遇失效，补缴后需连续缴费满一定期限（如6~12个月）才能恢复。

缴费年限累计：补缴的年限可计入职工医保，累计缴费年限。

2.城乡居民基本医疗保险中断缴费后的补缴流程及待遇享受规则

（1）断缴后补缴流程

城乡居民基本医疗保险中断缴费后，大部分地区允许补缴，但通常仅限补缴当年度的保费；部分省份规定断缴超过1年不可补缴，需重新参保。补缴费用包括补缴年度的个人缴费标准，部分地区还需补缴政府财政补贴部分。补缴手续通过当地医保APP、政务服务网或微信/支付宝（搜索"城乡居民医保补缴"）完成。也可以携带身份证、户口簿到户籍地社区居（村）委会或医保经办窗口，填写"城乡居民医保补缴申请表"，完成补缴。

（2）补缴后待遇享受规则

补缴后一般需等待1~3个月，才能享受医保待遇，但新生儿、困难群体补缴无等待期。补缴生效后，待遇与正常参保一致，包括住院、门诊、大病保险等；补缴前发生的医疗费用无法追溯报销。

延展阅读5-15

"城乡居民医保补缴申请表"

三、医疗保险待遇享受与审核支付

（一）待遇享受审核

1.参保资格审核

确认参保人是否按时足额缴纳医疗保险费，是否在参保有效期内，对于欠费、断缴的情况，需根据当地政策确定是否影响待遇享受；审核参保人员的身份信息是否与参保登记时一致，防止冒名顶替享受待遇。对于灵活就业人员，需审核其是否符合参保条件及缴费规定。

2.就医情况审核

核查参保人就医的定点医疗机构或定点零售药店是否在医保规定的范围内，就医行为是否符合医保政策要求，如是否存在挂床住院、冒名就医等违规行为；对于异地就医的参保人，审核其是否按规定办理了异地就医备案手续。

（二）支付审核

1.费用合规性审核

依据医保药品目录、诊疗项目目录、医疗服务设施标准等"三个目录"，审核医疗费用中的药品、诊疗项目、服务设施等是否属于医保报销范围，对于超范围的费用予以剔除；审核医疗费用的收费标准是否符合物价部门规定，防止医疗机构乱收费。

2.医疗行为合理性审核

审查医生的诊疗行为是否符合临床诊疗规范和常规，是否存在过度检查、过度治疗、不合理用药等情况，如是否存在重复检查同一项目、开具与病情无关的药品等；对于高额医疗费用或疑难复杂病例，必要时组织专家进行会诊审核。

（三）医疗保险待遇的审核与支付流程

1.实时结转的审核与支付流程

实时结转也称为即时结算、实时结算或直接结算，指参保人在定点医疗机构就诊时，通过医保系统即时完成费用审核与报销，患者仅需支付个人自付部分，医保报销部分由医疗机构与医保部门直接结算。

此流程适用于本地医保定点机构的普通门诊、住院、购药等情况，具体审核与支付流程如图5-7所示，具体包括就诊前身份核验、费用录入与分类、系统自动审核、患者支付与结算、医疗机构与医保部门对账等流程。身份核验环节，确保参保人资格有效，避免冒用或断缴导致结算失败；费用录入与分类环节，系统精准区分报销与自费项目，防止错扣或漏报；系统自动审核环节，应动态应用起付线、报销比例、封顶线等政策参数，需与地方政策实时同步。若发生系统故障或争议（如目录争议），医疗机构可启动人工复核或暂缓结算，患者需保留票据待后续处理。

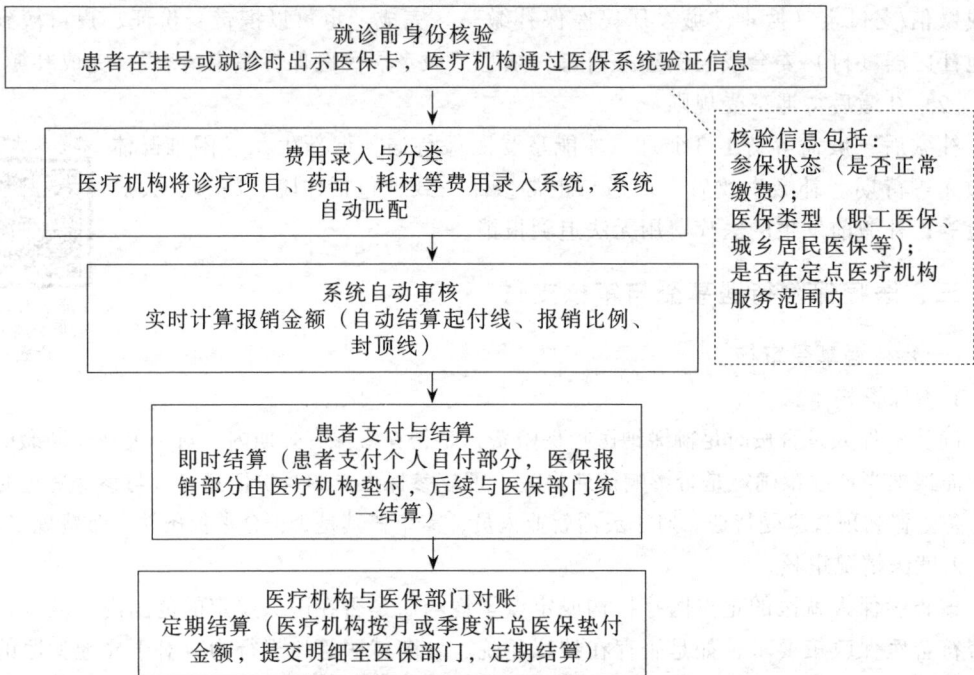

就诊前身份核验
患者在挂号或就诊时出示医保卡，医疗机构通过医保系统验证信息

核验信息包括：
参保状态（是否正常缴费）；
医保类型（职工医保、城乡居民医保等）；
是否在定点医疗机构服务范围内

费用录入与分类
医疗机构将诊疗项目、药品、耗材等费用录入系统，系统自动匹配

系统自动审核
实时计算报销金额（自动结算起付线、报销比例、封顶线）

患者支付与结算
即时结算（患者支付个人自付部分，医保报销部分由医疗机构垫付，后续与医保部门统一结算）

医疗机构与医保部门对账
定期结算（医疗机构按月或季度汇总医保垫付金额，提交明细至医保部门，定期结算）

图5-7 实时结转的医疗费用支付流程

2.非实时结转的医疗费用支付流程

非实时结转的医疗费用报销适用于异地就医未直接结算需回参保地报销；门诊特殊病种、高值药品审批；生育津贴申领等情况。非实时结转的医疗费用支付流程如图5-8所示，具体包括申请、提交材料、审核、复核、支付等阶段。

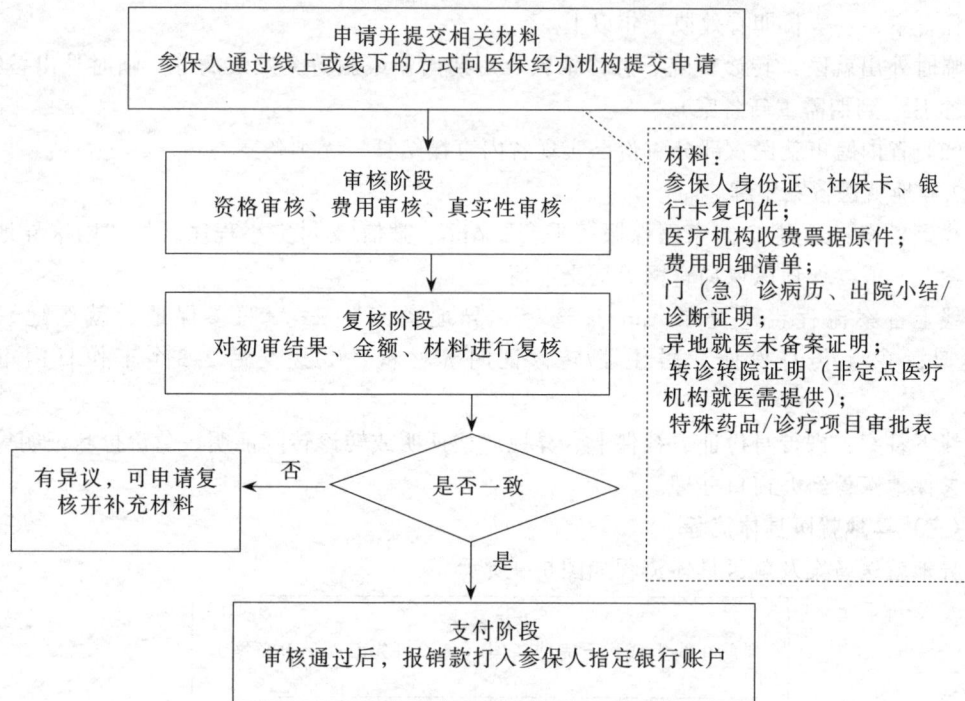

图5-8　非实时结算的医疗费用支付流程图

四、异地就医的待遇享受与审核支付

（一）异地就医的待遇享受

1.人员范围

跨省异地长期居住人员包括异地安置退休人员、异地长期居住人员、常驻异地工作人员等；跨省临时外出就医人员包括异地转诊就医人员，因工作、旅游等原因异地急诊抢救人员以及其他跨省临时外出就医人员。

2.报销政策

跨省异地就医直接结算的住院、普通门诊和门诊慢特病医疗费用，原则上执行就医地规定的支付范围及有关规定，执行参保地规定的基本医疗保险基金起付标准、支付比例、最高支付限额、门诊慢特病病种范围等有关政策。跨省临时外出就医人员可低于参保地相同级别医疗机构报销水平，原则上，异地转诊人员和异地急诊抢救人员支付比例的降幅不超过10个百分点，非急诊且未转诊的其他跨省临时外出就医人员支付比例的降幅不超过20个百分点。

（二）异地就医的备案及手续

1.异地就医的备案

（1）跨省异地就医

异地长期居住：异地安置退休人员、常驻异地工作人员、异地居住的城乡居民等；长期居住备案，一般长期有效或一年以上。

临时外出就医：转诊转院、急诊抢救、短期出差或旅游突发疾病等。临时外出备案，6~12个月（到期需重新备案）。

（2）省内跨市就医：部分省份已实现省内直接结算，无须备案。

2.异地就医备案手续

线上备案：通过"国家医保服务平台"App、微信/支付宝小程序（如"国家异地就医备案"）或参保地医保局官网等提交申请。

线上备案流程：①登录App → 选择"异地备案" → 填写参保地、就医地、备案类型；②上传身份证、居住证/转诊证明等材料；③提交后2~3个工作日内审核完成。

线下备案：携带身份证、社保卡、异地居住证明或转诊转院证明、急诊抢救证明等材料到参保地医保经办窗口办理。

（三）异地就医具体流程

异地就医备案及就医具体流程如图5-9所示。

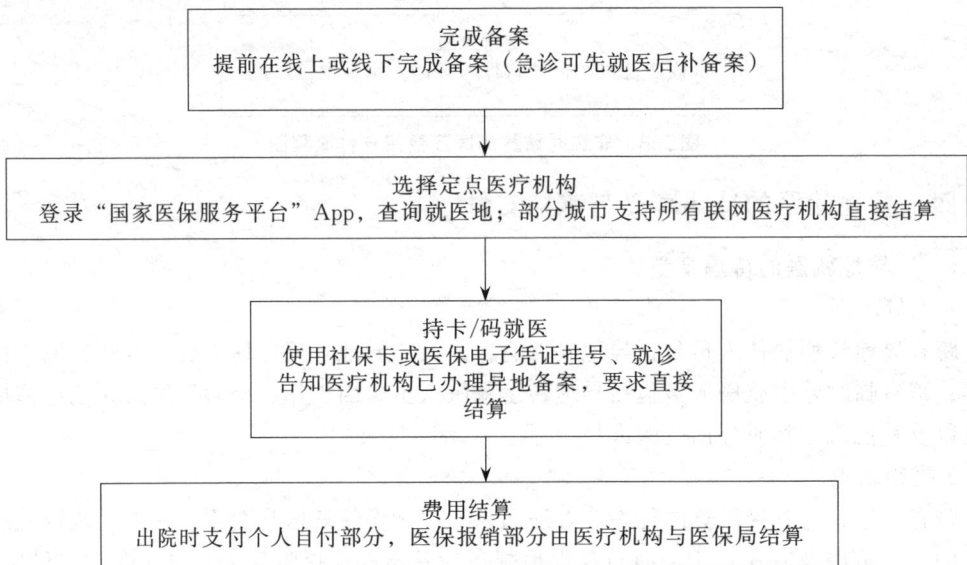

```
┌─────────────────────────────────────────────┐
│                  完成备案                      │
│   提前在线上或线下完成备案（急诊可先就医后补备案）  │
└─────────────────────────────────────────────┘
                      │
                      ▼
┌─────────────────────────────────────────────┐
│                选择定点医疗机构                  │
│ 登录"国家医保服务平台"App，查询就医地；部分城市   │
│        支持所有联网医疗机构直接结算              │
└─────────────────────────────────────────────┘
                      │
                      ▼
┌─────────────────────────────────────────────┐
│                  持卡/码就医                    │
│       使用社保卡或医保电子凭证挂号、就诊          │
│    告知医疗机构已办理异地备案，要求直接           │
│                    结算                        │
└─────────────────────────────────────────────┘
                      │
                      ▼
┌─────────────────────────────────────────────┐
│                  费用结算                      │
│ 出院时支付个人自付部分，医保报销部分由医疗机构与医保局结算 │
└─────────────────────────────────────────────┘
```

图5-9 异地就医备案及就医具体流程

延展阅读5-16

"三目录、两定点"的监管

五、医疗保险关系转移接续流程

当职工因跨统筹地区（如不同城市、省份）流动就业时，需将原参保地的医保关系转移至新就业地，以确保缴费年限累计和个人账户余额转移。医疗保险关系转移接续的流程如图5-10所示，包括转出地办理"停保"并开具"参保凭证"、在转入地办理医保参保登记、提交转移接续申请、两地医保部门对接办理等环节。

办理过程中需要注意以下事项：在离职后3个月内办理转移，避免断缴影响待遇；跨地区转移的职工医保缴费年限合并计算（居民医保年限不合并）；新旧参保地为同一统筹地区（如同一城市）无须转移；退休人员医保关系一般不再转移。

延展阅读5-17

"基本医疗保险参保凭证"

延展阅读5-18

"基本医疗保险关系转移接续申请表"

延展阅读5-19

"基本医疗保险关系转移接续联系函"

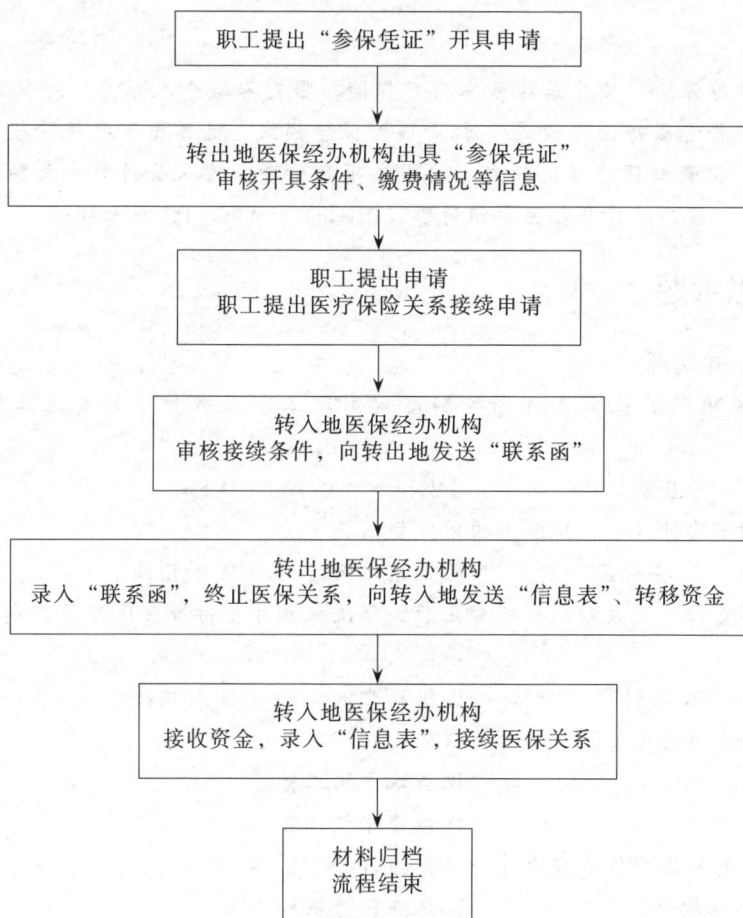

职工提出"参保凭证"开具申请

转出地医保经办机构出具"参保凭证"
审核开具条件、缴费情况等信息

职工提出申请
职工提出医疗保险关系接续申请

转入地医保经办机构
审核接续条件，向转出地发送"联系函"

转出地医保经办机构
录入"联系函"，终止医保关系，向转入地发送"信息表"、转移资金

转入地医保经办机构
接收资金，录入"信息表"，接续医保关系

材料归档
流程结束

图5-10 基本医疗保险关系转移接续流程图

本章小结

医疗保险是指通过国家立法，由政府、单位、个人筹资建立医疗保险基金，为公民提供因疾病所需医疗费用补偿的一种社会保险制度。在现代社会医疗保险系统中，形成了一种由保险人、被保险人、医疗服务提供方和政府组成的四方三角关系。

医疗保险制度涉及医疗保险基金的筹集、保险费缴纳、待遇支付等内容。常用的医疗保险支付方式有按服务项目付费、按人头付费、总额预算控制、按病种付费、工资制、定额付费制、按疾病诊断相关分组付费等。

目前各国的医疗保险制度可分为全民普遍医疗保险、社会医疗保险、储蓄型医疗保险、商业型医疗保险、集资型医疗保险等模式。

城镇职工基本医疗保险制度、城乡居民基本医疗保险制度、生育保险制度涉及覆盖范围、缴费、个人账户管理、待遇标准、资格条件等内容。

医疗保险实务涉及医疗保险经办管理的主体、参保登记、缴费审核、待遇享受与支付审核、"三目录、两定点"的监管、医疗保险关系转移接续等内容。

关键术语

城镇职工基本医疗保险　城乡居民基本医疗保险　医疗保险个人账户　起付线　封顶线　共付段　全民普遍医疗保险模式　社会医疗保险模式　储蓄型医疗保险模式　商业型医疗保险模式　集资型医疗保险模式　按服务项目付费　按人头付费　总额预付制　工资制　按病种付费　按疾病诊断相关分组付费（DRGs）　APG门诊病人分组

即测即练

复习思考题

一、单选题

1.城镇职工基本医疗保险制度规定职工个人缴费率为本人工资收入的（　　　）。

A.6%　　　　　　　B.8%　　　　　　　C.2%　　　　　　　D.1%

2.医疗保险机构只偿付（　　　）以下的医疗费用。

A.起付线　　　　　B.共付段　　　　　C.报销比例　　　　D.封顶线

3.被保险人只有支付一定数额的医疗费用后，保险机构才支付部分医疗费。支付的数额称为（　　　）。

A.起付线　　　　　B.共付段　　　　　C.报销比例　　　　D.封顶线

4.生育保险基金支付的生育津贴标准为（　　　）。

A.本人工资　　　　　　　　　　B.当地平均工资

C.所在单位平均工资　　　　　　D.社会平均工资

5.我国城镇职工基本医疗保险经办管理主体为（　　　）。

A.医疗保险经办机构　　　　　　B.定点医疗机构

C.定点零售药店　　　　　　　　D.参保单位和职工

二、多选题

1.医疗保险系统的主体包括（　　　）。

A.被保险人　　　　　　　　　　B.医疗保险机构

C.医疗服务机构　　　　　　　　D.政府

2.医疗保险机构向医疗服务机构支付费用的方式包括（　　　）。

A.按服务项目付费　　　　　　　B.按服务单元付费

C.按病种付费　　　　　　　　　D.总额预付制

3.医疗保险制度模式包括（　　　）。

A.全民普遍医疗保险模式　　　　B.社会医疗保险模式

C.储蓄型医疗保险模式　　　　　D.商业型医疗保险模式

4.我国基本医疗保险制度包括（　　　）。

A.公务员医疗补助　　　　　　　　B.城镇职工基本医疗保险

C.大额医疗费用补助　　　　　　　D.城乡居民基本医疗保险

5.我国城镇职工基本医疗保险的强制参保的对象包括（　　　）。

A.城镇各类企业及职工　　　　　　B.机关事业单位及工作人员

C.农村居民　　　　　　　　　　　D.灵活就业人员

三、简答题

1.简述我国职工医疗保险个人账户及社会统筹基金用途。

2.简述医疗保险的制度模式。

四、案例分析

张先生（在职）因某重大疾病在某市某三级医院住院，并实施相关手术。其中住院费用为18万元，目录外费用为2.5万元，总计20.5万元。根据当地医疗保险改革方案，张先生的住院费用和手术费用可以进入社会统筹报销（统筹支付和个人支付比例见表5-1）。假设该市职工月平均工资为8 000元，三级医院的起付线为2 000元，封顶线为25万元。请计算张先生医疗保险能够报销多少，自付金额为多少。

表5-1　　　　　　三级医院不同医疗费用段对应统筹支付和个人支付比例

医疗费用段	三级医院	
	统筹支付	个人支付
起付线以上~3万元	85%	15%
3万元~4万元	90%	10%
4万元至封顶线	95%	5%

参考答案

第六章

失业保险制度与实务

知识目标

1. 了解失业保险的概念与特征；

2. 熟悉失业的类型及失业保险制度模式；

3. 理解失业保险覆盖范围和对象、资金筹集、待遇标准及给付条件；

4. 掌握失业登记、申领失业保险待遇的程序、失业保险的统筹管理及转移接续。

能力目标

1. 能够熟练为失业人员办理失业保险参保登记、申领失业保险待遇等手续；

2. 具备解读失业保险政策法规的能力，能够根据政策变化及时调整业务操作流程，为参保单位和个人提供准确的政策咨询服务，解答失业保险相关疑问。

思政目标

1. 深刻认识失业保险制度在促进社会公平、维护社会稳定方面的重要作用，培养强烈的社会责任感，树立对失业人员的帮扶理念；

2. 树立诚实守信的职业操守，在失业保险业务工作中，坚决杜绝欺诈骗保、违规操作等行为，确保失业保险基金安全。

思维导图

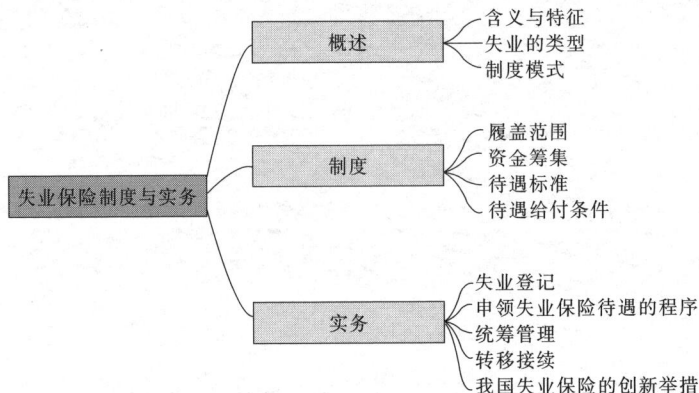

|第一节|　失业保险概述

一、失业保险的含义与特征

（一）失业保险的含义

失业保险是对劳动年龄内，有就业能力并有就业愿望的人由于非本人原因而失去工作，无法获得维持生活所需的工资收入，在一定期间内由国家和社会为其提供基本生活保障的社会保险制度。失业保险是社会保险的重要组成部分，失业保险的含义主要包括以下几个方面：

第一，失业保险的核心内容是由国家建立失业保险基金，分散劳动风险，使处于失业状态的劳动者生活获得基本保障。

第二，失业保险的对象为特定失业人员，主要是指在法定劳动年龄内、具有劳动能力和劳动意愿，但无工作岗位、无工作机会的人员。

第三，失业保险对失业者提供基本生活需求的保障具有法定时限，超过一定时限的救济不属于失业保险的范围。

第四，失业保险是物质帮助与提供就业服务相统一，救济不是目的，提供就业服务、激励失业者就业是它的最终宗旨。

与养老保险、医疗保险等其他社会保险相比，失业保险立法起步较晚，法国于1905年颁布《失业保险法》，确立了非完全强制性失业保险制度。英国于1911年颁布了《国民保险法》，是世界上第一个建立强制性失业保险的国家。我国于1986年颁布《国营企业职工实行待业保险暂行规定》，失业保险制度由此开启，1999年《失业保险条例》的颁行则标志着失业保险法治化程度的进一步提升。

（二）失业保险的特征

失业保险除了具有其他社会保险项目共同的强制性、互济性等特征外，也有不同于其他社会保险的特征，具体如下：

第一，失业保险的对象是失业劳动者。社会保险的其他子系统，如养老、医疗、生育、工伤保险，其对象均是暂时或永久丧失劳动能力的劳动者，而失业保险只对有劳动能力并有劳动意愿但无劳动岗位的人提供保险，失业保险与其他社会保险项目最大的不同点就是失业保险对象是没有丧失劳动能力的劳动者。丧失劳动能力而失去劳动机会的情况不包括在失业保险范围之内。

第二，非自然因素是造成风险的主要原因。通常来说，其他社会保险项目所涉及的风险往往与人的生理变异等自然因素有关，失业保险所涉及的风险却不是由人的生理因素等自然因素所引起的，而是由一定时期的社会和经济因素所引起的，在一定程度上，它也与国家在一定时期的宏观经济政策有关。例如，人口劳动力资源与经济增长的比例失调、产业结构调整以及就业政策变化等，都可能成为劳动者失业的原因。这和其他社会保险项目中的劳动风险事故的成因有明显的区别。

第三，保障形式和内容的多样性。失业保险不同于其他社会保险，失业保险既有保障失业者生理再生产的功能和目标，也有保障劳动力再生产的功能和目标，这两种功能和目标是同等重要的。因此，失业保险在保障形式和内容上具有自身的特殊性，它除了需要向受保者发放保险金、提供物质帮助，以保障其基本生活需要之外，还需要通过就业培训等形式帮助失业者提高其文化素质和业务素质，以便其重新就业。

二、失业的类型

失业与就业相对应，从传统的、最简单的经济分析观点来看，失业是劳动者与生产资料相分离的一种状态，它意味着劳动者失去了运用生产资料进行活动的机会，从而也失去获得相应的劳动报酬甚至生存的机会。

按照国际劳工组织的定义，失业是指有劳动能力且愿意就业的劳动者找不到工作的一种社会现象，其实质是劳动者不能与生产资料结合进行社会财富的创造，是一种经济资源的浪费。根据这个定义，凡在特定的年龄以上，在规定的时间里属于下列情况的被称为失业：①无工作，即不在有报酬的职业或自营职业中；②本人当前可以工作，即具有劳动能力；③正在寻找工作，即正在采取各种方式寻找工作。

世界各国由于国情不同，对失业的界定存在一定的差异。在我国，劳动部（现人力资源和社会保障部）和国家统计局于1998年对失业进行了定义，并沿用至今。失业人员具体化为5类人：

① 16岁以上各类学校毕业或肄业的学生中，初次寻找工作但尚未找到工作者；

② 企业宣告破产后尚未找到工作的人员；

③ 被企业终止、解除劳动合同或辞退后，尚未找到工作的人员；

④ 辞去原单位工作后尚未找到工作的人员；

⑤ 符合失业人员定义的其他人员。

根据上述规定，下列人员不包括在失业人员中：

① 正在就读的学生和转学人员；

② 调查期内在各种经济类型单位中从事临时性工作并获得劳动报酬的人员；

③ 已达到国家规定退休年龄而无业的人员；

④ 未达到退休年龄但已办理退休（含离休）、退职手续而无业的人员；

⑤ 个体劳动者及帮工；

⑥ 家务劳动者；

⑦ 尚有劳动能力但需要特殊安排的残疾人；

⑧ 自愿失业人员及其他不符合失业人员定义的人员。

按照就业意愿，可将失业分为自愿性失业和非自愿性失业。自愿性失业是指劳动者自动放弃就业机会，而没有找到新的工作岗位的情况。非自愿性失业是指劳动者愿意接受现有的货币工资水平却仍找不到工作的情况。劳动者自愿性失业受各方面的影响。例如，受自己的知识水平、认识能力、周围环境等影响，劳动者认为现有的工资水平与自己付出的劳动所应该获得的报酬不相符，他们宁愿失业，也不愿意做低于自己应得工资收入的工作。因此，这种主动选择失业的无业者不是失业保险的保障对象，失业保险关注的失业类型是被迫的、非自愿性失业。常见的非自愿性失业包括摩擦性失业、结构性失业、周期性失业等。

（一）摩擦性失业

劳动者从进入劳动力市场寻找工作到获得就业岗位，以及劳动者在就业岗位之间的变换所形成的失业被称为摩擦性失业。它反映了劳动力市场经常的动态性变化，表明劳动力经常处在流动过程之中。通过这种失业形式，劳动者从对个人和社会收益较少的工作、就业岗位变换到对个人和社会收益较多的工作、就业岗位上。

学者们认为，摩擦性失业是一种正常性失业，是竞争性劳动力市场的一个自然特征，它的存在与充分就业不矛盾。摩擦性失业的水平取决于出入劳动力市场的流量和失业者找到工作的速度。这个速度是由现行经济制度决定的，制度变化会影响摩擦性失业水平。此外，失业者找到工作的速度与信息发达程度、信息传递方式及劳动力市场制度有关，也与求职者对新职业的适应程度有关。因此，疏通信息渠道、改革现行经济制度、加强失业培训可以减少摩擦性失业。

（二）结构性失业

由于经济结构如产业结构、产品结构、地区结构等变动，造成劳动力供求结构上的失衡所导致的失业称为结构性失业。科学技术的发展、收入水平的提高和消费偏好的变化，对劳动力需求结构产生全面系统的影响。如果劳动力供给结构不能适应需求的变化，且劳动力不能完全替代，就会造成失业与职业空缺并存的局面。结构性失业在正常失业中占有很大比例。在市场货币工资率给定的情况下，失业工人没有具备重新就业所需要的知识和技能，工人之间不能相互替代，就会很难解决结构性失业难题。在国民经济各产业部门重新配置劳动力所需要的时间越长，总需求构成的变化造成的劳动力在产业间的转移所需要的人力资本投资越多，结构性失业的持续时间就相应地越长。

对于结构性失业，最有效的对策是推行积极的劳动力市场政策，包括超前的职业指导和职业预测、广泛的职业技能培训，以及低费用的人力资本投资计划等。

（三）周期性失业

周期性失业是指由于经济的繁荣与萧条的周期循环所引起的劳动力市场供求失衡造成的失业。由于不能科学预测经济周期，周期性失业持续期影响深度与广度等具有不确定性，所以是一种严重而又难以应对的失业类型。

当经济处于景气或繁荣期时，总需求旺盛，生产迅速扩展，对劳动力的需求自然也迅速增加，大量的失业者被吸收，失业率降至最低；当经济处于衰退或萧条期时，总需求严重不足，生产停滞，大量企业停产，甚至破产，劳动力需求极度萎缩，失业率上升至最高。

尽管学者们对经济周期或经济波动的原因解释不同，但对在经济衰退期，失业所带来的危害及其严重性却是有目共睹的。因此，有效预防或延迟经济的衰退，以及在经济衰退期如何刺激总需求，并实现充分就业，是学者们的基本研究课题。

三、失业保险制度模式

由于世界各国的社会制度、经济制度、政治制度和文化等方面的不同，世界各国所实施的失业社会保险制度的类型也存在较大的差别。按照国家、雇主、个人承担的责任和受益人享受的失业保险待遇，可将失业保险大致分为以下几种类型：

(一) 强制型失业保险

强制型失业保险的保险基金主要由企业和个人负担，只有受保人可以享受待遇。这是失业保险中应用最多的一种形式，大约占建立失业保险制度的国家和地区的约70%。强制型失业保险主要有3个特点：第一，相较于其他类型的失业保险制度，更加强调国家的强制性，要求雇主和个人不管愿意与否，不管个人认为是否存在失业风险，都必须履行缴纳失业保险费的义务。第二，强调雇主和个人的双方责任。失业保险费由雇主和个人双方负担，一般来说各负担一半，如德国，雇主和个人各负担单位工资总额的3.25%。第三，强调履行缴费义务和享受失业保险待遇的权利对等，不缴费就不能享受待遇。

(二) 失业救济型失业保险

失业救济型失业保险是由政府承担全部费用，强调受益人必须满足一定条件的失业保险类型，这种类型的失业保险属于社会救助的范畴，采用此种模式的国家占建立失业保险制度的国家和地区的约15%，如澳大利亚、新西兰、巴西等国家均采用这种类型。失业救济型失业保险的优点是由政府直接承担责任，因而它的保障力度最强；强调普遍待遇原则，能够保障全体失业者，特别是能保障那些从来没有工作过的新生劳动力的失业者的基本生活。但它也存在明显的不足之处，不仅增加了国家负担，还弱化了劳动者的责任感，容易造成劳动者对失业保险的过分依赖。

(三) 雇主责任制型失业保险

雇主责任制型失业保险分为两种形式：一种是由国家通过法律规定雇主责任，由雇主承担全部失业保险费用，并由政府建立失业保险基金的形式。如美国就采取此种形式，在美国，只有雇主缴纳失业保险税，而雇员个人不必缴纳，失业保险基金由联邦和州政府统一运作管理。另一种是在企业内部建立失业保险基金，由雇主运作，强调雇主对雇员负有完全责任。实行这种形式的失业保险制度的国家是极少数的，如加纳等。这是一种统筹层次极低的失业保险制度，国家和社会不参与基金的运行，社会化程度很低，基本上是由企业自己管理，不利于企业之间分担失业风险，其作用是极为有限的。

(四) 个人储蓄型失业保险

个人储蓄型失业保险由国家建立制度，规定个人拿出工资的一定比例进行储蓄，以防范失业风险。实行个人储蓄型失业保险的国家较少，如哥伦比亚、智利等。

(五) 混合型失业保险

混合型失业保险包括几种组合方式，有些国家实行社会保险加失业救济，有些国家实行雇主责任制加失业救济，有些国家实行自愿性失业保险加失业救济等。实行强制性失业保险加社会救助的国家较多，如德国、英国、法国等。这种类型的失业保险较好地将社会保险型和社会救助型结合起来，充分发挥了两者的优势，弥补了各自的不足，其作用是非常明显的。同时，这种类型的失业救济的适用范围包括强制性失业保险除外人员，以及虽参加失业保险但已无资格继续享受失业保险金的人员。不能参加失业保险而能享受失业救济金的人员多为季节工和非全日制零工。

|第二节| 失业保险制度

一、失业保险覆盖范围

失业保险的覆盖即对失业保险的保障范围的界定。保障范围除了体现一国对社会保险政策目标的选择，还反映了该国经济发展水平，同时也是失业社会保险制度模式的重要分类指标。

失业保险制度是为那些遭遇失业风险、收入暂时中断的失业者提供的一种收入保障，是保障社会稳定的一张"安全网"。因此，从理论上说，它的覆盖范围应包括社会经济活动中的所有劳动者，因为在社会经济活动中，每一个劳动者都有可能成为失业者。尽管世界各国失业社会保险的发展很不平衡，但有一点是共通的，即在失业社会保险制度建立的初期，覆盖范围仅限于"正规部门"的劳动者，而把在"非正规部门"就业的劳动者排除在外。"正规部门"是指有一定规模、稳定性较强的企业；而规模很小、稳定性不强、人员流动性大的小规模经济被划入"非正规部门"，包括手工业、小商业及小农家庭经济等。

纵观世界各国，失业保险最初都是覆盖职业比较稳定的工薪阶层，随着经济的发展，保障范围不断扩大。例如，美国失业保险的覆盖范围扩大到家庭雇工、农业部门雇员、非营利机构工作人员、公务员等多个领域，其覆盖面占劳动者失业总人数的约90%；日本失业保险覆盖一切行业和所有规模的企事业单位，但农、林、水产业暂时实行自愿加入的形式。

在中国，失业保险的覆盖范围包括城镇企事业单位及其职工，城镇企事业单位包括国有企业、城镇集体企业、外商投资企业、城镇私营企业以及其他城镇企业、事业单位的所有劳动者。

延展阅读6-1

农民工、公务员的失业保险

二、失业保险资金筹集

失业保险基金是在国家法律或政府行政强制的保证下集中建立起来的，用于化解失业风险，给予符合领取条件的失业者提供物资补偿的资金。失业保险制度能否充分发挥其功能，能否获得长期、持续的发展，在很大程度上取决于失业保险基金的来源是否充足、稳定，失业保险基金的管理是否高效，失业保险基金的使用是否与失业保险的目标一致等。

（一）资金来源

一般来讲，失业保险基金来自四个方面，即政府财政拨款、雇主缴纳的失业保险费、雇员缴纳的失业保险费、基金的运营和经营收入。但在不同国家，各方的负担比例是不同的，有的国家政府按照一定比例来提供失业保险基金支持，如日本政府负担失业保险待遇支出的25%、就业安置支出的10%及管理费用；有的国家只在失业保险基金入不敷出时，政府财政才予以补贴，如中国。在世界范围内，政府在失业保险中承担责任的最常见方式是负担行政管理费和弥补失业保险基金赤字。雇主和雇员共同支付失业保险费是比较普遍的情况，虽然在少数国家实行的是政府和用人单位双方负责制，但权利义务对等、强调社会保险中的个人责任是当今社会保险的大势所趋。

在失业社会保险基金筹集的具体渠道和负担比例方面，各国存在很大的差异，按其来源渠道，一般可分为以下六种类型：

（1）政府、企业和被保险人三方共同负担，其负担比例视本国的保险政策而定。实行这种类型的国家主要有德国、加拿大、日本、丹麦等。

（2）由企业和被保险人双方负担。实行这种类型的国家主要有法国、荷兰、希腊等。

（3）由政府和企业双方负担。美国大部分州、意大利、埃及均采用这种类型，如意大利规定，雇主按职工工资总额的1.6%缴纳保险费，政府负担管理费并给予补助。

（4）由企业一方全部负担。印度尼西亚、阿根廷等国实行这种方式。阿根廷规定，由建筑业雇主为雇员缴纳工薪总额的4%，被保险人及政府不必缴纳（阿根廷仅在建筑业推行失业保险）。

（5）全部由政府负担，如英国、澳大利亚、智利等。

（6）全部由被保险人负担。

比较而言，这六种负担方式中，以三方负担方式最为流行，占实施失业保险制度国家总数的50%左右。

在中国，根据《失业保险条例》第五条的规定，用以支付失业保险待遇的失业保险基金由城镇企业事业单位、城镇企业事业单位职工缴纳的失业保险费，失业保险基金的利息，财政补贴，依法纳入失业保险的其他资金等构成。其中，失业保险费包括单位缴纳和个人缴纳两部分，这是基金的主要来源；财政补贴是政府负担的部分；基金利息是基金存入银行和购买国债的收益部分；其他资金主要是指对不按期缴纳失业保险费的单位征收的滞纳金等。

（二）筹资方法

筹资方法主要有三种，即征收失业保险税，如美国全国平均失业保险税率为2.7%；按比例征收失业保险费，例如，中国采用这种方法征收失业保险费，一般要设置收费的起始标准和最高标准；按固定金额征收，不论参保人的收入高低，一律按固定金额征收。一般来讲，失业保险的筹资办法与社会保险的筹资办法是一致的。

（三）缴费比例

确定缴费比例，首先要根据经济的周期性变化，对失业保险的压力、负担进行测算，确定每个劳动者的负担金额，再将金额在用人单位和劳动者之间进行分配，根据社会平均工资水平，折算成一定比例。由于失业保险的周期性特征，缴费比例应随着经济周期的变化作出相应的调整，以避免失业保险基金的收支出现赤字。世界各国由于国情不同，关于缴费比例的规定存在一定的差异，如瑞士的失业保险基金均由企业、劳动者按照工资总额的1.5%缴纳，而俄罗斯的失业保险基金是由企业单方以工资总额的2%支付等。

在中国，《失业保险条例》第六条规定，城镇企业事业单位按照本单位工资总额的2%缴纳失业保险费，城镇企业事业单位职工按照本人工资的1%缴纳失业保险费。城镇企业事业单位招用的农民合同工本人不缴纳失业保险费。此外，《失业保险条例》还规定，省、自治区、直辖市人民政府根据本行政区域失业人员数量和失业保险基金数额，报经国务院批准，可以适当调整本行政区域失业保险费的费率。为了减轻企业负担，促进稳定就业，人力资源和社会保障部联合财政部印发了《关于调整失业保险费率有关问题的通知》，规定从2015年3月1日起，失业保险费率暂由《失业保险条例》规定的3%降至2%，单位和个人缴费的具体比例由各省、自治区、直辖市人民政府确定，实践中各地的失业保险总费率缴纳范围为1.5%~2%。根据人社部发〔2017〕14号文，从2017年1月1日起，失业保险总费率为1.5%的省（自治区、直辖市），可以将总费率降至1%，降低费率的期限执行至2018年4月30日。在省（自治区、直辖市）行政区域内，单位及个人的缴费率应当统一，个人缴费率不得超过单位缴费率，具体方案由各省（自治区、直辖市）研究决定。失业保险总费率已经降至1%的省份仍按照人社部发〔2016〕36号文执行。2019—2023年我国人力资源和社会保障部、财政部关于阶段性降低社会保险费率的相关通知结果显示，"自2018年5月1日起，实施失业保险总费率1%的省（自治区、直辖市），延长阶段性降低费率的期限至2019年4月30日""自2019年5月1日起，实施失业保险总费率1%的省份，延长阶段性降低失业保险费率的期限至2020年4月30日""自2023年5月1日起，继续实施阶段性降低失业保险费率至1%的政策，实施期限延长至2024年底"。我国失业保险费率经过2016—2024年的阶段性调整后，延续阶段性降低失业保险费率至1%的政策至2025年底，单位和个人缴费具体比例由各地确定，个人费率不得超过单位费率。

三、失业保险待遇标准

建立失业保险的根本目的是保障失业者的基本生活，促使其重新就业。为了避免在制度实施过程中人们产生逆选择行为，各国均严格规定了保险给付的标准，即享受失业保险待遇的资格条件。虽然各国规定不尽相同，但存在共同条件，可以归纳为以下几个方面：

（一）失业者达到法定的就业年龄

享受失业保险金的受保者必须达到国家法律规定的劳动年龄。通常来说，失业保险将不在法定就业年龄阶段的未成年人和老年人排除在失业保险的实施范围之外。他们不承担劳动义务，也不存在就业问题，因此不存在失业问题。失业保险只是专门为在法定就业年龄范围内的劳动者提供保障。

在中国，登记失业人员是指劳动年龄内、有劳动能力、有就业要求、处于无业状态，并在户籍地、常住地、就业地、参保地进行了失业登记的城乡劳动者。其中，劳动年龄为年满16周岁（含）至依法享受基本养老保险待遇。

（二）失业者必须是非自愿失业

所谓自愿失业与非自愿失业，是英国著名经济学家凯恩斯于20世纪30年代首次提出的失业划分方法。在他看来，只要消除非自愿失业，就能够实现"充分就业"，因为自愿失业，责任全在就业者本人，或是出于获取更体面的工作岗位和更优厚工资的考虑，或是出于其他的个人考虑，这种离开原工作岗位而暂时失业的现象，理应由个人负责，国家没有必要给他们提供失业保险的待遇，他们也没有获得这种待遇的权利。至于非自愿失业者，因为这类失业现象的发生责任不完全在失业者本人，而是由与失业者本人无关的原因造成的，例如，企业因经营不善而破产，致使企业全体职工失业；劳动合同到期，用人单位不再与之订立新的劳动合同，劳动者又未找到新的工作等。对于这种失业人员，国家应当为其提供失业保险待遇，失业者也有权利享受失业保险待遇。

国际通行做法是将自愿中断就业的人员排除在享受失业保险待遇的范围之外。《失业保险条例》借鉴国际经验，将自愿离职而失业的人员排除在享受失业保险待遇的范围之外。非因本人意愿中断就业的人员，即只有非自愿失业才能领失业保险金。按照劳动保障部（现人力资源和社会保障部）《失业保险金申领发放办法》第四条的规定，非因本人意愿中断就业的是指下列人员：

（1）终止劳动合同，即双方在合同中约定的期限已到期或者双方约定的合同终止条件出现，合同终止履行，单位不再与其续签劳动合同，造成失业。

（2）被用人单位解除劳动合同，即双方提前终止劳动合同的履行。根据劳动法的规定，解除劳动合同的具体条件包括：第一，双方协商同意解除劳动合同。第二，用人单位可以在下列情况下解除劳动合同：劳动者在试用期间被证明不符合录用条件的；严重违反劳动纪律或者用人单位规章制度的；严重失职、营私舞弊，对用人单位利益造成重大损害的；被依法追究刑事责任的；劳动者患病或者非因工负伤，医疗期满后，不能从事原工作也不能从事由用人单位另行安排的工作的；劳动者不能胜任工作，经过培训或者调整工作岗位，仍不能胜任工作的；劳动合同订立时所依据的客观情况发生变化，致使原劳动合同无法履行，经双方协商不能就变更合同达成协议的；用人单位濒临破产进行法定整顿期间或者生产经营状况发生严重困难，确需裁减人员的。

用人单位应当为失业人员出具解除或终止劳动关系的证明（见图6-1），证明应当注明失业人员的姓名、年龄等基本情况及解除或终止劳动关系的时间、原因等内容，并告知失业人员是否可以享受失业保险待遇、应当在多长时间内向哪个经办机构提出申领申请等。

解除或终止劳动合同（关系）证明书

你与我单位订立了（固定期限、无固定期限、完成一定工作任务）的劳动合同，合同期内从事____工作。根据《劳动合同法》等有关法律法规的规定，现按下列第____条____款规定于__年__月__日解除或终止你与____单位的劳动合同（关系）。

经办人：　　　年　月　日

图6-1　解除或终止劳动合同（关系）证明书

（三）失业者必须具有劳动能力和就业意愿

失业者的就业意愿主要体现在以下三个方面：

（1）失业后必须在指定期限内到职业介绍部门或失业保险经办机构进行登记，要求重新就业，或有明确表示工作要求的行为。

（2）失业期间应定期与失业保险机构联系并汇报个人情况，以便于政府部门及时掌握失业人员就业意愿的变化并能够及时地向失业者传递就业信息。

（3）接受职业训练和合理的工作安置，若失业者予以拒绝，则认定其无再就业意愿，即可停止发放失业保险金。

（四）失业者必须达到法定的保险合格期限

为了贯彻社会保险权利与义务对等的基本原则，各国失业保险制度往往规定失业者须达到一定的就业年限或交足一定期限、数额的失业保险费，或在失业援助的国家居住达到一定的期限，才具有享受失业保险给付的资格条件。这些资格条件具体可分为以下三类：

1.就业期限条件

许多国家规定，失业者必须工作一定年限，才能享受失业保险待遇。这主要是考虑劳动者对社会作出的贡献和缴纳失业保险费所尽义务的多少。

2.缴纳保险费期限条件

世界上许多国家都规定了受保者个人及其雇主需要缴纳的失业保险费，而且把其是否按时、足额地履行了缴纳失业保险费的义务当作享受失业保险待遇的一个基本条件。

3.居住年限条件

在一国居住的年限能够反映受保者为本国的社会和经济发展作出的贡献，因此，绝大多数国家将在本国居住的年限作为是否享受失业保险待遇的依据和条件。

在中国，具备下列条件的失业人员，可以领取失业保险金：按照规定参加失业保险，所在单位和本人已按照规定履行缴费义务满一年的；非因本人意愿中断就业的；已办理失业登记，并有求职要求的。

四、失业保险待遇给付条件

在具体确定失业保险金的给付时，应考虑等待期、给付期限、给付标准、计算和给付方法以及停止支付等情况。

（一）失业保险等待期

失业保险等待期是指合格失业者登记后并不能马上获得失业津贴，而是需要等待7~10天才开始领取失业津贴。设置等待期的理由是等待期较短，一般不会影响失业者的基本生活；便于核实以减少骗保可能；可以免去许多小额支付，节省管理成本，因为有许多失业者可能不到3天就重新找到工作。当然也有一些国家不设等待期，如丹麦、法国、德国、中国等，失业时间及津贴从登记之日起就开始计算。

（二）失业保险金的给付期限

失业的暂时性和阶段性，决定了失业保险不可能像养老、工伤保险那样进行无期限或长期限的支付，而是根据失业者的平均失业时间确定一个给付期限。关于失业保险金的给付期，国际劳工组织综合各国失业情况和工人生活状况，规定失业保险金给付期上限为156个工作日，下限为78个工作日。在确定给付期长短时，各国又有两类做法：一是把失业保险金给付期长短与保险期长短联系起来。失业保险期越长，失业保险金给付期就越长；反之，给付期就越短。二是把失业保险金给付期同失业期联系起来。如德国在20世纪70年代规定，失业期长达12个月的失业者，有权领取4个月的失业保险金；失业期为18个月、24个月、30个月和36个月的失业者，可分别领取6个月、8个月、10个月和12个月的失业保险金。

在中国，失业保险经办机构根据失业人员的累计缴费时间核定失业保险金的领取期限。缴费时间按照两个原则予以确定：第一，实行个人缴纳失业保险费前，按国家规定计算的工龄（含视同缴费时间），与《失业保险条例》发布后缴纳失业保险费的时间合并计算；第二，失业人员在领取失业保险金期间重新就业后再次失业的，缴费时间重新计算。

城镇职工和农民合同制工人的失业保险支付期限不同。对于城镇职工，失业保险支付期限长短与缴费时间长短挂钩，最长支付期限为24个月。失业人员失业前累计缴费满1年不足5年的，领取失业保险金的期限最长为12个月；累计缴费满5年不足10年的，领取期限最长为18个月；累计缴费10年以上的，领取期限为24个月。重新就业后，再次失业的，缴费时间重新计算，领取失业保险金的期限可以与前次失业应领取而尚未领取的失业保险金的期限合并计算，但是最长不得超过 24 个月。

对于单位招用的农民合同制工人，连续工作满 1 年，本单位并已缴纳失业保险费，劳动合同期满未续订或者提前解除劳动合同的，由社会保险经办机构根据其工作时间长短，对其支付一次性生活补助。

（三）失业保险金的给付标准

关于失业保险金的给付标准，国际劳工组织曾组织各国劳工组织代表进行充分讨论，并通过以下三条建议：第一，失业保险金的制定，或以失业者就业期间的工资为依据，或以失业者的投保费为依据，视各国的具体情况而定；第二，失业保险金应有上限、下限之分；第三，失业保险金不低于失业者原有工资的 60%。

在中国，失业保险的待遇包括失业保险金、丧葬补助金、抚恤金、职业培训和职业介绍补贴，具体标准由省、自治区、直辖市人民政府确定，不得低于城市居民最低生活保障标准。2017 年 9 月，人力资源和社会保障部、财政部联合发布《关于调整失业保险金标准的指导意见》（人社部发〔2017〕71 号），要求各省在确保基金可持续的前提下，随着经济社会的发展，适当提高失业保障水平，分步实施，循序渐进，逐步将失业保险金标准提高到最低工资标准的 90%。2020 年 5 月，人力资源和社会保障部、财政部联合发布《关于扩大失业保险保障范围的通知》（人社部发〔2020〕40 号），提出扩大失业保险保障范围，自 2019 年 12 月起，延长大龄失业人员领取失业保险金期限，对领取失业保险金期满仍未就业且距法定退休年龄不足 1 年的失业人员，可继续发放失业保险金至法定退休年龄；2020 年 3 月至 12 月，领取失业保险金期满仍未就业的失业人员、不符合领取失业保险金条件的参保失业人员，可以申领 6 个月的失业补助金，标准不超过当地失业保险金的 80%；对《失业保险条例》规定的参保单位招用、个人不缴费且连续工作满 1 年的失业农民工，及时发放一次性生活补助。2020 年 5 月至 12 月，对 2019 年 1 月 1 日之后参保不满 1 年的失业农民工，参照参保地城市低保标准，按月发放不超过 3 个月的临时生活补助。与城镇职工同等参保缴费的失业农民工，按参保地规定发放失业保险金或失业补助金。2020 年 3 月至 6 月，对领取失业保险金和失业补助金人员发放的价格临时补贴，补贴标准在现行标准基础上提高 1 倍。

（四）失业保险待遇停止支付的各种情况

失业者不可能永远享受失业保险待遇，各国都规定了失业保险待遇停止支付的各种情况。除了因领取期限已满，自动停止支付失业保险金外，在另外一些情况下，也有可能停止支付失业保险金。例如，失业者不愿接受或故意失去职业介绍机构介绍的工作，或拒绝接受就业机构提供的再就业所必需的职业培训，已经或正企图骗取失业保险金等。根据《失业保险条例》第十五条的规定，失业人员在领取失业保险金期间有下列情形之一的，停止领取失业保险金，并同时停止享受其他失业保险待遇：①重新就业的；②应征服兵役的；③移居境外的；④享受基本养老保险待遇的；⑤被判刑收监执行的；⑥无正当理由，拒不接受当地人民政府指定的部门或者机构介绍的工作的；⑦有法律、行政法规规定的其他情形的。

|第三节| 失业保险实务

一、失业登记

失业人员失业后，要想领到失业保险金，除了符合领取条件外，还应持有关材料到当地经办失业保险事务的社会保险经办机构办理失业登记。办理失业登记是失业人员领取失业保险金的必经程序，目的是掌握失业人员的基本情况，确认其资格。失业登记是失业人员进入申领失业保险待遇程序的重要标志。

失业登记是失业人员户籍所在地社会保险经办机构依据国家有关规定，接受失业人员在终止或解除劳动合同之日起60日内办理失业保险金申领手续，并核定享受失业保险待遇期限和标准以及确定领取方式的过程。接受失业登记时，应要求失业人员携带本人身份证明、终止或解除劳动关系证明、失业证、失业保险金申领登记表（见表6-1）、求职登记凭证等。

表6-1 失业保险金申领登记表

身份证号码																		
姓名			性别		出生年月			民族										
户口所在区				联系电话														
家庭住址																		
文化程度	□1.博士及以上 □2.硕士 □3.本科 □4.大专 □5.高中 □6.中专 □7.技校 □8.初中及以下			职业资格等级	□一级（高级技师） □二级（技师） □三级（高级工） □四级（中级工） □五级（初级工）														
原工作单位																		
原工作单位性质及经济类型	□1.企业（□国有 □集体 □股份合作 □联营 □有限责任公司 □股份有限公司 □外商投资 □港澳台投资 □私营 □其他） □2.事业 □3.社团 □4.个体 □5.其他																	
参加工作时间				失业原因	□合同期满 □被企业解除或终止劳动关系 □其他													
有无求职要求	□1.有求职要求 □2.无求职要求			是否进行求职登记	□1.已登记 □2.未登记													
失业人员本人确认签字								日期： 年 月 日										

注：本表由失业人员本人填写，请在有选栏目□上打"√"。

二、申领失业保险待遇的程序

社会保险经办机构应对失业人员报送的有关材料进行审核，看其是否具备领取失业保险金的条件。具备领取条件的，应给失业人员发放领取失业保险金证明卡，失业人员按规定的时间到失业保险经办机构领取失业保险金。失业人员享受失业保险待遇，还须有求职要求。这是考虑到失业保险的一个重要功能是促进失业人员再就业。实现这一目标，一方面需要加快经济发展，创造更多的就业岗位，同时，发展和完善就业服务事业，为失业人员实现再就业提供服务；另一方面也要求失业人员积极主动地利用各种就业机会和就业服务设施，不断提高自身素质，增强竞争就业的能力。可以说，这是享受失业保险待遇的一个前提，也是失业人员应尽的义务。要求申领失业保险金的失业人员积极寻找工作，可以使其在得到基本生活保障的同时，获得必要的就业服务，争取尽快实现再就业，从根本上解决失业问题。在认定失业人员是否有求职要求时，应以其是否在职业介绍机构登记求职，并参加就业培训等活动为衡量的标准。例如，失业人员应接受为失业人员举办的职业培训、职业介绍等。对职业介绍机构介绍的工作应积极响应，如果失业人员无正当理由，拒不接受职业介绍机构介绍的工作的，经办机构应当告知其领取失业保险金时间有限，如不尽快找到工作对其本人将十分不利。之所以这样规定，主要是为了促进失业人员积极寻找工作，摒弃单纯依靠失业保险金的思想，激励失业人员积极主动地利用各种就业机会和就业服务，不断提高自身素质，增强竞争就业的能力。失业保险待遇主要包括以下几个方面：

（一）失业保险金

失业保险金是指社会保险经办机构依法支付给符合条件的失业人员的基本生活费用，是对失业人员在失业期间失去工资收入的一种临时补偿，目的是保障失业人员的基本生活。《失业保险条例》第十八条规定："失业保险金的标准，按照低于当地最低工资标准、高于城市居民最低生活保障标准的水平，由省、自治区、直辖市人民政府确定。"

将失业保险金的发放标准与最低工资标准和城市居民最低生活保障标准挂钩，主要有两点考虑：第一，我国是一个发展中国家，经济相对落后，且基金承受能力有限，失业人员生活保障程度不宜过高，只能维持其基本生活需要。从这一原则出发，失业保险金的发放标准不能高于提供了正常劳动的劳动者所得工资的最低标准，即最低工资标准，如果超过这个标准，不仅会引发一些矛盾，也容易使失业人员产生依赖心理，不利于失业人员积极寻找工作，实现再就业；同时，失业保险金也不应低于城市居民最低生活保障标准，如果低于这个标准，难以保障失业人员的基本生活。第二，将失业保险金的发放标准与最低工资和城市居民最低生活保障标准挂钩，使失业保险金标准随着最低工资标准和城市居民最低生活保障标准的调整而随之调整，这也是保证失业人员享受社会进步和经济发展成果的重要措施。

失业保险金的标准由省、自治区、直辖市人民政府确定，各省、自治区、直辖市人民政府大多采用以当地最低工资标准的百分比来确定失业保险金的具体数额。如辽宁省规定，失业人员失业前用人单位和本人累计缴费满1年不足10年的，失业保险金按照当地最低工资标准的85%发放，满10年及以上的，失业保险金按照当地最低工资标准的90%发放。

（二）医疗待遇

1999年，《失业保险条例》规定，失业人员在领取失业保险金期间患病就医的，可以按照规定向社会保险经办机构申请领取医疗补助金。医疗补助金的标准由省、自治区、直辖市人民政府规定。实践中，有的地区采用定额补助的办法，规定失业人员在领取失业保险金期间，每月领取一定数额的医疗补助金；也有的地区规定，失业人员在领取失业保险金期间患病并在社会保险经办机构指定医院治疗的，可以按照住院治疗费用的一定比例发放医疗补助金。

《中华人民共和国社会保险法》为了使失业人员能有更高水平的医疗保障，将申领医疗补助金改为享受基本医疗保险待遇。《中华人民共和国社会保险法》规定，失业人员在领取失业保险金期间，参加职工基本医疗保险，享受基本医疗保险待遇。同时，考虑到失业人员失业期间生活负担较重，进一步规定：失业人员应当缴纳的基本医疗保险费从失业保险基金中支付，失业人员本人不缴纳基本医疗保险费。

由于失业人员已经失业，失去了主要的经济收入来源，如果再让其负担基本医疗保险费，会进一步加剧生活困境。需要说明的是，失业保险基金所支付的基本医疗保险费包括个人应当缴纳的部分和用人单位应当缴纳的部分，统筹地区可以对缴纳标准等作出具体规定。

（三）生育补助

在失业期间生育子女的情况下，由于处于失业状态不符合生育保险的领取条件，由失业保险提供相应待遇。

《辽宁省失业保险金申领发放办法》规定，女失业人员在领取失业保险金期间符合国家计划生育政策生育的，可一次性发给医疗补助金，补贴标准为女失业人员应领取失业保险金的50%，超过6个月失业保险金额度的，按6个月计发。

（四）丧葬补助金

失业人员在领取失业保险金期间死亡的，参照当地对企业在职职工死亡的规定，对其遗属发给一次性丧葬补助金和抚恤金，失业人员当月尚未领取的失业保险金可由其遗属一并领取，所需资金从失业保险基金列支。抚恤金发放对象为死亡失业人员的供养直系亲属。个人死亡同时符合领取基本养老保险丧葬补助金、工伤保险丧葬补助金和失业保险丧葬补助金条件的，其遗属只能选择领取其中一项。

（五）职业培训和职业介绍补贴

《失业保险条例》第一条就明确了条例的制定是为了"保障失业人员的基本生活，促进其再就业"。促进再就业主要的直接推手就是职业培训和职业介绍。职业培训和职业介绍主要包括职业培训服务、职业介绍服务以及就业指导三个方面。

《失业保险条例》第十条第（四）款规定，失业保险基金可用于领取失业保险金期间接受职业培训、职业介绍的补贴，补贴的办法和标准由省、自治区、直辖市人民政府规定。职业培训服务是失业人员在领取失业保险待遇期间，失业保险经办机构的人员安排失业人员接受职业培训或为其提供培训补贴，让其提高自己的技能，或掌握一种新的技能，所需费用由失业保险基金开支。职业介绍服务是失业人员在领取失业保险待遇期间，可以不受任何限制到职业介绍机构进行求职，既可以到公共职业介绍机构，也可以到私人职业介绍机构。失业人员在领取失业保险待遇期间，如果在求职中遇到困难和障碍，或者想知道更多的与职业有关的知识，或者想创办自己的经济实体，自谋职业，皆可以到失业保险经办机构指定的职业指导机构接受职业指导。

三、失业保险的统筹管理

《失业保险条例》规定，失业保险基金在直辖市和设区的市实行全市统筹；其他地区的统筹层次由省、自治区人民政府规定。在具体实施过程中，各地可以结合实际情况，确定不同的全市统筹的实现方式，可以统一管理和调度使用全部基金，也可以统筹调剂使用部分基金，以充分发挥基金保障失业人员基本生活和促进再就业的功能。

据人力资源和社会保障部数据，截至2024年9月末，我国失业保险参保人数达2.45亿人。2023年，全国共有730万名失业人员领取了不同期限的失业保险金共计729亿元，同比增加136亿元。失业保险金月人均水平为1 814元，较2012年提高了一倍多。

四、失业保险的转移接续

（一）关于职工跨统筹地区就业

从跨统筹地区就业前职工状况看，可以分为几种情况：一是跨统筹地区就业前，职工已经失业，并按照规定申请领取失业保险金，享受相应的失业保险待遇；二是跨统筹地区就业前，职工已经失业，但是因各种原因并没有申请领取失业保险金，并到统筹地区以外的其他地区就业；三是跨统筹地区就业前没有处于失业状态，离开原工作单位后马上到其他统筹地区就业的，也不存在申请领取失业保险金的情况。

（二）关于失业保险关系随本人转移

《失业保险条例》规定，城镇企业事业单位成建制跨统筹地区转移，失业人员跨统筹地区流动的，失业保险关系随之转迁。《失业保险金申领发放办法》（劳动保障部令第8号）进一步明确了失业保险关系转迁的具体政策：失业人员失业保险关系跨省、自治区、直辖市转迁的，失业保险费用应随失业保险关系相应划转。需划转的失业保险费用包括失业保险金、医疗补助金和职业培训、职业介绍补贴。其中，医疗补助金和职业培训、职业介绍补贴按失业人员应享受的失业保险金总额的一半计算。失业人员失业保险关系在省、自治区范围内跨统筹地区转迁，失业保险费用的处理由省级劳动保障行政部门规定。失业人员跨统筹地区转移的，凭失业保险关系迁出地经办机构出具的证明材料到迁入地经办机构领取失业保险金。

（三）关于缴费年限累计计算

失业人员领取失业保险金的期限和其缴费年限紧密相关，也就是说，失业保险待遇在一定程度上带有权益积累的性质。那么，当职工流动就业时，其之前的缴费年限对其今后享受失业保险待遇具有重要作用。因此，《中华人民共和国社会保险法》明确规定，职工跨统筹地区就业的，其失业保险关系随本人转移，缴费年限累计计算。

失业人员领取失业保险金期间"重新就业后，再次失业的，缴费时间重新计算，领取失业保险金的期限与前次失业应当领取而尚未领取的失业保险金的期限合并计算，最长不超过二十四个月"。也就是说，不管根据之前累计缴费年限确定的领取失业保险金的期限是否已经全部使用，之前的缴费时间均不再累计计算，而是根据重新就业后的缴费时间重新计算。但是，前次失业应领取而尚未领取的失业保险金的期限可以与新计算的领取失业保险金的期限合并计算，职工的失业保险权益不会受到损害。

五、我国失业保险的创新举措

（一）重大理论创新成果

党的十八届三中全会提出"要增强失业保险制度预防失业、促进就业功能"。党的十九大报告提出"完善失业保险制度"。党的二十大报告指出"推动失业保险省级统筹"。习近平总书记多次就失业保险工作作出重要指示，要求抓好失业保险稳岗返还政策落地见效；扩大失业保险覆盖范围，更好保障失业人员基本生活；加快推动线上申领失业保险金，确保失业人员应发尽发、应保尽保。总书记关于失业保险的重要指示精神，创造性地增加了"防失业"功能，为失业保险从事后失业保障向事前减少失业转变，从单纯保障失业人员向保障参保企业、参保职工多主体转变，从单一生活保障向稳定岗位、提升技能多元化保障转变，为加速构建具有中国特色积极的失业保险制度指明了方向，提供了理论遵循。

（二）重大制度创新成果

一是创新实施稳岗返还政策。为激励企业不裁员少裁员，通过源头调控更加积极主动地治理失业，我国自2014年起，实施失业保险稳岗返还政策，对采取有效措施稳定就业岗位的企业返还缴纳失业保险费的50%。稳岗返还政策是经济发展新常态下助力企业脱困发展、稳定就业岗位的重大制度创新，弥补了失业保险"防失业"功能的政策空白，实现了受益对象从参保失业人员向参保企业的扩展，树立了特殊时期职企双方共渡难关的积极导向，在维护就业局势稳定、促进劳动关系和谐、助力企业降本提效上发挥着越来越重要的作用。2019年应对中美经贸摩擦，我国出台了支持力度更大的困难企业稳岗返还政策。2020年应对疫情影响，进一步降低政策门槛、放宽裁员率标准、提高返还比例，中小微企业受益面大幅提升。在特殊时期传递党和政府关心温暖，成为帮扶中小微企业渡过难关的重要宏观政策，体现了党和政府减轻企业负担、增强企业活力、促进就业稳定的决心与信心。

二是创新实施技能提升补贴政策。为激励职工学习技能，提高就业竞争力和岗位转换能力，政府实施技能提升补贴政策，对参保缴费满一年并取得初级、中级、高级职业资格证书或职业技能等级证书的职工发放1 000元、1 500元、2 000元的补贴。这项政策将失业保险的参保受益对象首次扩展到参保职工，有力提升了失业保险制度吸引力，丰富了"防失业"功能的政策外延。一方面，政策引导使广大参保职工积极参加技能提升培训，增强了就业稳定性，缓解了就业结构性矛盾，促进劳动者实现更高质量更充分就业，从根本上降低了失业风险；另一方面，目前财政资金对除企业新型学徒制培训、技师培训外的职业技能提升尚无政策性安排，技能提升补贴的实施使失业保险基金与就业补助资金优势互补，形成了支持技能提升的完整政策链条，助力建设适应产业升级的新型劳动者大军。

三是创新实施扩围保生活政策。应对疫情冲击，突出强化困难群众基本生活保障，阶段性实施失业保险扩围政策，将大龄超龄失业人员、参保不满一年的失业农民工、领金期满仍未就业和不符合领取失业保险金条件人员全部纳入制度保障范围，首次实现所有城乡参保失业人员政策全覆盖，有力有效保障了疫情期间失业人员基本生活。扩围政策实施补全了参保主体权利义务对等的最后一环，实现了制度运行从"人人尽责"向"人人享有"的重要转变，提高了就业人群的参保积极性，对于扩大失业保险覆盖范围有极大促进作用。特别是针对主动辞职失业人员实施失业补助金政策，破除了长期以来广受关注的"非因本人意愿中断就业"领金条件限制，为失业保险制度改革积累了实践经验，为可持续发展奠定了坚实基础，向社会各方释放出党和政府坚持人民利益至上的强烈信号。

本章小结

失业保险是指国家通过立法实施的，由社会各方筹集建立基金，旨在通过为符合条件的劳动者提供基本生活保障和相关服务来增强劳动者抵御失业风险能力的一项社会保险制度。失业保险具有保障对象是失业劳动者、保障风险是非自然因素风险、保障形式和内容多样性等特点。

我国失业保险现行制度覆盖城镇各类企业事业单位及职工，城镇企业事业单位招用的农民合同制工人本人不缴纳失业保险费。失业人员在满足按时缴纳失业保险费、非本人意愿中断就业、已进行失业登记、有求职要求等条件时，能够享受失业保险金待遇、医疗待遇、死亡相关待遇、职业培训和职业介绍等待遇，但其待遇享受受失业前用人单位和本人累计缴费时间而决定的享受期限限定，最长不超过24个月。失业保险金自办理失业登记之日起计算。

申领失业保险金的程序：由原单位为其出具终止或解除劳动关系的证明，并将失业人员的名单在7日内报所在地社会保险经办机构备案，失业保险经办机构对申领申请进行审核，经审核符合领取条件的，应当为失业人员办理领取失业保险金的有关手续。

关键术语

失业保险　失业登记　失业金领取　失业保险的转移接续　失业保险制度创新

复习思考题

即测即练

一、单选题

1.我国失业保险制度规定领取失业保险待遇的最长期限为（　　）。

A.12个月　　　　　B.18个月　　　　　C.24个月　　　　D.36个月

2.失业保险金从（　　）起计算。

A.自办理失业登记之日　　　　　B.自解除劳动关系之日

C.自失业之日　　　　　　　　　D.自单位停发工资之日

3.职工跨统筹地区就业的，其失业保险关系（　　），缴费年限累计计算。

A.不转移　　　　　　　　　　　B.随本人转移

C.由个人选择转移或不转移　　　D.由用人单位选择转移或不转移

4.失业保险金应按（　　）发放。

A.天　　　　　　　B.月　　　　　　　C.季度　　　　　　D.年

5.失业保险费的征缴范围不包括（　　　）。

A.国有企业　　　　　　　　　B.城镇集体企

C.事业单位　　　　　　　　　D.灵活就业人员

二、多选题

1.我国失业保险的待遇包括（　　　）。

A.失业保险金

B.领取失业保险金期间代缴医疗保险费

C.职业培训

D.领取失业保险金期间死亡的，向其遗属发放一次性丧葬补助金和抚恤金

2.失业人员领取失业保险金，必须具备的条件有（　　　）。

A.非因本人意愿中断就业的

B.家庭人均收入低于当地城市居民最低生活保障标准的

C.按照规定参加失业保险，所在单位和本人履行缴费义务满1年

D.已办理失业登记，并有求职要求的

3.失业期间不能继续领取失业金的情况包括（　　　）。

A.移居境外　　　　　　　　　B.重新就业

C.参军入伍　　　　　　　　　D.办理退休

4.属于失业保险经办机构职责的有（　　　）。

A.按照规定负责失业保险基金的管理

B.为失业人员提供免费咨询服务

C.对失业保险基金的收支、管理情况进行监督

D.按照规定核定失业保险待遇

5.职工跨统筹地区就业的，（　　　）。

A.其失业保险关系不转移　　　　　B.其失业保险关系随本人转移

C.缴费年限归零　　　　　　　　　D.缴费年限累计计算

三、简答题

1.简述我国失业保险待遇的给付期限。

2.简述领取失业保险金的条件。

四、案例分析

对于很多职场人士来说，辞职、跳槽是很正常的事。虽然网上招聘启事较多，但是，真正要找到一份让自己满意的工作却不容易，常常会面临在家待业四处奔波面试，开销大，没有收入却还要继续支付不小的一笔生活费的问题。失业保险能对失业人员起到一定的经济补偿作用，但领取时须符合相关规定的限制条件，也把不少人挡在了享受失业保险金待遇的门外。

小王是某公司的一名网络运营专员，2019年7月大学毕业后就一直在该公司工作。但是，由于疫情的影响，小王所在公司的订单急剧下降，其中有1/4的人员辞职或被辞退了。2020年5月中旬，公司内部文件下达，工龄不到两年的员工要裁减5名。公司会给这5名员工补偿一个月的工资补贴。资历不算老的小王最后还是失业了。毕业不到一年，缺乏工作经验，小王找了一个月还是没有找到合适的工作，而房租又要继续交纳。她听公司

的同事说，如果生活拮据可以去申领失业金。由于小王是被公司辞退的，有公司出具的辞退证明，并且在岗期间，公司为其正常缴纳"五险一金"。可是，她在网上查询之后发现，还不能享受失业金待遇。

参考答案

第七章

工伤保险制度与实务

知识目标

1. 了解工伤保险的概念与特征；

2. 理解工伤保险的原则；

3. 熟悉我国工伤保险的制度安排；

4. 掌握我国工伤保险的经办实务。

能力目标

1. 能够依据工伤保险的相关规定，准确判断不同类型的用人单位和职工是否符合参保条件，并协助其办理工伤保险参保事宜；

2. 能够运用工伤保险的知识，分析实际案例中工伤认定、待遇核定等环节存在的问题，并提出合理的解决措施。

思政目标

1. 树立责任意识和服务意识。深刻认识到工伤保险在保障劳动者权益方面的重要性，培养为劳动者服务、为社会发展贡献力量的使命感，在未来工作中认真履行职责，保障劳动者的合法权益；

2. 强化法治观念和公平理念。通过学习工伤保险制度中的法律法规和各项规定，理解法律在保障社会公平中的作用，自觉遵守法律法规，维护工伤保险制度的公平公正，促进社会的和谐稳定发展。

思维导图

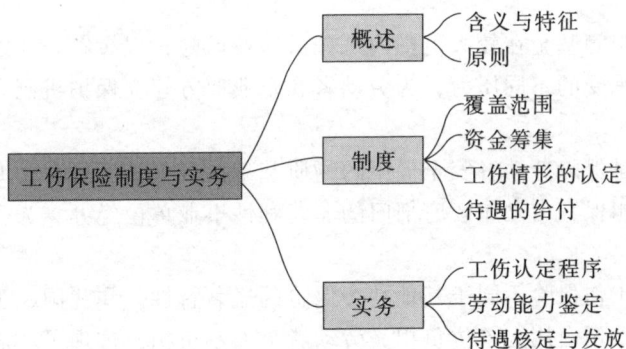

|第一节| 工伤保险概述

一、工伤保险的含义与特征

所谓工伤,简言之即因"工"而"伤",也可表述为劳动灾害、职业灾害或职业伤害,是指职业危险因素给处在劳动过程中的劳动者造成的伤害。面对这些伤害,法律的应对及其变革具有很强的时代特征。其中,工伤保险制度是人类面对职业伤害的理性选择。1884年,德国颁布的《工伤事故保险法》,标志着世界上第一部工伤保险立法的诞生,也标志着因职业伤害引起的劳资矛盾和冲突的解决有了明确的法律依据。

(一)工伤保险的含义

工伤保险也称职业伤害保险、工业伤害保险、工人伤害补偿保险或因工伤害保险,它是指国家通过立法建立的,由社会集中筹集资金,对在经济活动中因工负伤致残,或因从事有损健康的工作患职业病导致完全或部分丧失劳动能力的人员,以及对职工因工死亡后无生活来源的遗属提供物质帮助的制度。一般而言,各国对职业伤害的给付标准一般高于普通人身伤害赔偿。1964年在第48届国际劳工大会上通过的《工伤事故和职业病津贴公约》〔第121号〕及《工伤事故和职业病津贴建议书》中均指出,实施工伤保险的目的是当受雇人员发生事故时,为其提供及时的医疗护理、职业康复现金津贴,并采取适当的措施防止和杜绝工伤事故和职业病的产生。

(二)工伤保险的特征

工伤保险是根据"职业风险"原则建立的,它是世界上最早产生的社会保障项目。工伤保险具有补偿与保障的性质,经费由企业负担。比起其他社会保险项目,工伤保险待遇优厚、保障内容全面、保险服务周到,也最易于实现。

1.强制性

由于工伤具有不可逆转性,其造成的损失往往难以挽回,给个人带来终身的痛苦,给家庭带来永久的不幸,于企业不利,于国家不利,因而,各国法律往往强制规定实施工伤保险。

2.社会性

工伤保险是世界上历史最悠久、实施范围最广泛的社会保障项目之一。政府通过法律手段,在发生职业风险与未发生职业风险群体之间进行风险分散,切实达到保障劳动者基本生活水平的目的。

3.互济性

工伤保险通过统筹基金在较大范围内来分散职业风险,以缓解企业之间、劳动者之间因职业风险不同而承受的不同压力,为劳动者和企业双方建立保护机制。

4.福利性

工伤保险基金是保障劳动者安全健康的物质基础,属劳动者所有,专款专用,国家不征税,并提供财政担保,由隶属政府部门的非营利性事业单位经办,为受保人服务。

5.补偿性

补偿性特征是工伤保险不同于其他社会保险的显著特性。在我国,工伤保险费用不实行分担方式,全部费用由用人单位负担,劳动者个人不负担。体现了"雇主责任"原则和补充性特征。

二、工伤保险的原则

（一）无责任补偿原则

无责任补偿原则又称"无过失补偿原则"，它有三重含义。

（1）劳动者在生产过程中遭受工伤事故，无论事故责任属于本人、企业（或雇主）或是相关第三者，均应依法按照规定的标准给付工伤保险待遇。并且，待遇给付与责任追究相分离，不能因为保险事故责任的追究有归属，影响待遇给付的时间与额度（本人犯罪或故意行为除外）。

（2）从目前实行基金制度国家的工伤保险制度的实施情况上看，无责任补偿原则的另一层理解即企业或雇主不承担直接给付工伤补偿的责任，而是由掌握工伤保险基金的社会保险机构统一给付待遇，不必通过法律程序和法院的裁决。

（3）国家法规强制要求有职业危险的企业依法参加工伤保险，且待遇的构成、计发标准、支付方式与时间、缴费标准等都是强制性的。此外，国际上工伤保险的强制性还表现在，劳动者不分国籍，也不论所在企业是否参加了工伤保险基金统筹并缴费，只要劳动者与企业存在着劳动关系，就有权享受工伤保险待遇。

（二）补偿直接经济损失原则

劳动者发生工伤后，应给予经济补偿，但这种补偿只是对劳动者直接经济损失的补偿，而不包括间接的经济损失。所谓直接经济损失，是指劳动者工资收入方面的损失。这种损失直接影响到劳动者本人及其家庭的基本生活保障，也影响到劳动力的再生产，因此，必须给予及时的、较为优厚的补偿。

（三）损害补偿原则

工伤保险是以减少劳动者因执行工作任务而导致伤亡或疾病时遭受的经济上的损失为目的，因此，工伤保险应坚持损害补偿原则来给付待遇，即不仅考虑劳动者维持本人及其家庭原有基本生活水平，并补偿劳动力生产和再生产的最直接、最重要的费用来源损失，还要根据劳动者的伤害程度、伤害性质及职业康复和激励等因素进行适当经济补偿。基于损害赔偿的原则，对于既有工伤又有民事责任的工伤事故，受害者不应享有双重待遇，即受害者只能在享有工伤待遇和民事索赔权益两者间选择其中之一。

（四）待遇从优原则

劳动者遭遇工伤事故，一般可以分因工和非因工两类，前者是由执行公务或在工作生产过程中为社会或集体奉献而受到的职业伤害所致，与工作和职业有直接关系；后者则完全是个人行为所致，与职业无关。严格区分因工和非因工界限，因工负伤事故发生后所需的治疗、康复等费用，应由工伤保险基金来承担，且医疗康复待遇、伤残待遇和死亡抚恤待遇均比因疾病和非因工伤亡社会保险待遇优厚。这样做有利于对那些为国家或集体奉献者进行褒扬抚恤，也有利于生产发展和社会稳定。

（五）预防、补偿和康复相结合的原则

为保障工伤职工的合法权益，帮助恢复劳动者的身体健康，减少、杜绝同类事故的再发生，须把单纯的经济补偿和医疗康复以及工伤预防措施有机结合起来，保障劳动者的安全与健康。从长远看，预防、补偿、康复三者结合起来，形成完整、系统的工伤保障机制，是工伤保险发展的必然趋势。这样做有利于安全生产和事故防范，减少工伤事故和职

业病的发生，能够获得最大的社会效用。

|第二节| 工伤保险制度

一、工伤保险的覆盖范围

《工伤保险条例》第二条规定："中华人民共和国境内的企业、事业单位、社会团体、民办非企业单位、基金会、律师事务所、会计师事务所等组织和有雇工的个体工商户（以下称用人单位）应当依照本条例规定参加工伤保险，为本单位全部职工或者雇工（以下称职工）缴纳工伤保险费。中华人民共和国境内的企业、事业单位、社会团体、民办非企业单位、基金会、律师事务所、会计师事务所等组织的职工和个体工商户的雇工，均有依照本条例的规定享受工伤保险待遇的权利。"在此，对于适用《工伤保险条例》的用人单位，我们不妨将其分为两类加以讨论：

1.企业、民办非企业单位、社会团体、基金会、律师事务所、会计师事务所等组织及其职工和有雇工的个体工商户及其雇工

我国境内的企业，包括国有企业、集体企业、私营企业、中外合资企业、中外合作企业、外商独资企业等各类企业，民办非企业单位、社会团体、基金会、律师事务所、会计师事务所等组织和有雇工的个体工商户，以及与上述企业、组织建立劳动关系（包括事实劳动关系）的职工、雇工，都属于工伤保险法律法规的适用范围。

值得注意的是，无营业执照或者未经依法登记、备案的企业、组织以及被依法吊销营业执照或撤销登记、备案的企业、组织，其职工、雇工受到事故伤害或者罹患职业病的，或者用人单位使用童工造成童工伤残、死亡的，由该企业、组织按照不低于《工伤保险条例》规定的工伤保险待遇的标准向伤残职工（雇工）、童工或者死亡职工（雇工）、童工的近亲属给予一次性赔偿，包括受到事故伤害或者罹患职业病的职工（雇工）或童工在治疗期间的费用和一次性赔偿金，具体办法参照人力资源和社会保障部2010年修订的《非法用工单位伤亡人员一次性赔偿办法》执行。

2.国家机关及参照《中华人民共和国公务员法》管理的事业组织和与之建立劳动合同关系的职工

根据与国家机关及参照《中华人民共和国公务员法》（以下简称《公务员法》）管理的事业单位、社会团体之间关系的不同，其工作人员可以分为两类：

一类是与国家机关及参照《公务员法》管理的事业单位、社会团体建立劳动关系的工作人员，如工勤人员等。这类工作人员一旦发生工伤，应当按照《工伤保险条例》的相关规定处理。

另一类是公务员及参照《公务员法》管理的事业单位、社会团体中依法履行公职、被纳入国家行政编制的工作人员。对于这类工作人员的工伤待遇，按照《工伤保险条例》第六十五条，应由所在单位支付费用。由于这些单位的经费来源于国家的财政拨款，实际上，他们的工伤待遇也就等于是由财政负责提供的。至于国家机关工作人员的工伤认定、工伤待遇标准等具体办法，《工伤保险条例》授权国务院社会保险行政部门会同国务院财政部门予以规定。

二、工伤保险的资金筹集

工伤保险基金是社会保险基金的一种，是指为了保障参保职工的工伤保险待遇，按照国家法律、法规的规定，由缴费单位按缴费基数的一定比例缴费以及通过其他合法方式筹集的专项资金。工伤保险基金由用人单位缴纳的工伤保险费、工伤保险基金的利息和依法纳入工伤保险基金的其他资金构成。

从理论上来说，工伤保险基金筹集得越多越能够保障劳动者或其遗属的基本权利，但还需考虑两个方面：一方面，筹集的资金要满足工伤社会保险给付的需要；另一方面，要充分考虑企业（雇主）负担保险费的承受能力，不应该出现企业（雇主）缴纳工伤保险费而被迫提高企业产品价格，导致市场竞争力下降、利润下降的现象。

（一）缴费基数的确定

在整个工伤保险体系中，缴费基数具有一种独特的纽带作用，紧紧维系着"收""支"双向。一方面，它决定着雇主的缴费数额，是基金收入的重要标尺。另一方面，在支出层面，它又牵涉劳动者实际能够享受到的具体待遇，即工伤补偿之数额。尤其是实践中，工伤保险经办机构在核定某个特定劳动者所能享受的工伤保险补偿待遇之时，并不会以劳动者的实际工资收入作为核定标准，而是以缴费工资，即工伤职工因工作遭受事故伤害或者患职业病前12个月平均月缴费工资为准。此外，我国所选择的缴费基数其实并非每个劳动者个人的实际工资，而是以用人单位为整体，以"本单位职工工资总额"作为实际缴费基数，并用该基数乘以单位缴费费率，形成缴费数额。按照《工伤保险条例》第六十四条，该"工资总额"应是指"用人单位直接支付给本单位全部职工的劳动报酬总额"。

（二）费率与其调整机制的确定

《工伤保险条例》第八条规定："工伤保险费根据以支定收、收支平衡的原则，确定费率。国家根据不同行业的工伤风险程度确定行业的差别费率，并根据工伤保险费使用、工伤发生率等情况在每个行业内确定若干费率档次。行业差别费率及行业内费率档次由国务院社会保险行政部门制定，报国务院批准后公布施行。统筹地区经办机构根据用人单位工伤保险费使用、工伤发生率等情况，适用所属行业内相应的费率档次确定单位缴费费率。"在以上表述中，有几个核心概念需注意：其一，行业差别费率；其二，行业内费率档次；其三，企业浮动费率。

首先，行业差别费率是指根据某一行业的风险水平，单独确定其工伤保险费率，其目的是要在工伤保险基金分担上，对工伤事故发生率不同的行业实行差别性负担，以保证该行业工伤保险基金的收支平衡，并适当促进其改进劳动保护措施，降低工伤补偿成本。行业差别费率的确定基础是不同行业的工伤风险值，行业不同，劳动者所面临的工伤风险程度（如工伤死亡率）往往也会有所不同，如从事金融业的劳动者与从事采矿业的劳动者相比，其遭遇工伤事故导致伤残或死亡的概率明显要小得多，而金融企业为这一风险所要付出的保险成本（保费）自然也应当比采矿业小得多，这是保险机制的基本原理使然。如果不管风险程度，统一采用统一费率，其结果只能导致低风险行业（企业）的逆向选择，最终淡出该风险共同体，拒绝参与该风险分担。因此，《人力资源和社会保障部、财政部关于调整工伤保险费率政策的通知》（人社部发〔2015〕71号）规定，工伤保险之承保人（经办机构）将参照《国民经济行业分类》（GB/T 4754-2011，现为 GB/T 4754-2017），将不同行业按照其工伤风险程度，由低到高分为八类，分别执行不同的行业基准费率，即依次控制在该行业用人单位职工工资总额的 0.2%、0.4%、0.7%、0.9%、1.1%、1.3%、1.6%、1.9% 左右。

其次，在大的行业类别确定之后，还需要在大的行业类别内部设定若干个不同的费率档次，通过费率档次的设计将费率安排进一步细化、精确化，每个企业按其所属类别适用其应当负担的适当的费率档次。

最后，在确定完企业所适用的费率档次后，还需要进一步综合考虑不同企业的工伤保险费使用、工伤发生率、职业病危害程度等情况，才能最终确定各个企业的缴费费率，也即所谓的浮动费率（又称为经验费率或实绩费率）。在适用之时，工伤保险部门首先要对企业在某一特定时期内的安全卫生状况和工伤保险费用支出情况进行评估，并根据评估结果适当调整该企业下一年度的工伤保险费率。如果该企业的工伤事故、职业病发生率及工伤保险基金的使用总额超过控制指标，就应当在所属行业标准费率档次的基础上适度提高费率；若低于控制指标，则应当适度降低费率。根据《人力资源和社会保障部、财政部关于调整工伤保险费率政策的通知》（人社部发〔2015〕71 号）之规定，经办机构每1—3年应重新确定用人单位是否应在所属行业不同费率档次间进行浮动。对符合浮动条件的用人单位，每次可上下浮动一档或两档。其中，一类行业可分为 3 个档次，即在基准费率的基础上，可向上浮动至 120%、150%；二类至八类行业则分为 5 个档次，即在基准费率的基础上，可分别向上浮动至 120%、150% 或向下浮动至 80%、50%。这种浮动费率的实质乃以经济利益为驱动力，以工伤保险参保企业缴费的数量变化为杠杆，把企业的安全卫生控制、工伤、职业病预防成本与工伤保险成本紧密结合在一起——以保险成本的（费率）浮动推动工伤预防措施的改善，促使企业为降低费率、节约成本开支而尽力改善工作场所的安全卫生条件，降低工伤、职业病风险，并以此来调节工伤保险之保险人、参保企业及职工三方之间的复杂利益关系，建立多方共赢的良性循环，并充分发挥工伤保险对社会经济发展的"安全网"与"减震器"作用。

（三）工伤保险基金的运营、监管与责任

延展阅读7-1

工伤保险费率调整对企业的影响

第一，根据《工伤保险条例》第四十六条，工伤保险基金运营之责的主要承担者应当是工伤保险经办机构，它肩负着从保费征收、登记、记录、调查、统计到待遇核定，一直到基金支出等全方位、各环节的运营职责，甚至包括与保险辅助人，如医疗、康复、辅助器具配置等相关机构沟通、联系并签订相关服务协议等。

第二，根据《工伤保险条例》第五十一条，社会保险行政机构"依法对工伤保险费的征缴和工伤保险基金的支付情况进行监督检查"。与此同时，"财政部门和审计机关依法对工伤保险基金的收支、管理情况进行监督"。此外，《工伤保险条例》还规定："任何组织和个人对有关工伤保险的违法行为，有权举报。社会保险行政部门对举报应当及时调查，按照规定处理，并为举报人保密。""工会组织依法维护工伤职工的合法权益，对用人单位的工伤保险工作实行监督。"

第三，在责任层面，《工伤保险条例》则主要抓住了基金的收与支两大块。在基金征收上，强调用人单位的强制参保、强制缴费之责，针对不予参保与欠缴保费的行为实施严格的控制，并提高其违法成本。对于应当参加工伤保险而未参加的用人单位，"由社会保

险行政部门责令限期参加，补缴应当缴纳的工伤保险费，并自欠缴之日起，按日加收万分之五的滞纳金；逾期仍不缴纳的，处欠缴数额1倍以上3倍以下的罚款"。未参保期间，其职工发生工伤的，由该用人单位按照《工伤保险条例》规定的工伤保险待遇项目和标准支付费用。如用人单位不支付前述项目，依《社会保险法》第四十一条，可"从工伤保险基金中先行支付。从工伤保险基金中先行支付的工伤保险待遇应当由用人单位偿还"。用人单位不偿还的，由社会保险经办机构向其追偿。用人单位参加工伤保险并补缴应当缴纳的工伤保险费、滞纳金后，由工伤保险基金和用人单位依照规定支付新发生的费用。在基金的支出上，《工伤保险条例》强调专款专用，任何单位或者个人不得将工伤保险基金用于投资运营、兴建或者改建办公场所、发放奖金或者挪作其他用途。任何单位或者个人违反规定挪用工伤保险基金，"构成犯罪的，依法追究刑事责任；尚不构成犯罪的，依法给予处分或者纪律处分。被挪用的基金由社会保险行政部门追回，并入工伤保险基金；没收的违法所得依法上缴国库"。

目前，现实生活中已经出现工伤保险骗保案件，此类案件的发生直接侵蚀了工伤保险基金的安全，当事人除应当受到刑事处罚外，基于工伤保险基金安全运行之需要，经办机构作为保险人应当被赋予相应的法律人格，以追回被骗保的相关给付。

三、工伤情形的认定

（一）典型工伤情形

对于典型的"应当认定为工伤的"情形，《工伤保险条例》首先采用列举的形式予以明确，主要包括以下几种情形：

第一，在工作时间和工作场所内，因工作原因受到事故伤害的，应当认定为工伤。在这里，还隐含着以下几点细节处理需要明确：

（1）工作原因上的工伤推定。因时间和场所已然明确，业务关联紧密，所以法律对工作原因的认定更倾向于采用相对宽松的态度，即对于职工在工作时间和工作场所内受到伤害，如果用人单位或者社会保险行政部门没有证据证明是非工作原因导致的，就应当认定为工伤。

（2）工作行为上的扩张性理解。即职工参加用人单位组织或者受用人单位指派参加其他单位组织的活动受到伤害的，也应当认定为工伤。但参加与工作无关的活动除外。

（3）对工作场所的广义处理。它不仅限于职工日常固定的工作场所及其附属建筑，如厂房、车间、单位食堂、单位澡堂、单位洗手间等，还包括受用人单位指派从事工作的其他场所。不仅如此，在工作时间内，职工来往于多个与其工作职责相关的工作场所之间的合理区域因工受到伤害的，也应认定为工伤。

（4）其他与履行工作职责相关，在工作时间及合理区域内受到伤害的，都应认定为工伤。

第二，上下班途中遭受非因本人原因形成的交通事故而受伤的，应当认定为工伤。

根据《工伤保险条例》第十四条第六项，上下班途中因交通事故或特定交通工具事故受伤，符合一定条件的，应认定为工伤。首先，从时间与空间条件来看，上下班途中的合理时间范围包括正常工作时间前后、加班后、请假往返等合理时间；合理路线范围则包括往返住所与工作地点的合理路线，以及顺路接送子女、买菜等日常生活必要活动延伸的合理路线。这一解释在《最高人民法院关于审理工伤保险行政案件若干问题的规定》第六条中得到了进一步明确。其次，事故类型需为交通事故或城市轨道交通、客运轮渡、火车事故。交通事故需是非本人主要责任的伤害，而交通工具事故则无论责任归属均可认定为工伤。责任划分方面，需由公安机关交通管理部门、法院等出具的责任认定书、判决书等证明事故责任为非本人主要责任。若本人负主要责任或全责，如闯红灯、酒驾等，则不属于工伤。

延展阅读7-2

案例分析：下班途中的工伤认定

第三，工作时间前后在工作场所内，从事与工作有关的预备性或者收尾性工作受到事故伤害的，应当认定为工伤。

职工从事工作是一个连续的过程，根据工作性质的不同，在工作前后的一段合理时间内，经常需要从事诸如搬运、准备、清洗、整理、维修、堆放、安全贮存以及收拾工具、材料乃至工作服装等预备性或收尾性工作。虽然此时职工没有进行实际工作，但是这些前期或后期活动是为了让实际工作得以顺利进行而实施的，并为实际工作的顺利进行提供了一定的条件，与工作存在直接联系，因此，职工在工作场所内从事这些活动所受到的事故伤害理应被认定为工伤，这也符合最大限度保护劳动者的国际惯例。在这一项目中，我们需要关注：其一，该行为必须"与工作有关"，即具有业务关联性；其二，在实施预备性与收尾性活动时职工必须处在"工作场所内"；其三，时间上必须紧邻"工作时间"，或前或后，并处于合理范围之内。

第四，在工作时间和工作场所内，因履行工作职责受到暴力等意外伤害的，应当认定为工伤。

因履行工作职责受到暴力等意外伤害是指受到暴力等意外伤害与履行工作职责之间具有因果关系。这一规定包含了两类情形：其一，在工作时间和工作场所内，职工因履行工作职责而与第三人发生冲突，受到第三人暴力侵害，如保安人员受到窃贼的暴力袭击；其二，在工作时间和工作场所内，职工因履行工作职责而遭受意外伤害，如厂区失火、房屋倒塌抑或从事高空工作的劳动者遭遇雷击等。

第五，患职业病的，应当认定为工伤。职业病是指劳动者在职业活动中，因接触粉尘、放射性物质和其他有毒、有害物质等而引起的疾病。

它适用于广义的工伤概念，但又不同于一般的工伤事故，它并不具有事故所独有的突发性特质，反而是一种慢性侵害的结果，是劳动者长期接触职业性有害物质而产生的后发性结果，如长期在高噪声的环境中工作导致的噪声聋就属于职业病，而爆炸导致的耳聋则属于事故伤害。但并非所有与职业有关的慢性疾病都能够被认定为工伤。在我国，只有法定的职业病才能够被纳入工伤范畴。根据2024年修订的《职业病分类和目录》，职业病共包括12大类135种疾病（含4项开放性条款）。相较于2016年目录，新增了3种职业病，对个别类别与病种进行了针对性调整。另外，考虑到列举模式的局限性，《中华人民共和国职业病防治法》第44条还特别规定了推定为职业病的情形，即只要没有证据否定职业病危害因素与病人临床表现之间的必然联系，在排除其他致病因素后，应当诊断为职业病。

第六，因工外出期间，基于工作原因受到伤害或者发生事故下落不明的，应当认定为工伤。

这里，对于"因工外出期间"的认定，应当考虑职工外出是否属于用人单位指派的因工作外出，遭受的事故伤害是否为工作原因所致。其中：（1）职工受用人单位指派或者因工作需要在工作场所以外从事与工作职责有关的活动期间，应属于"因工外出期间"。（2）职工受用人单位指派外出学习或者开会期间，应属于"因工外出期间"。（3）职工因工作需要的其他外出活动期间，也应属于"因工外出期间"。（4）职工基于工作原因驻外，有固定的住所、有明确的作息时间，工伤认定时按照在驻在地当地正常工作的情形处理。（5）职工因工外出期间从事与工作或者受用人单位指派外出学习、开会无关的个人活动受到伤害的，不应认定为工伤。

（二）视同工伤的情形

工伤保险所保护的对象原本仅限于工作伤害，即与工作紧密相关的伤害，这种相关性既可以是直接的，也可以是间接的，但必须有一定量的业务关联始得为之。然而，在某些特定情况下，立法者有时也会站在一个更高的角度对整个社会的利益与风险分配作出一些特殊调整，包括将某些游离于工作风险之外的事故伤害划归工伤保险加以化解。这时，因为业务关联量的匮乏，我们很难直接将他们与典型的工伤情形并列，因此法律故意选取了"视同工伤"之措辞，以区别于传统工伤，作为工伤保险的非典型性保护内容。根据《工伤保险条例》第十五条之规定，这些"视同工伤"的特殊情形主要包括：

第一，职工在工作时间和工作岗位，突发疾病死亡或者在48小时之内经抢救无效死亡的，视同工伤。换言之，如果职工在工作时间和工作岗位，突发疾病，经过抢救，但存活超过48小时才死亡的，则不能视同工伤。

在这里，工作关联仅体现于时间、地点层面，而将工作原因做模糊性处理——事实上立法者并不要求这种"突发疾病"是因工作而发，而是直接模糊掉这个原因要素，只靠死亡时间——当场死亡或短时间（48小时）内死亡，来控制死亡与工作之间的弱度关联，并借此推定其应"视同工伤"。如果超出48小时之底线，这种推定将失去"工作原因"的底线支撑，自然无法得到工伤保险的赔付。

第二，在抢险救灾等维护国家利益、公共利益活动中受到伤害的，应视同工伤。

在这样的行动中，他们所受到的伤害应当被视为工伤。而维护公共利益，则是指为了减少或者避免公共利益遭受损失，职工挺身而出。同样地，他们因此而遭受的人身伤害也会被纳入工伤保险。在这两种情形下，《工伤保险条例》并没有规定任何形式的业务关联边界——既不需要在工作时间，也不需要处于工作场所，更不需要所谓的工作原因。该行为理论上并不属于工伤范畴，之所以将其纳入工伤保险之给付领域，乃源于法律对公共风险所作出的典型的重新分配。

第三，职工原在军队服役，因战、因公负伤致残，已取得革命伤残军人证，到用人单位后旧伤复发的，应视同工伤。

此时，工伤职工享受除一次性伤残补助金以外的工伤保险待遇。这种情况也属于明显欠缺工作关联的"视同工伤"类型，原本不宜被纳入工伤行列，但在这种情况下，职工乃为国家利益——因战或因公而受到伤害，伤残的后果，包括后续的旧伤复发风险，实不应由职工个人承担，乃属国家之责任。此时，法律将旧病复发的风险放入工伤保险的框架内视同工伤，一方面乃立足于对伤残军人基本权益的又一重保障，另一方面也是国家对社会风险的再一次重新分配。长久来看，有关军人因战、因公受伤，其转业后之旧伤复发，治疗费用当出自医疗保险，其工作中断之社会补偿当由军人保障法律制度予以救济。

（三）工伤排除的情形

《工伤保险条例》第十六条：职工符合本条例第十四条、第十五条的规定，但是有下列情形之一的，不得认定为工伤或者视同工伤：

（1）故意犯罪的；

（2）醉酒或者吸毒的；

（3）自残或者自杀的。

四、工伤保险待遇的给付

本节所要讨论的工伤待遇给付结构主要针对我国现行的《工伤保险条例》，从医疗、伤残、工亡几个方面入手，具体逻辑结构如图7-1所示。

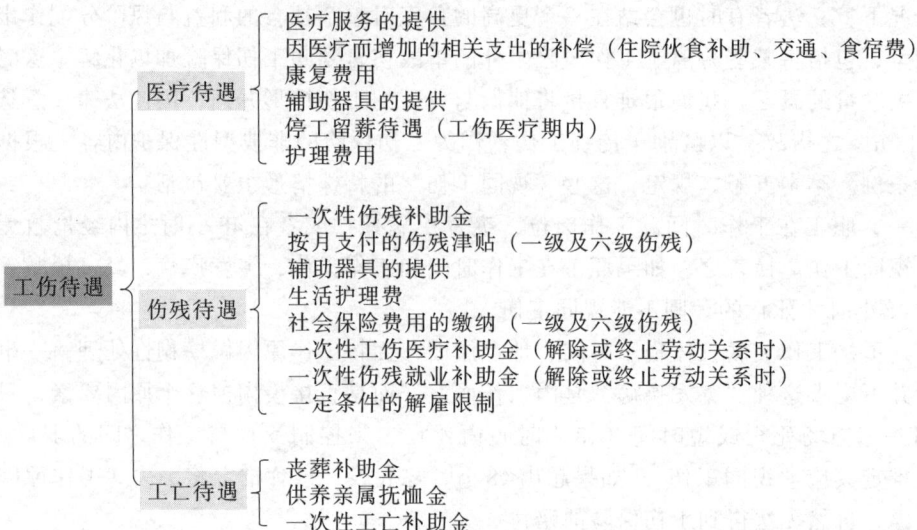

医疗待遇
- 医疗服务的提供
- 因医疗而增加的相关支出的补偿（住院伙食补助、交通、食宿费）
- 康复费用
- 辅助器具的提供
- 停工留薪待遇（工伤医疗期内）
- 护理费用

工伤待遇

伤残待遇
- 一次性伤残补助金
- 按月支付的伤残津贴（一级及六级伤残）
- 辅助器具的提供
- 生活护理费
- 社会保险费用的缴纳（一级及六级伤残）
- 一次性工伤医疗补助金（解除或终止劳动关系时）
- 一次性伤残就业补助金（解除或终止劳动关系时）
- 一定条件的解雇限制

工亡待遇
- 丧葬补助金
- 供养亲属抚恤金
- 一次性工亡补助金

图7-1　我国工伤保险待遇给付结构

（一）医疗待遇

1.停工留薪期待遇

停工留薪期待遇是指职工因工作遭受事故伤害或者患职业病需要暂停工作接受工伤医疗的，在停工留薪期内，原工资福利待遇不变，由所在单位按月支付。

停工留薪期一般不超过12个月。伤情严重或者情况特殊，经设区的市级劳动能力鉴定委员会确认，可以适当延长，但延长不得超过12个月。工伤职工评定伤残等级后，停发原待遇，按照条例的有关规定享受伤残待遇。工伤职工在停工留薪期满后仍需治疗的，继续享受工伤医疗待遇。

2.工伤医疗待遇

工伤医疗待遇是指职工发生工伤事故后，治疗工伤所需费用符合工伤保险诊疗项目目录、工伤保险药品目录、工伤保险住院服务标准的，由工伤保险基金支付。工伤保险诊疗项目目录、工伤保险药品目录、工伤保险住院服务标准，由国务院劳动保障行政部门会同国务院卫生行政部门、药品监督管理部门等规定。

职工治疗工伤应当在签订服务协议的医疗机构就医，情况紧急时可以先到就近的医疗机构急救。工伤职工治疗非工伤引发的疾病，不享受工伤医疗待遇，按照疾病医疗保险办法处理。

工伤职工到签订服务协议的医疗机构进行工伤康复的费用，符合规定的，从工伤保险基金中支付。

3.其他待遇

（1）住院伙食补助费

住院期间伙食补助费标准为本单位因公出差伙食补助标准的70%。单位没有出差伙食补助标准的，参考当地国家机关工作人员出差伙食补助标准。

住院伙食补助费计算方法为：

住院伙食补助费=职工因公出差伙食补助标准×70%

（2）交通费、食宿费

交通费、食宿费标准为本单位职工因公出差补助标准。工伤职工若需要到统筹地区外就医，须经医疗机构出具诊断证明，经办机构同意。

交通费、食宿费计算方法为：

$$交通费、食宿费=\frac{职工因公出差}{交通费标准}×\frac{往返}{次数}+\frac{职工因公出差}{住宿费标准}×（天数-1）+\frac{职工因公出差}{伙食补助标准}×天数$$

（3）康复治疗费

康复治疗费应符合工伤保险诊疗项目目录、工伤保险药品目录、工伤保险住院服务标准。具体费用标准须依地方规定，康复治疗须经办机构组织专家评定。

（4）辅助器具费

参照各省、直辖市工伤辅助器具限额标准执行。若因日常生活或者就业需要，要安装假肢、矫形器、假眼、假牙和配置轮椅等辅助器具，须经劳动能力鉴定委员会确认。辅助器具费计算方法为：

辅助器具费=普通型器具的单价×数量

（5）生活护理费

生活不能自理的工伤职工在停工留薪期需要护理的，由所在单位负责。工伤职工已经评定伤残等级并经劳动能力鉴定委员会确认需要生活护理的，从工伤保险基金按月支付生活护理费。生活护理费按照生活完全不能自理、生活大部分不能自理、生活部分不能自理三个不同等级支付，其标准分别为统筹地区上年度职工月平均工资的50%、40%、30%。

①生活完全不能自理的生活护理费计算方法为：

生活完全不能自理的生活护理费=生活护理费统筹地区上年度职工月平均工资×50%

②生活大部分不能自理的生活护理费计算方法为：

生活大部分不能自理的生活护理费=生活护理费统筹地区上年度职工月平均工资×40%

③生活部分不能自理的生活护理费计算方法为：

生活部分不能自理的生活护理费=生活护理费统筹地区上年度职工月平均工资×30%

（二）伤残待遇

1.一级至四级伤残待遇

一次性伤残补助金：一级伤残为27个月的本人工资；二级伤残为25个月的本人工资；三级伤残为23个月的本人工资；四级伤残为21个月的本人工资。

按月享受伤残津贴：一级伤残为本人工资的90%；二级伤残为本人工资的85%；三级伤残为本人工资的80%；四级伤残为本人工资的75%。伤残津贴实际金额低于当地最低工资标准的，工伤保险基金补足差额。

被评定为一级至四级伤残的工伤职工，单位保留其劳动关系，退出工作岗位。工伤职工到退休年龄并办理退休手续后，停发伤残津贴，享受基本养老保险待遇。基本养老保险待遇低于伤残津贴的，工伤保险基金补足差额。用人单位和职工个人以伤残津贴为基数，缴纳基本医疗保险费。

"本人工资"是指工伤职工因工作遭受事故伤害或者患职业病前12个月平均月缴费工资。本人工资高于统筹地区职工平均工资300%的，按照统筹地区职工平均工资的300%计算；本人工资低于统筹地区职工平均工资60%的，按照统筹地区职工平均工资的60%计算。

2.五级、六级伤残待遇

一次性伤残补助金：五级伤残为18个月的本人工资；六级伤残为16个月的本人工资。

保留与用人单位的劳动关系，由用人单位安排适当工作。难以安排工作的，由用人单位按月发给伤残津贴，五级伤残为本人工资的70%，六级伤残为本人工资的60%，并由用人单位按照规定为其缴纳应缴纳的各项社会保险费。

伤残津贴实际金额低于当地最低工资标准的，由用人单位补足差额。经职工本人提出，可以与用人单位解除或终止劳动关系，由用人单位分别以其解除或终止劳动关系时的统筹地区上年度职工月平均工资为基数，支付伤残就业补助金（具体标准由省、自治区、直辖市人民政府规定），由工伤保险基金支付一次性工伤医疗补助金。

3.七级至十级伤残待遇

一次性伤残补助金：七级伤残为13个月的本人工资；八级伤残为11个月的本人工资；九级伤残为9个月的本人工资；十级伤残为7个月的本人工资。

劳动合同期满终止，或者职工本人提出解除劳动合同的，由用人单位分别按其解除或终止劳动合同时的统筹地区上年度职工月平均工资为基数，支付本人一次性伤残就业补助金（具体标准由省、自治区、直辖市人民政府规定），由工伤保险基金支付一次性工伤医疗补助金。

（三）工亡待遇

职工因工死亡，其近亲属按照下列规定从工伤保险基金领取丧葬补助金、供养亲属抚恤金和一次性工亡补助金。

（1）丧葬补助金为6个月的统筹地区上年度职工月平均工资。

（2）供养亲属抚恤金按照职工本人工资的一定比例发给因工死亡职工生前提供主要生活来源、无劳动能力的亲属。

供养亲属抚恤金的标准：配偶每月40%，其他亲属每人每月30%，孤寡老人或者孤儿每人每月在上述标准的基础上增加10%。核定的各供养亲属的抚恤金之和不应该高于因工死亡职工生前的工资。供养亲属的具体范围由国务院社会保险行政部门规定。

（3）一次性工亡补助金标准为上一年度全国城镇居民人均可支配收入的20倍。伤残职工在停工留薪期间因工伤导致死亡的，其近亲属享受前述丧葬补助金的待遇。一级至四级伤残职工在停工留薪期满后死亡的，其近亲属可以享受前述丧葬补助金及供养亲属抚恤金的待遇。供养亲属范围包括以下几方面：

① 职工的配偶、子女、父母、祖父母、外祖父母、孙子女、外孙子女、兄弟姐妹。

② 子女，包括婚生子女、非婚生子女、养子女和有抚养关系的继子女。其中，婚生子女、非婚生子女包括遗腹子女。

③ 父母，包括生父母、养父母和有抚养关系的继父母。

④ 兄弟姐妹，包括同父母的兄弟姐妹、同父异母或者同母异父的兄弟姐妹、养兄弟姐妹、有抚养关系的继兄弟姐妹。

2017年7月，人力资源和社会保障部发布的《关于工伤保险待遇调整和确定机制的指导意见》（人社部发〔2017〕58号）（以下简称《指导意见》）提出："依据社会保险法和《工伤保险条例》，建立工伤保险待遇调整和确定机制，科学合理确定待遇调整水平，提高工伤保险待遇给付的服务与管理水平，推进建立更加公平、更可持续的工伤保险制度，不断增强人民群众的获得感与幸福感。"该《指导意见》规定伤残津贴、供养亲属抚恤金、生活护理费的调整需综合考虑职工工资增长、居民消费价格指数变化、工伤保险基金支付能力等因素，兼顾不同地区待遇差别，按照基金省级统筹要求，适度、稳步提升，实现待遇平衡，原则上每两年至少调整一次。

住院伙食补助费原则上不超过上年度省（区、市）城镇居民日人均消费支出额的40%。一次性伤残补助金、一次性工亡补助金、丧葬补助金按照《工伤保险条例》规定的计发标准计发。工伤医疗费、辅助器具配置费、工伤康复和统筹地区以外就医期间交通、食宿费用等待遇，根据《工伤保险条例》和相关目录、标准据实支付。一次性伤残就业补助金和一次性工伤医疗补助金，由省（区、市）综合考虑工伤职工伤残程度、伤病类别、年龄等因素制定标准，注重引导和促进工伤职工稳定就业。

工伤待遇具体支付标准见表7-1。

表7-1　　　　　　　　　　　　　　　　**工伤待遇支付标准**

项目	等级									
	一级	二级	三级	四级	五级	六级	七级	八级	九级	十级
劳动关系状况	保留劳动关系，退出工作岗位				除本人提出或违纪，不能终止或解除劳动关系		合同到期，可以终止劳动关系			
医药费	全部报销（符合工伤保险诊疗目录、药品目录、住院服务标准）									
停工留薪期待遇	按照伤情给予1~12个月的停工留薪期，留薪期内个人工资按月发放									
伤残津贴（按月支付，本人工资的一定比例）	90%	85%	80%	75%	难以安排工作的，支付比例为70%	难以安排工作的，支付比例为60%	—			
一次性伤残补助金（本人月工资的若干倍）	27倍	25倍	23倍	21倍	18倍	16倍	13倍	11倍	9倍	7倍
一次性工伤医疗补助金和伤残就业补助金	—	—	—	—	1.由工伤保险基金支付一次性工伤医疗补助金 2.由用人单位支付一次性伤残就业补助金 3.具体标准由省、自治区、直辖市人民政府规定					
因公死亡										
丧葬补助金	上一年度职工月平均工资×6个月									
供养亲属抚恤金	配偶抚恤金=本人工资×40%；其他亲属抚恤金=本人工资×30%									
一次性工亡补助金	上一年度全国城镇居民人均可支配收入的20倍									

（四）停止享受待遇的情形

享受工伤保险待遇有一定的条件，比如必须由社会保险行政部门认定为工伤，享受伤残待遇必须由鉴定机构进行伤残等级鉴定等。如果条件不成立或者丧失，那么职工的工伤保险待遇就可能终止或者丧失。《工伤保险条例》和《社会保险法》都规定了工伤保险待遇停止的情形，并且两者的规定是一致的。

1.丧失享受待遇条件的

工伤保险制度以工伤职工为特定的保护对象，其目的在于使工伤职工因遭受意外伤害或者患职业病丧失或者部分丧失劳动能力时，能够获得医疗救治和经济救助，在工伤待遇期间，如果工伤职工的情况发生变化，不再具备享受工伤保险待遇的条件（如劳动能力得以完全恢复而无须工伤保险制度来提供保障时），就应当停止工伤保险待遇。此外，工亡职工的亲属，在某些情形下，也可能丧失享受有关待遇的条件，如享受供养亲属抚恤金的工亡职工的子女达到一定的年龄或就业后，丧失享受抚恤待遇的条件；亲属死亡的，丧失享受遗属抚恤待遇的条件等。

2.拒不接受劳动能力鉴定的

劳动能力的鉴定是确定工伤保险待遇的基础和前提条件。不同的伤残等级所享受的工伤保险待遇是不同的。伤残等级以及生活自理能力的确定必须通过劳动能力鉴定得以实现，劳动能力鉴定的结果也成为合理调换工作岗位和恢复工作等伤后活动的科学依据。如果工伤职工没有正当理由，拒不接受劳动能力鉴定，则会产生工伤保险待遇无法确定的结果，同时这也反映了这些工伤职工并不愿意接受工伤保险制度提供的帮助。鉴于此，既然工伤职工拒不接受劳动能力鉴定，那么就不应再享受工伤保险待遇。

3.拒绝治疗的

提供医疗救治，帮助工伤职工恢复劳动能力，是工伤保险制度的重要目的之一，因而职工遭受工伤事故或患职业病后，有享受工伤医疗待遇的权利，也有积极配合医疗救治的义务。如果无正当理由拒绝治疗，就有悖于《工伤保险条例》第一条"促进职业康复"的宗旨。规定拒绝治疗的工伤职工不得再继续享受工伤保险待遇，就是为了促使工伤职工积极接受治疗，尽可能地恢复劳动能力，以提高自己的生活质量，而不是一味消极地依靠社会救助。但是，如果确有事实和证据证明这种治疗有害于工伤职工，而不是促进职业康复的，不应排除工伤职工的工伤保险待遇。

（五）未参保职工发生工伤后的待遇支付

用人单位按照《工伤保险条例》的规定，应当参加工伤保险而未参加的，由劳动保障行政部门责令改正；未参加工伤保险期间用人单位职工发生工伤的，由该用人单位按照《工伤保险条例》规定的工伤保险待遇项目和标准支付费用。

（六）特殊人群的工亡待遇支付

（1）退休后的工伤保险待遇。退休前认定为工伤的职工，退休后基本养老保险待遇低于伤残津贴的，由工伤保险基金补足差额；退休后由工伤保险基金继续支付生活护理费和辅助器具配备、更换费用；退休后旧伤复发，由工伤保险基金支付工伤医疗待遇。

（2）职工退休前参加了工伤保险，退休后被诊断为职业病并被认定为工伤的，应该享受工伤医疗待遇。

（3）根据《关于农民工参加工伤保险有关问题的通知》（劳社部发〔2004〕18号）的

规定，对跨省流动的农民工一级至四级伤残长期待遇的支付，可选择一次性或长期支付方式。一次性享受工伤保险长期待遇的，须由农民工本人提出，与用人单位解除或者终止劳动关系，与统筹地区社会保险经办机构签订协议，终止工伤保险关系。待遇标准按照省（自治区、直辖市）劳动保障行政部门制定的标准计发。

（4）用人单位未按照规定及时足额缴费的，在此期间发生工伤的各项待遇由用人单位负担。用人单位补缴工伤保险费后正常缴费，在此之后工伤职工的各项待遇和新发生工伤的各项待遇由工伤保险基金支付。

（七）工亡保险基金先行支付的情况

《社会保险法》第四十一条规定："职工所在用人单位未依法缴纳工伤保险费，发生工伤事故时，由用人单位支付工伤保险待遇。用人单位不支付的，从工伤保险基金中先行支付。从工伤保险基金中先行支付的工伤保险待遇应当由用人单位偿还。用人单位不偿还的，社会保险经办机构可以依照本法第六十三条的规定追偿。"

《社会保险法》第四十二条规定："由于第三人的原因造成工伤，第三人不支付工伤医疗费用或者无法确定第三人的，由工伤保险基金先行支付，工伤保险基金先行支付后，有权向第三人追偿。"

|第三节|　工伤保险实务

一、工伤认定程序

工伤认定程序可简要分解为"申请–受理–调查核实–决定–救济"五个环节，具体流程可参考图7-2。

（一）申请

1.时限

（1）两种时限。《工伤保险条例》规定，职工发生事故伤害或被诊断、鉴定为职业病，所在单位应在30日内提出工伤认定申请，特殊情况经批准可延长。若单位未申请，工伤职工、其近亲属或工会组织可在1年内直接申请。单位未按时申请，未申请期间产生的符合规定的工伤待遇费用由单位承担。曾从事职业病危害作业，离岗后被诊断为职业病的，也可在诊断后1年内申请。

设置两种申请时效，首先是用人单位30日的时效，旨在督促其尽快申请，方便劳动者及时获得救济，也利于调查核实；职工方1年的时效，则是防止单位逃避责任，给职工留出搜集证据的时间。

（2）时限的中断。若申请人因不可抗力、人身自由受限、用人单位原因、社保部门登记制度不完善、劳动关系争议仲裁或诉讼等特殊原因，无法按时申请工伤认定，被延误的时间不计入申请时限。

2.管辖

（1）地域管辖。职工受到事故伤害或者患职业病后，在参保地进行工伤认定、劳动能力鉴定，并按照参保地的规定依法享受工伤保险待遇；未参加工伤保险的职工，应当在生产经营地进行工伤认定、劳动能力鉴定，并按照生产经营地的规定依法由用人单位支付工伤保险待遇。

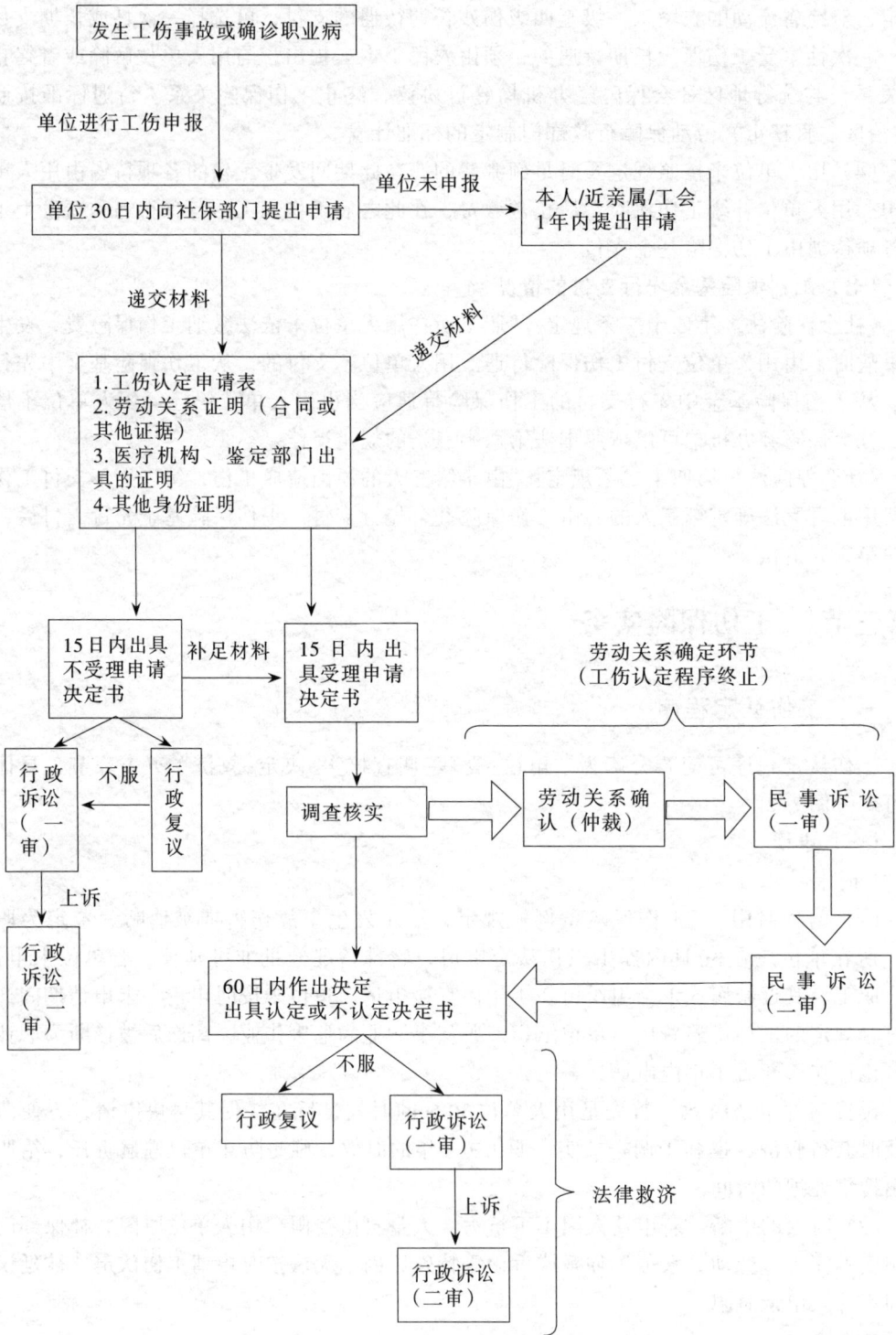

图7-2　工伤认定流程

　　（2）级别管辖。《工伤保险条例》第十七条第一款规定应向"统筹地区社会保险行政部门"提出工伤认定申请。结合第十一条"逐步实行省级统筹"的说法，我们很容易得出应向参保所在地省级社会保险行政部门提交申请的结论。但这显然不切实际，如果是直辖市可能还算方便，若是在新疆、西藏等地域辽阔的省级单位，要求全区的受灾劳动者都千里迢迢地赶去乌鲁木齐或拉萨专门认定工伤，则颇有劳民伤财之嫌。因此，第十七条第三款笔锋一转，强调"按照本条第一款的规定应当由省级社会保险行政部门进行工伤认定的事项，根据属地原则由用人单位所在地的设区市级社会保险行政部门"具体管辖。而实践中，更有一些城市直接将认定之权授予区级行政主管部门，如广州的番禺区与增城区，以解决较大城市郊区工伤申请与调查的双向困难。

3.材料

申请之时，还必须提交相应的书面材料，包括：一是《工伤认定申请表》，表中应当包括事故发生的时间、地点、原因以及职工伤害程度等基本情况。二是与用人单位存在劳动关系的证明材料，包括劳动、聘用合同文本复印件或者与用人单位存在劳动关系（包括事实劳动关系）、人事关系的其他证明材料；三是医疗机构出具的受伤后诊断证明书或者职业病诊断证明书（或者职业病诊断鉴定书）。工伤认定申请人提供的材料不完整的，社会保险行政部门应当一次性书面告知工伤认定申请人需要补正的全部材料。申请人按照书面告知要求补正材料后，社会保险行政部门应当受理。

作为形式上的要件，以上三点都是启动工伤认定所必需的。只有当时限、管辖、材料三项均满足的时候，工伤认定程序才会继续向下运转，进入受理阶段。

（二）受理

工伤认定申请人提交的材料符合要求，属于社会保险行政部门管辖范围且在受理时限内的，社会保险行政部门应当受理。

社会保险行政部门收到工伤认定申请后，应当在15日内对申请人提交的材料进行审核，材料完整的，作出受理或者不予受理的决定；材料不完整的，应当以书面形式一次性告知申请人需要补正的全部材料。社会保险行政部门收到申请人提交的全部补正材料后，应当在15日内作出受理或者不予受理的决定。

社会保险行政部门决定受理的，应当出具《工伤认定申请受理决定书》；决定不予受理的，应当出具《工伤认定申请不予受理决定书》。

（三）调查核实

1.调查核实的范围

社会保险行政部门受理工伤认定申请后，根据审核需要可以对事故伤害进行调查核实。在这里，立法采用"可以"的措辞，当然也意味着"可以"不进行调查，如面对已经依法取得职业病诊断证明书或者职业病诊断鉴定书的工伤认定申请。但若职业病诊断证明书或者职业病诊断鉴定书不符合国家规定的要求和格式，认定部门可以要求出具部门重新提供。

认定过程中的调查范围颇广，办案人员可以根据需要，进入有关单位和事故现场；可依法查阅与工伤认定有关的资料，询问有关人员并作出调查笔录；可以记录、录音、录像和复制与工伤认定有关的资料；调查核实工作的证据收集参照行政诉讼证据收集的有关规定执行。以上调查核实，应当由两名以上工作人员共同进行，并出示执行公务的证件，有关单位和个人应当予以协助。用人单位、工会组织、医疗机构以及有关部门应当负责安排相关人员配合工作，据实提供情况和证明材料。若对于接受申请的认定部门而言，部分证据的调集仍有困难的，他们还可以根据需要，委托其他统筹地区的社会保险行政部门或相关部门调查核实。

当然,社会保险行政部门工作人员调查核实时,还必须对获悉的情况承担相应的保密义务,其中既包括保护有关单位商业秘密以及个人隐私,也包括为提供情况的有关人员保密。如果社会保险行政部门工作人员与工伤认定申请人有利害关系的,该利害关系人还应当回避。

2.举证责任分配

在举证责任上,《工伤保险条例》为劳动者设计了倾斜性的保护条款:当职工或者其近亲属认为是工伤,而用人单位不认为是工伤之时,由该用人单位承担举证责任。用人单位拒不举证的,社会保险行政部门可以根据受伤害职工提供的证据或者通过调查取得的证据,依法作出工伤认定决定。

3.劳动关系确认与工伤保险责任承担主体的确认

工伤保护的前提是劳动关系的存在,只有被纳入劳动关系之中的劳动者的业务性伤害,才有可能被列入工伤补偿之范畴。如果社会保险行政部门受理工伤认定申请后,发现劳资双方对是否存在劳动关系这一重要前提存在争议且无法确认,那么整个认定程序就不得不被暂时"搁置",办案人员应告知当事人可以向劳动人事争议仲裁委员会申请仲裁。在此期间,作出工伤认定决定的时限中止,并书面通知申请工伤认定的当事人。劳动关系被依法确认后,当事人应将有关法律文书送交受理工伤认定申请的社会保险行政部门,该部门自收到生效法律文书之日起恢复工伤认定程序。

对于特殊用工形式,司法解释还专门针对劳动关系(即承担工伤保险责任的单位)的确定作出了若干解释,其中包括:

(1)职工与两个或两个以上单位建立劳动关系,工伤事故发生时,职工为之工作的单位为承担工伤保险责任的单位。

(2)劳务派遣单位派遣的职工在用工单位工作期间因工伤亡的,派遣单位为承担工伤保险责任的单位。

(3)单位指派到其他单位工作的职工因工伤亡的,指派单位为承担工伤保险责任的单位。

(4)用工单位违反法律、法规的规定将承包业务转包给不具备用工主体资格的组织或者自然人,该组织或者自然人聘用的职工从事承包业务时因工伤亡的,用工单位为承担工伤保险责任的单位,其承担赔偿责任或者社会保险经办机构从工伤保险基金支付工伤保险待遇后,有权向相关组织、单位和个人追偿。

延展阅读7-3

特殊用工形式下工伤保险责任认定案例——劳务派遣员工工伤处理

(5)个人挂靠其他单位对外经营,其聘用的人员因工伤亡的,被挂靠单位为承担工伤保险责任的单位,其承担赔偿责任或者社会保险经办机构从工伤保险基金支付工伤保险待遇后,有权向相关组织、单位和个人追偿。

(四)决定

社会保险行政部门应当自受理工伤认定申请之日起60日内作出工伤认定的决定,出具《认定工伤决定书》或者《不予认定工伤决定书》。对于事实清楚、权利义务明确的工伤认定申请,应在15日内作出工伤认定的决定。作出工伤认定决定需要以司法机关或者有关行政主管部门的结论为依据的,在司法机关或者有关行政主管部门尚未作出结论期间,作出工伤认定决定的时限中止。

自决定作出之日起，应当在20日内将决定文书送达受伤害职工（或者其近亲属）和用人单位，并抄送社会保险经办机构。工伤认定结束后，社会保险行政部门应当将工伤认定的有关资料保存50年。

（五）救济

职工或者其近亲属、用人单位对不予受理决定不服或者对工伤认定决定不服的，可以依法申请行政复议或者提起行政诉讼。

因工伤认定申请人或者用人单位隐瞒有关情况或者提供虚假材料，导致工伤认定决定错误的，社会保险行政部门发现后，应当及时予以纠正。如果已经进入到诉讼阶段，社会保险行政部门也可以在诉讼中依法予以更正。

工伤认定依法更正后，原告不申请撤诉，社会保险行政部门在作出原工伤认定时有过错的，人民法院应当判决确认违法；社会保险行政部门无过错的，人民法院可以驳回原告的诉讼请求。

二、劳动能力鉴定

（一）劳动能力鉴定的内涵及具体情形

劳动能力鉴定又称职业伤害造成的失能鉴定。工伤保险的被保险人在工伤医疗期间被治愈，或者伤情处于相对稳定状态，或医疗期满仍不能从事工作的，依法进行劳动能力鉴定，评定伤残等级，并定期复查伤残情况。这一意见或证明通常在工伤认定环节之后，是在相关机构认定劳动者所受伤害或所罹患的疾病确属工伤（职业病），符合工伤保险给付范畴之后，再进一步对其所造成的具体损害（伤残程度）进行的一种专业性评定，最终根据该评定结果来核定工伤劳动者应当享受哪一层级的工伤待遇。

当然，并不是所有的工伤事故都需要进行劳动能力鉴定。正如其名，大多数时候，只有在受害人的劳动能力或生活自理能力受到无法恢复的损伤之时，也就是存在伤残的情况下，才会启动这一鉴定程序。如果劳动者只是简单的跌倒，刮伤膝盖，经过简单的治疗与休息之后完全可以恢复原状，不会因此而影响到自身的工作能力或职业能力的，显然用不着做这种鉴定。因跌倒而引发的医疗待遇以及停工期间的薪水等保险待遇，在经历工伤认定环节后，便可直接确定。也就是说，这一鉴定是与工伤而导致的特定的残疾情况紧密挂钩的，这也就必然给鉴定申请的时间安上了一个临界点。根据《工伤保险条例》第二十一条，这个时间点应当卡在"职工发生工伤，经治疗伤情相对稳定后存在残疾、影响劳动能力"之时。

首先，我们必须关注的是"经治疗伤情相对稳定后"，其是指劳动者的原发性损伤已经得到修复或治愈，身体的功能性障碍已经获得恢复，且情况稳定以后。例如，骨折已经达到复位愈合，医疗过程已经终结，损伤和医疗过程中引起的并发症已经得到控制，肢体或神经的功能已经恢复。其次，必须是"存在残疾"，有"影响劳动能力"的具体情形。这也是劳动能力鉴定启动的必要条件。事实上，与该鉴定相连接的工伤待遇仅止于《工伤保险条例》第三十五条、第三十六条、第三十七条所规定的伤残待遇，之前的医疗待遇无须鉴定，之后的工亡待遇亦无从鉴定。

最后，《工伤保险条例》对这一程序之规定，所用的措辞是"应当"而非"可以"。也就是说，在存在前述情形之时，劳动能力鉴定是启动后续工伤待遇核定与给付的必要前提，受害人若要取得伤残待遇，就无可选择，也无从绕过，只能遵循该程序。

（二）劳动能力鉴定的标准

根据我国国家标准GB/T16180-2014《劳动能力鉴定 职工工伤与职业病致残等级》的相关规定，其主要依据"工伤致残者于评定伤残等级技术鉴定时的器官损伤、功能障碍及其对医疗与日常生活护理的依赖程度"，同时应"适当考虑由于伤残引起的社会心理因素影响，对伤残程度进行综合判定分级"。这种分级不仅要考虑伤者的劳动功能障碍程度，还会涉及他们的生活自理障碍程度。其中，劳动功能障碍分为10个伤残等级，最重的为一级，最轻的为十级。生活自理障碍分为三个等级：生活完全不能自理、生活大部分不能自理和生活部分不能自理。具体分类如下：

一级为器官缺失或功能完全丧失，其他器官不能代偿，存在特殊医疗依赖，或完全或大部分或部分生活自理障碍。

二级为器官严重缺损或畸形，有严重功能障碍或并发症，存在特殊医疗依赖，或大部分或部分生活自理障碍。

三级为器官严重缺损或畸形，有严重功能障碍或并发症，存在特殊医疗依赖，或部分生活自理障碍。

四级为器官严重缺损或畸形，有严重功能障碍或并发症，存在特殊医疗依赖，或部分生活自理障碍或无生活自理障碍。

五级为器官大部缺损或明显畸形，有较重功能障碍或并发症，存在一般医疗依赖，无生活自理障碍。

六级为器官大部缺损或明显畸形，有中等功能障碍或并发症，存在一般医疗依赖，无生活自理障碍。

七级为器官大部分缺损或畸形，有轻度功能障碍或并发症，存在一般医疗依赖，无生活自理障碍。

八级为器官部分缺损，形态异常，轻度功能障碍，存在一般医疗依赖，无生活自理障碍。

九级为器官部分缺损，形态异常，轻度功能障碍，无医疗依赖或者存在一般医疗依赖，无生活自理障碍。

十级为器官部分缺损，形态异常，无功能障碍，无医疗依赖或者存在一般医疗依赖，无生活自理障碍。

（三）鉴定机构与鉴定程序

1.鉴定机构

《工伤保险条例》第二十三条规定："劳动能力鉴定由用人单位、工伤职工或者其近亲属向设区的市级劳动能力鉴定委员会提出申请，并提供工伤认定决定和职工工伤医疗的有关资料。"

其中，省市两级劳动能力鉴定委员会分别由同级社会保险行政部门、卫生行政部门、工会组织、经办机构代表以及用人单位代表组成。《工伤保险条例》也同时要求劳动能力鉴定委员会应建立医疗卫生专家库。列入专家库的医疗卫生专业技术人员应当具备下列条件：（1）具有医疗卫生高级专业技术职务任职资格；（2）掌握劳动能力鉴定的相关知识；（3）具有良好的职业品德。

2.鉴定程序

在程序上，劳动能力鉴定的启动首先需要由适格的当事人申请。根据《工伤保险条例》第二十三条的规定，申请人既可以是用人单位，也可以是工伤职工或者其近亲属，由他们直接向设区的市级劳动能力鉴定委员会提出。申请的同时，还需要提供相应的申请资料，如劳动能力鉴定申请书、工伤认定决定书和工伤（职业病）医疗的有关资料等。当事人的申请若符合法定条件，程序就会被推进到鉴定环节。这一环节将涉及鉴定的组织、期限、再次鉴定、复查和回避等一系列制度。

首先，是组织鉴定。按照《工伤保险条例》第二十五条第一款的规定，设区的市级劳动能力鉴定委员会收到劳动能力鉴定申请后，应当从其建立的医疗卫生专家库中随机抽取3名或者5名相关专家组成专家组，由专家组提出鉴定意见。设区的市级劳动能力鉴定委员会根据专家组的鉴定意见作出工伤职工劳动能力鉴定结论；必要时，可以委托具备资格的医疗机构协助进行有关的诊断。

其次，在期限上，设区的市级劳动能力鉴定委员会应当自收到劳动能力鉴定申请之日起60日内作出劳动能力鉴定结论，必要时，作出劳动能力鉴定结论的期限可以延长30日。劳动能力鉴定结论应当及时送达申请鉴定的单位和个人。此时，如果申请鉴定的单位或者个人对设区的市级劳动能力鉴定委员会作出的鉴定结论不服的，还可以在收到该鉴定结论之日起15日内向省、自治区、直辖市劳动能力鉴定委员会提出再次鉴定申请。省、自治区、直辖市劳动能力鉴定委员会作出的劳动能力鉴定结论为最终结论。

再次，为了切实保障工伤待遇的实效性，当工伤职工的伤残情况有所变化，尤其是恶化之时，《工伤保险条例》还专门补充了劳动能力的复查鉴定条款，规定自劳动能力鉴定结论作出之日起1年后，工伤职工或者其近亲属、所在单位或者经办机构认为伤残情况发生变化的，可以申请劳动能力复查鉴定，并以此来防止一定待遇适用终身的僵化效果，切实并"切时"地保障工伤职工的合法权益。

最后，《工伤保险条例》第二十七条还特别规定了劳动能力鉴定中，适用于劳动能力鉴定委员会组成人员和参加鉴定的专家的回避制度，如果他们"与当事人有利害关系"，则应当回避。

三、工伤保险待遇核定与发放

（一）享受待遇人员资格的核定

享受待遇人员资格的核定是指经办机构对用人单位为受伤员工及时足额缴费情况，工伤认定、劳动能力鉴定情况，单位申报工伤认定时间是否符合规定，因公死亡职工分类及享受供养亲属抚恤金人员的资格等进行审核。

（1）经办机构对三类人员的资格进行审核，即工伤职工、工亡职工、供养亲属。

（2）进行享受待遇人员资格审核时，经办机构受理申请人应填写待遇申请表，并提供居民身份证或户口簿、工伤认定结论、劳动能力鉴定结论、因工死亡职工供养亲属身份及供养关系公证材料等。

（3）经办机构对以下材料进行审核：申请人提供的工伤认定结论；该职工发生工伤时，其所在单位参保缴费情况；参保单位是否在事故发生或职业病诊断（鉴定）后的规定时间内申请了工伤认定；工亡职工供养亲属有关证明材料。

（4）审核通过后，确定享受待遇人员名单，明确支付责任，并将审核意见告知申请人。

（5）享受待遇资格的验证。经办机构对工伤职工享受工伤待遇资格和供养亲属待遇资格每年验证一次，包括职工参保信息、领取待遇人员的生存状况、待遇支付信息等。

（二）工伤医疗（康复）待遇审核

工伤医疗（康复）待遇审核是指经办机构对职工发生事故伤害或者按照《中华人民共和国职业病防治法》的规定被诊断、鉴定为职业病，经认定为工伤的职工所发生的医疗、康复费用是否符合国家和地方有关规定进行审核。

（1）职工在工伤认定前的工伤医疗费用及统筹地区以外就医的工伤医疗费用由参保单位垫付，待接到工伤认定结论后，到经办机构按规定进行审核。

（2）经办机构受理申请人填写的费用核定表，并要求提供工伤职工的医疗（康复）票据和费用清单、医疗诊断证明书等材料。

（3）经办机构对工伤职工各项检查治疗是否与工伤部位、职业病病情相符合，是否符合规定的项目、目录、标准等进行审核。

（4）经办机构根据相关标准计算核定工伤职工住院伙食补助费、到统筹地区以外就医交通食宿费的数额。

（5）工伤职工终止或解除劳动合同，按照伤残等级标准核定一次性医疗补助金。

（6）审核通过后，经办机构计算申领人的医疗（康复）待遇数额，并将审核意见告知申请人。

（7）职工经认定为工伤，或者工伤职工旧伤复发的，经办机构对工伤医疗（康复）费用进行审核，并与协议医疗（康复）机构之间结算费用。

（8）待遇申领人对工伤医疗（康复）待遇核定金额有异议，提出重核申请时，经办机构应予以重核，并将重核结果告知待遇申领人。

（三）伤残待遇核定

伤残待遇核定包括一次性伤残补助金、伤残津贴、生活护理费和辅助器具配置费等。符合一次性领取资格的人员，按相关规定执行。

（1）经办机构受理工伤职工伤残待遇申请，并审查通过资格核定的待遇申领表、劳动能力鉴定结论、配置辅助器具确认书等材料。

（2）经办机构根据劳动能力鉴定结论确定伤残等级，按照规定计算工伤职工一次性伤残补助金、伤残津贴和生活护理费支付数额以及核定配置（更换）辅助器具费用金额，并将核定结果告知申请人。

（3）经办机构与签订协议的辅助器具配置机构之间结算费用时，应按规定进行审核。

（4）工伤职工对一次性伤残补助金、伤残津贴和生活护理费支付金额以及配置（更换）辅助器具费用核定金额有异议，提出待遇重核申请时，经办机构应予以重核，并将重核结果告知参保单位和工伤职工。

（四）工亡待遇核定

工亡待遇包括丧葬补助金、一次性工亡补助金和供养亲属抚恤金。工亡待遇核定是经办机构区别直接死亡、停工留薪期内因工导致死亡和一级至四级伤残职工在停工留薪期满后死亡的情况，对其亲属核定丧葬补助金、一次性工亡补助金，符合享受供养条件的人员按具体人数核定供养亲属抚恤金。

（1）职工因工死亡，经办机构受理工亡待遇申请，并审查通过资格核定的待遇申领表、工伤认定结论等材料。

（2）经办机构按规定标准计算工亡职工一次性工亡补助金、丧葬补助金，计算符合享受供养资格的亲属的抚恤金数额，核定计发金额，发给供养亲属资格证明，并将核定结果告知申请人。

工亡职工供养亲属对工亡待遇核定金额有异议，提出重核申请时，经办机构应予以重核，并将重核结果告知申请人。

（五）待遇调整审核

当统筹地区统一调整工伤保险待遇，或工伤职工有关情况发生变化，工亡职工供养亲属丧失供养条件时，按规定调整工伤保险待遇。

（1）根据有关规定对享受工伤保险待遇人员的相关待遇进行统一调整。

（2）工伤职工达到退休年龄、被收监执行或死亡的，供养亲属丧失或暂时丧失供养条件的，经办机构应及时核对，停止其工伤保险待遇。

（3）工伤职工劳动能力鉴定结论发生变化或服刑完毕的，应重新填写待遇申领表并提交劳动能力鉴定结论或服刑完毕证明。经办机构进行核对，调整或恢复其工伤保险待遇。

（4）享受工伤保险待遇人员对待遇调整金额有异议，提出重核申请时，经办机构应予以重核，并将重核结果告知有关享受工伤保险待遇人员。

（六）待遇发放

待遇发放也称待遇支付，是指经办机构根据待遇核定结论，对各项待遇费用，包括工伤医疗（康复）费用、住院伙食补助费、到统筹地区以外就医的交通食宿费、一次性医疗补助金、一次性伤残补助金、伤残津贴（含工伤保险伤残津贴高于基本养老金的差额）、生活护理费、配置辅助器具费用、丧葬补助金、一次性工亡补助金和供养亲属抚恤金等，进行结算、支付。

伤残津贴、生活护理费从完成劳动能力鉴定次月开始计发；供养亲属抚恤金从工伤职工死亡次月开始计发；工伤医疗（康复）待遇是指经办机构根据核定的结果支付参保单位（为工伤职工）垫付的费用或工伤医疗（康复）协议服务机构的医疗（康复）费用：安装配置辅助器具费用由经办机构依据待遇核定的安装配置辅助器具的项目、金额，及时支付给有关协议医疗机构或辅助器具配置机构。具体支付方式根据当地的具体情况和享受工伤保险待遇人员的意见来确定，有条件的地方应对定期支付的待遇实行社会化发放。

本章小结

工伤保险由国家立法设立，以社会统筹筹资，保障因工受伤、患职业病或因工死亡劳动者的生活。其强制性、社会性、互济性、福利性、补偿性特征，分别从不同方面保障劳动者权益、平衡风险。

其制度架构包括保险范围、资金筹集、工伤认定与待遇给付。保险范围覆盖多种事故和各类用工主体；资金筹集以用人单位缴费为核心，依行业风险设定标准并严格监管；工伤认定明确各类情形，确保公正；待遇给付依工伤程度分类，保障公平。

实务操作涵盖工伤认定、劳动能力鉴定和待遇核定发放。工伤认定流程保障申诉渠道；劳动能力鉴定提供待遇核定依据；待遇核定发放严格审核资格，确保待遇精准及时发放，促进社会稳定公平。

关键术语

工伤保险　工伤认定　劳动能力鉴定　待遇核定　待遇发放

复习思考题

即测即练

一、单选题

1.根据《工伤保险条例》，下列各项中，不属于工伤保险的特征的是（　　）。

A.强制性　　　　　　　　　　B.互济性

C.营利性　　　　　　　　　　D.补偿性

2.下列各种情形中，应视同工伤的是（　　）。

A.职工因私外出期间遭遇交通事故负主要责任

B.职工在工作岗位突发疾病，抢救无效于72小时后死亡

C.职工在抢险救灾中受伤

D.职工因醉酒导致自残受伤

3.工伤保险基金筹集的行业差别费率主要依据（　　）确定。

A.企业利润水平　　　　　　　B.行业工伤风险程度

C.职工工资总额　　　　　　　D.企业员工数量

4.劳动能力鉴定结论作出后，申请再次鉴定的时限是（　　）。

A.15日内　　　　　　　　　　B.30日内

C.60日内　　　　　　　　　　D.1年内

5.一级伤残职工的一次性伤残补助金标准为（　　）的本人工资。

A.21个月　　　　　　　　　　B.25个月

C.27个月　　　　　　　　　　D.30个月

二、多选题

1.下列各种情形中，属于应当认定为工伤的有（　　）。

A.在工作时间和工作场所内，因履行工作职责受到暴力等意外伤害的

B.上下班途中遭受非因本人原因形成的交通事故而受伤的

C.患职业病的

D.在工作时间和工作场所内，因工作原因受到事故伤害的

E.工作时间前后在工作场所内，从事与工作有关的预备性或者收尾性工作受到事故伤害的

2.可能停止享受工伤保险待遇的情形有（　　）。

A.职工本人提出放弃待遇的　　　B.拒绝治疗的（无正当理由）

C.丧失享受待遇条件的　　　　　D.用人单位破产的

E.拒不接受劳动能力鉴定的

3.劳动能力鉴定标准的主要依据有（　　　）。

A.功能障碍

B.受伤职工的工资水平

C.由于伤残引起的社会心理因素影响

D.工伤致残者于评定伤残等级技术鉴定时的器官损伤

E.对医疗与护理的依赖程度

4.工伤保险基金由（　　　）构成。

A.依法纳入工伤保险基金的其他资金

B.职工个人缴纳的费用

C.财政补贴

D.用人单位缴纳的工伤保险费

E.工伤保险基金的利息

5.工伤保险具有诸多特征，下列各项中，属于其特征的有（　　　）。

A.补偿性　　　　　　　　　　B.社会性

C.福利性　　　　　　　　　　D.强制性

E.互济性

三、简答题

1.简述工伤保险中无责任补偿原则的含义。

2.简述工伤保险待遇核定与发放包含的主要环节及内容。

四、案例分析

员工小孙在某机械制造公司工作。某日下班前，小孙在关闭车床时，因与同事聊天未遵守操作规程，导致手指被挤伤，花费医疗费 2 000 元，停工两个月。小孙要求单位赔偿，但单位认为其受伤是个人过失所致，拒绝赔偿。双方未及时申请工伤认定，8 个月后小孙自行申请并被认定为工伤（伤残九级），但单位未为其缴纳工伤保险费。单位对此认定结果不服。

1.小孙的受伤是否符合工伤认定条件？

2.单位未在事故发生后 30 日内申请工伤认定，小孙是否有权自行申请？如果可以，应在什么时间内提出申请？

3.若单位未为小孙缴纳工伤保险费，小孙的工伤保险待遇应由谁承担？单位可能面临哪些法律责任？

参考答案

第八章

长期护理保险制度与实务

知识目标

1.了解长期护理保险的概念、产生背景、含义、特征以及国际上长期护理保险制度的不同安排；

2.熟悉长期护理保险的功能，包括对老龄群体、家庭以及社会经济等方面的作用；

3.理解我国长期护理保险试点在覆盖范围、筹资机制、服务内容与给付机制等方面与国际制度的差异；

4.掌握我国长期护理保险试点的制度安排以及上海、青岛等地的经办实务。

能力目标

1.能够根据不同地区的人口结构、经济发展水平以及老龄化程度等因素，设计适合当地的长期护理保险参保范围、筹资模式和服务内容；

2.能够对我国长期护理保险制度进行深入剖析，诊断在实际运行过程中如资格认定、服务供给、基金收支平衡等方面存在的问题，并提出合理有效的优化策略。

思政目标

1.深刻认识到长期护理保险制度对人口老龄化、健全社会保障体系的重要意义，将个人职业发展与国家社会需求紧密结合，积极投身于长期护理保险相关工作，为完善社会保障体系贡献力量；

2.从长期护理保险制度的建立和发展中，体会国家政策如何根据社会现实问题进行调整和完善，增强对国家政策的认同感和执行力，积极宣传和推动长期护理保险制度的普及，促进社会和谐发展。

思维导图

```
                                              ┌─ 产生背景
                              ┌─ 概述 ────────┼─ 含义与特征
                              │               └─ 功能
                              │               ┌─ 德国制度
                              ├─ 国际比较 ────┼─ 日本制度
                              │               └─ 韩国制度
长期护理保险制度与实务 ───────┤               ┌─ 覆盖范围与保障对象
                              ├─ 我国制度试点 ┼─ 筹资机制
                              │               └─ 服务内容与给付机制
                              │               ┌─ 上海市经办实务
                              └─ 实务 ────────┴─ 青岛市经办实务
```

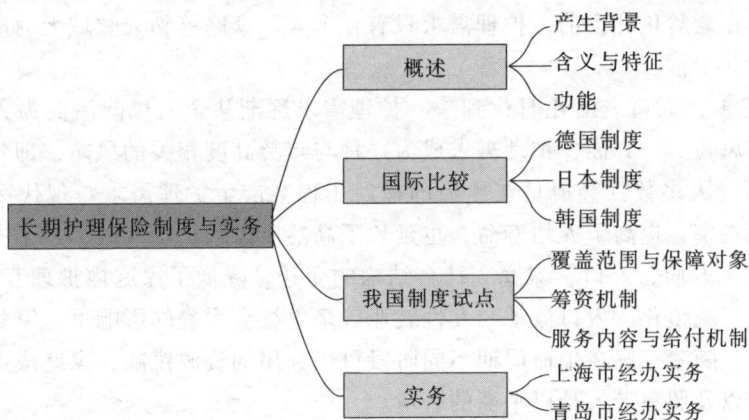

|第一节| 长期护理保险概述

随着中国人口老龄化程度加深，高龄老人的规模日益增大，失能风险不断加剧，老年人的长期护理保障不足已成为中国亟待解决的社会问题。对此，中国积极探索建立长期护理保险制度，开展长期护理保险试点。2016年，习近平总书记在要求落实支持养老服务业发展的政策措施中，特别强调要建立"相关保险和福利及救助相衔接的长期照护保障制度"。同年，人力资源和社会保障部发布《关于开展长期护理保险制度试点的指导意见》，明确在全国15个城市开展长期护理保险制度试点。2020年，国家医疗保障局会同财政部发布《关于扩大长期护理保险制度试点的指导意见》，进一步扩大全国制度试点范围。建立长期护理保险制度，不仅被视为中国应对人口老龄化、健全社会保障体系的重要战略任务，而且成为实现第二个百年奋斗目标"治国安邦"的重大议题。

一、长期护理保险的产生背景

（一）人口老龄化的加剧

随着医疗水平的提高和人均寿命的延长，全球范围内许多国家的老年人口比例不断攀升。根据联合国的预测，到2050年，全球60岁及以上的老年人约21亿人，占全球总人口的比例将从2020年的13%上升至21%。

在我国，人口老龄化形势也十分严峻。第七次人口普查数据显示，我国60岁及以上人口为26 402万人，占全国总人口的18.70%，其中，65岁及以上人口为19 064万人，占比达13.50%；截至2024年年底，60岁及以上人口上涨至31 031万人，约占全国人口的22%，其中65岁以上人口达22 023万人，占全国人口的15.6%。中国已然快速地步入超老年型国家行列。我国人口老龄化具有人口基数大、发展态势迅猛、城乡倒置、地区态势差异大、高龄化趋势愈演愈烈、失能老人等比例快速上升等特点。随着老年人口的增多，长期护理的需求不断增加，这为长期护理保险的产生提供了现实需求。

（二）护理需求的社会化

人类的护理需求有着深厚的历史渊源。在疾病、意外事故等特殊情况下，均可能因生活不能自理而需要他人的帮助。但在人类步入老龄化时代以前，护理需求一般通过家庭内部互助等私人方式即可解决。我国的"孝道"文化中就常常蕴含着古人代际护理的智慧与习惯。因此，在老龄化社会前，护理需求只有在个人、家庭等私人领域无力应对的特殊情况下才涉及公共干预。

至20世纪末，人口老龄化时代到来，护理需求逐渐从个人风险演变为大多数社会成员的一般生存风险。一方面，护理需求成为一种与年龄高度相关的风险，即年龄越高护理需求风险越高。大多数社会成员在生命的最后历程会产生护理需求。现代医学技术的进步，降低了死亡率，提高了人均寿命，也延长了高龄所需的护理年限，是个人、家庭难以承受之重。另一方面，人口、家庭、社会结构的变迁，降低了家庭内护理互助的可能性。在老龄少子化、城镇化、人口流动、女性就业等多重社会因素的影响下，家庭的保障功能已被严重弱化。随着家庭在生命周期不同阶段可以利用的资源锐减，家庭成员面临工作养家、养育子女以及照料老人难以平衡的窘境。

（三）医疗保障体系面临的压力与养老产业的兴起

随着老龄化加剧，老龄群体的健康问题日益复杂，很多老年人患有慢性病、认知障碍等，护理需求大幅增加。现有的医疗保障体系多以治疗疾病为主，对于长期护理、慢性病管理、老年人日常生活照料等方面的支持不足。同时，传统的养老院和护理院床位有限，难以满足庞大的老年人口需求，尤其是在一些发展中地区。

随着社会对老年人护理的需求增加，各类经济体养老产业逐渐兴起。养老院、护理院、居家护理服务等产业不断扩展，但大多数家庭由于经济原因难以负担高昂的护理费用。因此，长期护理保险作为一种社会保障制度，可以帮助家庭减轻照护负担，提高老年人的生活质量。同时，随着经济发展和社会保障体系的逐步完善，政府开始更加重视社会福利建设，尤其是对老年群体的关怀。在这个背景下，建立长期护理保险制度有助于进一步完善社会保障体系，为老年人提供更加全面、长期的保障。

二、长期护理保险的含义与特征

（一）长期护理保险的定义

长期护理保险（Long-Term Care Insurance，LTCI）在我国还是一个新的名词。我国目前社会保险体系包含养老保险、医疗保险、工伤保险、失业保险和生育保险五个险种，但还没有正式建立长期护理保险。关于长期护理保险的定义，目前有如下几种主要的观点：

美国健康保险协会对长期护理保险的定义是，"为消费者设计的，对其在发生长期护理时发生的潜在巨额护理费用支出提供保障"。美国人寿管理协会（Life Office Management Association，Inc，LOMA）的定义是"长期护理保单是为那些由于年老或严重疾病或意外伤害的影响需在家（Care at Home）或护理机构（Nursing Facility）得到稳定护理的被保险人支付的医疗及其他服务费用进行补偿的一种保险"。

国内有学者认为，长期护理保险是指对被保险人因为年老、严重或慢性疾病、意外伤残等导致身体上的某些功能全部或部分丧失，生活无法自理，需要入住安养院接受长期的康复和支持护理或在家中接受他人护理时支付的各种费用给予补偿的一种健康保险。

本书将长期护理保险界定为：因年老、疾病或伤残导致丧失日常生活能力且需要被长期照护的人员的基本生活照料和与之密切相关的医疗护理，提供服务或资金保障的社会保险制度。它是独立于养老保险、医疗保险、工伤保险、生育保险、失业保险之外的"第六险"。它以长期处于失能状态的参保人群为保障对象。

（二）长期护理保险的特征

除了具备社会保险和商业保险的共性之外，与其他保险制度相比，长期护理保险还具有如下特征：服务保障性、服务提供社会化、受益限定性、配套体系必要性、促进服务产业化等。

1.服务保障性

长期护理保险的核心并非基金支付，而是提供服务。基金支付只是保障人们获取服务的途径，若缺乏服务或服务不足，该险种便失去了存在的意义。对于老年人而言，在某种程度上，享有长期护理服务比拥有保险金更为重要。

从这一方面来看，长期护理保险与提供医疗服务的医疗保险有着相似之处。两者都聚焦于服务的提供，且在保障人们健康生活方面发挥关键作用。鉴于医疗保险在基金管理上积累了丰富经验，有些国家采用"护理保险跟从医疗保险"的原则。这意味着所有参加医疗保险的人都需参加长期护理保险，长期护理保险基金由医疗保险基金管理机构代管，德国和日本便是典型的例子。这种模式既能借助医疗保险成熟的管理经验，又能高效整合资源，推动长期护理保险的发展，为更多有需求的人提供优质的护理服务。

2.服务提供社会化

从推行长期护理保险制度的国家的实践经验来看，长期护理服务的提供主体呈现多元化的格局。政府机构凭借其资源调配能力和政策引导作用，在长期护理服务中占据重要地位；非营利组织基于公益属性，专注于提供普惠性、人性化的护理服务；营利性机构则以市场需求为导向，通过创新服务模式和提升服务质量，满足多样化的护理需求，这三者共同构成了长期护理服务提供方的主要力量。

在一些国家和地区，志愿者参与长期护理服务成为一大特色。以日本为例，志愿者会定期探访有护理需求的老人，为他们提供生活照料、陪伴聊天等服务，极大地丰富了护理服务的内容和形式。在中国香港，志愿者队伍活跃在社区，协助专业护理人员开展工作，有效缓解了护理资源的紧张状况。

此外，非正规护理服务提供者同样不可或缺，他们主要是家庭成员、朋友或邻居。这些身边的人基于情感纽带，能够给予被护理者细致入微的关怀和日常照料，是长期护理服务的重要补充。非正规服务提供方与专业服务机构相互配合、协同合作，共同构建起了长期护理服务供给的社会化支持体系网络。这一网络全方位、多层次地满足了不同人群的长期护理需求，为长期护理保险制度的有效实施提供了坚实的服务保障。

3.受益限定性

长期护理保险的受益限定性主要体现在两个关键方面。

首先是受益对象的资格审核环节。无论是长期护理社会保险还是商业保险，对于已缴纳保费的被保险人，申请长期护理服务时都需经过严格的资格审核。通常，这一审核基于申请人日常生活能力量表（ADL）得分情况。由于ADL得分的评定标准较为严格，并非所有缴纳保费的被保险人都能顺利获得长期护理保险金或享受长期护理服务。只有那些得分达到标准、确实需要长期护理的被保险人，才有资格享受相应的保障。

其次是长期护理服务等级的认定。即使被保险人通过了资格审核，还需根据其失能程度，进一步确定其所需的长期护理服务等级。不同的失能程度对应不同的护理等级，而每个等级有其特定的保险金给付标准。值得注意的是，不同国家在长期护理服务等级的划分上存在差异。有些国家的划分较为细致，依据多维度标准进行等级认定；而有些国家则较为简略，主要从几个关键因素来界定。这种差异使得不同国家的长期护理保险金给付标准和服务内容呈现出多样化特点。

4.配套体系必要性

当被保险人有长期护理需求时，需要主动申请，并进入审核流程。首先进行资格鉴定，相关部门根据法律规范和行业标准判断被保险人是否具备享受服务的资格，以确保保险资源的合理分配。资格鉴定通过后，依据失能程度、生活自理能力等因素，确定护理服务等级，并据此进行相应的服务和资源分配。完成等级认定后，将根据相关规定和合同约定为被保险人匹配适当的护理服务。

在服务供给阶段，确保服务质量至关重要。护理员的专业素养直接影响服务效果，因此必须建立完善的培训机制，使护理员掌握必要的专业技能和服务流程。同时，要设立专门的质量监管机构，依据法律法规对整个服务过程进行严格监督。

与其他保险类型相比，长期护理保险由于法律关系复杂、业务专业，其配套体系显得尤为重要。服务等级鉴定机构确保等级划分的科学性，服务供给遴选机构筛选优质服务提供商，护理员培训机构提升护理人员素质，质量监管机构则确保服务质量符合标准。这些机构相互协作，共同构成长期护理保险制度有效运行的支撑体系。任何环节出现问题，都可能影响制度的实施并损害被保险人的权益。

5.促进服务产业化

长期护理保险覆盖了从居家护理、社区护理到机构护理等多个环节，促进了不同护理服务模式之间的整合与协同发展。各类护理服务机构通过建立合作关系，实现了服务的无缝对接，为参保人提供了连续、全面的护理服务。长期护理保险的发展不仅带动了护理服务本身的产业化，还与医疗、养老、康复辅具、信息技术等相关产业产生了协同效应。例如，护理服务机构与医疗机构合作开展医疗护理服务，与养老机构共建医养结合模式，推动了康复辅具产业的研发和应用，促进了信息技术在护理服务中的广泛应用，形成了一个相互促进、共同发展的产业生态系统。

三、长期护理保险的功能

（一）提高老龄群体的生命质量

长期护理服务体系是一项正式制度安排，为老年人的生活保障搭建"安全网"。在此体系下，老年人能获得专业、全面的服务，生活质量得以提升。

长期护理服务范畴广泛，不仅包含传统护理操作，在一些国家还延伸至心理咨询、心理疏导领域。由于老年人易出现孤独、焦虑等心理问题，这些心理关怀能有效缓解负面情绪，促进其心理健康。

以居家服务为基础、社区服务为主体、机构服务为补充的长期护理服务体系，因合理性和适应性强，被多数国家接纳。居家服务让老人在熟悉的环境、家人的陪伴下接受护理；社区服务凭借便利与邻里互动，提供照料资源和社交机会；机构服务则在必要时给予专业、集中的护理支持。

在居家和社区服务营造的"熟人社会"中养老,熟悉的人际和生活环境,能让老人心情愉悦、身心放松,相比机构服务,更利于保持良好身心状态,在一定程度上提高健康水平、延长寿命。这种基于人文关怀和社会关系的养老模式,正成为全球长期护理服务发展的重要方向。

(二)促进家庭代际的良性互动

长期护理保险通过减轻家庭成员特别是子女的照护压力,促进了家庭代际间的良性互动。子女在面对父母年老失能的情况时,往往需要平衡工作、家庭和照护责任,而长期护理保险为他们提供了经济支持和专业护理服务,减少了因照护造成的时间和精神压力。这使得子女能够更加专注于工作和自身生活,从而避免了过度承担照护责任带来的焦虑与疲劳,保持身心健康。同时,老年人也能在获得专业护理的同时,保持尊严和独立,减少对子女的依赖,增进彼此的亲密感和沟通。通过这样的支持,家庭成员之间能够更加和谐地相处,促进代际间的理解与关爱,形成积极的互动模式,避免了因照护冲突而引发的家庭矛盾。

(三)缓解老龄群体及其家庭的经济负担

长期护理保险通过提供经济保障,显著缓解了老龄群体及其家庭所面临的经济困境。随着老年人身体功能的衰退,尤其是在失能或半失能的情况下,护理费用往往成为一项沉重的财务负担。长期护理保险为被保险人提供护理服务及相关费用的保障,有效减轻了因支付高额护理费用而产生的经济压力。在此背景下,家庭成员亦能通过保险资金的支持,减少自身在照护责任上的财务负担,从而更好地应对日常生活中的其他经济需求,避免因长期护理费用而陷入经济困境。由此可见,长期护理保险不仅有助于老年人群体维持基本的生活水平,同时也保障了家庭的经济稳定,降低了长期照护所带来的贫困风险。

(四)培育新的经济增长点

长期护理保险在培育新的经济增长点方面发挥着重要功能。首先,它促进了护理服务行业的繁荣,推动了包括医疗护理、老龄化相关技术、健康管理和养老服务等在内的产业链发展。随着老龄化社会的加剧,长期护理保险为这些行业提供了稳定且持续的市场需求,吸引了大量社会资本和创新型企业的介入,从而促进了就业增长和技术创新。此外,长期护理保险还催生了保险业和金融领域的产品创新,推动了专门面向老龄群体的保险产品和服务的研发,拓宽了保险行业的业务领域。通过这一系列机制,长期护理保险不仅为老龄群体提供了必需的保障,还通过促进相关产业的扩展和创新,成为推动经济转型与结构调整的重要力量。

|第二节| 长期护理保险国际比较

德国、日本和韩国作为全球长期护理保险制度的先行者,分别根据本国国情建立了各具特色的制度框架。德国的社会保险模式开创了全球先河,日本的介护保险制度以精细化管理著称,而韩国则在借鉴他国经验的基础上形成了独特的混合模式。本节将从覆盖对象与资格认定、筹资机制、服务内容与给付机制三个角度,系统分析德、日、韩三国长期护理保险制度的理论与实践,以期为我国长期护理保险制度的完善提供借鉴与启示。

一、德国长期护理保险制度

(一) 覆盖对象与资格认定

1.覆盖对象

德国的长期护理保险作为全球首个以社会保险模式运行的长期护理制度,其覆盖对象的广泛性和强制性体现了社会团结原则与法律强制力。根据德国《社会法典》第十一卷第1条和第4条的规定,长期护理保险遵循"跟随医疗保险"原则,即所有参加法定医疗保险或私人医疗保险的公民及特定外籍人员,均被强制纳入长期护理保险体系。这一设计通过法律绑定医疗保险与护理保险,确保全民覆盖的公平性。

(1) 法定医疗保险参保群体

此类参保群体约占总人口的90%。根据德国《社会法典》第五卷第5条及第十一卷第20条,法定长期护理保险的覆盖范围包括:①全体雇员:月收入低于法定缴费上限(2023年为66 600欧元/年)的雇员自动参保,保费由雇主和雇员各承担50%(《社会法典》第十一卷第55条);②非就业群体:失业者、退休人员、学生、家庭主妇/夫等,通过法定医保的"家庭连带参保"机制免费纳入(《社会法典》第五卷第10条);③特殊职业群体:农民、艺术家等职业群体通过行业互助保险(如农业社会保险、艺术家社会保险)自动参保(《社会法典》第十一卷第25条);④外籍人员:在德国长期居住(超过3个月)的外籍人员,若参加法定医保,则同步纳入护理保险(《居留法》第5条结合《社会法典》第十一卷第23条第1款)。

(2) 私人医疗保险参保群体

此类参保群体主要针对高收入者及特殊群体,约占总人口的10%。根据《社会法典》第十一卷第23条第2款,高收入者(年薪超过法定医保缴费上限)可选择退出法定医保,但必须购买私人长期护理保险。其覆盖对象包括:①高收入雇员:需与私人医保同步投保,保费由个人全额承担;②公务员及自雇人士:公务员通过补充护理保险覆盖部分费用,自雇人士按收入比例缴费;③退出法定医保的退休人员:退休后继续缴纳私人护理保险,费率根据投保年龄和健康状态浮动。

(3) 法律强制性例外与争议

尽管法律强调普遍参保,但《社会法典》第十一卷第9a条允许以下豁免情形:①宗教团体成员:如基督教科学派信徒(Scientology)因信仰拒绝参保,须经联邦保险局特批;②极低收入者:收入低于社会救助标准者,由地方政府代缴保费(《社会法典》第十二卷第64条);③跨境工作者:欧盟内部流动人员依《欧盟条例883/2004》适用原籍国或工作地规则,避免重复缴费。

2.资格认定

德国的长期护理保险资格认定制度以法律为基础,确保失能公民公平获得护理支持。根据《社会法典》第十一卷的规定,任何因疾病、伤残或衰老导致长期失能(预期持续6个月以上)的个人均可申请护理保险,且不设年龄限制。这一制度体现了德国宪法性文件中禁止年龄歧视的原则,但明确排除了短期失能(如术后恢复期)和仅需家务协助但无身体或认知功能障碍的情形。

根据德国《长期护理保险法》,长期护理需求是指因健康相关损害导致个体独立性或能力受限，需他人持续帮助且持续时间至少六个月的情况。资格认定需满足四大法定要件：一是"独立性要件"，即评估个体在移动、姿势调整及生活自理等方面的独立能力，依据《国际功能、残疾和健康分类》（ICF）框架，将独立性划分为完全独立、高度独立、高度依赖和完全依赖四个等级；二是"能力要件"，主要考察个体处理日常事务（如自我照顾、家庭管理、社会参与）的能力，分为能力未受损、大部分存在、相对较少及完全缺失四个层次；三是"持续性要件"，要求护理需求持续至少6个月，若经医疗预测可预见持续6个月以上，即使剩余寿命不足6个月亦可认定；四是"护理程度要件"，通过加权评分将需求划分为1至5级（成人及儿童），其中仅2至5级可享受保险待遇，具体分级依据移动能力、认知交流、行为心理、自我护理、疾病应对及社会联系等六项必要性标准综合评分。

认定程序由法定机构主导，申请人需向长期护理保险基金提交申请，由专业评估人员依据《评估指南》进行现场评估。评估过程重点关注必要性的六项标准，参考性标准（如家庭外活动、家计管理）则用于辅助制订护理计划。评估结果根据总分划定护理等级，总分计算需兼顾单项权重及身体与心理缺陷的综合影响。婴幼儿适用特殊评分标准，未满18个月者分级阈值更低。此外，评估流程设有时限要求，超期未处理需支付迟延赔偿金，确保程序效率与申请人权益。德国通过统一法定标准与地方细化相结合，兼顾科学性与灵活性，同时针对不同群体（如儿童、老年人）设置差异化的评估程序，确保制度的公平性与适应性。

（二）筹资机制

德国长期护理保险的筹资机制以社会保险模式为核心，通过强制缴费、雇主雇员共担和政府适度补贴实现财务可持续性。

1.缴费主体与比例

所有参加法定医疗保险的雇员和雇主需各承担一半保费。2023年德国长期护理保险改革后，长期护理保险的费率为个人收入的2.6%（其中雇主和雇员各缴1.3%）。若雇员无子女，需额外支付0.35%的附加费（总费率为1.65%），以补偿无子女者未来潜在的护理需求空缺。退休人员需自行缴纳全额保费（雇主不再分担），但缴费基数不超过法定养老金上限。私人医疗保险参保者需按收入比例购买私人长期护理保险，费率由市场定价，但受《保险合同法》约束，确保基本公平。

2.政府补贴与财政兜底

联邦政府通过税收对低收入者、失业者及特殊群体（如残疾人）进行保费补贴。例如，《社会法典》第十二卷规定，领取社会救助金的居民可豁免缴费，费用由地方政府承担。此外，当护理保险基金出现赤字时，联邦政府可临时注资（如2020年新冠肺炎疫情期间拨款20亿欧元），避免服务中断。

（三）服务内容与给付机制

长期护理保险覆盖的服务分为三大类：居家护理、机构护理以及预防与康复服务。

居家护理是德国长期护理体系的重点，包括上门护理（如协助洗澡、喂药）、日间照料中心服务、短期托管（为家庭照护者提供喘息服务）以及家庭适老化改造（如安装扶手、轮椅坡道）。根据《社会法典》第十一卷第28条，居家护理强调"去机构化"，优先支持失能者在家中生活。例如，失能等级3级的老人可获每周14小时的居家护理服务。

机构护理主要针对重度失能者，涵盖养老院、护理院和特殊需求机构（如失智症照护中心）。入驻机构需经医保基金批准，费用由保险承担大部分，个人按收入自付小部分（2023年改革后最高自付额为770欧元/月）。

预防与康复服务包括定期健康评估、运动疗法和认知训练，旨在延缓失能恶化。例如，《长期护理预防法》要求医保基金为轻度失能者提供免费健康管理课程。

二、日本长期护理保险制度

（一）覆盖对象与资格认定

1.覆盖对象

日本的介护保险制度于2000年正式实施，意图满足"超高龄社会"的长期护理需求。其覆盖对象以年龄和特定疾病为核心标准，分为两类参保群体。第一类为65岁及以上的全体老年人，称为"第1号被保险人"，无论其健康状况或收入水平，均自动纳入介护保险体系。这类群体的保费由居住地市町村按收入分层征收，高收入者多缴，低收入者减免，体现了"量能负担"原则。第二类为40至64岁的中高龄群体，称为"第2号被保险人"，他们需参加日本的各类医疗保险（如国民健康保险或雇员健康保险），并仅在罹患厚生劳动省指定的16种特定疾病（如癌症晚期、早发型痴呆、帕金森病等）时，才有资格申请介护服务。这种设计既实现了老年群体的广泛覆盖，又避免中青年群体过度依赖公共资源，体现了对"病理失能"与"自然老化失能"的区分。

在覆盖对象的特殊人群方面，日本介护保险也作出了详细规定。例如，持有长期居留资格的外国人年满65岁后自动成为第1号被保险人，40至64岁的外国人若参加医疗保险，也可纳入第2号被保险人。低收入者（如接受生活保护的老年人）可申请保费减免或豁免，确保制度的公平性。然而，40至64岁群体若因非指定疾病（如糖尿病未引发严重并发症）导致失能，则无法申请介护服务，需依赖其他社会福利或自费护理。

日本介护保险的覆盖对象设计，既体现了法律对老龄化社会的系统性回应，也通过精细化的分层管理平衡了公平性与可持续性。其制度背景与日本家庭结构核心化、女性就业率上升等社会变迁密切相关，意图通过社会化服务填补传统家庭护理功能的弱化。

2.资格认定

日本的长期护理保险（介护保险）对护理对象的资格认定采取年龄与失能程度双重标准，通过法定程序确保资源精准分配。65岁及以上老年人（第1号被保险人）以及40至64岁罹患16种特定疾病（如癌症晚期、早发型痴呆、脊髓损伤等）的群体（第2号被保险人）可申请资格认定。申请人需向居住地市町村提交申请，经家访调查（74项生活能力评估）和医学诊断后，由市町村介护认定审查会综合判定失能等级，划分为"要支援1~2级"（需预防性服务）或"要介护1~5级"（需专业护理）。评估重点关注日常生活能力（ADL/IADL）、认知状态及疾病预后，认知症患者单独适用专项标准。资格认定结果每6~24个月重新审核，动态调整服务方案，确保贴合实际需求。若对结果不满，可申诉或提起诉讼，保障程序公正。

（二）筹资机制

日本的长期护理保险（介护保险）筹资机制以"多方共担、代际互助"为核心理念，通过法律强制与财政兜底相结合的方式确保制度可持续运行。根据《介护保险法》，资金来源主要由参保人保费和政府财政补贴构成，两类群体承担不同缴费责任。第 1 号被保险人（65 岁及以上老年人）的保费由居住地市町村按收入分层征收，高收入者多缴、低收入者减免，例如 2022 年东京都老年人月均保费为 6 000~7 000 日元，而接受生活保护的老年人可豁免缴费。第 2 号被保险人（40 至 64 岁群体）的保费与医疗保险合并征收，费率为收入的 1%~2%，具体数值会根据各地区和年度政策有所调整，由雇主与雇员分摊或全额自付。政府承担总费用的 50%，其中中央财政补贴 25%、都道府县和市町村各承担 12.5%，并通过"调整金"机制平衡地区差异，确保农村与城市服务供给的公平性。

制度运行中，保费与公费的比例约为 1∶1，2022 年 12.8 万亿日元总支出中，半数来自保费收入，半数依赖政府拨款。为应对老龄化加速，日本建立三年一度的费率调整机制，例如 2018 年至 2023 年将第 2 号被保险人费率从 1.43% 逐步提升至 1.57%，并探索扩大财源，如提高消费税或引入资产课税。针对特殊群体，低收入老年人可申请保费减免，罕见病患者享受专项护理补贴，体现社会公平原则。

（三）服务内容与给付机制

1.服务内容

日本的长期护理保险（介护保险）服务内容以《介护保险法》为基础，通过分层分类设计，全面覆盖不同失能程度群体的需求，强调"预防优先"与"居家为本"的理念。服务内容主要分为预防性支援和正式介护两大类别，分别针对轻度失能者与中重度失能者，同时涵盖居家、社区及机构服务，确保照护资源的精准分配。

预防性支援服务面向被评定为"要支援1~2级"的轻度失能者，核心目标是延缓功能退化、减少重度护理需求。服务以社区和家庭为中心，包括居家上门协助（如每周3次的家务支持、个人卫生护理）、社区健康促进活动（如日间照料中心的体能训练、营养咨询），以及适老化环境改造（如安装防滑地板、浴室扶手）。例如，一名要支援1级的老人可能每周获得5小时的上门服务，用于协助购物和简单康复锻炼。此类服务受《介护保险法》第41条规范，要求市町村与地方福利机构协作，定期跟踪服务效果，确保预防措施落到实处。

正式介护服务覆盖"要介护1~5级"的中重度失能者，提供专业化、多元化的照护支持。居家服务是核心部分，占比超70%，包括上门护理（协助进食、如厕、服药）、日间照料（白天托管并提供康复活动）、短期机构托管（为家庭照护者提供喘息支持）以及居家医疗联动（护士定期巡诊）。例如，要介护3级老人每天可获2小时专业护理，包括协助沐浴和肢体康复。对于完全失能或认知症患者，机构服务成为必要选择，如特别养护老人院提供24小时生活照料，认知症集体之家则以小规模单元式管理，通过熟悉的环境减缓病情恶化。社区层面则发展出小规模多功能型护理站，兼顾日间服务与夜间应急响应，确保失能者就近获得支持。

此外，针对特殊疾病患者（如癌症晚期、脊髓损伤），日本引入医疗与介护整合服务，由医疗机构与护理机构联合提供跨学科支持。例如，晚期癌症患者可申请居家临终关怀，由医护团队定期上门进行疼痛管理，并配备24小时紧急呼叫系统。此类服务依据《医疗介护合作推进法》，要求地方政府设立协调机制，打破医疗与护理的行政壁垒。

所有服务需由市町村认证的机构提供，并接受厚生劳动省的定期质量审查。服务机构必须公开护患比、感染控制水平等数据，供公众监督选择。例如，东京都要求养老机构每床位至少配备0.3名全职护理员，未达标者将面临整改。尽管制度严密，农村地区仍存在服务供给不足问题，部分偏远市町村通过"移动护理车"巡回服务弥补资源缺口。日本介护保险的服务体系通过法律细化与动态调整，既体现了社会化共担风险的原则，也为个体化需求提供了灵活解决方案。

2.给付机制

给付机制以资格认定与动态调整为核心。申请人经市町村评估后，由介护认定审查会确定护理等级，并由护理经理制定个性化服务计划。费用分担遵循"保险为主、个人为辅"原则，介护保险覆盖90%的费用，个人自付10%，低收入者可减免至0~3%。居家服务每小时费用约3 000日元，个人仅需支付300日元，机构服务则需额外承担食宿费（6万~10万日元/月）。日本严格实行实物给付，现金补贴仅限于偏远地区特殊情况，确保服务质量可控。制度强调灵活性，护理等级每半年至两年重新评估，服务预算随失能程度动态调整。

三、韩国长期护理保险制度

（一）覆盖对象与资格认定

1.覆盖对象

韩国的长期护理保险制度于2008年正式实施，覆盖对象以年龄和失能程度为核心标准，旨在为老年人和特定疾病群体提供长期照护支持。根据韩国《老年人长期护理保险法》的规定，覆盖对象分为以下两类：①65岁及以上老年人：所有年满65岁的韩国国民自动纳入保险范围，无论其健康状况或收入水平。需通过政府指定的长期护理等级评估（分为1至5级，1级为最严重），确认因衰老或疾病导致日常生活能力（ADL/IADL）或认知功能显著下降，需长期护理服务。②65岁以下特定疾病患者：未满65岁但患有老年性疾病（如痴呆、中风后遗症、帕金森病、严重关节炎等）的群体，经医疗机构确诊并评估失能等级后，亦可申请护理服务。此类疾病需符合韩国保健福祉部公布的《老年性疾病目录》。

2.资格认定

韩国的长期护理保险资格认定制度以《老年人长期护理保险法》为核心，通过法律强制性与专业评估相结合，精准筛选服务对象，优先保障中重度失能群体。覆盖对象包括65岁及以上老年人及65岁以下罹患特定老年性疾病（如痴呆、中风后遗症、帕金森病等）的群体，需经国民健康保险公团（NHIS）统一审核。申请人提交书面申请后，由专业评估团队进行家访，综合评估日常生活能力（ADL/IADL）、认知功能及家庭支持状况，使用标准化工具（如韩国版MMSE量表）量化失能程度。评估结果经地方判定委员会审议，划分为1至5级（1级为完全依赖，需每日≥6小时护理），决定可享受的护理服务类型与强度。例如，1级失能者可优先入住护理机构，而4级可能仅需每周数次居家协助。

制度特别关注特殊群体权益：认知症患者适用专项评估指南，强化记忆与定向力测试；农村及低收入家庭可豁免自付费用，缩短评估周期；65岁以下患者需额外提交疾病预后证明，确保长期护理的必要性。资格认定结果每1~2年复核/次，动态调整服务方案。若申请人对结果不满，可向保健福祉部申诉或提起行政诉讼，保障程序公正。然而，制度仍面临评估主观性（如地区执行差异）、年轻罕见病患者覆盖不足（如ALS未被纳入目录）及管理流程繁琐（平均认定周期45天）等争议。

（二）筹资机制

韩国的长期护理保险筹资机制以《老年人长期护理保险法》为法律框架，通过多方共担与动态调整实现制度的可持续性。资金主要来源于保费收入（60%）、政府补贴（20%）和个人自付费用（20%）。全体国民健康保险参保人需额外缴纳健康保险费的6.55%作为长期护理保费，雇员与雇主各承担一半，自雇人士按收入与财产综合计征，低收入者可获减免。中央与地方政府按7∶3的比例提供财政补贴，重点支持农村地区服务供给与低收入群体费用豁免。个人使用服务时需自付15%~20%的费用，居家护理每小时自付4 500~6 000韩元，机构护理另需承担每月50万~80万韩元食宿费，但收入低于中位数50%的家庭可申请全免。

资金由国民健康保险公团（NHIS）统一管理，优先保障中重度失能者（1~3级），70%用于直接护理服务。为应对全球最快老龄化（65岁以上人口占比超16%），韩国每3年调整1次费率，如2020至2023年将费率从6.06%升至6.55%，并实行服务价格指数化，确保机构运营稳定。

（三）服务内容与给付机制

1.服务内容

强调实物服务为主、现金给付为辅的原则，确保资源精准分配。服务内容主要涵盖居家护理、机构护理及社区支持三大类，根据失能等级（1~5级）匹配不同强度的服务方案。例如，1级（完全依赖）失能者可获每日6小时以上的专业护理，包括上门协助进食、翻身及医疗护理；3级（中度依赖）老人可能每周接受10小时的居家服务，如洗澡协助和康复训练；5级（极轻度依赖）则以社区预防性服务为主，如每月两次健康监测。所有服务由国民健康保险公团（NHIS）认证的机构提供，私营机构占比约65%，但需接受政府定期的质量审核（如护患比、感染控制标准）。

居家护理是韩国长期护理体系的核心，占比超60%，服务包括上门生活照料（如个人卫生、饮食准备）、短期喘息照护（为家庭照护者提供临时托管）、居家适老化改造（安装防滑设施、智能监测设备）及24小时紧急呼叫支持。机构护理主要面向1~3级失能者，分为长期疗养院（24小时全托）和老年医院（医疗与护理结合），个人需自付20%费用及食宿费（50万~80万韩元/月）。社区服务则通过日间照料中心提供康复训练、社交活动及营养管理，例如痴呆症患者可参与认知刺激课程，延缓病情进展。

2.给付机制

韩国的给付机制通过等级绑定预算实现精细化管理。NHIS根据失能等级设定月度服务预算上限，1级为180万韩元（约合人民币9 500元），5级为30万韩元，超出部分由个人全额承担。服务形式以实物给付为主，直接支付给机构或护理提供方，仅允许在偏远地区或特殊情况下发放现金补贴（如家庭非正式护理津贴，每月最高40万韩元）。低收入群体（收入低于中位数的50%）可申请自付费用全免，并由地方政府补贴交通费等附加成本，确保服务的可及性。

韩国制度注重预防与康复，针对4~5级失能者提供社区健康促进项目，如慢性病管理课程和跌倒预防训练，旨在减少重度护理需求。然而，快速老龄化与城乡资源不均导致服务供给面临挑战：首尔等大城市机构床位紧张（平均等待期3个月），而农村地区依赖流动护理站提供有限服务。为此，韩国政府推动"智慧护理"试点，利用物联网设备远程监测居家老人健康状况，并扩大外籍护工引进配额，缓解人力短缺问题。通过法律强制与技术创新，韩国长期护理保险在应对全球最严峻老龄化挑战中，逐步探索效率与公平的平衡路径。

第三节 我国长期护理保险制度试点

一、我国长期护理保险试点覆盖范围与保障对象

（一）长期护理保险覆盖范围

长期护理保险的覆盖人群范围与社会基本医疗保险的参保人群相一致，主要分为以下三种类型：一是仅覆盖城镇职工基本医疗保险参保者；二是覆盖城镇职工基本医疗保险和城镇居民基本医疗保险参保者；三是城镇职工基本医疗保险和城乡居民基本医疗保险参保者全覆盖。首先，第一批试点阶段中的青岛市、长春市、上饶市、南通市等早在《人力资源社会保障部办公厅关于开展长期护理保险制度试点的指导意见》（以下简称《试点意见》）出台之前就已自行开展对长期护理保险制度的探索，经验相对丰富；再加上上海市、苏州市等地区长期照护服务资源及经济水平较为发达，因此超半数城市在试点伊始就选择将参保范围延伸至城镇居民基本医疗保险或城乡居民基本医疗保险参保者。其次，为稳步推进长期护理保险制度的建设工作，第二批试点阶段在参保范围划分上更为严谨，以覆盖城镇职工基本医疗保险参保者为主，只有北京市石景山区和呼和浩特市将城乡居民基本医疗保险参保者纳入参保范围。此举不仅能够减轻试点工作的压力，确保后续有更大的调整空间，还能与首批试点城市进行比较分析，从而获得更为全面的试点经验。最后，总的来看（详见表8-1），在《试点意见》和《国家医保局 财政部关于扩大长期护理保险制度试点的指导意见》（以下简称《扩大试点意见》）的指导下，两批试点地区全部满足以"职工基本医疗保险参保人群起步"的底线要求，同时部分有条件的地区还根据当地长期护理保险的基金收支和实际运行状况逐步扩大了参保对象覆盖范围。但相较之下，第一批试点城市参保范围更为广泛，能够全部覆盖三种参保类型。

表8-1　　　　　　　　　　我国长期护理保险试点覆盖范围

参保范围	第一批试点城市	第二批试点城市
城镇职工基本医疗保险参保者	承德市、齐齐哈尔市、上饶市、安庆市、成都市、广州市、宁波市、重庆市	天津市、晋城市、盘锦市、福州市、开封市、湘潭市、南宁市、黔西南布依族苗族自治州、昆明市、汉中市、甘南藏族自治州、乌鲁木齐市

续表

参保范围	第一批试点城市	第二批试点城市
城镇职工基本医疗保险参保者+城镇居民基本医疗保险参保者	长春市、南通市、石河子市	
城镇职工基本医疗保险参保者+城乡居民基本医疗保险参保者	青岛市、荆门市、苏州市、上海市（60岁以上）	北京市石景山区、呼和浩特市

（二）保障对象

严峻的老龄化形势和4 000余万失能人口的照护问题促使长期护理保险制度建设迫在眉睫。因此，当前所有试点城市均按照《试点意见》和《扩大试点意见》的要求，将负担更重、护理需求更紧迫的重度失能人员作为长期护理保险的优先保障对象，并且有部分试点城市在此基础上扩大了保障对象范围。以第一批试点城市为例，长期护理保险保障对象大致分为四类（详见表8-2）：第一，保障重度失能人员，包括承德市、安庆市、荆门市、石河子市、重庆市、齐齐哈尔市、宁波市。第二，保障重度、中度失能人员，目前有长春市、南通市、广州市、苏州市、青岛市。第三，保障重度、中度、轻度失能人员，仅有上海市。需要注意的是，上海市对保障对象的年龄和失能等级进行了严格限制，其保障对象须是失能等级为2~6级的60岁以上失能人员。第四，同时保障重度失能和失智人员。其中又分为试点初期就将失智人员列入保障对象范围内的上饶市、广州市、苏州市，以及在试点运行一段时间后才逐步将失智人群纳入保障对象范围之中的青岛市、成都市、南通市。与第一批试点相比，第二批试点的14个城市除呼和浩特市拓宽至中度失能人员，其余13市均只保障重度失能人员。直观上可以看出，第二批试点阶段为尽快推行长期护理保险试点工作，同时减轻地方政府医疗保险基金支出负担，试点方案保障对象范围呈明显收紧趋势。此外，《试点意见》强调，长期护理保险的保障对象不仅需要满足"失能人员"条件，还需要是"长期处于失能状态"的失能人员，但对失能时长没有明确规定；《扩大试点意见》则明确提出"失能状态需持续6个月以上"。

表8-2　　　　　　　　　　　　**我国长期护理保险试点保障对象**

保障对象	第一批试点城市	第二批试点城市
重度失能	承德市、安庆市、荆门市、石河子市、重庆市、齐齐哈尔市、宁波市	北京市石景山区、天津市、晋城市、盘锦市、福州市、开封市、湘潭市、南宁市、黔西南布依族苗族自治州、昆明市、汉中市、甘南藏族自治州、乌鲁木齐市
重度失能+中度失能	长春市	呼和浩特市
重度失能+中度失能+轻度失能	上海市（2~6级，60岁以上）	
重度失能+失智	上饶市、成都市	

保障对象	第一批试点城市	第二批试点城市
重度失能+中度失能+失智	南通市、青岛市、广州市、苏州市	

二、筹资机制

目前，我国长期护理保险试点地区的长期护理保险筹资机制主要分为医保统筹基金划拨、个人缴费+医保统筹基金划拨、个人缴费+医保统筹基金划拨+财政补贴、个人缴费+医保统筹基金划拨+单位缴费、个人缴费+医保统筹基金划拨+单位缴费+财政补贴五种模式。具体情况见表8-3。

表8-3　　　　　　　　　　我国长期护理保险试点筹资机制

筹资渠道	第一批试点城市	第二批试点城市
医保统筹基金划拨	宁波市、广州市、青岛市（城乡居民）	
个人缴费+医保统筹基金划拨	长春市、齐齐哈尔市、安庆市、重庆市	呼和浩特市
个人缴费+医保统筹基金划拨+财政补贴	荆门市、承德市、南通市、苏州市、青岛市（城镇职工）、石河子市、上海市（城乡居民）	北京市石景山区（城乡居民）
个人缴费+医保统筹基金划拨+单位缴费	上海市（城镇职工）	北京市石景山区（城镇职工）、天津市、盘锦市、开封市、湘潭市
个人缴费+医保统筹基金划拨+单位缴费+财政补贴	上饶市、成都市	汉中市、南宁市、晋城市、福州市、乌鲁木齐市、黔西南布依族苗族自治州、昆明市、甘南藏族自治州

三、服务内容与给付机制

（一）服务内容

服务内容以居家护理为核心，涵盖日常生活照料（如助浴、助餐）、医疗护理（如注射、换药）及康复训练（如肢体功能锻炼），占比普遍超过60%。例如，上海市提供上门护理服务，涵盖个人卫生、饮食照料及康复指导；青岛市推出"家庭病床"服务，由专业护士定期上门提供医疗护理。居家护理的优势在于贴近失能者生活场景，降低机构护理成本，但需解决护理人员短缺与服务质量不均的问题。机构护理主要面向中重度失能者，提供24小时生活照料、医疗护理及康复治疗。例如，南通市的护理院提供全托服务，涵盖饮食、起居及医疗监测；北京市的老年护理院则侧重医疗与护理结合，提供压疮护理、导管护理等专业服务。机构护理的优势在于专业化程度高，但费用较高且床位紧张，部分地区（如青岛市）等待期长达3个月。社区护理通过日间照料中心、社区康复站等设施提供服务，包括日间托管、康复训练、社交活动及营养管理。例如，苏州市的日间照料中心为轻度失能者提供健身课程与认知刺激活动；成都市的社区康复站则提供肢体功能训练与心理支持。社区护理的优势在于成本低、覆盖面广，但服务能力有限，难以满足重度失能者需求。此外，部分城市针对特殊需求提供专项服务，如青岛市的"医疗专护"涵盖压疮护理、临终关怀等高需求服务；上海市的辅具租赁服务为失能者提供轮椅、护理床等设备支持。

（二）给付机制

1.支付范围

长期护理保险的基金支付范围切实关系到失能老人能享受到何种权益，是确定能否实现基金收支平衡的重要环节。在第一批试点阶段，多数地区服务范畴向医疗护理服务费倾斜，如承德市、齐齐哈尔市、宁波市、上海市、重庆市、石河子市等；而包括苏州市、成都市、广州市、青岛市在内的地区在此基础上增添了基本生活照料服务费；余下的长春市、上饶市等市还添加了医用耗材费、设备使用费、评估鉴定费等不同的项目类别。在第二批试点阶段，长期护理保险吸取首批试点的宝贵经验，对支付范围进行提标扩围。《扩大试点意见》将支付范围由《试点意见》的"重点解决重度失能人群在基本生活照料和医疗护理等方面所需经费"，重新界定为"主要解决基本护理服务所需的费用"。因此，从中央文件及各地方政府出台的试点方案不难看出，相关部门一直在不断地探索对长期护理保险服务范围的增容，是以第二批试点城市的服务内容较第一批试点城市有明显的扩充。诸多城市还在"基本生活护理服务费和医疗护理服务费"的基础上扩大了服务口径范围，比如湘潭市、开封市等地的失能评估相关费用，黔西南布依族苗族自治州的第三方经办管理和考核费、信息化建设维护费，晋城市的设备使用费，天津市的器具租赁服务费等。

2.试点给付机制

我国目前进行长期护理保险试点的城市中，给付机制主要分为三种。第一种为比例给付，指保障对象产生护理服务费用后，保险机构与被保险人按照约定之比例共摊费用；第二种为定额给付，指保险机构按照固定的额度支付保障对象的护理服务费用；第三种为混合给付，是指保险机构规定在一定额度以下的护理服务费用由保险机构与被保险人按约定比例共摊，超出部分则由被保险人自负。两批政策试点城市在给付方式的选择上，多数采用混合给付方式，主要原因是此模式既可以将保障对象纳入费用分摊体系，又可以约束个体护理服务消费行为，同时还可以通过最高给付限额控制基金支付总额，确保基金收支平衡。不同试点城市的给付机制见表8-4。

表8-4　　　　　　　　　　**我国长期护理保险试点给付机制**

给付方式	第一批试点城市	第二批试点城市
比例给付	长春市（机构护理：职工90%，居民80%）、上海市（居家护理90%，养老机构护理85%）、成都市（居家护理70%，机构护理75%）	盘锦市（居家护理80%，机构护理70%）、福州市（机构护理75%，居家护理85%）
定额给付	苏州市、南通市、宁波市、上饶市、重庆市	黔西南布依族苗族自治州、汉中市、呼和浩特市

续表

给付方式	第一批试点城市	第二批试点城市
混合给付	承德市（居家护理70%，机构护理70%）、齐齐哈尔市（居家护理50%，医养机构护理60%，养老机构护理55%）、青岛市（职工：90%，居民：一档80%、二档40%）、安庆市（医疗机构护理60%，养老机构护理50%）、广州市（居家护理90%，机构护理75%）、石河子市（机构护理：按年限50%~100%）、荆门市（全日居家护理80%，养老机构护理75%，医疗机构护理70%）	北京市石景山区（居家护理70%，机构上门护理80%，机构护理70%）、天津市（居家护理75%，机构护理70%）、晋城市（机构护理、机构上门护理、居家护理均为70%）、开封市（机构护理65%，机构上门护理75%）、湘潭市（机构护理70%，机构上门护理80%）、昆明市（居家护理、机构上门护理、机构护理均为70%）、南宁市（机构护理70%，机构上门护理75%，异地居住护理60%）、甘南藏族自治州（居家护理75%，机构护理70%）、乌鲁木齐市（居家护理75%，机构护理70%，机构上门护理50%）

第四节 长期护理保险实务

　　长期护理保险制度作为应对失能人群照护需求的重要社会保障机制，逐步从试点探索走向规范发展。本节以首批试点城市上海市和青岛市为例，系统剖析我国长期护理保险的实务运作模式。上海市作为特大城市，其制度设计注重精细化评估与多层次服务衔接；青岛市则依托医保统筹优势，创新"医养结合"实践路径。两地在参保范围、筹资机制、失能认定标准及服务供给方面各具特色，既体现了国家政策的统一框架，又反映了地方实践的差异化探索。通过比较分析两地政策执行的关键环节与典型经验，可为理解我国长期护理保险制度的多元化实施路径、优化制度效能提供实践参照。

一、上海市长期护理保险制度经办实务

（一）参保对象

（1）参加本市职工基本医疗保险且已办理申领基本养老金手续的人员。

（2）参加本市城乡居民基本医疗保险的60周岁及以上的人员。

（二）评估流程

1.评估申请

（1）常规申请：评估对象可由本人（或其监护人、代理人，以下统称"申请人"）通过街镇社区事务受理服务中心或分中心（以下简称"社区事务受理中心"）就近办理，填写书面申请，并提交身份证明，包括身份证、社保卡（医保卡）或其他有效材料（所需材料可以通过一网通办直接获取的，申请人免予提供）。

（2）特殊申请：重度残疾等有特殊困难的评估对象，可通过政务服务平台在线申请评估。评估有效期满，再次提出申请的，各区可通过政务服务平台，提供在线申请渠道。

2.受理与审核

经审核，对符合申请条件的予以受理；不符合申请条件的，社区事务受理中心将结果告知申请人。

3.评估开展

定点评估机构应当在15个工作日内完成评估工作。

（1）定点评估机构应当在收到申请信息后完成现场评估调查、录入评估调查记录、集体评审等评估工作。

（2）现场评估人员不得少于2人，其中B类评估员不少于1名。

（3）录入评估调查记录并使用评估计分软件计分评级后，定点评估机构应组织由3名及以上评估员组成的评估小组（其中至少2名B类评估员）进行集体评审。

鼓励各区积极探索，在现场评估中同步采集评估影像资料，作为复查复核及评估管理的依据。

4.评估公示

根据定点评估机构提供的评估结论，由社区事务受理中心采取适当方式，在申请人所在居（村）委或社区事务受理中心等处进行公示，接受社会监督，公示期为7天。公示期间，如接到相关反馈的，定点评估机构应进行核查处理。

公示结束后，出具《长期护理保险护理需求评估报告》和《长期护理保险护理需求评估结论告知书》，并将告知书反馈至原申请受理的社区事务受理中心。

5.结论告知

社区事务受理中心应在收到告知书后的5个工作日内告知申请人评估结论。

（三）服务形式与待遇

1.居家上门服务

评估等级为2级或3级的，每周上门服务3次；4级的，每周上门服务5次；5级或6级的，每周上门服务7次，每次1小时。对评估等级为5级或6级连续接受服务一定时长的人员还有额外服务时间或现金补助。长期护理保险基金支付水平为90%。

2.社区日间照护

评估等级为2级或3级的，每周服务3天；4级的，每周服务5天。长期护理保险基金支付水平为85%。

3.养老机构照护

长期护理保险基金支付水平为85%。

（四）其他事项

1.期末评估

评估结论的有效期最长为2年。评估对象应在评估结论有效期届满前的60日内，向社区事务受理中心提出期末评估的书面申请，流程参照初次评估。

2.状态评估

评估对象因半年内发生急诊留观或住院等情况导致失能状态发生变化，与评估结论不匹配，评估结论出具满6个月的，可在评估结论有效期内申请状态评估，流程参照初次评估。

3.复核和终核评估

评估对象对评估结论有异议的，在收到评估结论告知书之日起的 10 个工作日内，可向其原申请评估的社区事务受理中心提出复核申请。对复核评估结论仍有异议的，可在收到复核评估结论告知书之日起的 7 个工作日内，通过原受理渠道提出终核申请，终核评估结论为最终结果。

二、青岛市长期护理保险制度经办实务

（一）参保对象

（1）参加青岛市职工基本医疗保险的参保人，应同步参加职工护理保险。

（2）参加青岛市居民基本医疗保险的参保人，应同步参加居民护理保险。

（二）申请流程

1.待遇申请条件

参保人因年老、疾病、伤残等原因，基本生活不能自理已达 6 个月或预期持续 6 个月以上。

2.评估申请

参保人或家属携带社保卡、病历资料向定点护理服务机构提出申请，并填写《青岛市失能失智人员照护需求等级评估申请表》。其中，失智人员病历资料应包含医保定点医疗机构专业医生出具的疾病诊断资料和医保办盖章的《中文简易智能精神状态检查量表（MMSE 量表）》。也可通过"青岛市医疗保障"微信公众号或"青岛医保"小程序提出申请。

3.机构初筛

定点护理机构接到申请后，对失能人员按照《日常生活能力评定量表（ADL 量表）》进行筛查；对失智人员根据医院出具的 MMSE 量表进行筛查。对失能人员 ADL 量表评分小于或等于 60 分（85 岁及以上的小于或等于 65 分），失智人员 MMSE 量表评分小于或等于 9 分的，在收到申请之日起 3 个工作日内，将评分情况和申请信息上传信息系统。

4.照护需求等级评估

评估机构接到申请后，应及时完成评估，作出评估结论，出具评估结果。评估结果应明确评估等级、有效期及可享受的护理保险服务形式。评估结论达到待遇享受条件的，由申请人所申请的定点护理机构在一定范围内公示评估结论，接受社会监督，公示期为 5 个工作日。

（三）服务形式与内容

1.机构照护（院护）

（1）定义：指失能失智人员入住定点护理机构，由该机构提供长期照护服务，简称"院护"。

（2）适用对象：评估等级 3~5 级的失能人员。

（3）服务内容：在定点护理院、养老院等机构接受 24 小时医疗护理、生活照料及康复服务。

2.居家照护（家护）服务

（1）定义：居家照护，是指失能人员居家生活期间，由定点护理机构上门提供照护服

务，简称"家护"。

（2）适用对象：评估等级为3~5级的失能人员。

（3）服务内容：医护人员上门提供医疗护理（如吸痰、注射）、生活照料（如洗澡、进食）、康复训练等，共61项服务项目。

（4）服务频次：失能人员照护需求等级评估为3、4、5级的，每周最多可纳入护理保险资金支付的照护服务时长：参保职工分别为3、5、7小时，参保居民分别为2、3、5小时。

（5）支付标准：护理员、社工等为50元/小时，护士为60元/小时，康复师、康复士为70元/小时。

3.日间照护（日护）

（1）定义：是指定点护理机构为失能失智人员提供的日间托管照护服务，简称"日护"。

（2）适用对象：评估等级在3~5级的失能或重度失智人员。

（3）服务内容：在定点机构接受日间医疗护理、康复训练及社交活动。

（四）待遇内容与支付标准

护理保险待遇包含医疗服务待遇和照护服务待遇。医疗服务费和照护服务费符合《青岛市长期护理保险支付范围》的，按规定予以支付；超出支付范围、规定服务时间、项目支付标准和限额标准的，由个人自负。

1.医疗服务

医疗服务包括医师服务、药品、检查检验、医用耗材、吸氧等，符合基本医疗保险药品目录、医疗服务项目目录和医疗服务设施目录的相关费用据实按比例支付。

2.照护服务

失能人员照护需求等级评估为3、4、5级的，照护服务费月度最高支付标准如下：参保职工分别为660元/月、1 050元/月、1 500元/月；参保居民分别为450元/月、660元/月、1 050元/月。其中重度失智人员参照照护需求等级评估为5级的失能人员执行。

（1）居家照护。失能人员照护需求等级评估为3、4、5级的，每周最多可纳入护理保险资金支付的照护服务时长如下：参保职工分别为3、5、7小时，参保居民分别为2、3、5小时。照护人员照护服务最高支付标准如下：护理员、社工等为50元/小时，护士为60元/小时，康复师、康复士为70元/小时。

（2）机构照护。失能失智人员发生的照护服务费用最高支付标准如下：评估等级为3、4、5级的失能参保职工分别为22元/天、35元/天和50元/天，参保居民分别为15元/天、22元/天和35元/天；失智参保职工为50元/天，参保居民为35元/天。

延展阅读8-2

《青岛市长期护理保险暂行办法》

（3）日间照护。先行试点，逐步推广。试点期间，最高支付标准参保职工为50元/天，参保居民为35元/天。

本章小结

长期护理保险作为独立于传统社会保险之外的"第六险"，其核心特征体现为服务保障性、服务提供社会化、受益限定性、配套体系必要性及促进服务产业化。

在国际比较中，德国、日本、韩国分别构建了具有代表性的制度模式：德国通过"跟随医疗保险"原则实现全民覆盖，日本以"介护保险"制度精细化管理失能群体，韩国则通过法定失能评估与多方筹资机制应对老龄化挑战。

我国长期护理保险试点自2016年启动以来，逐步形成覆盖城镇职工、城乡居民的多层次参保范围，筹资机制涵盖医保统筹基金划拨、个人缴费及财政补贴等多元模式。服务内容以居家护理为核心，涵盖机构护理与社区护理，并通过比例给付、定额给付及混合给付方式实现待遇分配。

实务操作中，上海市以精细化评估与多层次服务衔接为特色，青岛市依托"医养结合"探索创新路径，两地经验为制度优化提供了实践参照。

关键术语

长期护理保险　介护保险　制度试点　居家养老　社区养老

复习思考题

一、单选题

即测即练

1. 从长期护理保险的功能来看，下列各项中，不属于其直接作用的是（　　）。

A. 提升老龄群体心理健康水平

B. 促进家庭成员间的沟通

C. 降低社会整体医疗费用支出

D. 推动护理服务行业发展

2. 日本长期护理保险（介护保险）制度中，40~64岁的"第2号被保险人"，在（　　）的情况下才有资格申请介护服务。

A. 患有任一慢性疾病

B. 罹患厚生劳动省指定的16种特定疾病

C. 年满45岁且身体出现失能状况

D. 参加商业护理保险

3. 我国长期护理保险试点中，第二批试点阶段多数城市的保障对象主要是（　　）。

A. 重度失能人员　　　　　　　　B. 中度失能人员

C. 轻度失能人员　　　　　　　　D. 失智人员

4. 我国长期护理保险试点地区的筹资机制中，宁波市采用的模式是（　　）。

A. 医保统筹基金划拨

B. 个人缴费+医保统筹基金划拨

C. 个人缴费+医保统筹基金划拨+财政补贴

D. 个人缴费+医保统筹基金划拨+单位缴费+财政补贴

5. 长期护理保险与其他保险制度相比，具有服务保障性特征，其核心是（　　）。

A.基金支付   B.提供服务

C.风险共担   D.资金积累

二、多选题

1.长期护理保险的受益限定性体现在（   ）。

A.受益对象的资格审核环节   B.长期护理服务等级的认定

C.缴费金额的限制   D.参保年龄的限制

E.服务机构的选择限制

2.韩国长期护理保险的覆盖对象包括（   ）。

A.65岁及以上老年人

B.65岁以下特定疾病患者（如痴呆、中风后遗症等）

C.65岁以下所有疾病患者

D.70岁及以上老年人

E.60~65岁的人群

3.我国长期护理保险试点城市的服务内容包括（   ）。

A.居家护理   B.医疗护理

C.康复训练   D.机构护理

E.社区护理

4.青岛市长期护理保险申请院护、家护服务时，需满足的条件包括（   ）。

A.评估等级应为3、4、5级

B.近24个月内医疗保险统筹金和护理保险资金支付额超过5 000元或近12个月内超过3 000元

C.有慢性疾病或情况（如脑卒中后遗症等）

D.需长期保留胃管、尿管等各种管道

E.骨折长期不愈合，合并慢性重病

5.长期护理保险促进服务产业化体现在（   ）。

A.带动护理服务本身的产业化

B.与医疗、养老等相关产业产生协同效应

C.促进康复辅具产业的研发和应用

D.推动信息技术在护理服务中的广泛应用

E.催生保险业和金融领域的产品创新

三、简答题

1.简述长期护理保险与医疗保险的区别和联系。

2.分析我国长期护理保险制度试点在覆盖范围和保障对象方面的特点。

四、案例分析

李大爷今年65岁，是上海市一名参加城乡居民基本医疗保险的居民。近期，李大爷因突发脑梗导致身体部分失能，生活不能完全自理。李大爷的儿子小李想为父亲申请长期护理保险待遇，以便为父亲提供更好的护理服务。以下是小李在申请过程中遇到的一些情况和问题，请结合上海市长期护理保险制度试点的相关规定进行分析。

（1）李大爷是否符合申请长期护理保险的条件？请说明理由。

（2）小李应该通过什么途径为李大爷申请长期护理保险评估？需要准备哪些材料？如果李大爷是重度残疾人员，申请途径是否有变化？

（3）假设李大爷经过评估，失能程度达到评估等级4级，那么他可以享受怎样的长期护理保险服务形式和待遇？具体的服务频次和时间是怎样的？

参考答案

第九章

社会救助制度与实务

知识目标

1. 了解社会救助的概念、特征、目标、原则以及我国社会救助发展的历史进程；

2. 熟悉社会救助体系的构成，包括最低生活保障制度、特困人员救助供养、专项救助、临时救助、社会互助和社会服务等内容；

3. 理解社会救助与社会保险、社会福利在保障对象和保障水平上的差异，以及社会救助在社会保障体系中的地位和作用；

4. 掌握我国最低生活保障制度、特困人员救助供养制度、受灾人员救助制度的实务操作，包括覆盖范围、待遇标准、待遇构成和经办流程，以及农村救助制度的相关内容。

能力目标

1. 能够依据不同困难人群的实际需求，结合当地社会经济状况，设计出适配的社会救助方案，合理规划各类救助资源的分配；

2. 能够对现行社会救助体系进行深入剖析，准确诊断出其中存在的问题，并提出具有针对性和可操作性的优化策略，以提升社会救助体系的运行效率和保障效果。

思政目标

1. 培养对社会弱势群体的同理心和责任感；

2. 增强社会责任感，关注社会救助领域的新问题和新趋势，积极为社会救助事业的发展建言献策。

思维导图

```
                                              ┌─ 含义与特征
                                    ┌─ 概述 ──┼─ 地位与原则
                                    │          └─ 发展历史
                                    │
                                    │          ┌─ 最低生活保障
                                    │          ├─ 特困人员救助供养
                                    │          ├─ 专项救助
                       ┌─ 体系 ─────┼─ 临时救助
  社会救助制度与实务 ──┤          │          ├─ 社会互助和社会服务
                       │          └─ 农村社会救助
                       │
                       │          ┌─ 最低生活保障
                       ├─ 实务 ───┼─ 特困人员救助供养
                       │          └─ 受灾人员救助
                       │
                       │                      ┌─ 乡村振兴战略
                       └─ 乡村振兴与精准扶贫 ─┼─ 精准扶贫
                                              └─ 二者的关联
```

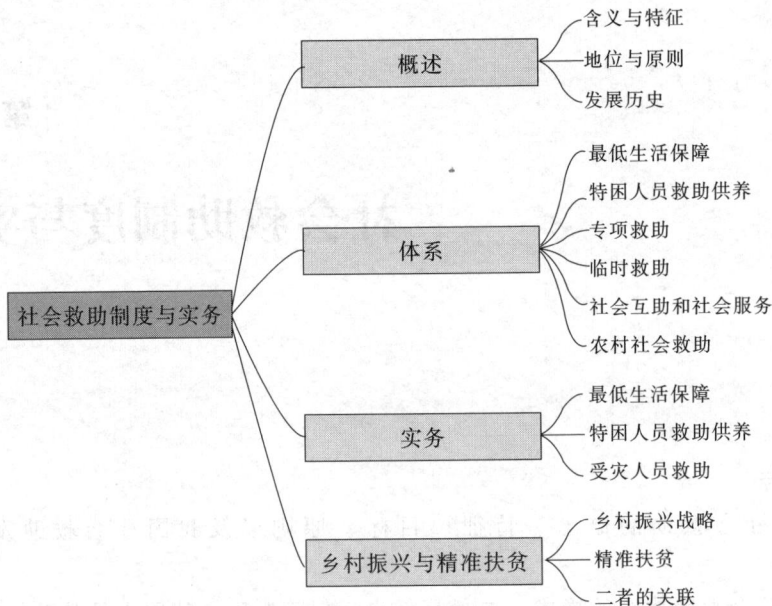

第一节 社会救助概述

一、社会救助的含义与特征

社会救助作为社会保障的最低目标，承担了保障社会成员生存条件的责任。在社会保障制度建立与发展过程中，社会救助制度是最早建立的。社会救助对保持社会稳定和促进社会发展有着重要的意义。

（一）社会救助的含义

社会救助是指社会成员陷入生存危机或不能维持最低限度的生活水平时，由国家和社会按照法定的标准向其提供满足最低生活需求的物质援助和非物质援助的社会保障制度。1965年美国出版的《社会工作百科全书》曾述，"社会救助是社会保险制度的补充，当个人或家庭生计断绝急需救助时，乃给予生活上的扶助，是在整个社会保障制度体系中，最富有弹性而不受拘束的一种计划"。

根据上述定义，社会救助包含以下几个方面的具体含义：第一，社会救助是国家和社会向公民提供的援助，国家通过立法保护贫困人员，提供社会救助是国家的责任和义务。第二，社会救助是公民的一项权利。《中华人民共和国宪法》第四十五条规定："中华人民共和国公民在年老、病残或者丧失劳动能力的情况下，有从国家和社会获得物质帮助的权利。"第三，社会救助在公民不能维持最低限度的生活时才发生作用。比如，公民因年老、伤残、疾病或者遭遇自然灾害，难以维持基本的生活，此时国家才向其提供社会救助。社会救助在最低生活水平线上拉起了最后一道安全网，使每一位公民都能够在生活困难时获得相应的救助，走出困境。第四，社会救助形式多样。过去的社会救助以物质帮助为主，而现在的社会救助的内容和手段多样，除了物质帮助，还有服务和精神帮助等。

社会救助亦称社会救济，是国家通过国民收入的再分配，对因自然灾害或其他经济、社会原因而无法维持最低生活水平的社会成员给予救助，以保障其最低生活水平的制度。社会救助是现代社会保障体系中最基本的项目，它与社会保险、社会福利一同构成了现代社会保障制度。虽然社会救助不像社会保险那样是社会保障体系中的核心部分，但它所救助的对象是社会保险这道安全网保护不了的人群。因为社会保险是需要缴费的，而无收入和低收入的人是没有能力缴费的，所以还需要社会救助对这部分人加以保护，否则，一旦这些人得不到安全保障，很有可能会危及整个社会的安定。

在现代社会中，享受社会救助是社会成员的一项基本权利，提供社会救助是国家和社会应尽的职责和义务，两者都通过法律制度加以确定和规范。

（二）社会救助的特征

1.权利义务的单向性

社会救助只强调国家和社会对社会成员的责任和义务；社会成员有享受社会救助的权利，并不需要承担相应的义务。

2.基金的无偿性

社会救助基金一般由政府财政拨付，社会成员不用缴纳任何费用。

3.对象的限制性

社会救助作为低层次的社会政策，其救助的对象是那些因为个人生理原因、自然原因和社会因素而难以维持最低生活水平的生活贫困者、鳏寡孤独者、盲聋哑残者以及受灾者。在实际操作中，每一种社会救助的对象都有其特定的内涵和特征，任何一种社会救助形式对社会救助对象的限制都十分严格。

4.救助水平的低层次性

社会救助的水平是应对灾害和克服贫困，而非改善或提高福利及生活质量，社会救助是现代社会保障体系的最低层次。

5.救助手段的多样性

社会救助既可以采用实物救助也可以进行现金救助，可以采取临时应急救助也可以长期固定救助，既有政府救助，也有民间救助，还有许多救助形式，如房屋救助、口粮救助、衣被救助、役畜救助、种子救助、致富信息救助等。这样多样化、具体化、实物化的社会救助形式，正是作为最低层次社会保障的社会救助特征的体现，有利于满足社会救助对象最迫切的需要。

二、社会救助的地位与原则

从历史方面看，社会救助制度的创立先于社会保险制度和社会福利制度；从结构方面看，社会保障制度体系由高到低地由社会福利、社会保险、社会救助三个层次构成；从作用方面看，社会救助是社会保障的最后一道防护墙。

（一）地位

1.社会救助是社会保障制度体系的先启制度

从社会保障制度体系的历史发展过程看，社会保障发展历史可以分为四个阶段：一是前社会保障阶段，二是社会救助型社会保障阶段，三是社会保险型社会保障阶段，四是社会福利型社会保障阶段。

第一个社会救助法律的出台早于第一个社会保险法律的出台。从覆盖的人口看，社会保障体系第一阶段是面向贫困人口与工业劳动者（实施社会救助），第二阶段是面向贫困人口与一般劳动者（实施社会救助、社会保险），第三阶段、第四阶段是面向全体国民（实施社会救助、社会保险、社会福利）。从体系逐步完善过程看，先建立社会救助制度，然后着手建立针对劳动者的以病、伤、老以及生育、失业等为主要内容的社会保险制度，最后随着经济增长与社会进步发展建立社会福利制度。

2.社会救助是社会保障制度体系的最低层次

从结构方面分析社会保障制度体系，居上层的是社会福利制度，居中层的是社会保险制度，居底层的是社会救助制度。社会救助制度面向的是贫困人口（绝对贫困人口）与低收入人口（相对贫困人口），面向遭遇灾害的灾民以及因诉讼、疾病、意外事故、流动等特殊原因陷入困境的人们。

现代社会每一类社会保障都缺一不可，只有建立完整的社会保障体系，才能满足国民生存、发展、享受三方面的需要。没有社会救助制度，贫困人口就难以应对贫困的风险，社会就会被贫困撕开一个丑陋的裂缝，社会的基础就可能坍塌一大角。没有社会保险制度，劳动者及其家属就难以应对工伤、疾病、年老、生育等人身风险，社会的主角就难以安心地创造和生产。没有社会福利，全体国民即使有了免除贫困的安全感、免除后顾之忧的自信心，但还不能拥有富足的幸福感。

3.社会救助在社会保障制度体系中起兜底作用

社会救助是贫困人口免除贫困威胁的最急需的救济站，是社会保障的最后一道防洪坝。社会救助解决的是"最低需求"或"基本需要"，否则，救助贫困的底线将被踏破。我们需要健全的社会福利、社会保险制度对国民的保障，以缩小贫困的规模，减轻社会救助的压力；而社会救助制度的进步，给社会福利和社会保险制度的完善提供了缓冲时间。

（二）原则

1.保障基本生活原则

社会救助的目的是保障贫困人口的基本生活，满足其维持生存的基本需要。我国社会救助制度的设计初衷是保障社会成员的最低需求，标准是各地政府制定的最低生活保障线或"贫困线"（绝对贫困线或低收入线）。当社会成员的收入低于最低生活保障线，或其他社会方面的"最低需求"得不到满足时，由政府或社会对其施行救助行动，提供满足其最低日常生活或社会生活需求的现金、实物和服务。

2.与经济社会发展相适应原则

与经济社会发展相适应原则是指在制定与设计社会救助的救助标准、救助项目时，应考虑到与经济发展水平、财政状况和社会发展程度等相适应，并随着经济社会的发展而及时、适量地予以调整。

3.与其他社会保障制度相衔接原则

坚持社会救助与其他社会保障制度即社会保险和社会福利制度相衔接，在标准、范围、水平和服务等方面形成梯次，有利于发挥三种制度各自的优势，形成制度合力。只有在三类社会保障制度有机组合、综合作用的情况下，社会救助才能充分发挥应有的扶贫济困作用。

4.公开、公平、公正原则

公开、公平、公正原则是指社会救助实施时，遵循与坚持信息公开、待遇公平、程序公正的原则，三者是互相促进、互相影响的。

公开性原则要求积极地、有效地、全面地向社会公开社会救助制度与社会救助工作的信息，包括公开社会救助的法律、法规、经办机构、申请救助审核审批程序、家庭经济调查结论以及现金、实物或服务给付的标准等各项信息。透明的信息，便于贫困人口了解救助机构、救助程序、救助标准、现金或实物发放等，便于申请审批程序的顺利进行，让贫困人口及时得到政府的救助，同时也有利于人民群众对社会救助的监督。

公平性原则要求落实社会救助"面向全民原则""公民待遇原则""实施的非义务性原则"等。社会救助是面向全民的一项社会政策。社会救助的基本精神是以人为本，公民在社会救助法律法规面前一律平等。社会救助保护贫困人口的人权，尊重贫困人口的人格尊严，不把贫穷看成是过错，不歧视贫困人群。凡低于贫困线者，不管是什么原因，都可以依法申请并经审批通过之后获得法定的救助。

公正性原则是对社会救助工作人员的要求，要求工作人员出以公心，把一碗水端平，不分亲疏，不厚此薄彼，更不能借权力牟取非法利益，不允许徇私舞弊，严格禁止贪污受贿。

5.依法实施原则

依法实施原则强调的是法制精神与法治精神，要求必须严格依照社会救助法律法规制定的宗旨、原则、程序、标准等一系列规范实施社会救助。

依法实施原则体现了社会救助的"国家责任原则"。国家通过立法的手段赋予政府实施社会救助的责任，明确了政府在社会救助中的主体地位。社会团体、慈善组织、企事业单位以及爱心人士的各种社会救助行动也应依法办事。

三、我国社会救助发展历史

（一）中华人民共和国成立初期的社会救助制度

中华人民共和国成立初期，社会救助是稳定社会、恢复生产的重要政策内容。在1949年10月到1950年11月间，中共中央、政务院发布了《政务院关于生产救灾的指示》《中共中央关于举行全国救济失业工人运动和筹措救济失业工人基金办法的指示》《中共中央关于上海失业工人临时救济的指示》《中共中央关于临时救济失业工人问题给中南局并各中央局的指示》《中共中央关于救济失业工人的指示》《政务院关于救济失业工人的指示》《中共中央关于失业救济问题的总结及指示》。社会救助的主要形式是以工代赈、临时性生产自救等针对失业人员的救助。此外，针对妓女、烟民、乞丐等旧社会弱势群体的改造和救助是特殊时期社会救助的内容。在社会主义改造完成后，计划经济时代的社会保障是以就业为核心的单位保障，社会救助主要针对孤老残幼病、精减退职老职工、麻风病人以及其他城乡贫困户，救助形式主要是临时救助。在农村则形成了由农村集体负责救助的"五保"供养，即对无法定扶养人、无劳动能力、无可靠生活来源的老年人、残疾人和孤儿进行的"保吃、保穿、保住、保医、保葬（保教）"的"五保"制度。总之，中华人民共和国成立初期以及其后形成的与计划经济相适应的社会救助是以恢复工作和就业为主的社会救助，而对固定对象的定期定量的救助则是辅助性的。每年城镇固定的救济对象有

60万人左右。几十年来，社会救助工作的开展，为保障社会弱者的基本生活权益、促进社会的稳定发挥了积极作用。这样的救助规模与现今的社会救助规模是不可相比的。

（二）改革开放后的社会救助制度

改革开放后，根据民政工作会议建立最低生活保障线制度的精神，地方政府开始摸索城镇居民最低生活保障线制度。上海于1993年率先制定城镇居民最低生活保障制度，随后，厦门、福州、青岛等城市也相继制定和实施了城镇居民最低生活保障线，为各地制定和实施最低生活保障线摸索了经验。此后，1997年，国务院发布《关于在全国建立城市居民最低生活保障制度的通知》；1999年，国务院颁布《城市居民最低生活保障条例》；2007年，国务院发布《关于在全国建立农村最低生活保障制度的通知》；2012年，国务院发布《关于进一步加强和改进最低生活保障工作的意见》；2016年，国务院办公厅转发民政部等部门《关于做好农村最低生活保障制度与扶贫开发政策有效衔接指导意见的通知》。最低生活保障制度已经成为覆盖城乡、保障基本生活的重要社会救助制度。

伴随着最低生活保障制度（以下简称"低保制度"）的日趋完善，社会救助的内容也日益丰富，社会救助制度也不断得到完善。2003年，国务院颁布《城市生活无着的流浪乞讨人员救助管理办法》；2003年，国务院颁布《法律援助条例》；2006年，国务院修订并施行《农村五保供养工作条例》；2010年，国务院办公厅印发《关于加强孤儿保障工作的意见》；2010年，国务院颁布《自然灾害救助条例》等。此外，民政部发布了落实社会救助制度的诸多规范性文件。

2012年国务院《关于社会救助工作情况的报告》认为，社会救助初步实现了救助范围覆盖城乡、制度框架基本建立、操作程序科学规范、困难群众应保尽保的目标。具体而言，最低生活保障制度覆盖城乡，困难群众应保尽保；农村五保供养制度顺利转型，供养对象衣食无虞；孤儿保障制度全面建立，城市"三无"各有保障；自然灾害救助机制不断健全，灾民安置及时稳妥；流浪未成年人保护政策日益完备，流浪乞讨人员救助逐步加强；医疗救助快速发展，困难群众医疗负担有所减轻；临时救助稳步推进，救急救难作用初步显现。2013年，国务院建立全国社会救助部际联席会议制度。2014年国务院发布《社会救助暂行办法》。《社会救助暂行办法》虽然立法层次不高，但是作为国务院的行政法规仍为社会救助提供了制度框架和法律依据。

|第二节| 社会救助体系

2014年2月21日，国务院颁布《社会救助暂行办法》，标志着我国社会救助制度进入系统化、规范化发展阶段。该办法对各类社会救助制度进行了系统整合，构建了以最低生活保障、特困人员供养、受灾人员救助、医疗救助、教育救助、住房救助、就业救助、临时救助为主体，以社会力量参与为补充的"8+1"型社会救助制度体系。这一制度体系为困难群众提供了全方位、多层次的基本生活保障，并通过动态调整机制，确保其与经济社会发展水平相适应。

改革开放以来，我国农村社会保障制度建设取得显著进展。作为农村社会保障体系的重要组成部分，农村社会救助制度在改善农村居民生活条件、促进脱贫攻坚等方面发挥了关键作用。鉴于农村社会保障体系的特殊性和重要性，本节将对其进行专门论述，以全面展现我国社会救助体系的整体架构和运行机制。

一、最低生活保障制度

最低生活保障制度是1993年开始实行的新制度。主要通过保障贫困居民的最低收入来促使其恢复正常生活，贫困居民享有较大的自主选择权。目前它的实施对象主要是一些城镇下岗职工、低收入的离退休职工及家属，还有一些农村地区也开始实行这一制度。即按照维持居民基本生活所必需的衣、食、住费用，适当考虑水电燃煤（燃气）费用以及未成年人的义务教育费用来确定低保标准，并根据经济社会发展水平和财政承受能力，随着生活必需品价格变化和人民生活水平的提高，适时调整低保标准，实现城市低保标准与最低工资、失业保险金等社会保障相关标准有机衔接。

最低生活保障制度具有长期性、固定性的特点，而特殊制度则具有即时性与相对不稳定性的特点。

延展阅读9-1

《城市居民最低生活保障条例》

二、特困人员救助供养制度

特困人员救助供养制度是指国家对无劳动能力、无生活来源且无法定赡养、抚养、扶养义务人，或者其法定赡养、抚养、扶养义务人无赡养、抚养、扶养能力的老年人、残疾人以及未满16周岁的未成年人等特困人员给予供养，以保证其基本生活的制度。其前身是农村"五保"制度和城市"三无"人员救助制度，是我国社会救助体系的重要组成部分。这些人群被视为我国现阶段最困难、最脆弱的人群，国家通过特困人员救助供养制度，确保他们能够获得基本生活保障，实现"应养尽养"。

特困人员供养的内容包括提供基本生活条件，如供给粮油、副食品、生活用燃料、服装、被褥等日常生活用品和零用钱；对生活不能自理的给予照料，包括日常生活、住院期间的必要照料等基本服务；提供疾病治疗，全额资助参加城乡居民基本医疗保险的个人缴费部分，并对医疗费用在医疗保障制度支付后仍有不足的部分给予支持；同时，还负责办理特困人员的丧葬事宜，并承担相应费用。此外，对符合规定标准的住房困难的分散供养特困人员，还提供住房救助；对在学的特困人员，给予教育救助。

三、专项救助制度

（一）受灾人员救助

受灾人员救助是指社会成员因遭受自然灾害袭击而导致生活困难时，由国家和社会紧急提供援助的一项社会救助。其包括灾情信息管理、救灾物资储备管理、灾民救助卡管理制度，实施灾民救助工作预案和灾民受损情况专家评估机制等工作内容。受灾人员救助的实施能够提高突发公共事件应急救助能力，确保灾民得到及时有效的安置，保障其衣、食、住等基本生活条件。受灾人员救助制度是社会救助体系中特殊制度的一种，虽然世界各国大多已不把这项内容列为社会保障体制中的救助项目，但它在我国却是社会救助制度的传统项目，并一直被延续下来。

（二）医疗救助

医疗救助制度是指针对贫困人口中因病而无经济能力进行治疗的人实施专项帮助和支持的一种社会救助。其特点是：在政府主导下，社会广泛参与，通过医疗机构实施，旨在恢复受助对象的健康。

（三）教育救助

教育救助是指国家和社会为保障适龄人口获得接受教育的公平机会而对贫困地区和贫困家庭子女提供物质帮助的一种社会救助。其包括对义务教育阶段贫困家庭子女杂费和书费减免政策、低收入家庭子女接受高中和中等职业教育的教育救助政策、高等学校教育救助政策等。

（四）住房救助

住房救助是政府向低收入家庭和其他需要保障的特殊家庭提供帮助的一种社会救助，包括农村特困户危房改造和城市住房救助等。农村特困户危房改造即将农村困难家庭中的危旧房屋及时纳入翻建维修计划，给予有效的修缮；城市住房救助将符合城市廉租住房条件的家庭及时纳入救助范围。

（五）失业救济

失业救济制度是随着改革开放凸显出来的社会救助特殊制度之一。它主要针对那些由于各种原因而暂时失去职业的劳动者，与失业保险制度紧密连接。

（六）司法援助

司法援助是指国家在司法制度运行中对因贫困及其他原因导致的很难通过一般意义上的法律手段保障自身基本社会权利的社会成员，通过减免收费、提供法律帮助等实现其司法权益的一项社会救助。各级司法行政机关和法律援助机构根据区县民政部门发布的有关救助证明，及时为申请人办理法律援助手续。

四、临时救助制度

临时救助即应急救助机制，每年年初按一定比例从城乡低保家庭中随机抽样，实施低收入家庭全年收支数据跟踪调查，制定并实施城市低收入家庭生活救助应急预案。在基本生活消费品价格指数上涨幅度较大并持续一定时间，导致低收入家庭生活水平出现明显下降时，及时启动应急救助预案予以救助，待物价稳定后，再按照规定程序调整城市低保标准。

五、社会互助和社会服务

社会互助和社会服务有针对性地对困难群众进行扶持和帮助。按照"政府推动、民间运作、社会参与"的工作原则，积极培育发展慈善和社会公益组织，鼓励和支持其依法开展募捐活动，并可协商或委托其承担相应的社会救助项目。

六、农村社会救助制度

（一）农村五保供养制度

建国之后很长时期以来，国家对农村的救助主要是采取临时救助的形式，这种方式具有一定的随意性。20世纪80年代以后，逐步扩大了农村定期救助的规模。1994年1月《农村五保供养工作条例》出台，标志着我们国家农村五保供养制度的确立。

五保供养，是指对符合《农村五保供养工作条例》规定的村民，在吃、穿、住、医、葬等方面给予的生活照顾与物质帮助。

1.五保供养的对象

五保供养的对象（以下简称五保对象）是指村民中符合下列条件的老年人、残疾人和未成年人：

①无法定扶养义务人，或者虽有法定扶养义务人，但是扶养义务人无扶养能力的；

②无劳动能力的；

③无生活来源的。

法定扶养义务人，是指依照婚姻法规定负有扶养、抚养和赡养义务的人。

确定五保对象，应当由村民本人申请或者由村民小组提名，经村民委员会审核，报乡、民族乡、镇人民政府批准，发给《五保供养证书》。

五保对象具有下列情形之一的，经村民委员会审核，报乡、民族乡、镇人民政府批准，停止其五保供养，收回《五保供养证书》：

①有了法定扶养义务人，且法定扶养义务人具有扶养能力的；

②重新获得生活来源的；

③已满16周岁且具有劳动能力的。

2.五保供养的内容

①供给粮油和燃料；

②供给服装、被褥等用品和零用钱；

③提供符合基本条件的住房；

④及时治疗疾病，对生活不能自理者有人照料；

⑤妥善办理丧葬事宜。

五保对象是未成年人的，还应当保障他们能够依法接受义务教育。

五保供养的实际标准，不应低于当地村民的一般生活水平。具体标准由乡、民族乡、镇人民政府规定。

3.资金来源及供养形式

五保供养是农村的集体福利事业。农村集体经济组织负责提供五保供养所需的经费和实物，乡、民族乡、镇人民政府负责组织五保供养工作的实施。五保供养所需经费和实物，应当从村提留或者乡统筹费中列支，不得重复列支；在有集体经营项目的地方，可以从集体经营的收入、集体企业上缴的利润中列支。

对五保对象可以根据当地的经济条件，实行集中供养或者分散供养。具备条件的乡、民族乡、镇人民政府应当兴办敬老院，集中供养五保对象。

2004年民政部、财政部、国家发展和改革委员会《关于进一步做好农村五保供养工作的通知》中指出，农村五保供养是一项政策性、原则性很强的工作。各地民政部门要进一步规范对五保供养工作的管理。五保供养对象是农村最困难的群体。解决这部分人的生活问题，关系到党和政府在农村工作中的形象。各地、各部门要充分认识做好当前五保供养工作的紧迫性和重要性，加强领导，统一部署，从实践"三个代表"重要思想、落实科学发展观入手，维护宪法所赋予五保对象的合法权益，从保持农村社会稳定的高度，认真研究解决税费改革新形势下农村五保供养工作面临的新情况、新问题。各级民政、财政、发展改革等部门要切实履行好自己的职责，把妥善解决好五保对象生活、实现五保对象"应保尽保"，列为当前和今后工作的重点，进一步加大工作力度，全面提高农村五保供养工作水平。

（二）农村最低生活保障制度

改革开放以来，农村经济快速发展，农民生活水平持续提高。各地在促进农村地区社会经济发展的同时，开展农村社会救助、五保供养、扶贫济困等工作，有效缓解了农村低收入居民的生活困难。为进一步完善社会保障体系，使农村社会救助工作制度化、规范化，切实保障农村低收入居民的基本生活，各地纷纷建立并实施农村居民最低生活保障制度。1994年山西省在阳泉市开展建立农村社会保障制度的试点。1996年，民政部又确定山东烟台市、河北平泉市、四川彭州市和甘肃永昌县作为"发达"、"中等发达"和"欠发达"三种不同类型的农村社会保障体系建设的试点县市。

1996年年底，民政部在总结各地试点的基础上，印发了《关于加快农村社会保障体系建设的意见》，要求各地在有条件的情况下建立农村居民最低生活保障制度。农村最低生活保障制度的保障范围一般是具有农业户口、家庭年人均收入低于户籍所在区县当年农村居民最低生活保障标准的农村居民，包括农村五保对象、孤老烈军属等特殊优抚对象困难户、原民政部门管理的20世纪60年代初精减退职老职工、无劳动能力的重残人员以及其他特殊生活困难人员等。

各地根据经济社会发展水平的差异，制定了不同的保障标准。保障标准的制定一般既要与本地区社会经济发展水平相适应，又要考虑当地财政的承受能力；既要保障低收入农村居民的基本生活，又要有利于克服依赖思想、调动劳动生产积极性，按照维持当地农村居民衣、食、住等基本生活需要，适当考虑水电、燃煤（柴）以及未成年人义务教育等因素，合理确定保障标准，并随着当地社会经济发展、人民生活水平和物价指数的变化，适时进行调整，一般每年度调整一次。

在农村最低生活保障的申请、审批程序和保障金的发放上，申请享受农村居民最低生活保障待遇，由申请人向户籍所在地的村委会提出书面申请，并出具有关证明材料。村委会核实申请人家庭收入，确认其符合申请条件后填写申请表报乡镇政府审核。乡镇政府负责将有关材料和审核意见报送所在区县民政部门审批。农村居民最低生活保障待遇，一般由乡镇政府委托村委会以货币形式按月发放。

农村的低保制度，一方面，要多渠道筹集资金，动员社会民间组织和个人以捐赠、资助等形式，支持农村居民最低生活保障制度的实施，逐步建立多元化投入机制，增强保障实力。另一方面，要采取多种帮扶措施，增加对农村居民最低生活保障对象的补贴，对农村低保家庭成员在就医、就学等方面给予优惠或照顾。

（三）农村医疗救助

长期以来，国家一直没有出台过针对贫困农民的医疗救助政策法规，除少数经济发达地区外，全国还没有系统的农村医疗救助制度，结果造成大量农村贫困人口患病后得不到医治，给贫困农民的生产与生活带来很大影响。2002年10月，国务院下发的《关于进一步加强农村卫生工作的决定》提出：对农村贫困家庭实行医疗救助，医疗救助的对象是农村五保户和贫困农民家庭。2003年11月，民政部、卫生部、财政部下发了《关于实施农村医疗救助的意见》，明确了到2005年在全国基本建立起规范、完善的农村医疗救助制度的目标。

农村医疗救助制度是由政府拨款和社会各界自愿捐助等多渠道筹资，对患大病农村五保户和贫困农民家庭实施医疗救助的制度。建立农村医疗救助制度，要从当地实际出发，医疗救助水平要与当地经济社会发展水平和财政支付能力相适应，确保这项制度平稳运行。农村医疗救助从贫困农民中最困难的人员和最急需的医疗支出开始实施，并使农村医疗救助制度随着经济的发展逐步完善。

1.救助对象

（1）农村五保户，农村贫困户家庭成员。

（2）地方政府规定的其他符合条件的农村贫困农民。

2.救助办法

（1）开展新型农村合作医疗的地区，资助医疗救助对象缴纳个人应负担的全部或部分资金，参加当地合作医疗，享受合作医疗待遇。因患大病经合作医疗补助后个人负担医疗费用过高，影响家庭基本生活的，再给予适当的医疗救助。

（2）尚未开展新型农村合作医疗的地区，对因患大病个人负担费用难以承担，影响家庭基本生活的，给予适当医疗救助。

（3）国家规定的特种传染病救治费用，按有关规定给予补助。

3.申请、审批程序

（1）医疗救助实行属地化管理原则，申请人（户主）向村民委员会提出书面申请，填写申请表，如实提供医疗诊断书、医疗费用收据、必要的病史材料、已参加合作医疗的按规定领取的合作医疗补助凭证、社会互助帮困情况证明等，经村民代表会议评议同意报乡镇人民政府审核。

（2）乡镇人民政府对上报的申请表和有关材料进行逐项审核，对符合医疗救助条件的上报县（市、区）民政局审批。

（3）县级人民政府民政部门对乡镇上报的有关材料进行复审核实，并及时签署审批意见。对符合医疗救助条件的家庭核准其享受医疗救助金额，对不符合享受医疗救助条件的，应当书面通知申请人，并说明理由。

（4）医疗救助金由乡镇人民政府发放，也可以采取社会化发放或其他发放办法。

4.医疗救助服务

（1）已开展新型农村合作医疗的地区，由农村合作医疗定点卫生医疗机构提供医疗救助服务；未开展新型农村合作医疗的地区，由救助对象户口所在地乡（镇）卫生院和县级医院等提供医疗救助服务。

（2）提供医疗救助服务的医疗卫生机构等应在规定范围内，按照本地合作医疗或医疗保险用药目录、诊疗项目目录及医疗服务设施目录，为医疗救助对象提供医疗服务。

|第三节|　社会救助实务

社会救助体系为困难群众筑牢了基本生活的防线，涵盖多种救助制度。但制度要发挥实效，关键在于落地执行。本节将聚焦社会救助实务，深入剖析最低生活保障、特困人员救助供养、受灾人员救助等制度在实际操作中的具体流程、覆盖范围和待遇标准，从实践层面更全面地认识社会救助，更好地理解其在保障民生中的关键作用。

一、最低生活保障制度实务

(一) 最低生活保障覆盖范围

1.共同生活的家庭成员人均收入低于当地最低生活保障标准，且符合当地最低生活保障家庭财产状况规定的家庭

共同生活的家庭成员包括：

(1) 配偶；父母和未成年子女；已成年但不能独立生活的子女，包括在校接受本科及其以下学历教育的成年子女；

(2) 其他具有法定赡养、扶养、抚养义务关系并长期共同居住的人员。不计入共同生活的家庭成员的有：连续三年以上（含三年）脱离家庭独立生活的宗教教职人员；

(3) 在监狱内服刑、接受劳动改造的人员；

(4) 省级人民政府民政部门根据相关程序认定的其他人员。

家庭收入是指共同生活的家庭成员的全部货币收入和实物收入。其中货币收入是指家庭可支配收入，为扣除缴纳的个人所得税及个人按规定缴纳的社会保障性支出后的收入，主要包括：工资性收入、家庭经营净（纯）收入、财产性收入、转移性收入、其他应当计入家庭收入的项目。这里其他应当计入家庭收入的项目包括法定赡养人、扶养人或者抚养人应当给付的赡养费、扶养费或者抚养费，不包括优抚对象按照国家规定享受的抚恤金或优待抚恤金，补助金，计划生育奖励与扶助金，教育、见义勇为等方面的奖励性补助；在农村低保和扶贫对象认定时，中央确定的农村居民基本养老保险基础养老金暂不计入家庭收入。

家庭财产指家庭成员拥有的全部动产和不动产，在实际操作中主要是指大额财产，包括大额现金、存款、有价证券、机动车辆（残疾人功能性补偿代步机动车辆除外）、船舶、房屋、债权、股权和其他财产等。对金融性资产应规定明确的标准线，非金融性资产则可按照财产类型分别规定。

这里的当地一般指的是户籍所在地，核定标准主要包括家庭收入和家庭财产。持有非农业户口的居民申请城市居民低保；持有农业户口的居民申请农村低保；取消农业和非农业户口划分的地区，原则上可以将申请人户籍所在地为城镇且居住超过一定期限、无承包土地、不参加农村集体经济收益分配等作为申请城市居民低保的户籍条件。

最低生活保障的标准由各省、自治区、直辖市或者设区的市级人民政府按照当地居民生活必需的费用确定、公布，并根据当地社会经济发展水平和物价变动情况适时调整。

2.低收入家庭中的重残人员、重病患者等特殊困难人员，可以单人户形式纳入低保

符合此项规定的低收入家庭一般是指家庭人均收入高于当地城乡低保标准，但低于低保标准1.5倍，且财产状况符合当地规定的低保边缘家庭。低收入家庭及重残人员、重病患者的具体认定方法以及相关对象纳入低保后的待遇水平，由各地民政部门结合实际研究决定。

同样可以单人户进行申请的还有脱离家庭、在宗教场所居住三年以上（含三年）的生活困难的宗教教职人员。

(二) 最低生活保障的待遇

1.待遇标准

最低生活保障待遇标准是由省、自治区、直辖市或者设区的市级人民政府按照当地居民生活必需的费用确定、公布，并根据当地经济社会发展水平和物价变动情况适时调整。

这一标准旨在保障低收入家庭的基本生活需求，包括衣、食、住等必要的生活开支。具体来说，最低生活保障标准会考虑到当地维持城市居民基本生活所必需的衣、食、住费用，并适当考虑水、电、燃煤（燃气）费用以及未成年人的义务教育费用等因素。

2.待遇构成

最低生活保障的待遇主要包括最低生活保障金以及其他必要的救助措施。最低生活保障金是按月或按季度发放给符合条件的家庭的经济援助，其金额根据家庭人均收入与当地最低生活保障标准的差额来确定。

除最低生活保障金外，对于获得最低生活保障后生活仍有困难的老年人、未成年人、重度残疾人和重病患者等特定群体，县级以上地方人民政府还会采取必要措施给予生活保障，如提供医疗救助、教育救助、住房救助等。

（三）领取最低生活保障待遇的经办流程

以编者所在城市大连市为例，领取最低生活保障待遇的流程主要分为申请、受理与审查、调查核实与公示、审批、发放低保金五个步骤。详细流程如图9-1所示。

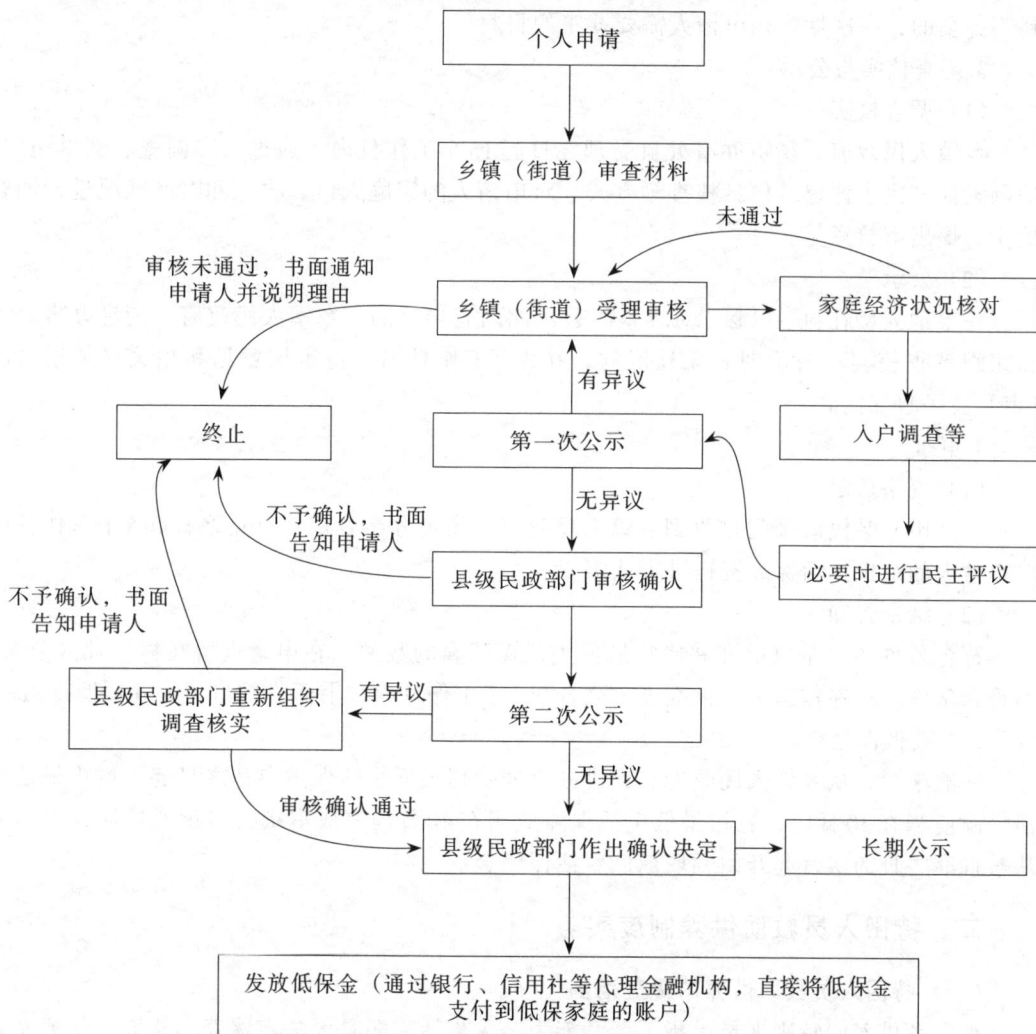

图9-1　最低生活保障待遇经办流程

1.申请

（1）提交申请

以户为单位，由共同生活的家庭成员向户籍所在地的乡镇人民政府、街道办事处提出书面申请。家庭成员申请有困难的，可委托村（居）民委员会代为提出申请。困难家庭中的特殊成员申请最低生活保障，由本人向户籍所在地的乡镇人民政府、街道办事处提出书面申请，本人申请有困难的，也可委托共同生活的家庭成员、村（居）民委员会代为提出申请。

（2）填写表格与提交材料

申请人须填写申请表，书面声明家庭收入和家庭财产状况，签署诚信承诺书和家庭经济状况核对授权书，并依法提交户口簿、居民身份证、家庭收入及财产证明、残疾证明等相关材料。

2.受理与审查

乡镇人民政府、街道办事处对申请人提交的材料进行审查，材料齐全的当场受理；材料不齐全的，一次性告知申请人需要补正的材料。

3.调查核实与公示

（1）调查核实

乡镇人民政府、街道办事处自受理之日起15个工作日内，通过入户调查、邻里访问、信函索证、民主评议、信息核查等方式，对申请人的家庭人口、收入和财产状况进行调查核实，提出审核意见。

（2）公示

在申请人所在村、社区公示7日。公示期内有异议的，乡镇人民政府、街道办事处重新组织调查核实；公示期满无异议的，在3个工作日内，将审核意见和相关材料报送区（市）县民政部门。

4.审批

（1）资格认定

区（市）县民政部门自收到乡镇人民政府、街道办事处审核意见之日起5个工作日内对申请人的最低生活保障资格进行认定。

（2）结果告知

符合条件的，予以批准并确定最低生活保障金的数额，在申请人所在村、社区公布；不符合条件的，在作出不予批准决定之日起3个工作日内，书面告知申请人并说明理由。

5.发放低保金

一般来说，从乡镇人民政府、街道办事处受理最低生活保障申请之日起，城市最低生活保障应当在30日内，农村最低生活保障应当在40日内完成审批。审批通过后，申请人从被批准之日的次月起开始领取最低生活保障金。

二、特困人员救助供养制度实务

（一）特困人员救助供养的覆盖范围

被救助供养的特困人员是指无劳动能力、无生活来源且无法定赡养、抚养、扶养义务人，或者其法定赡养、抚养、扶养义务人无赡养、抚养、扶养能力的老年人、残疾人以及未满16周岁的未成年人。

城乡老年人、残疾人以及未满16周岁的未成年人只有同时具备以下三个条件的才能依法纳入特困人员救助供养范围：无劳动能力；无生活来源；无法定赡养、抚养、扶养义务人或者其法定义务人无履行义务能力。

无劳动能力要满足以下条件之一：60周岁以上的老年人；未满16周岁的未成年人；残疾等级为一、二级的智力、精神残疾人；残疾等级为一级的肢体残疾人；省、自治区、直辖市人民政府规定的其他情形。

无生活来源是指收入总和低于当地最低生活保障标准，且财产符合当地特困人员财产状况规定。这里的收入包括工资性收入、经营净收入、财产净收入、转移净收入等各类收入，不包括城乡居民基本养老保险中的基础养老金、基本医疗保险等社会保险和高龄津贴等社会福利补贴。特困人员财产状况认定标准由设区的市级以上人民政府的民政部门制定，并报同级地方人民政府同意。

无履行义务能力是指符合以下条件之一：具备特困人员条件的；60周岁以上或者重度残疾的最低生活保障对象，且财产符合当地特困人员财产状况规定的；无民事行为能力、被宣告失踪或者在监狱服刑的人员，且财产符合当地特困人员财产状况规定的；省、自治区、直辖市人民政府规定的其他情形。

未满16周岁的未成年人同时符合特困人员救助供养条件和孤儿认定条件的，应当纳入孤儿基本生活保障范围，不认定为特困人员。

（二）特困人员救助供养的待遇标准与待遇构成

1.待遇标准

特困人员救助供养的待遇标准分为基本生活标准与照料护理标准。其中基本生活标准的制定应当满足特困人员基本生活所需，一般参照当地低保标准、居民人均消费支出等因素来确定，由省、自治区、直辖市或者设区的市级人民政府综合考虑地区、城乡差异等因素确定、公布，并根据当地经济社会发展水平和物价变化情况适时调整。照料护理标准则根据特困人员生活自理能力和服务需求分类制定，体现差异性。部分地区依据当地最低工资标准的一定比例来确定，如全自理、半护理、全护理分别按照最低工资标准的不同比例计算；也有地方根据当地实际服务成本等因素来确定具体金额。

2.待遇构成

特困人员救助供养的待遇构成主要包括：提供粮油、副食品等物资及零用钱的基本生活保障；涵盖日常生活及住院照料的照料护理服务；通过医保资助及救助供养经费支持等实现的疾病治疗保障；由相关机构或亲属办理、费用从救助供养经费支出的丧葬事宜保障，以及包括为住房困难者提供住房救助、为就学特困人员给予教育救助等在内的其他相关救助。

（三）特困人员救助供养经办流程

1.申请

特困人员应当由本人向户籍所在地乡镇人民政府（街道办事处）提出书面申请。本人申请有困难的，可以委托村（居）民委员会或者他人代为提出申请。

申请材料主要包括本人有效身份证明，劳动能力、生活来源、财产状况以及赡养、抚养、扶养情况的书面声明，承诺所提供信息真实、完整的承诺书，残疾人还应当提供残疾证明。申请人应当履行授权核查家庭经济状况的相关手续。

乡镇人民政府（街道办事处）、村（居）民委员会应当及时了解掌握辖区内居民的生活情况，发现符合特困人员救助供养条件的，应当告知其救助供养政策，对无民事行为能力等无法自主申请的，应当主动帮助其申请。

2.受理

乡镇人民政府（街道办事处）应当对申请人或者其代理人提交的材料进行审查，材料齐备的，予以受理；材料不齐备的，应当一次性告知申请人或者其代理人补齐所有规定的材料。

3.审核

乡镇人民政府（街道办事处）应当自受理申请之日起20个工作日内，通过入户调查、邻里访问、信函索证、民主评议、信息核对等方式，对申请人的经济状况、实际生活状况以及赡养、抚养、扶养状况等进行调查核实，并提出审核意见。

申请人以及有关单位、组织或者个人应当配合调查，如实提供有关情况。村（居）民委员会应当协助乡镇人民政府（街道办事处）开展调查核实。

调查核实过程中，乡镇人民政府（街道办事处）可视情况组织民主评议，在村（居）民委员会协助下，对申请人书面声明内容的真实性、完整性及调查核实结果的客观性进行评议。

乡镇人民政府（街道办事处）应当将审核意见及时在申请人所在村（社区）公示。公示期为7天。公示期满无异议的，乡镇人民政府（街道办事处）应当将审核意见连同申请、调查核实、民主评议等相关材料报送县级人民政府民政部门审批。对公示有异议的，乡镇人民政府（街道办事处）应当重新组织调查核实，在20个工作日内提出审核意见，并重新公示。

4.审批

县级人民政府民政部门应当全面审查乡镇人民政府（街道办事处）上报的申请材料、调查材料和审核意见，根据审核意见和公示情况，按照不低于30%的比例随机抽查核实，并在20个工作日内作出审批决定。

县级人民政府民政部门应当在乡镇人民政府（街道办事处）、村（居）民委员会协助下，对特困人员生活自理能力进行评估，并根据评估结果，确定特困人员应当享受的照料护理标准档次。有条件的地方，可以委托第三方机构开展特困人员生活自理能力评估。

5.发放

对符合救助供养条件的申请，县级人民政府民政部门应当及时予以批准，发给《特困人员救助供养证》，建立救助供养档案，从批准之日下月起给予救助供养待遇，并通过乡镇人民政府（街道办事处）在申请人所在村（社区）公布。

对不符合救助供养条件的申请，县级人民政府民政部门不予批准，并将理由通过乡镇人民政府（街道办事处）书面告知申请人。

城乡特困人员救助供养标准不一致的地区，对于拥有承包土地或者参加农村集体经济收益分配的特困人员，应当给予农村特困人员救助供养待遇。

6.变更

特困人员生活自理能力发生变化的，村（居）民委员会或者供养服务机构应当通过乡镇人民政府（街道办事处）及时报告县级人民政府民政部门，县级人民政府民政部门应当自接到报告之日起10个工作日内组织复核评估，并根据评估结果及时调整特困人员生活自理能力认定类别。

7.终止

特困人员不再符合救助供养条件的，本人、村（居）民委员会或者供养服务机构应当及时告知乡镇人民政府（街道办事处），由乡镇人民政府（街道办事处）审核并报县级人民政府民政部门核准。县级人民政府民政部门、乡镇人民政府（街道办事处）在工作中发现特困人员不再符合救助供养条件的，应当及时办理终止救助供养手续。

对拟终止救助供养的特困人员，县级人民政府民政部门应当通过乡镇人民政府（街道办事处），在其所在村（社区）或者供养服务机构公示。公示期为7天。公示期满无异议的，县级人民政府民政部门应当从下月起终止救助供养，核销《特困人员救助供养证》。对公示有异议的，县级人民政府民政部门应当组织调查核实，在20个工作日内作出是否终止救助供养决定，并重新公示。对决定终止救助供养的，应当通过乡镇人民政府（街道办事处）将终止理由书面告知当事人、村（居）民委员会或者其亲属。

对终止救助供养的原特困人员，符合最低生活保障、医疗救助、临时救助等其他社会救助条件的，应当按规定及时纳入相应救助范围。

延展阅读9-2

《国务院关于进一步健全特困人员救助供养制度的意见》

三、受灾人员救助制度实务

（一）受灾人员救助的覆盖范围

国家建立健全自然受灾人员救助制度，对基本生活受到自然灾害严重影响的人员，提供生活救助。这里的自然灾害包括：洪涝、风雹、台风、地震、低温冷冻和雪灾、高温热浪、滑坡和泥石流等突发性的自然灾害。

（二）受灾人员救助的待遇构成

自然灾害发生后，中央和地方财政安排的自然灾害生活补助资金主要用于解决遭受自然灾害地区的灾民无力克服的衣、食、住、医等临时困难，紧急转移安置和抢救受灾群众，抚慰因灾遇难人员家属，过渡性生活救助，恢复重建倒损住房，旱灾临时生活困难救助，冬春临时生活困难救助，以及采购、管理、储运救灾物资等支出。

（三）受灾人员救助的基金监管

救灾基金主要来源于各级财政的专项救助拨款和救灾预备金以及社会捐赠。在具体分配上，根据自然灾害的级别确定中央财政和地方财政的分担比例，一般特大自然灾害所需自然灾害生活救助基金由中央财政、省市财政和区（县）财政三方共同按比例负担，重大自然灾害所需生活救助基金则由省或市和区（县）财政共同负担，一般自然灾害原则上由区（县）财政自行解决。

| 第四节 |　乡村振兴与精准扶贫

在我国社会救助与农村发展领域，乡村振兴与精准扶贫占据着极为重要的地位。前文已对各类社会救助制度进行了详细阐述，而乡村振兴与精准扶贫作为农村发展的核心战略，二者紧密关联且意义深远。本部分将深入剖析乡村振兴战略的内涵、提出背景及实现路径，精准解读精准扶贫的概念、具体实施方案，并细致探讨二者之间的内在联系，全面展现农村发展的关键策略及其对农村救助体系的重要支撑作用。

一、乡村振兴战略

（一）乡村振兴战略的含义

乡村振兴战略是习近平总书记2017年10月18日在党的十九大报告中提出的战略。乡村振兴战略可以概括为：坚持农业农村优先发展，按照产业兴旺、生态宜居、乡风文明、治理有效、生活富裕的总要求，建立健全城乡融合发展体制机制和政策体系，加快推进农业农村现代化。农业农村现代化是实施乡村振兴战略的总目标，坚持农业农村优先发展是总方针，产业兴旺、生态宜居、乡风文明、治理有效、生活富裕是总要求，建立健全城乡融合发展体制机制和政策体系是制度保障。

乡村振兴是包括产业振兴、人才振兴、文化振兴、生态振兴、组织振兴的全面振兴，实施乡村振兴战略的总目标是农业农村现代化，总方针是坚持农业农村优先发展，总要求是产业兴旺、生态宜居、乡风文明、治理有效、生活富裕，制度保障是建立健全城乡融合发展体制机制和政策体系。

（二）乡村振兴战略提出的背景及原因

1. "三农"问题的重要性

"三农"问题，即农业、农村、农民问题，一直是中国社会经济发展的难题。自改革开放以来，尽管我国农业取得了长足的发展，但"三农"问题依然存在较大困境。党和政府高度重视"三农"问题，提出乡村振兴战略正是回应这一问题。在新时期解决人民日益增长的美好生活需要和不平衡不充分的发展之间的矛盾，实现决胜全面小康的关键、重点和难度都在"三农"。加强"三农"工作重中之重的地位，实施乡村振兴战略是中国全面建成小康社会的关键环节，是实现中华民族伟大复兴中国梦的客观要求，也是中国共产党落实为人民服务这一根本宗旨的重要体现。

2. 城乡发展不均衡的现实问题

长期以来，中国的城乡发展存在明显的不均衡。城乡二元化结构的历史症结使城乡发展出现不平衡之态势。城市化进程快速推进，然而乡村地区的经济发展、基础设施建设、公共服务等方面相对滞后，导致城乡差距逐渐拉大。尤其是乡村的贫困问题依然严峻，很多农村地区经济发展迟缓，基础设施和公共服务设施薄弱。乡村振兴战略的提出，目的在于缩小城乡差距，实现更为均衡的区域发展。

3. 全面建成小康社会的需要

乡村振兴是中国全面建成小康社会的重要组成部分。在党的十九大报告中，习近平总书记明确提出"乡村振兴战略"，意味着乡村振兴成为了中国全面建成小康社会的关键环节。实施乡村振兴，不仅是经济发展的一部分，更是社会公平、区域协调发展的体现。

4. 实施乡村振兴战略，是实现"两个一百年"奋斗目标的必然要求

党的十九大报告清晰提出全面建成社会主义现代化强国的时间表、路线图。实施乡村振兴战略，是以习近平同志为核心的党中央着眼于党和国家事业全局，着眼于实现"两个一百年"的奋斗目标和补齐农业农村短板的问题导向，对"三农"工作作出的重大战略部署、提出的新的目标要求。

5.实施乡村振兴战略，是实现全体人民共同富裕的必然要求

乡村经济在经济社会发展中一直占有一定的地位，乡村的富庶是盛世历史的重要标志。乡村振兴战略强调坚持农业农村优先发展，是对乡村地位和作用的充分肯定，是实现中华民族伟大复兴的中国梦的历史使命。乡村振兴是全面建设社会主义现代化国家的必然要求。中国城镇化水平不高、农村人口总量庞大的现实国情决定了没有农业农村现代化，就不会有国家的现代化，也不可能实现全体人民共同富裕的社会主义本质目标。

（三）实现路径

1.推动产业兴旺

大力发展现代农业，加大农业科技投入，推广先进技术与设备，强化高标准农田建设，培育新型农业经营主体以实现适度规模经营。同时，积极促进产业融合，延伸农业产业链，发展加工业与新兴产业，打造农产品品牌，依据各地资源优化产业布局，形成特色产业格局。

2.强化人才支撑

人才是乡村振兴的关键。一方面，要培育本土人才，通过农村职业教育和技能培训，实施新型职业农民培育工程，提升农民素质与能力；另一方面，出台优惠政策吸引外部人才返乡创业就业，包括大学生、务工人员等，并改善条件留住人才，健全评价机制，给予其广阔的发展空间。

3.加强文化建设

文化建设不可或缺。既要弘扬传统文化，挖掘乡村历史文化资源，保护非物质文化遗产与历史遗迹，又要培育文明乡风，开展思想道德建设与精神文明创建活动，完善文化阵地。还可依托文化资源发展文化产业，推动其与其他产业融合。

4.推动生态宜居

生态宜居是乡村振兴的重要目标。加强环境治理，推进"厕所革命"，处理污水垃圾，防治农业面源污染；实施生态保护修复工程，保护农村生态系统，推进绿化美化；推动绿色发展，发展生态农业、循环农业，鼓励绿色产业。

5.提升组织建设

组织建设是根本保障。加强党组织建设，选优配强带头人及班子，加强党员管理，落实相关制度；完善乡村治理机制，坚持自治、法治、德治结合，保障村民民主权利，加强法治宣传，发挥道德教化作用；壮大集体经济，盘活集体资产资源，探索发展新模式，增加收入。

延展阅读9-3

《乡村全面振兴规划（2024—2027年）》

二、精准扶贫

（一）精准扶贫的含义

精准扶贫是粗放扶贫的对称，是指针对不同贫困区域环境、不同贫困农户状况，运用科学有效程序对扶贫对象实施精确识别、精确帮扶、精确管理的治贫方式。一般来说，精准扶贫主要是就贫困居民而言的，谁贫困就扶持谁。

"精准扶贫"的重要思想最早是在2013年11月，习近平总书记到湖南湘西考察时首次作出了"实事求是、因地制宜、分类指导、精准扶贫"的重要指示。2014年1月，中办详细规划了精准扶贫工作模式的顶层设计，推动了"精准扶贫"思想落地。2015年1月，习近平总书记新年首个调研地点选择了云南，总书记强调坚决打好扶贫开发攻坚战，加快民族地区经济社会发展。5个月后，总书记来到与云南毗邻的贵州省，强调要科学谋划好"十三五"时期扶贫开发工作，确保贫困人口到2020年如期脱贫，并提出扶贫开发"贵在精准，重在精准，成败之举在于精准"，"精准扶贫"成为各界热议的关键词。

2020年11月23日，贵州省宣布所有贫困县摘帽出列。至此，我国832个国家级贫困县全部脱贫摘帽，我国实现全面脱贫。精准扶贫在我国打赢脱贫攻坚的战役中发挥了中流砥柱的作用。

（二）精准扶贫的具体实施方案

1.精准识别贫困对象

在精准识别贫困对象上，需完善识别标准，综合考量收入、资产、住房、健康、教育等多维度因素，确保标准科学合理且具可操作性。同时，严格规范识别程序，按照申请、审核、公示、审批流程推进，充分发挥村民自治作用，组织村民代表参与民主评议，保障识别公开公平公正。还要建立动态调整机制，利用信息管理系统定期复核贫困对象，及时更新信息，纳入新致贫人口，按程序退出稳定脱贫人口，保证信息准确且具有时效。

2.实施精准帮扶措施

产业扶贫要依据贫困地区资源特色，发展特色种植、养殖、农产品加工、乡村旅游、农村电商等产业，提供资金、技术、市场对接等支持，延伸产业链，增强带贫益贫能力。教育扶贫需加大投入，改善教育基础设施，完善资助体系，实现从学前到高等教育的全覆盖资助，开展职业技能培训，提升贫困家庭劳动力就业创业能力。健康扶贫着力加强医疗卫生服务体系建设，提升基层服务能力，完善医保、大病保险、医疗救助制度，开展慢性病管理和家庭医生签约服务。易地扶贫搬迁针对生存条件恶劣地区的贫困群众，科学规划安置点，配套完善基础设施与公共服务，做好后续产业发展和就业帮扶。就业扶贫则要搭建就业信息平台，开展针对性技能培训，通过开发公益性岗位、建设扶贫车间、组织劳务输出等拓宽就业渠道。

3.强化精准管理

在扶贫资金管理上，健全管理制度，加强预算、分配、使用、监督等环节的管控，确保专款专用，强化审计和监督检查，查处违法违纪行为。建立扶贫项目库，根据需求和规划谋划储备项目，动态管理项目信息，加强项目实施管理，规范各环节流程。完善考核评估机制，构建科学合理的考核评估指标体系，全面客观考核扶贫成效，将结果与资金分配、干部任用挂钩，发挥导向和激励作用，推动精准扶贫工作的落实。

（三）精准扶贫的成效

1.贫困人口规模显著减少

截至2020年年底，我国现行标准下9 899万农村贫困人口全部脱贫，832个贫困县全部摘帽，12.8万个贫困村全部出列，区域性整体贫困得到根本性解决。贫困发生率从2012年的10.2%下降至0，提前10年实现联合国2030年可持续发展议程的减贫目标。

2.贫困群体收入水平持续提升

精准扶贫通过产业扶贫、就业扶贫、生态扶贫等多元化路径，有效提升了贫困人口的收入能力。2013年至2020年，贫困地区农村居民人均可支配收入年均增长11.6%，高于全国农村平均水平2.3个百分点。建档立卡贫困户人均纯收入从2015年的3 416元增至

2020年的10 740元，年均增幅达25.7%。

3.贫困地区基础设施全面改善

精准扶贫期间，政府累计投入超过1.6万亿元用于贫困地区基础设施建设。截至2020年，贫困地区具备条件的建制村全部通硬化路、通客车、通邮路，农村电网供电可靠率达99%，贫困村光纤和4G网络覆盖率超过98%，农村饮水安全问题全面解决，生产生活条件实现质的飞跃。

4.公共服务均等化水平显著提高

教育扶贫阻断贫困代际传递，贫困家庭义务教育阶段辍学学生实现动态清零，贫困地区九年义务教育巩固率达94.8%。健康扶贫政策惠及所有贫困人口，县域内就诊率超过90%，大病专项救治病种扩大至30种。住房安全保障方面，累计改造贫困地区危房700余万户，2 568万贫困人口迁入易地扶贫安置点。

5.贫困地区内生发展动力增强

通过培育特色产业、推广电商扶贫、发展乡村旅游等举措，贫困地区形成了一批可持续的增收渠道。截至2020年，全国建成扶贫产业基地30多万个，发展农民专业合作社71.9万家，贫困县培育特色主导产业超2 600个，产业扶贫覆盖98%的贫困户。

6.社会保障兜底功能全面强化

农村低保标准与扶贫标准"两线合一"，2020年全国农村低保平均标准达到每人每年5 842元，较2012年增长2.8倍。特困人员救助供养、临时救助等制度实现应保尽保，兜住了丧失劳动能力贫困人口的民生底线。

7.国际减贫影响力持续扩大

中国精准扶贫实践为全球减贫治理提供了重要参考。世界银行数据显示，1981年至2015年全球脱贫人口中近70%来自中国。联合国秘书长古特雷斯评价中国精准扶贫是人类历史上最伟大的减贫成就，其经验对发展中国家具有重要借鉴意义。

三、乡村振兴与精准扶贫之间的关联

（一）精准扶贫是乡村振兴的基础

精准扶贫聚焦贫困地区和贫困人口，通过精准识别、精准帮扶、精准脱贫，使贫困地区的基础设施得到改善，如道路、水电、通信等基础设施建设让农村与外界的联系更加紧密，为后续产业发展、人才引进等奠定基础。同时帮助贫困群众提升自我发展能力，为乡村振兴的人才储备提供支持。经过精准扶贫，许多贫困地区形成了一些特色产业，这些产业可以在乡村振兴中进一步发展壮大，实现产业的可持续发展。

（二）乡村振兴是精准扶贫的深化与拓展

乡村振兴涵盖产业、人才、文化、生态、组织等多方面的全面振兴，在精准扶贫使贫困地区脱贫后，乡村振兴战略进一步提升农村的发展水平，促进产业升级，从单一产业向一二三产业融合发展转变，提升产业附加值。还能吸引更多人才回流，为农村发展提供源源不断的动力，全面提升农村的生活品质和发展质量，巩固脱贫攻坚成果，防止返贫，实现农村的可持续繁荣。

本章小结

社会救助是指社会成员陷入生存危机或不能维持最低限度的生活水平时，由国家和社会按照法定的标准向其提供满足最低生活需求的物质援助和非物质援助的社会保障制度。

社会救助的特征包括：权利义务的单向性、基金的无偿性、对象的限制性、救助水平的低层次性、救助手段的多样性。

实务操作中，最低生活保障覆盖共同生活的家庭成员人均收入低于当地标准的家庭，特困人员救助供养需满足无劳动能力、无生活来源等条件，医疗救助实行属地化管理并分层分类实施。

乡村振兴与精准扶贫相辅相成，精准扶贫通过产业扶持、基础设施建设等为乡村振兴奠定基础，而乡村振兴通过多维度发展巩固脱贫成果，实现农村可持续繁荣。

关键术语

社会救助　最低生活保障　农村救助制度　乡村振兴　精准扶贫

复习思考题

即测即练

一、单选题

1.社会救助作为社会保障的最低目标，承担着保障社会成员生存条件的责任。下列关于社会救助含义的说法中，错误的是（　　）。

A.社会救助是国家和社会向公民提供的援助，提供救助是国家的责任和义务

B.社会救助是公民在年老、病残或者丧失劳动能力时才享有的权利

C.社会救助在公民不能维持最低限度的生活时才发生作用

D.社会救助形式多样，包括物质帮助、服务和精神帮助等

2.社会救助制度在社会保障制度体系中具有重要地位。下列关于社会救助地位的表述中，正确的是（　　）。

A.社会救助制度是社会保障制度体系的核心制度

B.社会救助制度是社会保障制度体系的最高层次

C.社会救助制度是社会保障制度体系的先启制度

D.社会救助制度对社会保险制度的完善起决定作用

3.最低生活保障制度是我国社会救助体系的重要组成部分。下列人员中，符合最低生活保障覆盖范围，可以单人户形式纳入低保的是（　　）。

A.家庭人均收入低于当地城乡低保标准的所有人员

B.低收入家庭中的重残人员，家庭人均收入高于当地城乡低保标准但低于低保标准1.5倍，且财产状况符合当地规定的

C.脱离家庭、在宗教场所居住一年以上的生活困难的宗教教职人员

D.所有持有农业户口且家庭收入较低的人员

4.特困人员救助供养是对特定困难人群的重要保障制度。下列各项中，不属于特困人

员救助供养待遇构成内容的是（　　）。

A.提供基本生活条件，如供给粮油、副食品等

B.给予就业创业培训，帮助其实现就业

C.提供疾病治疗，资助参加城乡居民基本医疗保险

D.办理特困人员的丧葬事宜，并承担相应费用

5.乡村振兴战略与精准扶贫有着紧密的联系。关于二者的关系，下列说法中，正确的是（　　）。

A.精准扶贫是乡村振兴的深化与拓展

B.乡村振兴是精准扶贫的基础

C.精准扶贫为乡村振兴奠定基础，乡村振兴巩固精准扶贫成果

D.二者没有直接关联，是相互独立的政策

二、多选题

1.社会救助具有多项特征，下列各项中，属于社会救助特征的有（　　）。

A.权利义务的单向性　　　　　　　　B.基金的有偿性

C.对象的限制性　　　　　　　　　　D.救助水平的高层次性

E.救助手段的多样性

2.我国社会救助体系包含多种救助形式，其中专项救助政策涵盖（　　）。

A.受灾人员救助　　　　　　　　　　B.医疗救助

C.住房救助　　　　　　　　　　　　D.教育救助

E.司法援助

3.在确定最低生活保障对象时，需要考虑家庭收入和家庭财产等因素。下列各项中，属于家庭收入范畴的有（　　）。

A.工资性收入

B.家庭经营净（纯）收入

C.优抚对象按照国家规定享受的抚恤金

D.法定赡养人、扶养人或者抚养人应当给付的赡养费、扶养费或者抚养费

E.中央确定的农村居民基本养老保险基础养老金（农村低保认定时）

4.特困人员救助供养的覆盖对象需要满足一定条件，下列各项中，符合特困人员救助供养覆盖范围的有（　　）。

A.60周岁以上无劳动能力、无生活来源且无法定赡养义务人的老年人

B.未满16周岁无劳动能力、无生活来源且无法定抚养义务人的未成年人

C.残疾等级为一、二级的智力残疾人，无生活来源且法定扶养义务人无扶养能力

D.重度残疾的最低生活保障对象，财产符合当地特困人员财产状况规定且无法定赡养义务人的

E.同时符合特困人员救助供养条件和孤儿认定条件的未满16周岁未成年人

5.乡村振兴战略的实现路径包括多个方面，主要有（　　）。

A.推动产业兴旺，发展现代农业，促进产业融合

B.强化人才支撑，培育本土人才，吸引外部人才

C.加强文化建设，弘扬传统文化，培育文明乡风

D.推动生态宜居，加强环境治理，实施生态保护修复工程

E.提升组织建设，加强党组织建设，完善乡村治理机制

三、简答题

1.简述社会救助与社会保险的区别。

2.简述我国最低生活保障制度待遇标准的确定依据和待遇构成。

四、案例分析

村民老王一家生活在一个相对偏远的农村。老王今年 65 岁，患有严重的心脏病，已经丧失了劳动能力，需要长期服药治疗。老伴儿李奶奶 70 岁，身体也不好，患有高血压和关节炎，平时只能做一些简单的家务。他们的儿子小王，原本是家里的主要劳动力，但是去年在工地干活时意外受伤，导致腿部残疾，虽然经过治疗，但也无法像以前一样从事重体力劳动，只能在附近打一些零工，收入很不稳定。儿媳在孩子出生后就一直在家照顾孩子，家庭的重担一下子落在了小王身上。老王一家的房屋由于年久失修，在一次暴雨中部分倒塌，现在一家人只能挤在剩下的几间破旧房间里居住。家里的经济来源主要依靠小王打零工的收入和政府之前发放的一些救助金，但这些钱远远不够支付老王的医疗费用和一家人的生活开销，生活十分困难。

依据社会救助相关政策，老王一家可以申请哪些救助项目？

参考答案

第十章

社会福利制度与实务

知识目标

1. 了解社会福利的概念与特征；

2. 熟悉社会福利的类型；

3. 理解我国老年人福利、残疾人福利、儿童福利的内容；

4. 掌握我国社会福利制度的实务。

能力目标

具有一定的实操能力，能够对我国社会福利制度实务进行操作。

思政目标

1. 培养对社会弱势群体的同理心和责任感；

2. 增强社会责任感，关注社会福利领域的新问题和新趋势，积极为社会福利事业的发展建言献策。

思维导图

```
                              ┌─ 含义与特征
                   ┌─ 概述 ─┤
                   │        └─ 类型
                   │
                   │        ┌─ 老年人福利
                   │        ├─ 残疾人福利
社会福利制度与实务 ─┼─ 体系 ─┼─ 儿童福利
                   │        ├─ 员工福利
                   │        └─ 公共福利
                   │
                   │        ┌─ 居家服务
                   └─ 实务 ─┼─ 社区服务
                            └─ 机构服务
```

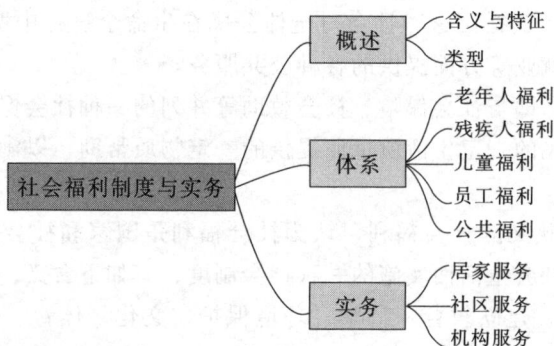

| 第一节 | 社会福利概述

一、社会福利的含义与特征

（一）社会福利的含义

社会福利有狭义和广义之分。

狭义的社会福利理论认为，所谓福利，就是经济福利，即收入和财富给人们带来的效用。福利是一种在基本收入之外的物质利益，或者说基本收入之外的其他待遇，即由政府、社会或者企业在基本收入之外给予居民或者职工的某种物质待遇。也可以说福利是收入、财富给人们带来的效用，或者说是人们的需要得到满足的程度。同样的收入和财富给不同的人带来的效用是不一样的，因而带来的福利也是不一样的。

广义的社会福利理论认为，福利包括个人福利和社会福利。个人福利优先于社会福利，社会福利是社会中全体个人福利的总和，个人福利只是社会福利中的一部分，按照系统论整体决定部分的原则，个人福利是由社会福利决定的。社会福利是以提高社会成员生活质量为目的的社会保障形式，是现代社会政府的一项重要社会职责。

目前，我国通用的"社会福利"译自英文的"Social Welfare"。在不同时期、不同国家，不同学者对社会福利的认识和理解各不相同，社会福利的概念也不尽相同。

美国的社会学家普遍认为，社会福利是指对一国的社区和社会的满意状况作出贡献的社会福利计划的总和，是为了保证个人以及集团成员拥有平均的生活水准和身体健康而提供的各项社会服务和有关制度的组织体系。社会福利是指"一种由社会福利计划、社会福利津贴和社会服务构成的，帮助人们维持社会运转必不可少的社会需要、教育需要和健康需要的国民制度"。就是说，社会福利是一种制度设置，含义有两个，一是帮助有困难的社会成员，维持其起码的物质和精神文化生活；二是提高全体社会成员的生活水平和质量，增进全民的社会福祉。在英国，社会福利被定义为"为了保障全体国民的物质的、精神的、社会的最低生活水准而由政府和民间提供的各项社会服务的总和"。日本学者认为，社会福利是指对于国家扶助的对象，包括残疾者、儿童及其他需要援助的人，给予必要的生活指导、回归社会指导、生活保护等，以使其充分发挥能力、走向自立的事业。社会福利以不能进行正常生活的人为对象，主要通过救济、保护、预防等援助手段，使那些人能维持一般的生活。

在我国，社会福利分广义和狭义两种。

广义的社会福利，泛指国家和社会对全体公民在生命全过程中所需要的生活、卫生、环境、住房、教育、就业等方面提供的各种公共服务。

狭义的社会福利，即与社会保险、社会救助等并列的一种社会保障形式，是指国家和社会为维持和提高公民的一定生活质量而提供的一定物质帮助，以满足公民的共同和特殊生活需要的制度。

目前，我国认同狭义的社会福利，认为社会福利是国家和社会为增进与完善社会成员，尤其是困难者的社会生活而实施的一种社会制度，有如下含义：一是指一种国家的项目、待遇和服务制度，建立教育、科学、环境保护、文化、体育、卫生等公益性福利设施，它帮助人们满足社会的、经济的、教育的和医疗的需要。比如，国家民政部门为残疾人、孤儿、孤寡老人建立的医院、敬老院、教养院等。二是指一个社会共同体或集体的幸福和正常的存在状态。比如，北方寒冷地区提供居民的冬季取暖补贴以及各个单位给予员工的住房补贴等。社会福利旨在通过提供资金和服务，保证社会成员一定的生活水平并尽可能提高他们的生活质量。

总之，社会福利是一种以经济福利为基础的、包括政治福利和文化福利在内的广义的社会福利。社会福利是通过制度性利他主义安排解决社会问题，满足部分或全体社会成员的需要，进而实现社会平等和社会公平的福利政策目标。

（二）社会福利的特征

1.保障对象的普遍性与特殊性

社会福利在一定程度上具有普遍受益的特点。它覆盖社会的各个阶层，包括儿童、老年人、残疾人、妇女等不同群体，涉及社会生活的诸多方面。例如，公共教育福利面向全体社会成员，无论是城市还是农村的孩子，都有权利接受义务教育，这体现了社会福利保障对象的广泛性。

社会福利也针对特定的弱势群体或特殊需求群体提供专门的福利保障。这些群体由于自身生理、心理或社会经济等方面的原因，需要额外的支持才能维持正常的生活或实现自身的发展。例如，对于残疾人，有无障碍设施建设、残疾康复服务、特殊教育等福利项目；对于老年人，有养老服务设施、老年优待政策等福利内容。

2.福利内容的广泛性与多样性

社会福利的内容涵盖了社会生活的多个领域。从物质生活保障到精神文化生活的丰富，从个人的基本生存需求到社会参与和发展的支持，都包含在社会福利的范畴之内。

社会福利在物质方面包括住房福利（如廉租房、公租房）、生活补贴（如物价补贴）等，在精神文化方面包括文化活动的组织开展、文化设施的免费或优惠开放等。

社会福利的提供形式多种多样，既包括现金补贴，如困难家庭生活救助金、老年人高龄津贴等，这种方式可以让受助者根据自己的实际需求灵活支配资金；也包括实物供给，如为贫困家庭提供食品、衣物、住房等生活必需品，为儿童提供免费的学习用品等；还包括服务提供，如为老年人提供居家养老服务、为残疾人提供康复服务等。

3.福利目标的高层次性与发展性

社会福利的目标不仅仅是保障社会成员的基本生存，更注重提升他们的生活质量和促进社会成员的全面发展。

与社会救助主要侧重于解决贫困和生存问题不同，社会福利在满足基本生活需求的基础上，更强调社会成员的身心健康、社会参与、自我实现等高层次需求。例如，通过提供丰富的文化、体育活动福利，满足社会成员的精神文化需求，提升社会成员的幸福感和满意度。

同时，社会福利是一个动态的、随着社会经济发展而不断发展的体系。它要适应社会变迁、人口结构变化、科技进步等因素的影响，不断调整和完善福利内容和方式。例如，随着人口老龄化的加剧，养老福利的内容和形式也在不断创新，从传统的家庭养老为主逐渐向居家养老与机构养老相结合、养老服务智能化等方向发展。

4.福利提供的非功利性与公平性

社会福利的提供不以营利为目的，而是基于社会公平、人道主义和社会发展的需要。它是一种社会资源的再分配方式，旨在弥补市场机制在分配社会资源过程中产生的不公平现象，保障社会成员的基本权益和生活质量。

例如，政府提供的公共福利设施（如公共图书馆、免费博物馆），其目的是满足社会成员的文化需求，而不是获取经济利益。

社会福利追求公平分配社会资源，确保每个社会成员都能在公平的基础上享受福利服务。这种公平性体现在机会公平和结果公平两个方面。机会公平是指社会成员在获取福利资源时具有平等的机会，不受地域、种族、阶层等因素的限制；结果公平是指通过福利分配，尽量缩小社会成员之间在生活质量、发展机会等方面的差距。例如，在教育福利中，无论是城市还是农村的孩子，都有平等的机会接受义务教育，并且通过教育资源的合理分配，尽量缩小因家庭背景等因素导致的教育成果差异。

二、社会福利的类型

1.生活福利

（1）住房福利

住房福利是指政府通过建设廉租房、公租房等公共住房，以较低的租金提供给低收入家庭、新就业职工等住房困难群体。政府除了直接提供住房，还会发放住房补贴。例如，对符合条件的家庭给予租房补贴，按照家庭人口数、收入水平等因素确定补贴金额，受助家庭可以用补贴来支付部分房租。在一些农村地区，对于危房改造也会给予资金补贴，帮助农民修缮或重建安全住房，改善居住条件。

（2）生活补贴福利

生活补贴福利包括物价补贴、困难家庭生活救助补贴等。针对低收入家庭、特困家庭等，政府会定期发放生活救助补贴，这些补贴用于购买食品、生活用品等基本生活开支，补贴金额根据家庭的困难程度、人口数量等因素确定，其目的是帮助这些家庭维持基本的生活。

2.教育福利

（1）免费教育政策

在义务教育阶段，政府实行免费教育，包括免除学费、杂费等。这使得所有适龄儿童都能够平等地接受小学和初中教育，无论其家庭经济状况如何。同时，政府还会为学校提供教育经费，用于改善教学设施、聘请教师等，以保障义务教育的质量。

（2）营养改善计划

在一些贫困地区，政府为了保障学生的营养健康，实施了营养改善计划。例如，为学生提供免费的午餐，午餐的搭配会根据营养标准进行设计，包括主食、蛋白质食物（如肉类、蛋类）、蔬菜和水果等，确保学生摄入足够的营养，促进他们的身体发育和学习能力的提升。

（3）学前教育补贴

为了鼓励学前教育的发展，减轻家庭学前教育负担，政府会对学前教育机构进行补贴，或者直接向家庭发放学前教育补贴。补贴可以用于支付幼儿园的学费、教材费等，降低入园成本，提高学前教育的普及率。

（4）职业教育支持

对于职业教育，政府也有多种福利政策，包括提供职业教育奖学金、助学金，鼓励学生接受职业技能培训。同时，政府还会对职业院校进行资金投入，用于建设实训基地、更新教学设备等，提升职业教育的质量，帮助学生更好地掌握职业技能，提高就业竞争力。

（5）高等教育资助

在高等教育阶段，政府有多种资助方式，如设立国家奖学金，奖励成绩优异的学生；设立国家助学金，资助家庭经济困难的学生；设立国家助学贷款，帮助学生解决学费和生活费问题，学生可以在毕业后按照一定的还款方式偿还贷款。

3.公共卫生服务福利

（1）预防接种服务

政府提供免费的预防接种服务，按照国家免疫规划程序，为儿童和成人提供各类疫苗接种。这些疫苗的接种可以有效预防传染病的发生，保护公众的健康。

（2）健康体检服务

对于特定人群，如老年人、慢性病患者等，政府会提供定期的免费健康体检服务。

（3）妇幼保健服务

妇幼保健服务的内容包括：对于孕妇，提供孕期保健服务，包括产前检查、孕期营养指导等；对于产妇，提供产后康复服务；对于儿童，提供儿童保健服务，如新生儿疾病筛查、儿童生长发育监测等，保障妇女儿童的健康。

4.文化福利

文化福利的内容包括：公共文化设施免费或优惠开放；公共图书馆免费向社会公众开放，提供图书借阅、电子资源查阅、自习室等服务；政府资助的博物馆、美术馆等文化场所实行免费或优惠开放政策，公众可以参观各种文物展览、艺术作品展览，了解历史文化和艺术发展，接受文化艺术的熏陶。

5.就业福利

（1）职业培训福利

政府为失业人员、农村转移劳动力、退役军人等群体提供免费或有补贴的职业培训，对于因企业裁员等原因失业的人员，会提供再就业培训支持。

（2）就业服务与援助福利

政府通过建立就业服务平台，收集和发布就业信息。这些平台包括线上的就业网站和线下的就业服务中心，为求职者提供大量的企业招聘信息、招聘会信息等。求职者可以根据自己的技能和兴趣，筛选合适的工作岗位，方便快捷地获取就业机会。政府还针对就业困难群体，如残疾人、零就业家庭人员等，提供就业援助。

第二节 社会福利制度体系

一、老年人福利

老年人的体力减退以及家庭、社会、经济结构的变化，不但使老年人成为被抚养者，而且使他们成为社会上的弱势群体，逐渐失去应有的地位和作用。在这种情况下，老年人需要家庭、亲人、社区和社会予以关注和帮助。社会福利应该努力解决由于社会和经济发展而导致的老年人生活水平降低所带来的问题，并提供必要的手段来帮助老年人。

（一）老年人福利的概念

老年人福利是以老年人为对象的社会福利项目，是指国家和社会为了安定老年人生活，维护老年人健康，充实老年人精神文化生活而采取的政策措施和提供的设施、服务。

老年人福利是政府和社会为达到法定年龄的老年人提供的各类福利，包括老年人文体娱乐福利、健康保健福利、托老院福利以及长寿老人福利等。

（二）老年人的特征及对福利的需求特征

（1）进入老年阶段，人的生理功能衰退，抵御疾病的能力下降，患病的概率增加，并且容易患老年性疾病，从而影响行动能力和独立生活能力。

（2）收入来源少，收入水平相对比较低。

（3）很少参与社会和经济领域的活动，社会地位降低，这一切可能导致老年人感情空虚、孤独。

（4）工作和社会作用的改变以及健康状况和行动能力的下降，引起了老年人的新需要。

（5）随着医疗、卫生事业的发展，老年人的寿命在延长，但他们的知识和技能可能无法适应社会的需要，对培训和教育有新的需求。

（6）在娱乐和参与社会活动方面，对符合老年人特征的文娱活动以及社会活动有新需求。

老年人的养老是各个历史时期和各个社会阶段都需要密切关注的问题。在现代社会中，老年人问题已经不再是个人问题，也不再是家庭问题。随着老年人口在人口总数中所占比例的提高、家庭规模的缩小、人口流动的加剧、观念的变化等，老年人问题已成为一个社会问题。

老年人福利正是解决老年人问题的一个重要制度。老年人福利是从工业发达国家发展起来的，工业革命以后，随着经济水平的不断提高，在社会保障制度发展与完善的过程中，老年人的基本生活得到了保障，老年人的特殊福利政策也在不断增加，老年人福利得到重视。

在1969年召开的第24届联合国大会上，老年人的特殊需要问题被正式提出，此后的多次联大会议都将老年人问题列入会议日程。1982年，在维也纳召开的"老龄问题世界大会"提出了针对老年人问题的诸多建议。我国政府也会继续通过对社会政策的不断调整，进一步鼓励各类企、事业单位和个人向社会养老服务领域投资，以满足不断增长的养老福利服务的需要。

（三）老年人福利的主要内容

民政部的数据显示，截至2023年年底，我国60岁及以上人口达2.97亿，占总人口的比重为21.1%；65岁及以上人口达2.17亿，占总人口的比重为15.4%。面对如此大规模的老年群体，如何满足其多方面需求，不断提升获得感、幸福感、安全感，是一个极其复杂的重大课题。

我国政府对老年人的社会福利工作高度重视，1996年8月29日召开的第八届全国人民代表大会常务委员会第二十一次会议通过了《中华人民共和国老年人权益保障法》（以下简称《老年人权益保障法》），对老年人的福利问题作了一些原则性规定。2012年、2018年我国分别对《老年人权益保障法》进行了修订。

目前，我国老年人福利的主要内容包括以下几方面。

1.老年津贴制度

（1）老年津贴制度的国内实践

20世纪80年代，上海、浙江、江苏、广东等率先富裕起来的部分地区的农村及乡镇，开始为老年村民发放津贴，这是在非国有部门从业人员中实施老年津贴的最早实践。

21世纪，北京、上海、杭州、嘉兴等经济发达地区，相继研究出台了城镇未享受社会养老金的老年居民生活保障的相关制度。

2007年，北京市政府发布了《城乡无社会保障老年居民养老保障办法》，规定具有北京市户籍、年满60周岁且没有享受到社会养老保障待遇的城乡老年人均可以申领每月200元的福利养老金。

2008年，上海市人力资源和社会保障局等出台《关于完善本市城镇老年居民养老保障若干问题处理意见的通知》，规定年满65周岁，在本市居住、生活满30年，现为本市城镇户籍且已满15年，未享受基本养老、医疗以及征地养老待遇的老年居民，年满70周岁的城镇老年居民养老待遇为每人每月500元，年满65周岁不满70周岁的城镇老年居民养老待遇为每人每月400元。

从各地的实践来看，社会养老保障实现制度全覆盖并尽快实现人员全覆盖，已成为一个必然的趋势，部分地区积极探索，起到十分重要的引领作用。

由于中央政府缺乏统一的规制，各地政策差异较大，领取标准、领取条件和待遇水平都不同。总体上我国的老年津贴分为高龄津贴、缴费性养老金、老年服务补贴这三种类型。

（2）老年津贴制度要点

老年津贴制度具体包括以下几方面内容：

①覆盖对象。

老年津贴制度的覆盖对象是无法享受政府提供的社会养老保障金的老年人群，主要由以下几类老年人构成：

A. 从未就业的城镇老年人。

B. 过去在社会养老保障制度覆盖范围之外的领域就业、现已退出劳动力市场的城镇老年人。

C. 未参保、退保、中断保险的城镇老年人。

D. 未参加农村社会养老保险的农村老年人。

E. 部分农转非老年人。农民土地被征用之后，有些地方实行了土地被征用人员的社会养老保障政策，有些地方则没有实行这种政策，还有些地方政策不完善、有些地方执行不到位，导致部分农转非人员进入老年后缺乏社会养老保障。

②待遇水平。

北京自2008年起实行高龄津贴政策，即90～99周岁的老年人，每人每月享受100元高龄老年人津贴；100周岁及以上的老年人，每人每月享受200元高龄老年人津贴。

杭州自2011年起实行高龄津贴政策，即80～89周岁的老年人每人每月50元；90～99周岁、100周岁以上的老年人发放标准维持100元、300元不变。

2016年，上海本市户籍且年满65周岁的老年人享受老年综合津贴，通过"上海市敬老卡"发放，发放标准按照年龄段分为5档：65～69周岁，每人每月75元；70～79周岁，每人每月150元；80～89周岁，每人每月180元；90～99周岁，每人每月350元；100周岁及以上，每人每月600元。

③资金来源。

老年津贴制度不同于一般的社会养老保险制度，个人不需要缴费，只需由政府通过财政预算安排资金，解决老年居民的基本养老保障问题。这样做不但能够降低管理成本，群众也易于接受。

根据国际经验，我国老年津贴资金由政府财政转移支出，按照东、中、西地区的划分，设置中央与地方支付比例。在建立并完善老年津贴制度的过程中，各级政府以及相关部门要充分履行其职责，协调开展人员配备、覆盖时机、财政预算安排、领取标准调整、资金按时发放等工作。

④管理体制。

老年津贴制度属于基本公共服务范畴，应当由政府部门直接组织实施。目前，在各地实践过程中，有些地方是由民政部门（或老龄委系统）组织实施的，有些地方是由人力资源和社会保障部门组织实施的。从有利于今后社会养老保障制度整合的角度出发，建议由人力资源和社会保障部门组织实施老年津贴制度，且由户籍所在地地方政府负责。

2.老年人的医疗保健

老年人医疗保健是老年福利的一项重要内容，全面良好的医疗保健是老年人生活保障的必然要求。

老年人的医疗保健具体包括以下几方面内容：

（1）建立老年人健康检查制度

目前，在某些有条件的地方，由所在单位或社区组织老年人开展定期的身体检查，如发现疾病，及时采取治疗措施。

（2）建立老年病医院或设立老年病科，开展老年病的治疗工作

目前，大多数医院都有老年人挂号、看病、取药三优先公约。

（3）建立老年人康复和疗养机构

由国家组织和提供资金或者由社区建立康复疗养机构，使老年人的健康问题得到解决。

3.老年人的养老服务

随着我国社会老龄化程度日益加深，高龄老人所占比重增加，空巢家庭和独居老人的身体状况日益衰退、孤独感增加，对老年服务的需求必然会越来越多。为此，国家和社会通过各种方式，为老年人提供养老服务方面的基本保障。尤其是20世纪90年代以来，老年政策和相关法律的施行使老有所养、老有所医，老年服务体系不断发展。

目前，我国已初步形成以《中华人民共和国宪法》和有关基本法律为依据，以法律、行政法规、地方性法规、部门规章和规范性文件为主要表现形式，以《中华人民共和国老年人权益保障法》《关于加强老龄工作的决定》等重要纲领性文件为基本政策，以养老保障政策、老年医疗卫生政策、老年服务政策、老年文化教育政策、老年人社会参与政策、老年人权益保障政策等为具体政策的老龄政策体系，并且明确了建立以居家养老为基础、社区服务为依托、机构养老为补充的养老服务体系。

（1）居家养老服务

居家养老的基本含义有两个方面：一是从养老的方式看，老年人是在自己的家里养老，不是在福利院、老年公寓等机构养老；二是从养老资源的提供主体看，家庭仍然是养老的提供主体，但是社区和政府也需要提供替代性服务。所以，居家养老是以家庭为核心，以社区为依托，以老年人日间照料、生活护理、家政服务和精神慰藉等为主要内容的

一种养老方式。

居家养老服务的主要内容根据老年人的需求而定。居家养老服务主要解决老年人的安全需求、归属与爱的需求。老年人的安全需求主要集中在医、住、行三个方面。归属与爱的需求主要表现为参加各种活动，重视亲情和邻里关系。根据上述需求，居家养老服务的内容主要有以下几个方面：

① 日常生活照料。

日常生活照料主要为老年人提供日托、购物、配餐、送餐、家政服务等一般照料和陪护等特殊照料服务。

② 医疗护理保健服务。

医疗护理保健服务主要为老年人提供疾病防治、康复护理、心理卫生、健康教育、建立健康档案、指导家庭保健等服务。医疗护理保健服务主要由家庭保健医生或护士等专业或辅助专业人员提供。服务形式主要有开设老年门诊、家庭病床、保健中心、老年康复保健站等。

③ 文化娱乐服务。

居家养老服务提供的文化娱乐活动主要包括为老年人提供知识讲座、书法绘画、图书阅览、棋牌竞赛、歌舞表演等活动。

④ 心理疏导和精神慰藉服务。

老年人退休后普遍存在心态失衡、精神空虚的问题，特别是空巢、独居等长期处于孤独状态的老人，往往表现出易怒急躁、意志消沉、自闭忧郁等心理症状。现阶段的居家养老服务以日常照料为主，兼顾精神慰藉服务，并越来越重视对老年人的心理疏导和慰藉服务。

（2）机构养老服务

机构养老是政府或社会兴建养老机构，安置老年人并为其养老送终的一种方式。机构养老具有照顾全面、护理专业等优点，能减轻家庭负担、缓解家庭矛盾，使老人得到集中的照顾和规律的生活。

随着老龄化速度的加快、生活水平的提高、家庭结构的变化、养老观念的转变等，社会对养老机构的需求呈现快速增长的态势。

机构养老服务根据机构类型可分为4种：一是政府举办的老年福利院、敬老院，主要面对"三无"老人、"五保"老人，同时也对社会开放，提供完整的照顾服务；二是老年公寓，主要面对生活能够自理的老人，公寓主要提供一些辅助性服务，日常生活主要由老年人自行料理；三是老年人护理院，主要面对生活不能自理或半自理的老年人，提供完全的生活照顾和医疗护理服务；四是综合性养老院，一般由社会出资兴办，主要面对能够自理或半自理的老年人，主要提供日常生活照顾服务。

4.老年优待

老年优待是指政府和社会对老年人实行优先、优惠和照顾的一种福利保障措施。老年优待源于我国的敬老尊老文化，通常包括生活服务优待、医疗保健优待、文化休闲优待和法律援助等方面的内容。

（1）生活服务优待

大部分省份规定长途客运、铁路、水路和航空客运等运输部门要为老年人提供购票、上下车（船、飞机）、托运行李等优先服务，市内公交为老年人提供车票减免优惠。大部分省份对水电、燃气、电信、邮政等行业和社区服务单位为老年人提供优质、优惠、优先服务和照顾作了倡导性规定。

所有省份均规定老年人免费使用公厕。部分省份规定将贫困老年人优先纳入廉租房保障范围。

（2）医疗保健优待

大部分省份都规定医疗机构要为老年人就医提供优先或优惠服务，为百岁老年人实施每年免费体检一次。如山东省青岛市对80岁以上的高龄老年人发放体检补助金，安徽省马鞍山市免费为城镇非职工老年居民定期体检。

大部分省份还要求医院对老年人保健服务实行优先政策，设立老年人专用窗口等。

（3）文体休闲优待

各省份普遍规定，国家财政支持的各类公益性文化设施向老年人免费或优惠开放。公园、园林、旅游景点为老年人提供门票减免服务；公共体育场馆、设施为老年人健身活动提供方便和优惠服务；影剧院为老年人实行票价优惠或为老年文艺团体提供演出场地优惠服务等。

（4）法律援助

部分省份对中低收入老年人提供法律援助，并给予简化程序和优先服务，对涉老案件实行优先立案、优先审理、优先执行。律师事务所、公证处、基层法律服务所和其他法律服务机构为老年人提供减免费用的法律咨询和有关服务。

二、残疾人福利

残疾人福利是政府和社会以资金、设施和服务等形式为残疾人提供的生产和生活福利，其目的是使残疾人享有与正常人同样的工作和生活条件。

残疾人福利事业可以维护残疾人的基本生活权利，减少残疾人与其他社会群体的不平等，同时可以促进残疾人的社会融合，有利于维护残疾人的尊严与自由。

残疾人福利的内容主要包括为残疾人开展特殊职业培训、开办残疾人福利工厂、兴办残疾人教育以及为残疾人提供医疗康复福利等。

残疾人福利是国家和社会在保障残疾人基本物质生活需要的基础上，为残疾人在生活、工作、教育、医疗和康复等方面提供的设施、条件和服务，是社会福利的一个重要项目。

（一）残疾人的定义

残疾人是指身体、智力或者精神状况违反常规和偏离正常状态（即相对于相同年龄的正常健康状况而言），因其并非暂时性的功能减退，而导致其参与社会的能力受到影响的人。1990年12月28日通过的《中华人民共和国残疾人保障法》第二条规定，残疾人是指在心理、生理、人体结构上，某种组织、功能丧失或者不正常，全部或者部分丧失以正常方式从事某种活动能力的人。

关于"残疾人"一词的定义较多。《残疾人职业康复和就业公约》第159号中这样定义：残疾人指因经正式承认的身体或精神损伤在适当职业的获得、保持和提升方面的前景大受影响的个人。《残疾人权利宣言》中指出：残疾人是指任何由于先天性或非先天性的身心缺陷而不能保证自己可以取得正常的个人生活和社会生活上一切或部分必需品的人。《关于残疾人的世界行动纲领》中将残疾人定义为：残疾人并不是一个单一性质的群体，包括精神病者、智力迟钝者、视觉和听觉及言语方面受损者、行动能力受限者和"内科残疾"者，等等。

为了比较确切地判定什么样的人是残疾人，世界各国都根据本国的实际情况制定了"残疾人评定标准"，由于各国的标准有差别，各国残疾发病率报告有很大的差别。

我国于1987年首次发布《中国残疾人评定标准》，1996年修订为《中国残疾人实用评定标准》。现行标准为2011年实施的《残疾人残疾分类和分级》（GB/T 26341-2010），对视力、听力、言语、肢体、智力、精神及多重残疾的分级作出了明确规定。

（二）残疾人福利的主要内容

1.残疾人就业

残疾人就业是指达到法定劳动年龄、具有劳动要求和一定劳动能力的残疾人获得劳动岗位并取得合法收入。残疾人就业是一个世界性的社会问题，目前还没有哪个国家能从根本上对其加以解决。一些国家采取了一些措施，使部分残疾人获得就业机会。日本《残疾人雇佣促进法》规定企业须按不低于2.3%的比例雇佣残疾人（2023年标准）；英国政府2022年数据显示残疾人就业率约53%；美国劳工统计局2023年统计残疾人就业率为21.3%；瑞典通过Samhall基金会等政策，2022年残疾人就业率达66%。

从目前国外解决残疾人劳动就业的情况来看，大体可分为以下几类。

第一类以日本、美国、英国等国家为代表，通过国家立法的形式，保证政府机关和企事业单位中有一定比例的残疾人。

第二类以波兰、苏联等国家为代表，通过国家投资兴办残疾人工厂的形式，解决残疾人就业问题，并且通过立法在税收、信贷、物资、产业等方面对这些工厂给予一定的照顾。

第三类以瑞典、芬兰等一些北欧高福利国家为代表，这些国家虽然也通过社会企业基金会等机构安排部分残疾人就业，但更多地采取发放残疾金的形式，由政府来供养残疾人。

我国残疾人就业规模持续扩大。根据中国残联数据，2023年全国就业年龄持证残疾人就业率约55%，其中大中城市通过按比例就业、公益性岗位安置等政策，就业率超过85%，部分城市达95%以上。

我国残疾人就业采取集中就业和分散就业相结合的方式。集中就业主要在福利企业、公疗机构和盲人按摩、医疗等单位；分散就业主要是在机关、团体、企事业单位就业和残疾人个体从业或者自谋职业。

目前，我国各地规定按职工数的1.5%~2%的比例安排残疾人就业，按比例就业已经成为残疾人就业的主要渠道。

2.残疾人教育

残疾人的教育福利是指国家向患有残疾的儿童、青年和成年人提供平等的受教育机会，使残疾人教育成为教育系统的一个组成部分。

对具有接受普通教育能力的残疾人，普通教育机构不得拒绝其入学。残疾幼儿教育机构、普通幼儿教育机构附设的残疾儿童班、特殊教育学校的学前班、残疾儿童福利机构、残疾儿童家庭，对残疾儿童实施学前教育；初级中等以上特殊教育学校和普通学校附设的特殊教育班，对不具有接受普通教育能力的残疾儿童、少年实施义务教育；高级中等以上特殊学校、普通学校附设的特殊教育班和残疾人职业技术教育机构，对符合条件的残疾人实施高级中等以上文化教育、职业技术教育；政府有关部门、残疾人所在单位和社会对残疾人开展扫除文盲、职业培训和其他成人教育，鼓励残疾人自学成才。

对盲、聋、哑等残疾人及问题儿童实施的教育是一种特殊教育。特殊教育是国家教育事业的组成部分，具有普通国民教育的共性，其目的和任务都是让受教育者在德、智、体等方面全面发展，掌握生活和职业劳动技能，掌握一定的科学文化知识。残疾人教育是残疾人劳动就业的前提，也关系其参与社会的能力，甚至生存的能力，并为残疾人由社会的负担变为社会财富的创造者提供了条件。

3.残疾人康复

国家和社会应采取措施，帮助残疾人恢复或者补偿功能，以增强其参与社会活动的能力。

延展阅读10-1

残疾人可以享受的福利政策

康复也称健康重建，是指人们因疾病或某些事故致残后，通过自身的努力和外力的辅助，使精神、身体、生活、经济、社会性以及劳动能力得到最大限度的恢复。

康复的宗旨，是最大限度地使只有部分器官和组织的残疾人不至于完全残废，身体留有的一部分功能能够发挥作用，使受损的功能得到恢复；或锻炼相应的组织、器官，使之起到代偿作用；或用矫形手术装配假肢、矫形器等各种方法，使残疾者能充分参与社会生活和社会生产劳动，与健全人一样平等分享社会和经济发展的成果。

康复工作是一项综合性工作，涉及面广，包括心理康复、体疗、假肢与矫形器的装配、职业康复、精神病人的治疗康复等。

三、儿童福利

儿童福利是国家和社会为保障未成年人的特殊需要和特殊利益而提供的照顾和福利服务，是社会福利项目之一。儿童福利项目是根据未成年人的生理、心理特点以及可能受到的歧视和侵害而设立的，对于保障和满足未成年人的特殊利益需要，具有重要的意义和作用。

（一）儿童福利的含义

儿童福利是由政府和社会为各年龄层次的未成年人在就业前提供的福利，包括教育福利、健康福利和生活福利。

未成年人是指未满18周岁的公民。未成年人是弱势群体，他们对自身的保护能力和对社会的适应能力还未形成，具有心理、生理上的依赖性，需要家庭和社会的关心、帮助和教化。发展未成年人福利事业是国家义不容辞的责任。发展未成年人福利的目的主要在于保护未成年人的身心健康，保障未成年人的合法权益，促进未成年人的健康发展。

《中华人民共和国宪法》规定，儿童受国家保护；父母有抚养教育未成年子女的义务；禁止虐待儿童。

《中华人民共和国民法典》规定，父母有管教和保护未成年子女的权利和义务；禁止溺婴和其他残害儿童的行为；非婚生子女、养子女和受继父、继母抚养的子女，享有与婚生子女同等的权利。

在《中华人民共和国刑法》中，我国政府对各种侵害儿童合法权益的违法犯罪行为依法予以制裁。

在《中华人民共和国义务教育法》中，对儿童享受国家义务教育的权利和禁止使用童工作了一系列规定。

（二）儿童福利的内容

儿童福利的内容主要包括以下几方面：

1.儿童的医疗保健设施和服务

卫生部门对儿童实行预防接种制度，积极防治儿童常见病、多发病，加强对传染病防治工作的监督管理和对托儿所、幼儿园卫生保健的业务指导。另外，学校和卫生部门也应该为未成年人提供必要的卫生保健条件，做好疾病预防工作。

国家还兴办专为儿童提供医疗保健的儿童医院，或者在全科医院中设立儿科；开展儿童保健工作，定期进行儿童健康检查，预防接种，防治常见病、多发病，使儿童健康成长。

2.儿童的活动场所和条件

国家和社会建立和普及托儿所、幼儿园，为婴幼儿提供良好的活动、生活条件和保育服务；建立儿童活动中心、少年之家、少年宫、少年活动站以及儿童公园、儿童乐园等儿童活动、学习场所。

3.普及义务教育，保障每一位学龄儿童都有受教育的机会

我国实行九年制义务教育，凡年满6周岁的儿童均应就近接受义务教育，条件不具备的农村地区，可以延迟到7周岁上学。国家对接受义务教育的学生免收学费，实施义务教育的学校可以收取杂费，对家庭经济困难的学生应酌情减免杂费。

4.儿童的日常生活保障

未成年人的生命权、健康权是应该受到保护的。

父母或者其他监护人应当履行对未成年人的监护和抚养义务，不得虐待、遗弃未成年人；不得歧视女性未成年人或者有残疾的未成年人；禁止溺婴、弃婴。孤儿、弃儿和伤残儿童由国家养育，这部分未成年人的日常生活保障主要通过家庭领养、代养、收养的方式加以解决，或通过兴办儿童福利机构对这些未成年儿童进行集中养育。

儿童福利院是指民政部门在城市开办的以孤儿为主要收养对象的社会福利事业单位，其主要任务是收养城市中无家可归、无生活来源、无法定义务抚养人的孤儿和家庭无力看管的残疾儿童。

四、员工福利

员工福利是企业基于雇佣关系，以非工资形式向员工提供的报酬。它的目的是提高员工的满意度、忠诚度和工作积极性。

（一）员工福利的主要类型

1.法定福利

（1）社会保险

社会保险包括养老保险、医疗保险、失业保险、工伤保险和生育保险。

养老保险为员工退休后提供基本生活保障，员工和企业按照一定比例缴费，退休后可以按月领取养老金。例如，在我国，企业一般要为员工缴纳工资总额的16%作为基本养老保险费，员工自己缴纳8%。

医疗保险用于员工就医费用的报销，目的是减轻员工看病负担。

失业保险是为了保障当员工非自愿失业时，可领取一定期限的失业金，帮助他们在寻找新工作期间维持生活。

工伤保险是为了保障员工在工作过程中因工作原因受到事故伤害或者患职业病时，能够得到医疗救治和经济补偿。

生育保险主要用于支付女职工生育医疗费用和生育津贴等。

（2）住房公积金

这是企业和员工共同缴存的长期住房储金。员工可以在购房、租房、装修等住房相关事务中使用公积金。例如，员工购房时，可以提取公积金账户余额支付房款首付，也可以申请公积金贷款，其利率通常比商业贷款低，能为员工节省大量的购房成本。

2.企业自主福利

（1）健康福利

① 健康保险。

除了法定的医疗保险外，企业还可能为员工购买补充商业健康保险，如重疾险、意外险等。重疾险可以在员工被确诊患有合同约定的重大疾病时，一次性获得一笔赔付金，用于支付医疗费用、弥补收入损失等。意外险则对员工在工作和生活中因意外事故导致的伤残或身故进行赔偿。

② 健身设施或健身补贴。

一些企业会在公司内部设立健身房，配备健身器材，方便员工在工作之余锻炼身体。还有一些企业会为员工提供健身补贴，让员工可以到外部健身房锻炼。这样可以提高员工的身体素质，减少因身体原因导致的缺勤。

（2）休假福利

① 带薪年假。

员工在企业工作一定年限后，有权享受带薪年假。例如，在我国，职工累计工作已满1年不满10年的，年休假5天；已满10年不满20年的，年休假10天；已满20年的，年休假15天。这让员工有时间休息和放松，缓解工作压力，休假回来后能以更好的精神状态投入工作。

② 病假。

员工因病需要休息时，可以享受带薪病假。企业通常会根据自身规定和当地法律法规来确定病假的天数和待遇。

③ 其他特殊假期。

如婚假、产假、陪产假、丧假等。以产假为例，我国女职工生育享受98天产假，其中产前可以休假15天；难产的，增加产假15天；生育多胞胎的，每多生育1个婴儿，增加产假15天。这些假期体现了企业对员工生活重要事件的关怀。

（3）培训福利

① 内部培训。

企业会定期组织内部培训课程，提升员工的专业技能。例如，软件公司会开展关于新编程语言、软件开发工具的培训课程。这些课程可以帮助员工更好地完成工作任务，同时也为员工的职业发展提供支持。

② 外部培训资助。

企业可能会资助员工参加外部的专业培训、研讨会或学术会议。比如，企业为市场部员工提供参加市场营销行业高端论坛的费用，让员工接触行业前沿知识和理念，拓宽视野，进而为企业带来新的思路和方法。

（4）财务福利

① 奖金。

除了基本工资外，企业会根据员工的工作表现发放奖金，如年终奖、季度奖、项目奖等。年终奖通常是根据企业的经营业绩和员工个人年度工作绩效来发放，是对员工一年来辛勤工作的奖励。项目奖则是针对员工在特定项目中的出色表现给予的奖励。

② 员工持股计划。

企业通过让员工持有公司股票，使员工的利益与公司的利益紧密结合。例如，企业会按照一定的规则，以优惠的价格向员工出售股票。当公司业绩良好、股票升值时，员工可以获得股票增值带来的收益。

（5）生活福利

① 餐饮福利。

餐饮福利是指企业提供免费的工作餐，或者给予员工餐饮补贴。

② 交通福利。

交通福利包括提供免费的班车接送员工上下班，或者给予交通补贴。

③ 子女教育福利。

有些企业会与附近的学校合作，为员工子女提供入学便利或者教育补贴，帮助员工解决子女教育问题。

（二）员工福利的重要性

1.提高员工满意度和忠诚度

良好的福利可以让员工感受到企业对他们的关怀。例如，一家提供丰富福利的公司，如设有员工子女托管中心的企业，员工会因为企业为他们考虑到家庭因素而更加满意，从而减少员工流失。

当员工对福利满意时，他们更愿意长期留在企业，为企业的长期稳定发展作出贡献。

2.吸引优秀人才

在竞争激烈的人才市场上，有吸引力的福利是企业吸引优秀人才的重要手段之一。比如，一家科技公司除了提供有竞争力的工资外，还提供股票期权、远程工作机会和丰富的培训资源等福利，这对于那些追求职业发展和工作灵活性的人才来说是非常有吸引力的。

3.提升企业形象

企业积极提供福利，会在社会上树立良好的形象。注重环保和员工健康福利的企业，会被视为具有社会责任感的企业。这有助于企业在消费者、投资者和社会公众中获得更好的声誉，进而促进企业的品牌建设和业务拓展。

（三）设计员工福利体系的考虑因素

1.企业战略和目标

企业的战略方向会影响福利体系的设计。如果企业的战略是追求创新和快速发展，那么可能会注重培训福利和激励性的财务福利，如股票期权等，以吸引和留住创新型人才。而如果企业的战略是成本领先，可能会在福利设计上更注重控制成本，同时提供一些基本的、符合法律法规的福利。

2.员工需求和偏好

了解员工的需求是设计福利体系的关键。企业可以通过问卷调查、员工访谈等方式来了解员工的需求。例如，对于年轻员工，他们可能更关注培训和职业发展机会、灵活的工作方式等福利；而对于有家庭的员工，子女教育福利、健康保险和带薪休假等可能更为重要。

3.成本效益分析

企业在设计福利体系时需要考虑成本效益。要评估每项福利的投入成本和预期收益。例如，提供免费的健身房设施需要企业投入场地租赁、器材购买和维护等成本，但预期收益可能是员工身体素质提高、缺勤率降低等。企业需要权衡这些成本和收益，确保福利体系在企业的经济承受范围内，并且能够为企业带来积极的回报。

五、公共福利

公共福利是社会福利的重要组成部分，主要是由政府或社会机构为全体社会成员或特定群体提供的福利。

（一）公共福利的主要内容

1.教育福利

（1）基础教育免费

在许多国家和地区，政府会提供免费的教育。例如，我国实行九年义务教育制度，政府通过财政投入建设学校、聘请教师等方式，确保每个孩子都能接受基本的教育。这有助于提高国民素质，缩小贫富差距，为社会的公平发展奠定基础。

（2）教育资助

针对家庭经济困难的学生，政府和社会会提供各种资助，如助学金、奖学金等。助学金主要是根据学生家庭的经济状况来发放，用于帮助学生支付学费、书本费和生活费用等。奖学金则是奖励学习成绩优异、品德优秀的学生，激励他们努力学习。此外，还有助学贷款，让学生可以先贷款上学，毕业后再逐步偿还，减轻家庭的经济压力。

（3）特殊教育支持

对于残疾儿童等特殊群体，政府会设立特殊教育学校，提供适合他们的教育方式。这些学校配备专业的教师和特殊的教学设备，例如为视障学生提供盲文教材、为听障学生提供手语教学等，保障特殊儿童受教育的权利。

2.医疗卫生福利

（1）公共卫生服务

公共卫生服务包括疾病预防控制、健康教育、妇幼保健等服务。例如，疾病预防控制中心会开展疫苗接种工作，预防如麻疹、乙肝等传染病的传播。妇幼保健机构会为孕妇提供产前检查、产后康复服务，为儿童提供定期的健康检查，保障母婴健康。同时，政府会通过各种渠道进行健康教育，如社区健康讲座、公益广告等，向公众普及健康知识，提高居民的健康意识。

（2）基本医疗保障

一些国家实行全民医保制度。政府通过财政补贴等方式，让居民能够以较低的成本享受基本医疗服务。例如，在英国的国民医疗服务体系（NHS）中，居民可以免费享受大部分的医疗服务，包括看病、住院、手术等。即使在没有实行全民医保的国家，政府也会对医疗保险给予一定的政策支持，如税收优惠等，鼓励居民购买医疗保险，提高医疗保障水平。

3.住房福利

（1）廉租房和公租房

政府为低收入家庭提供廉租房和公租房。廉租房的租金较低，主要面向城市特困家庭等住房困难群体。

公租房则面向中等偏下收入住房困难家庭、新就业无房职工和在城镇稳定就业的外来务工人员等。这些住房的建设和管理由政府相关部门负责，以解决部分人群的住房问题。

（2）住房补贴

政府会对符合条件的家庭给予住房补贴，用于帮助他们支付房租或购房款。例如，一些地方政府会根据家庭收入和住房面积等情况发放租房补贴，补贴金额可以直接用于抵扣房租，减轻租房者的经济负担。

（3）经济适用房

这是政府提供政策优惠，限定建设标准、供应对象和销售价格，面向低收入住房困难家庭的具有保障性质的政策性住房。

经济适用房的价格比市场房价低，让低收入家庭有机会购买自己的住房，实现居者有其屋的目标。

4.社会保障福利

（1）社会救助

这是对因自然灾害、失业、疾病等原因导致生活困难的家庭和个人提供的临时性或长期性的救助。例如，在发生重大自然灾害后，政府会启动救灾机制，为受灾群众提供食物、住所、医疗救助等。

对于长期贫困的家庭，政府会通过最低生活保障制度（低保）提供基本生活费用，确保他们能够维持基本生活。

（2）补充养老保险

除了企业和个人缴纳的养老保险外，政府还会通过财政补贴等方式完善养老保险体系。

在一些农村地区，政府会为老年人提供养老金补贴，提高农村老年人的生活保障水平。

（3）残疾人福利保障

政府会为残疾人提供生活补贴、护理补贴等福利。同时，在就业方面，政府会出台政策鼓励企业吸纳残疾人就业，如给予企业税收优惠、补贴等。

在公共设施建设方面，政府会要求新建建筑必须配备无障碍设施，方便残疾人出行。

（二）公共福利的作用

1.促进社会公平

公共福利能够保障社会成员的基本权利，缩小因经济、身体等因素导致的差距。

例如，通过提供教育福利，让贫困家庭的孩子和富裕家庭的孩子都能接受良好的教育，在起点上更加公平。在住房福利方面，为低收入群体提供住房保障，避免他们因住房问题而陷入更深的困境，使社会资源分配更加合理。

2.维护社会稳定

当社会成员在面临困难时有相应的福利保障，就能够减少社会矛盾和不稳定因素。

例如，完善的社会保障福利可以在人们失业、生病等情况下提供支持，让他们不至于生活无以为继。医疗福利保障居民的健康，也能减少因病致贫、返贫的现象，使社会秩序更加稳定。

3.提升社会整体福利水平

公共福利的实施能够提高社会的整体福利水平。

例如，公共卫生服务可以预防疾病的传播，提高居民的健康素质，进而提高整个社会的生产力。教育福利培养出更多有知识、有技能的人才，为社会的经济发展和文化繁荣提供动力。

（三）公共福利的资金来源和管理

1.资金来源

（1）财政拨款

财政拨款是公共福利资金的主要来源。政府通过税收等方式筹集资金，然后将一部分资金用于公共福利项目。

例如，在教育福利方面，政府财政拨款用于建设学校、支付教师工资等。在医疗卫生福利中，政府拨款用于公共卫生服务机构的运营、疫苗采购等。

（2）社会捐赠

社会福利机构和一些公益项目会接受社会捐赠。这些捐赠来自企业、社会组织和个人。

例如，慈善基金会为贫困地区的教育项目、医疗救助项目等筹集资金，这些资金可以补充公共福利资金的不足，扩大福利项目的覆盖范围。

（3）福利彩票收益

福利彩票销售所得的一部分资金会用于公共福利事业。

例如，在中国，福利彩票公益金被广泛用于社会福利、体育等多个领域，为社会福利设施建设、困难群体救助等提供资金支持。

2.管理方式

（1）政府部门管理

政府相关部门如教育部门、卫生部门、民政部门等分别负责不同领域的公共福利管理。例如，教育部门负责学校的规划、教育质量监管等；卫生部门负责医疗机构的管理、公共卫生服务的组织实施等；民政部门负责社会救助、社会福利机构的审批和监管等。这些部门会制定相应的政策法规，确保公共福利项目的规范实施。

（2）专业机构运营

在一些公共福利项目中，政府会委托专业机构进行运营。比如，在养老福利方面，一些地方政府会将公办养老机构委托给专业的养老服务公司运营，这些公司利用其专业的管理经验和服务团队，提高养老服务的质量，同时政府会对其进行监督和评估，确保福利服务符合要求。

第三节　社会福利实务

由于社会福利涉及的范围比较宽泛，本节着重对居家服务、社区服务和机构服务的实务进行阐述。

一、居家服务

（一）居家服务的定义

居家服务是指在消费者的家庭环境中提供的一系列服务。居家服务涵盖了多个领域，包括但不限于家政服务（如清洁、烹饪、洗衣等）、家庭护理服务（针对老年人、病人、残疾人等特殊人群的生活照料和简单医疗护理）、家居维修服务（水电维修、家具电器维修等）。

（二）居家服务的内容

1.家政服务方面

（1）清洁服务

清洁服务包括日常清洁和深度清洁。日常清洁一般是定期进行的简单清洁，如擦拭家具表面、清扫地面、清洁厨房和卫生间等。深度清洁则更加全面和细致，可能涉及清洗窗户内外、清洁炉灶内部、清洁空调滤网等。例如，专业清洁人员会使用专业的清洁工具和清洁剂，对厨房油烟机进行深度清洁，去除油污，保证厨房环境的整洁和卫生。

（2）烹饪服务

烹饪服务人员可以根据客户的口味和需求制定菜单并进行烹饪。他们能够提供日常餐食制作，如为上班族制作晚餐，或者为有特殊饮食需求的人群（如糖尿病患者、素食者等）提供专门的膳食。

例如，为一个有老人和儿童的家庭制作营养均衡的三餐，会考虑到老人的清淡饮食需求和儿童的成长营养需求。

（3）洗衣服务

除了家庭日常的洗衣机清洗外，居家洗衣服务还包括一些特殊衣物的处理，如高档丝绸衣物、皮革制品的清洗和保养。

专业人员会采用合适的洗涤方式和洗涤剂，避免损坏衣物。例如，对于一件昂贵的羊毛大衣，会使用羊毛专用洗涤剂，采用轻柔洗涤模式。

2.家庭护理服务

（1）生活照料服务

对于老年人，服务包括协助进食、穿衣、洗漱、如厕等基本生活活动。例如，帮助失能老人翻身、防止褥疮，为他们进行简单的床上擦浴等。对于残疾人，根据其残疾程度提供相应的帮助，如为肢体残疾者提供辅助器具的使用指导，帮助他们进行康复训练等。

（2）简单医疗护理服务

家庭护理人员可以进行一些基本的医疗操作，如测量体温、血压、血糖，协助老人或病人服药等。在医护人员的指导下，他们还可以进行简单的伤口换药等操作。例如，为糖尿病患者定期测量血糖，记录数据，提醒患者按时注射胰岛素。

3.家居维修服务

（1）水电维修服务

水电维修服务包括水管漏水维修、电路故障检修等。维修人员能够快速定位问题，如查找水管的漏水点，更换损坏的水龙头、阀门等；对于电路问题，他们可以检查线路是否短路、更换插座和开关等。

例如，当家庭中的某个房间出现电路跳闸现象，维修人员会使用专业的电笔等工具进行检测，确定是电器故障还是线路问题。

（2）家具电器维修服务

针对家具，维修服务包括桌椅的修理、沙发的翻新等。对于电器，维修人员可以对电视机、冰箱、洗衣机等常见家电进行故障维修。

例如，当冰箱出现制冷故障时，维修人员会检查压缩机、制冷机等部件，确定故障原因并进行维修。

二、社区服务

（一）社区服务的定义

社区服务是指在政府的倡导和扶持下，以社区组织为依托，利用和开发社区资源，为满足社区成员的各种需求而开展的各种服务活动。

社区服务主要分为社区福利服务和社区经营性服务。其中，社区福利服务是一种具有福利性质的服务，目的是保障社区内特殊群体（如老年人、残疾人、贫困家庭等）的基本生活权益；社区经营性服务是以营利为目的的社区服务，可以增强社区的自我发展能力。

（二）社区服务的主要内容

1.社会保障服务

社会保障服务包括社会救助服务，社区工作人员会协助政府相关部门进行最低生活保障金的申请审核工作，确保真正困难的家庭能够获得救助。例如，他们会上门核实申请家庭的收入、资产等情况，按照规定的标准确定是否符合低保条件。社区还提供社会保险服务，通过设立专门的服务点，为居民提供养老保险、医疗保险的参保、续保、报销等方面的咨询服务，方便居民特别是老年人，使他们不用跑到较远的政务大厅就能了解相关政策和办理简单业务。

2.医疗卫生服务

社区卫生服务中心提供基本的医疗服务，如常见疾病的诊断和治疗（像感冒、发烧、轻微外伤等）。

医护人员会为居民提供日常的健康检查，包括测量身高、体重、血压、血糖等，建立居民健康档案，对慢性病患者（如高血压、糖尿病患者）进行跟踪管理。

同时，社区还会组织开展健康知识讲座和预防保健宣传活动。例如，邀请专业医生讲解心血管疾病的预防知识，发放健康宣传手册，提高居民的健康意识。

3.文化体育服务

在文化方面，社区会建设图书馆、文化活动室等设施，提供图书借阅、书法绘画培训、文艺演出等服务。例如，在节假日期间组织社区居民开展文艺汇演，丰富居民的业余文化生活。在体育方面，打造社区健身场所，配备健身器材，组织居民参加体育活动，如太极拳班、广场舞活动等。一些社区还会举办小型运动会，增进居民之间的感情，增强社区的凝聚力。

4.养老托幼服务

养老服务包括建立社区日间照料中心，为白天子女上班无人照顾的老年人提供休息、娱乐、餐饮等服务。同时，也会开展上门护理服务，如为行动不便的老人提供生活照料、简单医疗护理等。托幼服务主要是为社区内的幼儿提供临时托管服务。比如，在幼儿园放学后到家长下班前的这段时间，社区托幼机构可以接收幼儿，组织他们进行游戏、学习等活动，解决家长的后顾之忧。

5.社区安全服务

治安巡逻是社区安全服务的重要内容之一。社区组织志愿者巡逻队和专业保安队伍，在社区内定时巡逻，维护社区的治安秩序，预防盗窃、抢劫等违法犯罪行为。另外，社区还会开展消防安全宣传和检查工作。组织居民参加消防知识培训，检查社区内的消防设施是否完好，确保社区的消防安全。

三、机构服务

（一）机构服务的定义

养老机构服务是指专门为老年人提供的一系列综合性服务。这些服务是在养老机构（如养老院、老年公寓、护理院等）的特定环境下展开的，目的是满足老年人在生活、医疗、心理和社交等多个方面的需求。

（二）机构服务的内容

1.生活照料服务

（1）饮食照料

① 膳食规划。

根据老年人的营养需求、健康状况和饮食偏好，制定科学合理的一周食谱。例如，对于患有高血压的老年人，减少盐的摄入，增加富含钾的食物；对于牙齿不好的老年人，提供软质、易咀嚼的食物。

② 餐饮服务。

餐饮服务包括按时提供一日三餐和适量的加餐，如水果、点心等。服务人员会协助行动不便的老年人进食，确保用餐安全。

在特殊节日，还会提供具有节日特色的饮食。

（2）起居照料

① 起床与就寝协助。

起床与就寝协助是指帮助老年人起床、穿衣、洗漱，在晚上协助他们洗漱、更换睡衣、上床休息。

对于失能半失能老人，提供全流程的起居照顾，如使用辅助器具帮助他们转移。

② 个人卫生护理。

个人卫生护理是指定期为老年人洗澡、洗头、修剪指甲、剃须、理发等。同时，会帮助女性老年人进行简单的妆容整理，维护他们的个人形象和卫生。

（3）环境维护

① 房间清洁。

房间清洁是指打扫老年人的房间，包括擦拭家具、清扫地面、更换床单被罩等。定期进行深度清洁，如清洁窗户、空调滤网等。

② 公共区域保洁。

公共区域保洁是指保持走廊、活动室、餐厅等公共区域的整洁干净，为老年人营造舒适的生活环境。

2.医疗护理服务

（1）健康检查与评估

① 定期检查。

养老机构定期为老年人进行全面的身体检查，包括测量身高、体重、血压、血糖、血脂、心电图等检查项目。

对于新入住的老年人，进行更详细的健康评估，包括身体功能、认知能力、心理状态等方面。

② 动态监测。

对患有慢性疾病的老年人进行日常健康监测，如糖尿病患者的血糖监测、心脏病患者的心电图监测等。根据监测结果调整护理和治疗方案。

（2）疾病治疗与护理

① 常见疾病治疗。

养老机构内配备基本的医疗设施和药品，医护人员可以对老年人的常见疾病，如感冒、咳嗽、腹泻等进行治疗。对于需要特殊治疗的疾病，及时联系外部医疗机构进行转诊。

② 特殊护理。

针对失能半失能老人，提供伤口护理、管道护理（如导尿管护理）、压疮预防和护理等特殊护理服务。同时，医护人员会对患有认知障碍的老年人给予特殊的照顾和安全保障。

（3）康复治疗服务

① 康复评估。

由专业的康复治疗师对老年人的身体功能进行评估，确定康复目标和计划。例如，对于骨折后康复的老年人，评估其肢体力量、关节活动度等。

② 康复训练。

根据评估结果开展个性化的康复训练，包括物理治疗（如运动疗法、理疗）、作业治疗（如日常生活能力训练）、言语治疗（如吞咽功能训练、语言表达训练）等。

3. 精神文化服务

（1）心理关怀与疏导

① 心理评估。

定期对老年人的心理状态进行评估，通过问卷调查、访谈等方式了解他们的情绪、认知和心理需求。

② 心理咨询。

对于有心理问题的老年人，如焦虑、抑郁、孤独感等，由专业的心理咨询师或经过培训的工作人员提供一对一的心理疏导。同时，组织心理活动小组，鼓励老年人之间相互分享和支持。

（2）文化娱乐活动

① 日常活动。

每天安排丰富多样的文化娱乐活动，如唱歌、跳舞、下棋、书法、绘画、手工制作等。

这些活动可以激发老年人的兴趣爱好，丰富他们的精神生活。

② 主题活动和节日庆祝。

根据季节、节日等举办主题活动，如春季踏青、中秋晚会、春节联欢等。这些活动可以增强老年人的归属感和幸福感，促进他们之间的交流和互动。

4. 学习与社交活动

（1）老年大学课程

开设老年大学课程，包括文学、历史、养生、计算机等课程，满足老年人的学习需求。

通过学习，老年人可以增长知识，拓宽视野。

（2）社交聚会和志愿服务

组织老年人参加社交聚会，如茶话会、生日会等。

鼓励老年人参与志愿服务活动，如关爱儿童、社区环保等，让他们感受到自身的价值。

本章小结

社会福利有狭义和广义之分。狭义的社会福利就是经济福利，即收入和财富给人们带来的效用；广义的社会福利理论认为，福利有个人福利和社会福利之分。福利是指一种在基本收入之外的物质利益，或者说是指基本收入之外的其他待遇，即由政府、社会或者企业在基本收入之外给予居民或者职工的某种物质待遇。

在我国，社会福利服务的社会成员主要是老年人、残疾人和儿童等弱势群体，主要为他们提供社会保障和帮助。

老年人福利是以老年人为对象的社会福利项目，是指国家和社会为了安定老年人生活、维护老年人健康、充实老年人精神文化生活而采取的政策措施和提供的设施和服务，包括老年人文体娱乐福利、健康保健福利、托老院福利以及长寿老人福利等。

残疾人福利是政府和社会以资金、设施和服务等形式为残疾人提供的生产和生活福利，其目的是使残疾人享有与正常人同样的工作和生活条件。残疾人福利的内容主要包括为残疾人开办特殊职业培训、开办残疾人福利工厂、举办残疾人教育以及为残疾人提供医疗康复福利等。

儿童福利是由政府和社会为各年龄层次的未成年人在就业前提供的福利，包括教育福利、健康福利和生活福利。

关键术语

社会福利　老年人福利　残疾人福利　儿童福利

复习思考题

即测即练

一、单选题

1.社会福利制度起源于（　　　）。

A.中国　　　　　　　　　　B.英国

C.美国　　　　　　　　　　D.德国

2.社会福利制度的主要目的是（　　　）。

A.提高国内生产总值

B.增加税收

C.降低失业率

D.提高社会成员的生活水平

3.以下不是社会福利制度的主要内容的是（　　　）。

A.社会保险　　　　　　　　B.社会救助

C.社会优抚　　　　　　　　D.社会投资

4.社会福利制度的核心是（　　　）。

A.公平　　　　　　　　　　B.效率

C.竞争　　　　　　　　　　D.合作

5.下列选项中与社会福利制度的发展无关的因素有（　　　）。

A.经济发展水平　　　　　　B.社会文化背景

C.人口老龄化　　　　　　　D.国际政治环境

二、多选题

1.社会福利制度包括（　　　）。

A.社会保险　　　　　　　　B.社会救助

C.社会优抚　　　　　　　　D.社会服务

2.社会福利制度的主要目标包括（　　　）。

A.保障基本生活　　　　　　　　　B.促进社会公平

C.维护社会稳定　　　　　　　　　D.提高社会效率

3.社会福利制度的实施可以带来的效果有（　　）。

A.减少贫困　　　　　　　　　　　B.提高社会满意度

C.增加社会不公　　　　　　　　　D.促进社会和谐

4.社会福利制度的基本原则包括（　　）。

A.普遍性　　　　　　　　　　　　B.选择性

C.公平性　　　　　　　　　　　　D.效率性

5.社会福利制度的实施主体可能包括（　　）。

A.政府　　　　　　　　　　　　　B.企业

C.非政府组织　　　　　　　　　　D.个人

三、简答题

1.简述社会福利制度的基本功能。

2.简述社会福利制度的发展趋势。

四、案例分析

在机场看见一位下肢残疾人士，带着巨大的包裹办理行李托运，在熙熙攘攘的人流中，他脚步蹒跚地推着行李车，但是神情自若、处之泰然。那一刻，我的心灵为之一震，如果每一位残疾人的自助出行，既不招来歧视的眼光，也不引起不必要的"特殊关照"，也许他会感觉更幸福。

"人们都看着我，就像看怪物一样"，这是很多残疾人难言的苦衷。

其实"每个人都是被上帝咬过的苹果"，他们与健全人又有什么区别呢？不能用眼睛去欣赏四季的变换，所以更能用心灵去感受世界的缤纷；不能用脚步去贴近大地的温暖，所以更能用想象去还原天地的辽阔；不能用耳朵去聆听自然的声音，所以更能用灵魂去体会音乐的神韵。每一种失去，都会以另一种收获作为补偿；身体的残缺，也可能带来精神的丰足。

正因如此，我们常常看到，很多残疾人对生活充满热爱、对未来信心满怀。生活的不幸，让他们学会了与命运抗争，并在抗争中收获了坚韧、果敢和勇毅。反倒是一些健全的人，身强体壮，却沉溺于物欲横流之中；耳聪目明，却迷失于斤斤计较之间。正如一位诗人所言："闭上眼睛，你会看得更加清楚"，健全的身体固然重要，但是丰足的精神、坚韧的品格更不可缺失。

想起了史蒂芬·霍金，这位被誉为爱因斯坦之后最杰出的物理学家，躺在轮椅上想象浩渺宇宙、探索鸿蒙太空。他说："我要感谢上帝，如果我不是残疾人，酒吧、舞厅就会留下我的脚步。我残疾，少了许多社会繁杂事务，可以集中时间思考问题。"生活对每个人都是公平的，精神的富裕也足以弥补身体的不足。

不仅是那些耳熟能详的伟大人物，还有很多平凡的残疾人也用倔强的生存标注着精彩的人生。沉寂无声，未能阻碍邰丽华领着20位听障演员演绎千手观音；天生矮小，不能阻挡"袖珍人皮影艺术团"传承民间艺术；身无四肢，不能妨碍英国人菲利普快意横渡英吉利海峡。残疾人获得成功，比健全人克服更多困难、付出更大努力，更能证明人类精神力量的伟大，更能彰显生命的顽强与坚韧。

很多时候，一个社会的文明程度，是以如何对待弱势群体尤其是残疾人来标记的；一个社会的温度，是以如何关怀那些生活不幸的人来衡量的。关爱残疾人，作为一种理念和共识，要义在于平等。现实生活中，被占用的盲道、只有台阶的地铁、不完善的公共交通等都导致了残疾人出行困难重重，残疾人就学难、就业难、就医难等各种歧视仍较为普遍。如何为他们提供平等的机会，使他们获得平等的看待，仍待破题。

哲学家罗尔斯说，社会公正应该是"有利于最不幸者"；作家海明威也说过，"所有的人是一个整体，别人的不幸就是你的不幸"。让我们对残疾人多一些平等、少一些歧视，让他们共享梦想成真的机会，绽放生命的华彩。

参考答案

第十一章

社会优抚制度与实务

知识目标

1. 了解社会优抚的含义与特征；

2. 熟悉社会优抚的对象；

3. 理解社会优抚制度体系的构成；

4. 掌握我国社会优抚制度的实务。

能力目标

1. 具有一定的实操能力，使其能够结合实际案例，对社会优抚政策的实施效果进行客观评价；

2. 提升学生从社会优抚制度角度进行思考和解决问题的能力。

思政目标

1. 培养学生树立起拥军优属、关爱优抚对象的信念；

2. 培养学生认同社会优抚制度所体现的公平、正义、关爱等价值理念，将维护优抚对象权益视为自身社会责任。

思维导图

```
                                   ┌─ 含义与特征
                          ┌─ 概述 ─┤
                          │        └─ 对象
                          │
                          │        ┌─ 军人保险
社会优抚制度与实务 ─────────┼─ 体系 ─┼─ 军人优待
                          │        └─ 军人抚恤
                          │
                          │        ┌─ 军人抚恤实务
                          └─ 实务 ─┤
                                   └─ 军人退役安置实务
```

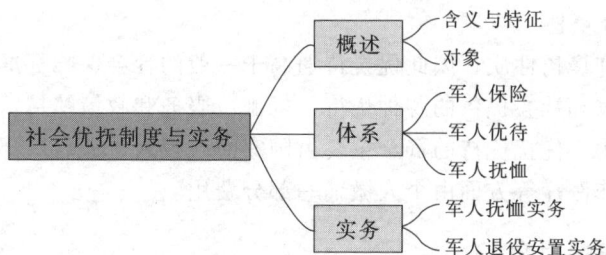

第一节　社会优抚概述

一、社会优抚的含义与特征

（一）社会优抚的含义

"优抚"是"优待"和"抚恤"的简称，社会优抚是国家和社会依照法律规定，对为国家利益作出牺牲和特殊贡献者及其家属提供各种优待、抚恤、就业安置等待遇和服务，确保其生活水平不低于甚至略高于当地群众的平均生活水平。《中华人民共和国宪法》第四十五条规定："国家和社会保障残疾军人的生活，抚恤烈士家属，优待军人家属。"

社会优抚制度与其他社会保障制度的不同之处在于其对象的特殊性，它是针对社会特殊对象所实施的优待抚恤，带有明显的褒扬性质。优待措施包括政治、经济等方面；抚恤措施包括政治荣誉和精神上的抚慰，以及钱款和物质上的帮助。

社会优抚是国家维护自身利益的需要，也是国家和社会的责任。社会优抚制度的建立，对于维持社会稳定、保卫国家安全、促进国防和军队现代化建设、推动经济发展和社会进步具有重要意义。

（二）社会优抚的特征

社会优抚作为社会保障制度的特殊组成部分，具有如下特征。

1.优抚对象的特殊性

社会优抚对象特指为维护国家安全稳定而作出牺牲和贡献的特殊社会群体。优待对象指现役军人（包括武装警察）及其家属和在乡老红军、老复员退伍军人等。抚恤对象包括烈士家属、因公牺牲军人家属、病故军人家属和残疾军人。

2.优抚目标的双重性

一方面，社会优抚为优抚对象提供现金和服务帮助，保障他们的基本生活，具有经济保障功能；另一方面，国家和社会通过各种优抚活动，向全社会宣传特殊贡献者的事迹和高尚品德，树立全社会的道德榜样和学习楷模。由此可见，社会抚恤具有经济和政治双重意义。

3.优抚内容的综合性

社会优抚与一般的社会保障项目不同，它既不是单纯的社会救助，也不是单纯的社会保险或社会福利，而是兼具三种项目的特点，因而它是一种综合性的保障项目。

对军转人员的安置、对其家属的抚恤，具有社会保险的性质；对困难群体的扶持生产、帮困济贫等，具有社会救助的特征；而对军人及其家属的优待又具有社会福利的性质。因此，社会优抚不是单一的社会救助、社会保险或社会福利，而是三者的共同体现。

4.优抚待遇的补偿性

优抚具有补偿和褒扬性质，因此优抚待遇高于一般的社会保障标准，优抚对象能够优先、优惠地享受国家和社会提供的各种优待、抚恤、服务和政策扶持。而且，优抚工作是政府的一项重要行为，优抚优待的资金主要由国家财政投入，还有一部分由社会承担，只有在医疗保险和合作医疗等方面由个人缴纳一部分费用。

二、社会优抚的对象

社会优抚的对象是由国家相关法律、法规和政策等确定的，有明确的法定范围，其对象是为革命事业和保卫国家安全作出贡献和牺牲的特殊社会群体，是国家和社会的功臣。由于各国政治背景和社会发展水平不同，对优抚对象范围的界定也有所不同。

依照我国有关法律的规定，享受抚恤和优待的人员包括中国人民解放军的现役军人、革命伤残人员、烈士遗属、因公或因病死亡军人遗属、复员军人、退伍军人、现役军人家属等。

（一）中国人民解放军的现役军人

中国人民解放军的现役军人，按照《中华人民共和国兵役法》（2021年修订）的规定，包括正在服役的军官、军士、义务兵和军队文职人员。

（二）革命伤残人员

革命伤残人员是指在服役期间因战、因公、因病（只限义务兵）致残的军人和国家机关工作人员，人民警察、民兵民工因战、因公致残，符合评残条件并经审批机关批准，取得民政部颁发的"国家机关工作人员伤残抚恤证""人民警察伤残抚恤证""民兵民工伤残抚恤证""革命伤残军人证"的人员。

（三）烈士遗属

烈士遗属是指经法定的审批机关批准，并取得中华人民共和国民政部制发的《革命烈士证明书》的人员的父母（抚养人）、配偶、子女和生前依靠烈士供养的兄弟姐妹。

（四）因公或因病死亡军人遗属

因公或因病死亡军人遗属是指经过规定机关确认，取得"因公死亡证明书"或"因病死亡证明书"的遗属。

（五）复员军人

复员军人是指1954年10月31日开始试行义务兵役制度以前参加中国工农红军、东北抗日联军以及中国共产党领导的脱产游击队、八路军、新四军、解放军、中国人民志愿军等，持有复员、退伍军人证件或经组织批准复员的人员。

（六）退伍军人

退伍军人是指1954年11月1日开始试行义务兵役制以后参加中国人民解放军，持有退伍或复员军人证件的人员。

（七）现役军人家属

现役军人家属是指按照《中华人民共和国兵役法》的规定，正在服现役的军人的家属。

|第二节| 社会优抚制度体系

一、军人保险

军人保险是国家通过立法设立专项基金，在军人遇到死亡、伤残、年老、退役等情况时，给予军人及其家属一定经济补偿的特殊社会保障制度。

（一）军人保险的主要内容

1.军人伤亡保险

军人伤亡保险主要针对因战、因公死亡或者致残的军人，以及因病致残的义务兵和初级士官，提供一次性经济补偿。所需资金由国家承担，个人不缴纳保险费。

2.退役养老保险

军人退出现役参加地方基本养老保险的，国家给予退役养老保险补助，确保军人退役后"老有所养"。军龄视同养老保险缴费年限，设立军人退役养老保险基金，对军人退役后参加基本养老保险给予补助。

3.退役医疗保险

退役医疗保险为解决军人退役后与地方基本医疗保险制度接轨问题而设。参加保险的干部和士官每月按规定缴费，军队给予同等数额补助，义务兵在退出现役时，给付一定数额的退役医疗保险金。

4.随军未就业的军人配偶保险

军人配偶是为国防和军队建设作出奉献和牺牲的特殊群体，需要将未就业随军配偶社会保险纳入军人保险制度保障范围，包括养老保险和医疗保险等。

（二）军人保险的资金来源

1.个人缴费

对于退役养老保险和退役医疗保险，军官、士官等需要按照工资收入的一定比例缴纳保险费。

2.中央财政负担的军人保险资金

这是军人保险基金的重要组成部分，军人伤亡保险所需资金全部由国家承担，另外在军人退役养老保险、退役医疗保险等方面，中央财政也给予大量补助。

3.利息收入

军人保险基金在运营过程中产生的利息收入，也会充实到军人保险基金中。

二、军人优待

军人优待是国家和社会对军人及其家属的关怀与尊重的体现，涵盖生活、医疗、交通、教育等多个方面。

（一）生活优待

（1）家庭优待金

义务兵服现役期间，其家庭由当地人民政府发给优待金或者给予其他优待，优待标准不低于当地平均生活水平。

（2）复工复职与福利待遇

义务兵和初级士官入伍前是国家机关、社会团体、企业事业单位职工（含合同制人员）的，退出现役后，允许复工复职，并享受不低于本单位同岗位（工种）、同工龄职工的各项待遇；服现役期间，其家属继续享受该单位职工家属的有关福利待遇。

（3）保留承包地等

义务兵和初级士官入伍前的承包地（山、林）等，应当保留；服现役期间，除依照国家有关规定和承包合同的约定缴纳有关税费外，免除其他负担。

（4）免费邮递平信

义务兵从部队发出的平信，免费邮递。

（二）医疗优待

1.免费医疗

军人（所有军官、军士、义务兵）、烈士、因公牺牲军人、病故军人的配偶和18岁以下子女，以及烈士、因公牺牲军人的父母享受免费医疗。

2.优惠医疗

军官、军士、病故军官、病故军士的父母和配偶父母，烈士、因公牺牲军人的配偶父母享受优惠医疗。

3.医疗费用保障

国家对一级至六级残疾军人的医疗费用，按照规定予以保障，由所在医疗保险统筹地区社会保险经办机构单独列账管理。七级至十级残疾军人旧伤复发的医疗费用，已经参加工伤保险的，由工伤保险基金支付，未参加工伤保险，有工作的由工作单位解决，没有工作的由当地县级以上地方人民政府负责解决；七级至十级残疾军人旧伤复发以外的医疗费用，未参加医疗保险且本人支付有困难的，由当地县级以上地方人民政府酌情给予补助。

（三）交通优待

1.优先购票与票价优惠

现役军人凭有效证件、残疾军人凭《中华人民共和国残疾军人证》，优先购票乘坐境内运行的火车、轮船、长途公共汽车以及民航班机；残疾军人享受减收正常票价50%的优待。

2.市内交通免费或优待

现役军人凭有效证件乘坐市内公共汽车、电车和轨道交通工具享受优待，具体办法由有关城市人民政府规定。残疾军人凭《中华人民共和国残疾军人证》免费乘坐市内公共汽车、电车和轨道交通工具。

（四）教育优待

1.入学入托优先

现役军人子女的入学、入托，在同等条件下优先接收。烈士子女入学入托的，在同等条件下优先接收；烈士子女在公办学校学习期间免交学费、杂费，对其中寄宿学生酌情给予生活补助。

2.考试加分与优先录取

义务兵和初级士官退出现役后，报考国家公务员、高等学校和中等职业学校，在与其他考生同等条件下优先录取。残疾军人、烈士子女、因公牺牲军人子女、一级至四级残疾军人的子女，驻边疆国境的县（市）、沙漠区、国家确定的边远地区中的三类地区和军队确定的特、一、二类岛屿部队现役军人的子女报考普通高中、中等职业学校、高等学校，在与其他考生同等条件下优先录取；接受学历教育的，在同等条件下优先享受国家规定的各项助学政策。

三、军人抚恤

军人抚恤是国家和社会对军人及其家属在军人因公、因战或因病致伤、致残或死亡时所给予的物质抚慰和经济补偿，主要包括以下内容：

（一）死亡抚恤

死亡抚恤是国家对因战、因公和因病死亡军人的家属提供一定的抚恤金，以保障他们基本生活的社会优抚安置制度。

死亡抚恤的具体内容如下：

1.发放对象

其包括因公牺牲军人、病故军人的家属。因公牺牲军人包括在执行任务中或者在上下班途中由于意外事件死亡等多种情形；病故军人指除因患职业病、在执行任务中或者在工作岗位上因病猝然死亡，或者因医疗事故死亡的情形以外，因其他疾病死亡的现役军人，以及现役军人非执行任务死亡或者失踪，经法定程序宣告死亡的情况。

2.待遇形式

其分为一次性给付和定期给付两种形式。

一次性抚恤金具有褒扬和社会补偿性质，发放范围是革命烈士、因公牺牲和病故军人的家属。

定期抚恤金是带有救助性质的国家补助，发放给符合条件的烈士遗属、因公牺牲军人遗属、病故军人遗属，如父母、抚养人、配偶无劳动能力和生活收入的，或虽有一定生活收入，但不足以维持当地一般群众生活水平的；子女未满18周岁，或虽满18周岁因读书或伤残而无生活来源的；弟妹未满18周岁，且必须是依靠军人生前供养的。

（二）残疾抚恤

残疾抚恤是国家和社会对残疾军人采取的具有生活保障性质的抚慰形式，体现了国家对残疾军人政治上的褒扬和物质上的关怀。

残疾抚恤的具体内容如下：

1.发放对象

现役军人因战、因公、因病（限义务兵和初级士官）致残的，按照评定的残疾等级享受残疾抚恤金。

延展阅读11-1

退出现役的残疾军人，在服役期间因战、因公致残，且未及时评定残疾等级，退出现役后或者医疗终结满3年后，本人（精神病患者由其利害关系人）申请补办评定残疾等级，有档案记载或者有原始医疗证明的，可以评定残疾等级并享受相应抚恤。

军人保险、军人优待和军人抚恤的作用

2.待遇标准

根据残疾等级和性质确定，残疾等级分为一至十级。抚恤金标准会根据经济社会发展和物价变动等因素适时调整。

例如，我国2024年8月1日起提高了残疾军人（含伤残人民警察、伤残预备役人员和民兵民工、其他因公伤残人员）的残疾抚恤金标准。

|第三节| 社会优抚实务

一、军人抚恤实务

抚恤对象包括军人、服现役和退出现役的残疾军人、烈士遗属、因公牺牲军人遗属、病故军人遗属、军人家属、退役军人。军人优待抚恤包括军人死亡抚恤、残疾抚恤等。

（一）军人死亡抚恤

1.烈士评定

军人牺牲符合对敌作战牺牲等六种情形之一的，评定为烈士。军人在执行特定任务中失踪被宣告死亡的，按照烈士对待。

评定烈士，因战牺牲的由军队团级以上单位政治工作部门批准，非因战牺牲的由军队军级以上单位政治工作部门批准，特殊情形由中央军事委员会政治工作部批准。

2.因公牺牲和病故确认

军人死亡符合在执行任务中因意外事件死亡等五种情形之一的确认为因公牺牲；除特定疾病情形外因其他疾病死亡的，确认为病故。军人非执行任务死亡或失踪被宣告死亡的，按照病故对待。

3.通知书和证明书发放

军人牺牲被评定为烈士、确认为因公牺牲或者病故后，由军队有关部门或单位向遗属户籍所在地县级人民政府退役军人工作主管部门发送相关通知书和证明书。

4.抚恤金发放

（1）烈士褒扬金

烈士褒扬金由领取烈士证书的烈士遗属户籍所在地县级人民政府退役军人工作主管部门，按照烈士牺牲时上一年度全国城镇居民人均可支配收入30倍的标准发给其遗属。战时，参战牺牲的烈士褒扬金标准可适当提高。

（2）一次性抚恤金

烈士和因公牺牲的，一次性抚恤金为上一年度全国城镇居民人均可支配收入的20倍加本人40个月的基本工资；病故的，一次性抚恤金为上一年度全国城镇居民人均可支配收入的2倍加本人40个月的基本工资。月基本工资或津贴低于少尉军官基本工资标准的，按少尉军官基本工资标准计算。被追授军衔的，按所追授的军衔等级及相应待遇级别确定月基本工资标准。服现役期间获得功勋荣誉表彰的军人被评定为烈士、确认为因公牺牲或者病故的，其遗属在应享受一次性抚恤金基础上，按相应比例增发一次性抚恤金。

（二）残疾抚恤

1.残疾等级评定

现役军人因战、因公、因病致残的，由军队规定的评定机构评定残疾等级。退出现役的军人和移交政府安置的军队离休、退休干部需要认定残疾性质和评定残疾等级的，由省级人民政府退役军人工作主管部门指定的医疗卫生机构负责。

2.残疾抚恤金发放

残疾军人的抚恤金标准应当参照全国职工平均工资水平确定，根据残疾等级和致伤原因等确定具体标准，且会适时调整。

3.优待措施

（1）生活优待

国家鼓励有用工需求的用人单位优先安排随军家属就业；符合条件的抚恤优待对象承租、购买保障性住房的，县级以上地方人民政府有关部门应给予优先照顾；居住在农村的符合条件的抚恤优待对象，同等条件下优先纳入农村危房改造相关项目范围。

（2）交通优待

军人凭有效证件，残疾军人凭《中华人民共和国残疾军人证》，烈士遗属、因公牺牲军人遗属、病故军人遗属凭优待证，乘坐境内运行的铁路旅客列车、轮船、长途客运班车和民航班机，享受购票、安检、候乘、通行等优先服务，随同出行的家属可一同享受优先服务；残疾军人享受减收国内运输经营者对外公布票价50%的优待。军人、残疾军人凭证免费乘坐市内公共汽车、电车、轮渡和轨道交通工具。

（3）参观游览优待

抚恤优待对象参观游览图书馆、博物馆、美术馆、科技馆、纪念馆、体育场馆等公共文化设施和公园、展览馆、名胜古迹等按照规定享受优待及优惠服务。

二、军人退役安置实务

（一）安置方式及适用条件

1.退役军官

（1）退休

军官退出现役，符合规定条件的，可以作退休安置。安置地人民政府应当按照国家保障与社会化服务相结合的方式，做好服务管理工作，保障其待遇。

（2）转业

转业军官由机关、群团组织、事业单位和国有企业接收安置。安置地人民政府应当根据转业军官德才条件以及服现役期间的职务、等级、所作贡献、专长等和工作需要，结合实际统筹采取多种办法，妥善安排其工作岗位，确定相应的职务职级。

（3）逐月领取退役金

大校以下军官退役时符合下列条件之一的，由本人申请，经审核批准后可以采取逐月领取退役金方式安置：担任军官满16年的；担任军士和军官累计满16年的；服役满20年的；直接选拔招录军官、特招入伍军官晋升（授予）少校以上军衔后达龄退役的。

（4）复员

军官退出现役，有规定情形的，作复员安置。复员军官按照相关规定享受复员费以及其他待遇。

2.退役军士

（1）逐月领取退役金

军士退役时符合下列条件之一的，由本人申请，经审核批准后可以采取逐月领取退役金方式安置：担任军士满16年的；服役满18年的；晋升（授予）四级军士长以上军衔后，在本衔级服役满6年且服役累计满14年的。

（2）自主就业

退役军士不符合逐月领取退役金、安排工作、退休、供养条件的，以自主就业方式安置。符合逐月领取退役金、安排工作条件的，也可以选择以自主就业方式安置。对自主就业的退役军士，根据其服现役年限发放一次性退役金。

（3）安排工作

军士退出现役，符合下列条件之一的，由安置地人民政府安排工作：服现役满12年的；服现役期间个人获得勋章、荣誉称号的；服现役期间个人荣获三等战功、二等功以上奖励的；服现役期间个人获得一级表彰的；因战致残被评定为5级至8级残疾等级的；是烈士子女的。符合逐月领取退役金条件的军士，本人自愿放弃以逐月领取退役金方式安置的，也可以选择以安排工作方式安置。

（4）退休

符合规定条件的退役军士可作退休安置。

（5）供养

对符合条件的退役军士进行供养安置。

3.退役义务兵

（1）自主就业

退役义务兵不符合安排工作、供养条件的，以自主就业方式安置。符合安排工作条件的，也可以选择以自主就业方式安置。对自主就业的退役义务兵，根据其服现役年限发放一次性退役金。

（2）安排工作

义务兵退出现役，符合下列条件之一的，由安置地人民政府安排工作：服现役期间个人获得勋章、荣誉称号的；服现役期间个人荣获三等战功、二等功以上奖励的；服现役期间个人获得一级表彰的；因战致残被评定为5级至8级残疾等级的；是烈士子女的。

（3）供养

对符合条件的退役义务兵进行供养安置。

（二）安置程序

（1）计划下达

退役军人安置计划区分退役军官和退役军士、义务兵分类分批下达。

（2）安置地确定

安置地按照服从工作需要、彰显服役贡献、有利于家庭生活的原则确定。

（3）档案移交

按照退役军人人事档案的移交流程办理。

（4）报到登记

退役军人在规定时间内到安置地退役军人事务部门报到，办理相关登记手续。

（5）资格审核

安置地退役军人事务部门对退役军人的安置资格进行审核，确定其符合相应的安置条件。

（6）岗位提供与选择

对于安排工作的退役军人，相关部门提供工作岗位信息，退役军人按照规定的程序进行岗位选择。

（7）手续办理

退役军人办理工作分配、落户、保险关系转移等相关手续。

（三）待遇保障

（1）保险接续

军人退出现役时，军队按照规定转移军人保险关系和相应资金，安置地社会保险经办机构及时办理相应的转移接续手续。

（2）住房保障

符合条件的退役军人可以申请保障性住房，享受相关优惠政策。

（3）就业创业扶持

军地协同开展退役前后技能培训，提供就业指导、职业介绍等服务，帮助退役军人提升就业能力，鼓励其自主创业，符合条件的可享受税收优惠、创业贷款等政策。

（4）教育优待

退役军人在报考普通高等学校、成人高等学校等方面享受一定的优待政策。

本章小结

社会优抚是国家和社会依照法律规定，对为国家利益作出牺牲和特殊贡献者及其家属提供各种优待、抚恤、就业安置等待遇和服务，确保其生活水平不低于甚至略高于当地群众的平均水平。

社会优抚作为社会保障制度的特殊组成部分，主要表现为优抚对象的特殊性、优抚目标的双重性、优抚内容的综合性和优抚待遇的补偿性。社会优抚的内容比较广泛，涉及社会保障的各个方面，由国家对优抚对象所提供的优抚内容体现为社会优待、退役安置和伤亡抚恤。

多年来，我国按照对象不同、贡献大小，参照经济社会发展水平，确定保障层次和标准，设立保障项目，形成了较完备的社会优抚制度。

关键术语

社会优抚　军人优待　军人抚恤　军人退役安置

复习思考题

即测即练

一、单选题

1.残疾军人可免费乘坐（　　）。

A.火车　　　　　　　　　B.民航班机

C.市内公共交通工具　　　D.长途汽车

2.服役满8年的士官孙某退出现役，按（　　）进行安顿。

A.复员　　　　B.转业　　　　C.退休　　　　D.军休

3.残疾军人抚恤金的原则是（　　）。

A.参照全国职工平均工资水平拟定

B.参照全国城乡居民家庭人均收入水平拟定

C.参照地方职工平均工资水平拟定

D.参照地方城乡居民家庭人均收入水平拟定

4.士官服役满（　　）能够作为转业安置。

A.4年　　　　B.6年　　　　C.8年　　　　D.12年

5.定期抚恤金的原则是（　　）。

A.参照全国职工平均工资水平拟定

B.参照全国城乡居民家庭人均收入水平拟定

C.参照地方职工平均工资水平拟定

D.参照地方城乡居民家庭人均收入水平拟定

二、多选题

1.优抚对象的住房保障政策包括（　　　）。

A.优先分配住房　　　　　　　　　B.优惠购买住房

C.提供住房补贴　　　　　　　　　D.特殊住房项目

2.优抚对象的抚恤金发放对象包括（　　　）。

A.烈士遗属　　　　　　　　　　　B.因公牺牲军人遗属

C.病故军人遗属　　　　　　　　　D.普通群众

3.优抚工作的主要目的是（　　　）。

A.提高经济发展水平　　　　　　　B.保障军人权益

C.维护社会稳定　　　　　　　　　D.促进国防建设

4.我国优抚安置受益对象包含（　　　）。

A.正在服役的军人　　　　　　　　B.现役军人的直系亲属

C.退伍军人的直系亲属　　　　　　D.残疾军人

5.现役军人因病致残，以下不享受残疾抚恤的有（　　　）。

A.一级残疾　　　　B.三级残疾　　　　C.六级残疾　　　　D.八级残疾

三、简答题

1.简述社会优抚的特征。

2.军人保险的作用

四、案例分析

小郑前些年响应政府的号召，应征入伍。由于表现突出，因此多次获得部队的嘉奖。今年初，他从部队退伍回到家乡，不久即到所在民政部门报到，要求给予工作安排。可当地民政部门以小郑没有专业特长，以及政府机构改革，不好安排，企业用人有自主权，难以安插等理由，暗示小郑应该自主择业。可小郑到就业市场应聘了几次，都被婉言拒绝。请问，当地民政部门的做法是否正确？为什么？

参考答案

第十二章

补充社会保障制度与实务

知识目标

1. 了解补充社会保障制度的含义与特征、功能与职能；

2. 熟悉企业年金的基本内容与特点，以及功能和外部条件；

3. 理解商业保险的本质，了解中国商业保险的发展现状以及原因分析；

4. 掌握个人养老金制度的制度实施与作用。

能力目标

1. 能够根据不同国家或地区的基本社会保障制度特点，分析其补充社会保障的需求和可能的功能发挥，如在基本保障覆盖率低的地区，分析补充社会保障如何满足未被覆盖人群的需求；

2. 能够评估企业年金计划是否适合特定企业建立的条件，分析不同企业年金类型（如待遇确定型与缴费确定型）的优缺点和适用场景。

思政目标

通过本章节的学习，使学生深刻认识到补充社会保障制度在完善社会保障体系、增进国民福利、促进社会公平与和谐发展中的重要作用，增强学生的社会责任感和公益意识，培养其从宏观角度思考社会问题和参与社会建设的能力。

思维导图

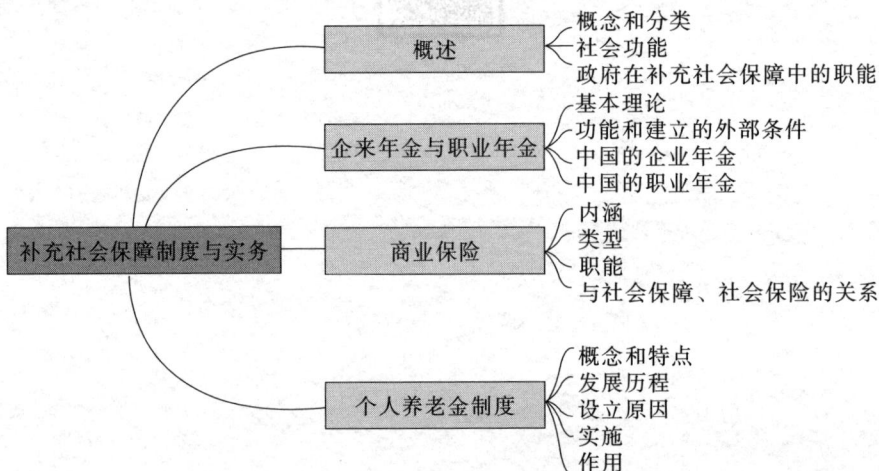

|第一节| 补充社会保障制度概述

现代意义上的社会保障除了政府主导的基本社会保障制度外，通常还包括多种补充社会保障形式，如企业年金、互助保障等。虽然这些补充社会保障是基于不同的出发点和目标建立起来的，形式各异并自成体系，但它们共同从属于国民生活保障系统，对社会发展和增进国民福利起着不可低估的作用。因此，在学习社会保障理论与政策实践时，有必要学习基本社会保障制度之外的各种补充社会保障。本章阐述补充社会保障的一般理论及企业年金、商业保险、个人养老金。

一、补充社会保障的概念和分类

（一）补充社会保障的概念

补充社会保障是基本社会保障制度安排之外的，以非政府主导性、非强制性为特征的各种社会化保障机制的统称。这一定义包含了以下几个含义：

1.补充社会保障是现代社会保障体系的一个组成部分

正如本书对社会保障的定义，社会保障是各种具有经济福利性的、社会化的国民生活保障系统的统称。

社会保障体系可以划分为基本社会保障（正式制度安排）和补充社会保障（非正式制度）两个部分。

基本社会保障由政府（或官方机构）主导或承担组织实施任务，而补充社会保障则是由社会团体、雇主等举办，个人自愿参加，采取社会化运作和管理的保障项目。

补充社会保障的举办形式不同并不妨碍其发挥社会保障的作用，如企业年金能够弥补基本养老保险制度的不足，互助保障能够弥补基本社会保障制度的缺漏，慈善事业可以构成对社会救助制度的重要补充，它们都是社会化的生活保障机制，均不同程度地体现了社会保障的特色并发挥着社会保障的客观功能。因此，各国社会保障体系通常将补充社会保障机制纳入其中并给其以适当定位。

2.补充社会保障是相对于基本社会保障制度而言的

由于各国社会保障制度的建制理念、制度模式以及法定社会保障项目均有所不同，所以补充社会保障的内涵和外延也不尽相同。同时，在同一国家的不同时期，补充社会保障和基本社会保障也并非一成不变的。在一定条件下（如因各种原因使得政府的社会保障政策发生转变），它们还可以相互转换。因此，补充社会保障有别于基本社会保障制度，定位不同、运行方式亦异，但客观功能却可以起补充作用。

3.补充社会保障具有非强制性特征

相对于政府主导的、国家法律规定（具有强制性）的基本社会保障制度而言，政府在补充社会保障中并非当事人和责任主体，这就表明补充社会保障中并无公权的直接介入，也就没有其他社会保障制度那样的强制性，从而体现了补充社会保障的自愿、可选择性的特征。正是这种自愿性与选择性，才使补充社会保障有了存在的必要性并能够满足不同人群的需求。当然，这并不意味着政府对补充社会保障听之任之，或者说补充社会保障排斥政府，实践中，政府仍然负有疏导补充社会保障并给以相应的支持的责任。

（二）补充社会保障的分类

从世界各国尤其是发达国家的实践来看，补充社会保障是一个非常复杂的系统，因为举办方式不同，参与主体不同，同一补充社会保障方式可以由各单位或机构组织自行举办。据此，可以对其进行简单的分类。

（1）按照补偿方式划分

按照补偿方式划分，补充社会保障可以分为：经济保障（通过现金给付或实物援助的方式）、服务保障（以各种生活服务为内容）、精神保障（文化、伦理、心理慰藉方面的保障）。

（2）按照实施主体划分

按照补偿方式划分，补充社会保障可以分为：社会补充保障（由各种社会团体主导实施，如互助保险、慈善事业等）、企业补充保障（由雇主主导实施，如企业年金、补充商业保险等）、个人自我保障（由家庭保障或者纯粹个人行为保障，如个人参加的商业保险、个人储蓄等）。

（3）按照与基本社会保障的相关性划分

按照与基本社会保障的相关性划分，补充社会保障可以分为基本保障附加型补充保障和独立补充保障。前者如建立在基本社会保险之上并以其为前提的各种补充保险，后者如互助保障与慈善事业。

（4）按照保障水平划分

按照保障水平划分，补充社会保障可以分为社会救助型、查漏补缺型（主要指未被覆盖人口参加的商业保险、互助保险等）和增进福利型。

（5）按照保障内容划分

按照保障内容划分，补充社会保障可以分为补充医疗保障、补充养老保障、补充住房福利保障等等。

二、补充社会保障的社会功能

任何社会经济制度或政策均有其特定的社会功能，补充社会保障在实践中亦具有多方面的功能。

（一）补充社会保障具有为基本社会保障制度"查漏补缺"的功能

一方面，补充社会保障为尚未被基本社会保障制度覆盖的人群提供了化解风险的途径。除了经济发达国家以外，大部分国家或地区的基本社会保障制度，往往只覆盖法定范围的有限人群，那些未被基本社会保障制度覆盖或者漏在社会安全网外的人群，并不能从中获得基本的社会保护。

按照马斯洛的需求理论，生理和安全需求是人类的最低层次需求。为了规避社会化大生产以及工业化给个人带来的种种风险，他们只能通过各种形式的补充社会保障来满足这种最基本的需求。在中国现阶段，基本社会保障制度的覆盖率较低，在城镇生活的灵活就业人员、农民工以及广大农民都是缺少基本保障的社会群体。

一些补充社会保障形式恰恰可以满足这些群体的保障需求；另外，因为享受某些基本社会保障待遇的条件比较严格，所以某些有特殊困难的人在制度内得不到全面的保障，从而不得不寻求民间慈善救助、互助团体等补充保障渠道。

另一方面，补充社会保障可以对基本社会保障制度之外的保障项目进行补充保障。在一些国家，补充社会保障事实上具有了越来越大的社会功能，许多补充社会保障甚至可以满足国民多数社会服务需求，从客观上对由政府主导的制度化的基本社会保障起到了一定的替代作用。比如，美国联邦政府的基本社会保障内容仅限于老年人、残疾人、遗属的生活保障以及对贫困者的家庭津贴，所以在职人员和其家属的社会保障问题，或由企业提供的补充保障解决，或由非营利的社会团体来帮助解决，或由个人购买商业保险，这些非政府主导的、非强制性的补充保障形式发挥了非常重要的作用。

（二）补充社会保障提高了保障标准，增进了特定人群的福利

补充社会保障可以适应不同人群对保障项目和水平的不同层次需求，提高他们的保障待遇标准和福利水平。

由于政府提供的社会保障水平一般偏低，往往需要社会机构举办相应的补充保险、商业保险、互助保险等，通过补充社会保障的弥补，原有基本社会保障制度保障的社会成员会增加一层次的保障，原无基本社会保障制度保障的社会成员也会因补充社会保障而增加了一种福利保障，因此，补充社会保障的存在与发展，具有提高社会成员福利水平的明显功效。

（三）一些补充社会保障可以作为组织人力资源管理的手段之一，为实现组织目标服务

这里主要指以员工福利（或职业福利或机构福利）为表现形式的企业补充社会保障。员工福利在客观上属于企业或社会团体人力资源管理范畴，员工福利的评价指标则是成本核算和工作效率，其目的是为组织机构的最大利益服务。

（四）补充社会保障还能够满足人们施予仁爱之心的需求

无论是西方宗教还是东方文化，无论是耶稣的"爱人如己"还是中国传统道德中的"推己及人"都是"善心""善行""博爱"的体现。

人类具有向社会脆弱成员及其他公益事业奉献爱心的内在需求，也需要有相应的外在条件，而慈善事业作为一种补充社会保障形式，作为一种建立在捐赠基础上的民营社会化保障事业，源于慈心，终于善行，在客观上不仅为他人提供了物质帮助，而且满足了人们奉献爱心的精神需求。

除此之外，补充社会保障也是社会保障体系的一个组成部分，它在社会、政治、经济等各个领域中同样发挥着稳定功能、调节功能、促进功能和互助功能等其他功能。

三、政府在补充社会保障中的职能

尽管补充社会保障在某种意义上排斥政府的行政干预，但它的发展同样需要有政府的政策扶持甚至财政援助。事实上，发达国家的补充社会保障体系之所以发达并能够发挥重要的保障作用，是与政府在这一领域适度地发挥影响力分不开的。因此，在许多国家，要发展多层次、多支柱的社会保障体系，在政府所能提供的基本保障之外建立起补充体系，也一样需要政府的适度介入。

自20世纪80年代以来，一些发达国家因面临着社会保障的财政压力，纷纷采取不同的措施来应对人口老龄化等带来的对基本社会保障制度的挑战，其中一个共同的做法就是提倡和鼓励各种补充社会保障的发展。

各种补充社会保障并非政府主导，政府亦不承担直接责任，而是利用民间或社会力量或市场机制来增进国民福利的，但是，政府作为宏观调控者，有责任根据社会保障发展的现状和目标，对补充社会保障进行倾向性的政策鼓励或约束；同时，政府作为维护公平的代言人，亦有责任针对体现为合同或契约关系的补充社会保障实施相应的监督和管理。归纳起来，政府的责任主要包括：推动立法，实行监督，宏观调控，政策引导。

中国现阶段的社会保障制度建设的重点是社会保险制度与最低生活保障制度，但多层次的社会保障体系主要体现在补充社会保障项目上。因此，国家应当积极促进各种补充社会保障事业的发展，如鼓励企业承担社会责任，引导有条件的企业建立企业年金，积极发展商业性的养老、医疗保险，大力发展慈善公益事业，真正引导社会资源投向社会福利事业，这既是完善中国社会保障体系的内在要求，也是社会发展进步的要求。

|第二节| 企业年金与职业年金

在发达国家大多数企业的员工福利方案中，企业年金是较具普遍意义的一种员工福利计划，它作为员工现期工资收入的延期支付，对保障和提高员工年老退休后的收入有重要的作用。

一、企业（职业）年金的基本理论

（一）企业（职业）年金的概念及特点

1.企业（职业）年金的概念

企业年金是企业根据自身发展战略需要和经济实力建立的，旨在为本企业员工提供一定水平的退休收入保障的员工福利制度。职业年金一般是指雇主发起的职业养老金计划（或称雇主计划、雇主年金），因而包含企业年金。但在当下中国，职业年金特指公共部门（包括机关、事业单位）及其工作人员在参加基本养老保险的基础上建立的补充养老保险制度。为避免与实践混淆，本节职业年金特指后者。由于企业年金和职业年金均属于雇主举办的职业养老金，只是雇主性质有所不同，在功能、筹资、待遇、监管、税收等方面均无本质差异，为此，本节将首先介绍二者概况，再分别介绍我国企业年金和职业年金的发展情况。

从宏观角度讲，企业（职业）年金既不同于基本养老保险，亦非商业性的人寿保险，它实质上是在国家政策支持下，对法定基本养老保险的一种补充，其直接目的虽然是激励员工的劳动积极性，但客观上会提高员工的退休养老金水平。

从微观角度讲，企业年金一般被企业视为人力资源管理战略的有机组成部分，它作为人力资源管理系统中的薪酬管理或员工福利管理项目，是雇主为了吸引和留住员工长期为企业服务和提高劳动生产率，向员工提供的一笔养老金。而职业年金作为公共部门对员工的待遇承诺，由国家通过立法或者制度保障实施。

对于企业（职业）年金的所有者——员工个人来说，企业（职业）年金属于私人经济范畴，是一种私人性质的产品。一般来说，企业（职业）年金基金在经营中独立于举办者的资金和业务，即使举办单位破产，员工仍然可以领到企业（职业）年金。因此，企业（职业）年金还是以民间储蓄为基础的私人养老金。

2.企业（职业）年金的特点

与基本养老保险相比，企业（职业）年金具有以下五个特点：

第一，基本养老保险通常是强制实施的、统一的养老金计划，管理机构的经费纳入财政预算并由政府安排、由政府机构进行管理。企业（职业）年金计划在多数国家是由企业自愿决定是否建立的，也不排除一些国家对企业（职业）年金采取强制计划，但整体而言，无论是强制参加还是自愿参加，其均是利用市场机制来选择合适的管理和运作方式，弹性较大，灵活性较强。

第二，基本养老保险的养老金是公共产品，而企业（职业）年金属于私人产品。因此，政府对企业（职业）年金一般不直接承担责任，政府的作用主要表现在推动立法、实行监督和税收政策引导三个方面。

第三，基本养老保险一般采取现收现付制或部分积累制的财务模式，强调社会统筹与互助共济，而企业（职业）年金通常采用完全积累制，以个人账户方式记载每个员工企业（职业）年金的雇主缴费、个人缴费以及投资收益、利息等全部资产。企业（职业）年金个人账户全部资产归员工个人所有，不具有互助共济性。

第四，基本养老保险基金一般由政府机构管理和运营，即使交由私营机构管理运营，政府对其也有比较严格的规定。保值增值的手段通常是银行储蓄和购买国债，同时也可以投向证券市场，但需要以安全性为第一原则。而企业（职业）年金主要通过资本市场，如各种金融机构来运作，投资手段更多样化，更加注重基金的投资收益率。

第五，基本养老保险强调社会公平原则，而企业（职业）年金更注重效率原则，在企业内部人力资源战略中是具有激励机制的福利手段。

二、企业（职业）年金的功能和建立的外部条件

（一）企业年金的功能

1.企业（职业）年金的功能

从企业（职业）年金的发展进程来看，它已经经历了三个发展阶段，即雇主自我管理阶段、政府介入管理阶段以及与社会保障协调发展阶段。在企业（职业）年金的实践中，它在不同层面发挥着特有的作用。

归纳起来，企业（职业）年金的功能主要体现在五个方面。

（1）作为基本养老金或公共养老金的补充，提高劳动者的退休待遇

对于国家来讲，企业（职业）年金有利于分散养老保障责任，适应人口老龄化的需要，因为企业（职业）年金计划的建立使降低国家基本养老金替代率有了可能，对于个人则分散了老年收入的风险，也提高了退休保障的水平。

在工业化国家，企业（职业）年金的目标替代率一般在20%～30%，与公共养老金合计可达到60%～70%的总替代率水平。在中国，按照社会保障体系建设的总体方案设计，劳动者退休后的收入保障将主要来自三个方面：一是法定的基本养老保险，二是企业（职业）年金，三是个人储蓄性保险（如商业性人寿保险或储蓄等）。因此，企业（职业）年金应当是中国基本养老保险制度的重要补充。

（2）促进资本市场和劳动力市场的完善，有利于改善劳资关系

企业（职业）年金属于完全积累型福利机制，并采取个人账户制，存续期可长达数十

年，所以它在抑制消费基金的膨胀、提高国民储蓄率的同时，又能够形成可以用于长期投资的资本，这笔资本一旦进入资本市场必然会衍生长期投资和高收益的金融工具。另外，企业（职业）年金的本质是劳动者工资收入的延期支付，工资和企业（职业）年金的相互作用可以促进"按劳分配"并减少其不辞而别或故意违反劳动合同的现象，企业（职业）年金的实施又能在一定程度上促进工会等员工组织的发展，从而对劳动力市场的良性发展和改善劳资关系具有促进作用。

（3）企业（职业）年金为雇主提供了一种新的可供采用的收益分配形式

在员工的收益分配中，工资、奖金、津贴、股权和期权均属于现期或即期分配范畴，而企业（职业）年金属于延期分配范畴。由于多数员工尤其是中老年员工会更关心自己未来的长远利益，年龄越大越看重退休后的收入保障，因此，雇主还需要有为员工长远利益着想的收益分配机制，企业（职业）年金恰好提供了这样一种有效工具。

（4）企业（职业）年金是提高劳动生产率和增强单位凝聚力的重要手段

一般而言，福利越好的单位对劳动者越具有吸引力。企业（职业）年金按照效率、激励原则建立，工资收入高、工作年限长的员工可以积累更多的养老金，这样有利于树立员工长期服务的意识。同时，企业（职业）年金是雇主自主创立的，通过企业（职业）年金的实施，可以将雇主和员工的利益紧密联系在一起，使员工真正产生归属感，其工作热情和工作效率也会不断提高。

（5）企业（职业）年金的运营还会给员工带来丰厚的经济回报

企业（职业）年金基金在个人账户的积累和储蓄过程中，均要进行投资经营，以获得较高的收益。与员工相比，雇主在金融方面更具有管理运营优势，尤其是当这种投资由专业化的投资机构进行时，其安全性与收益率都会较高，这显然是普通员工个人很难做到的。因此，由雇主通过市场运作的方式对企业（职业）年金进行投资运营，可以使员工获得更为丰厚的收益回报。

2.企业（职业）年金建立的外部条件

虽然建立企业（职业）年金制度需要考虑普遍性原则，但并不意味着所有雇主都能建立这种制度。雇主建立企业（职业）年金是需要一定条件的，雇主只有具备了一定的条件，才有资格和能力建立。

例如，企业（职业）年金覆盖率较高的德国，2019年自愿性的企业（职业）年金覆盖率为57%，日本为50.5%，美国为43.6%，法国为25.2%。在发展中国家，企业（职业）年金的覆盖率普遍较低。

在实践中，企业（职业）年金计划的发展需要有相应的外部条件：一是良好的宏观经济环境，包括经济繁荣、税收优惠政策、完善的资本市场；二是明确规范的运行规则；三是较好的监管机制；四是专业的经办机构；五是风险预防和担保机制。

（二）企业（职业）年金的基本内容

1.企业（职业）年金的类型划分

企业（职业）年金不是国家法定的制度安排，而是在国家政策引导下，由各单位自主建立并实施的，因此，它不可能有统一的模式。在各国企业（职业）年金的实践中，按照不同的划分标准，可以有不同的分类。

根据供款来源不同，企业（职业）年金可以分为个人缴费的企业（职业）年金和个人不缴费的企业（职业）年金。其共性是雇主都需要缴费，区别在于个人是否缴费。个人缴费的企业（职业）年金通常能够让员工更加关注这一福利计划，个人不缴费则可以降低管理成本。

根据决定因素不同，企业（职业）年金可以分为强制性企业（职业）年金、自愿性企业（职业）年金和集体谈判决定的准强制性企业（职业）年金三种。强制性企业（职业）年金由国家立法规范要求雇主必须举办，员工个人也不能退出，虽然强制性企业（职业）年金不是主流，但仍然有不少国家采取，如瑞士、澳大利亚等国家的企业（职业）年金就属于这一类型；自愿性的企业（职业）年金是大多数国家采用的企业（职业）年金方式；而通过集体谈判决定的准强制性企业（职业）年金的方式则只有瑞典、丹麦和荷兰等少数国家采用。

根据筹资方式不同，企业（职业）年金可以分为完全积累制和现收现付制。但从世界各国的实践来看，绝大多数国家选择完全积累制企业（职业）年金，只有少数甚至个别国家（如法国、丹麦和突尼斯）选择现收现付制企业（职业）年金。

根据缴费和受益关系不同，企业（职业）年金可以分为给付确定模式（DB）、缴费确定模式（DC）和混合模式等诸多种类。从各国的实践来看，多数企业（职业）年金都是缴费确定模式（DC），少数情形下选择给付确定模式（DB）或混合模式。在部分发达国家，给付确定模式（DB）和缴费确定模式（DC）同时存在，国家公务员及军人的企业（职业）年金采取给付确定模式（DB），私营部门则采取缴费确定模式（DC）。

需要说明的是，企业（职业）年金的上述分类，并不是以国别而论的，而是对所有企业（职业）年金类型的概括和归类。

事实上，在同一个国家，不同的单位选择的企业（职业）年金模式可能也不一样。

2.企业（职业）年金的覆盖范围

企业（职业）年金的覆盖范围是指企业（职业）年金的参与人员和受益对象。它通常与以下四个因素有直接或间接的关系：

（1）政府主导的基本养老保险覆盖率和待遇水平

企业（职业）年金和基本养老保险在某种程度上存在相互替代的关系，如果基本养老金替代率偏高，企业（职业）年金的需求就会受到抑制，反之亦然。企业（职业）年金之所以能够在许多工业化国家发展起来并占有重要地位，其根本原因在于这些国家的基本养老金替代率往往较低。

在中国，基本养老金的替代率偏高，必然导致对企业（职业）年金的需求不旺。

（2）政府是否立法强制实施

在政府通过立法手段强制雇主实行企业（职业）年金计划的国家，覆盖率就比较高，如澳大利亚、冰岛和瑞士等国家实施强制性的企业（职业）年金，覆盖率高于90%；非强制实施企业（职业）年金计划的国家的覆盖率则很难达到这个水平，如美国为40%~50%。为了提高企业（职业）年金的覆盖率，一些国家推行自动加入机制，如新西兰、英国、意大利等国。

（3）政府税收政策

税收政策是政府对企业（职业）年金使用的财政杠杆，通过这一杠杆传递政府是否鼓励以及支持力度的信息，优惠的税收政策是企业（职业）年金计划发展的必要条件。

（4）经济实力

一些国家，通常是大中型企业集团有能力建立和维持企业（职业）年金计划，小型企业及萎缩中的行业则较少实施企业（职业）年金计划。如在美国，大中型私有企业中70%以上建立了企业年金，小型企业只有40%左右建立了企业年金计划。在中国，建立企业年金的企业亦通常是大企业、垄断企业（或集团或行业），中小企业一般不考虑建立企业年金，覆盖率仅6%左右。

3.企业（职业）年金的缴费和给付

如上所述，企业（职业）年金可以分为给付确定模式（DB）和缴费确定模式（DC）。

给付确定模式是雇主向员工承诺员工退休后按期（月）获得固定的养老金待遇，由精算师依据这一待遇水平，根据参加计划的员工的工资水平、服务年限等因素，计算出每年应储存（缴费）金额。

企业（职业）年金的计发办法大致有三种形式：一是统一福利计划，即向每一个参加年金计划的员工提供固定数额的养老金（如每月100美元），而与工资收入和工龄没有直接联系；二是根据员工工作年限及退休前几年的工资水平确定，按不同比例计发养老金；三是将员工工龄与年工资收入相乘，再乘以一个百分比（养老金系数，如1%）来确定退休金。

通常情况下，企业雇主会为员工设立一个公共账户并按期缴费，员工不需缴费。实行给付确定模式企业（职业）年金的优点是收益额明确，退休后收益有保障；缺点是存在通货膨胀及待遇刚性增长等风险，需要定期做精算评估，员工对自己的权益缺乏直观感受。

缴费确定模式是先确定缴费比例，由雇主和员工分担或只由雇主缴费，记入员工的个人账户。到员工退休时，根据个人账户中的缴费累积额（包括本金、利息和投资利润等）一次性或定期支取企业（职业）年金。这种计划采取完全积累制，基金通常由寿险公司或其他投资机构运营。员工退休时，可以从以下三种方式中选择一种领取企业（职业）年金：一是一次性全部领取，但要纳税，税率较高；二是按月领取、按月纳税，税率稍低；三是转存入银行，不需纳税，但也存在着利息税等问题。实行缴费确定模式企业（职业）年金的优点是设计简单，员工可以自主投资决策，较为灵活；缺点是退休收入不确定，员工权益难以保障，投资风险由员工承担。

4.企业（职业）年金基金投资运营

与基本养老保险的管理方式有所不同的是，企业（职业）年金更加需要通过投资运营来获取收益，以实现基金的保值增值。

（1）投资原则

在企业（职业）年金的投资中，通常要遵守三个基本原则，即安全性原则、流动性原则和收益性原则。

安全性原则保证投资本金能够全部收回，并能够得到预期收益。流动性原则强调的是投资的变现能力，目的在于保证养老金到期能够支付，同时方便投资组合，以便分散和规避投资风险。收益性原则是投资的根本目的，只有获得收益才能确保基金的保值增值，使基金能够应对利率变动和通货膨胀等因素的负面影响。

（2）资产管理

对于企业（职业）年金资产的管理，可以分为自我管理和委托外部专业机构管理两种形式。

大多数企业（职业）年金项目的资产委托银行、保险公司或其他金融机构（如基金公司、信托公司等）进行投资，也有一些大公司自己雇用投资经理进行企业（职业）年金计划的自我管理。

（3）投资工具和资产分布

从世界范围来看，企业（职业）年金投资几乎涉及所有的投资工具。比较常见的有：银行存款、债券、股票、房地产、风险投资和金融衍生产品等。不同的投资工具所承担的风险和回报差异很大，而且风险的大小和回报率的高低一般呈正相关关系，所以选择投资工具实际上就是寻找合适的均衡点，并进行投资组合。例如，股票的投资收益与公司经营业绩、资本市场成熟度，特别是股票市场运作规范程度等多个因素关系密切，投资风险高，收益机会也多。

在诸多投资工具中，债券以其较高的收益率和较低的风险备受青睐。需要强调的是，理性的企业（职业）年金投资是能够合理组合投资品种的投资。

5.政府对企业（职业）年金的监管

尽管企业（职业）年金计划本质上属于自愿性的、由私营公司经营的项目，但政府并非完全放任自流，而是在其中发挥相应的作用。政府的介入主要体现在推动立法并完善法制、依法监督和税收政策上。

（1）推动立法并完善法制

立法的目的在于对员工权利的保护。由于在企业（职业）年金体系中，雇主和员工的信息不对称，即雇主掌握着基金积累的水平和解雇员工的权利，而员工却不能完全了解这一计划的有关情况。

为了确保员工的平等权利和企业（职业）年金在规范的轨道上运行，政府通常推动相关立法，以求通过法律的规范来为企业（职业）年金的建立与运行提供依据，同时，在国家立法的指导下完善具体的企业（职业）年金政策，以此确保企业（职业）年金的健康发展和维护员工的合法权益。

企业（职业）年金立法的内容，通常包括如下几方面：机会均等，即无论收入或职位高低，每个员工都有权享有企业（职业）年金；享有权期限，即超过这一规定时期员工才有权享有企业（职业）年金待遇；此外还有信息公开、公共担保和投资方面的限定。

（2）依法监督

对企业（职业）年金项目的监督，有的由政府部门进行，有的由雇主和工会组成的机构进行。

政府监督的目的是保证有关立法的执行和基金投资的安全性。监督的内容包括法律法规方面的监督、财务运行机制方面的监督和税收监督。以美国为例，联邦政府劳工部是私人养老金计划的监督机构，它监督的主要内容包括：基金投资是否得当、有效、安全，如发现投资有危险就令其纠正；雇主对年金基金是否有舞弊行为，如挪用基金；雇主执行企业（职业）年金法规的情况。

（3）税收政策

企业（职业）年金的税收政策与企业（职业）年金基金运行涉及的缴费、收益和给付三个环节有关，如对企业（职业）年金的缴费减免税收，即雇主在扣除企业（职业）年金费用后再计征所得税或企业税，员工的缴费则可免缴所得税，也叫"税前列支"；对缴费形成的基金、利息和投资收入可免税或延迟纳税。

各国的税收政策也根据是否在这三个阶段缴税而分为不同的形态。以"E"代表免税、"T"代表缴税，可以将税收政策分为 EEE、EET、ETE、ETT、TEE、TTE、TET 和 TTT 八种模式。由于税收政策是企业（职业）年金发展的重要条件，它体现了国家对企业（职业）年金的支持与引导，许多国家对企业（职业）年金计划往往给予税收优惠政策，TTT 一般不作为各国私人养老金的主要税收政策。

2018年部分国家主要私人养老金的税收政策见表 12-1 所示。

表12-1　　　2018年部分国家主要私人养老金（含企业或职业年金）的税收政策

模式	国家
EET	加拿大、智利、克罗地亚、爱沙尼亚、芬兰、德国、希腊、冰岛、爱尔兰、日本、拉脱维亚、荷兰、挪威、波兰、罗马尼亚、斯洛文尼亚、西班牙、瑞士、英国、美国
EEE	保加利亚、哥伦比亚、墨西哥、斯洛伐克
ETE	塞浦路斯
TET	奥地利、比利时、法国、韩国、马耳他、葡萄牙
TEE	捷克、匈牙利、以色列、立陶宛、卢森堡
TTE	澳大利亚、新西兰、土耳其
ETT	丹麦、意大利、瑞典

资料来源：OECD. The tax treatment of retirement savings in funded private pension arrangements ［M］// Financial incentives and retirement savings. Paris: OECD Publishing, 2018. https：//doi. org/10.1787/ 9789264306929-4-en.

注：表题中的私人养老金包含企业（职业）年金。

需要说明的是，虽然税收政策体现了政府对企业（职业）年金的支持和引导，但企业（职业）年金归根结底是私人补充性质的养老金，遵循市场发展规律，是雇主基于人力资源市场竞争需要和福利合理化需求而设立的基金，企业（职业）年金应当由雇主主导，如果过分夸大政府及税收政策对于企业（职业）年金等私人养老金的作用，将会增加养老保障待遇的不公平性。

三、中国的企业年金

（一）企业年金的发展

中国企业年金的出现始于20世纪90年代初期。当时，一些行业为更好地保障退休人员的生活，率先探索和建立了企业补充养老保险制度，此为企业年金的源头。

2000年12月，国务院印发《关于完善城镇社会保障体系的试点方案》并选择辽宁省开始试点，首次将企业补充养老保险更名为"企业年金"，并明确企业年金举办单位可以享受税前列支的税收优惠政策，即企业缴费在工资总额4%以内的部分可以从成本中列支；同时，该方案还规定，企业年金基金实行市场化运营和管理。

2004年，有关主管部门发布了多项有关企业年金的行政规章或政策性文件，对企业年金的建立与运行进行了相应的规范。

例如，2004年1月6日，原劳动和社会保障部发布《企业年金试行办法》；同年2月23日，原劳动和社会保障部、原中国银行业监督管理委员会、中国证券监督管理委员会、原中国保险管理监督委员会联合发布了《企业年金基金管理试行办法》。上述两部规章均于2004年5月1日实施，对企业年金的建立、运行及其管理进行了规范。

2004年12月31日，原劳动和社会保障部又发布了《企业年金基金管理机构资格认定暂行办法》，自2005年3月1日起施行，该办法对企业年金基金管理机构资格认定的程序、标准等进行了规范；2015年，该办法进行了修订，弱化了对法人受托机构和投资管理人的资本和净资产的要求。

2017年，财政部与人力资源和社会保障部又联合发布了《企业年金办法》，对企业年金的税收政策已经完全明朗化。

（二）企业年金的实践效果

1.覆盖率

企业年金的覆盖率是反映补充养老保险制度有效性和公平性的重要指标，但我国迄今为止的实践效果并不理想，企业年金仍然只有极少数企业与个人参与。

2007年，企业年金参保人数为929万人，参保人数占当年企业职工基本养老保险参保人数的4.61%；2022年，企业年金参保人数为3 010万人，占当年企业职工基本养老保险参保人数的6.26%，15年间仅提高了1.65%。

不仅如此，参加企业年金的用人单位与个人基本为国有企业和机关事业单位职工，民营企业鲜有参与，低收入劳动者更是无缘。若任由这种局面长期持续，将拉大中小微企业与国有企业、机关事业单位的差距，从而造成养老保险制度新的不公平和新的碎片化，不仅不利于多层次养老保险体系的建设，也不利于我国养老保险制度的公平和可持续发展。

要想推动我国养老保险走向多层次化，只有降低第一层次单位的缴费率，单位才有责任和能力来建第二层企业年金。

第一层次覆盖所有老年人，第二层次覆盖多数劳动者，采取鼓励措施，让低收入劳动者也享有企业年金，应当是我国养老保险体系的发展目标。

2.投资收益率

企业年金的投资收益受宏观经济和资本市场影响较大，从图12-1可以看出，收益最高率的2007年达到41%，与2022年收益率-1.83%相差43%左右。整体而言，年平均收益率为6.85%，高于个人储蓄及多数理财产品的收益率。

3.区域分布结构

企业年金的区域分布呈现出发达省份及地区远远高于欠发达地区、中央高于地方的特征。以2022年为例，企业账户数最多的上海市达到11 079个，而西藏自治区账户数仅41个，分别占总账户数约9%和0.03%；人力资源和社会保障部企业账户数为29 597个，占总账户数比例为23%。

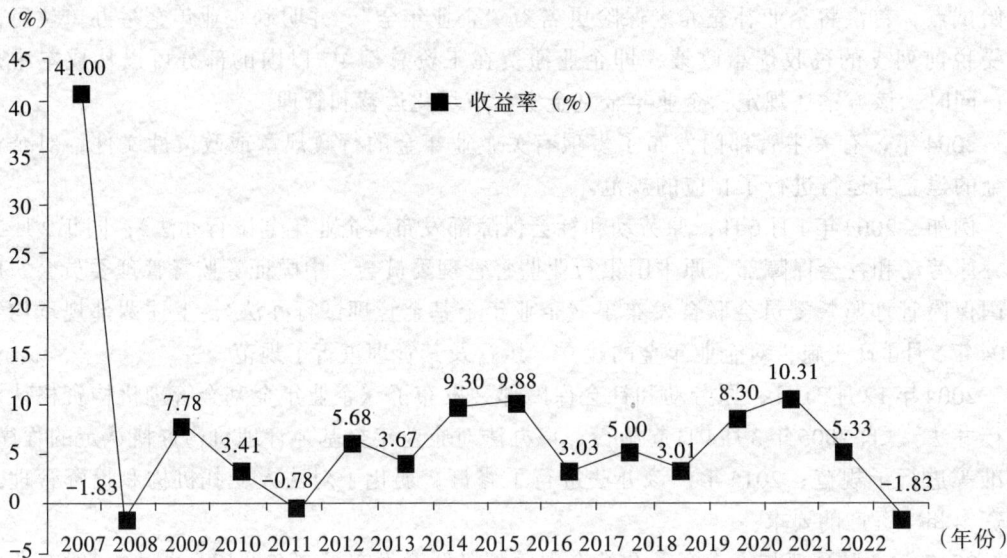

图12-1　2007—2022年企业年金基金投资收益率折线图

数据来源：人力资源和社会保障部社会保险基金监管司. 2022年度全国企业年金基金业务数据摘要 [EB／OL].（2023-06-29）［2023-03-21］. https：//www. mohrss. gov. cn/shbxjjjds/SHBXJDSzheng cewenjian/ 202303/t20230321_497095.html.

四、中国的职业年金

中国的职业年金是伴随着机关事业单位工作人员养老保险制度改革而出现的，同步建立职业年金是机关事业单位养老保险制度改革的重要条件，是这一制度结构优化的具体体现，它不仅能够促使养老保险责任分担机制更加合理，而且能够有效弥补基本养老保险金的不足，让退休人员养老金总体水平能够得到保障。2015年3月，国务院办公厅印发《机关事业单位职业年金办法》，对机关事业单位职业年金制度作了具体规定。

1.职业年金的筹资

职业年金的筹集采取基金积累制，由单位和工作人员个人共同承担。单位和个人缴费基数与机关事业单位工作人员基本养老保险缴费基数一致。根据经济社会发展状况，国家会适时调整单位和个人职业年金缴费的比例。

2.职业年金的管理

职业年金基金采用个人账户方式管理。个人缴费实行实账积累。对财政全额供款的单位，单位缴费根据单位提供的信息采取记账方式，每年按照国家统一公布的记账利率计算利息，工作人员退休前，本人职业年金账户的累计储存额由同级财政拨付资金记实；对非财政全额供款的单位，单位缴费实行实账积累。实账积累形成的职业年金基金实行市场化投资运营，按实际收益计息。

职业年金基金投资管理应当遵循谨慎、分散风险的原则，保证职业年金基金的安全性、收益性和流动性。职业年金基金的具体投资管理办法由人力资源和社会保障部、财政部会同有关部门另行制定。单位缴费按照个人缴费基数的8%记入本人职业年金个人账户；个人缴费直接记入本人职业年金个人账户。职业年金基金投资运营收益，按规定记入职业年金个人账户。职业年金基金应当委托具有资格的投资运营机构作为投资管理人，负责职业年金基金的投资运营；应当选择具有资格的商业银行作为托管人，负责托管职业年金基金。

3.职业年金的给付

参加职业年金的工作人员在达到国家规定的退休条件并依法办理退休手续后，由本人选择按月领取职业年金待遇的方式：可一次性用于购买商业养老保险产品，依据保险契约领取待遇并享受相应的继承权；可选择按照本人退休时对应的计发月数计发职业年金月待遇标准，发完为止，同时职业年金个人账户余额享有继承权。本人选择任一领取方式后不得更改。出国（境）定居人员的职业年金个人账户资金，可根据本人要求一次性支付给本人。工作人员在职期间死亡的，其职业年金个人账户余额可以继承。

中国的职业年金在短短几年之内覆盖率达到90%以上，相比之下，企业年金的覆盖率仅仅在6%左右，这主要是因为职业年金是强制参加，而企业年金是自愿参加。职业年金的建立表明政府在承担雇主责任，但企业年金和职业年金的覆盖率长期存在大幅差距不利于养老保险制度的公平性和养老保险体系的结构优化。

|第三节| 商业保险

商业保险是相对于社会保险而言的，是在法定社会保障制度外通过市场机制提供风险保障的途径。纵观世界，构建多层次社会保障体系是发展的必然取向，而商业保险是其中重要的组成部分。因此，在发展补充社会保障时，政府要加强规范、支持与引导，让商业保险成为分散风险、增进民生福祉的有效机制。

一、商业保险的内涵

《中华人民共和国保险法》（以下简称《保险法》）对商业保险的定义是："本法所称保险，是指投保人根据合同约定，向保险人支付保险费，保险人对于合同约定的可能发生的事故因其发生所造成的财产损失承担赔偿保险金责任，或者当被保险人死亡、伤残、疾病或者达到合同约定的年龄、期限等条件时承担给付保险金责任的商业保险行为。"商业保险的本质可以从经济、法律和社会功能三个角度对其进行分析。

（一）从经济角度看

第一，商业保险是一种经济行为。保险业与银行业、证券业一样都属于金融服务业，其产品是无形的服务。

保险这种经济行为之所以能够进行，是因为社会对保险产品有需求和供给。从需求的角度看，存在大量标的面临同样的风险，而与之有利害关系的社会成员需要获得保障，他们愿意付出一定代价，以便在遭受损失后获得赔偿。从供给角度看，保险人用特殊的技术手段（如大数法则）进行论证，证明完全可以凭借收取的保险费对被保险人因危险事故造成的损失进行补偿，并且盈利。

第二，保险又是一种金融行为。对社会而言，保险组织通过收取保险费聚集了大量的资金，再对这些资金进行运作，实际上在社会范围内起到了资金融通的作用。从这个意义上讲，保险组织是金融中介机构。

第三，从被保险人之间的关系看，保险还起到了国民收入再分配的作用。保险的运行机制是大家共同缴纳保险费，共同出资，组成保险基金。

当某一个被保险人遭受损失时，他可以从保险基金中获得补偿，补偿来自被保险人缴纳的保险费。因此，遭受损失的人实际获得的是全体被保险人的共同经济支持。这意味着一个人的损失由大家分担，被保险人之间是一种互助共济关系，从这一点来看，保险是一种分摊意外事故损失的财务安排，在被保险人之间起到了收入再分配的作用。

（二）从法律角度看

商业保险是一种合同行为。投保人购买保险，保险人出售保险，实际上是双方在法律地位平等的基础上，经过自愿的要约与承诺，达成一致意见并签订合同。

《保险法》规定："订立保险合同，应当协商一致，遵循公平原则确定各方的权利和义务。除法律、行政法规规定必须保险的外，保险合同自愿订立。"

投保人的权利是当约定的风险事故发生后能够向保险人要求赔偿或给付保险金，义务是向保险人支付保险费并履行合同规定的其他义务。

保险人的权利是向投保人收取保险费，其义务是当约定的危险事故发生后向被保险人进行赔偿或给付保险金。

（三）从社会功能角度看

保险是一种危险损失转移机制。保险使众多单位和个人结合起来，从整体上提高了对危险事故的承受能力。

保险能够转移危险损失，通过支付一定保险费的代价换取未来经济上的稳定。这种危险损失转移机制有助于整个社会的经济生活稳定运行，因此，与社会保障一样，商业保险也具有"社会稳定器"的功能。

二、商业保险的类型

1.按照保险标的分类

保险标的是指保险事故有可能发生的载体，可以是财产、人身等。

广义的商业保险可以分为财产保险和人身保险两大类。

狭义的分类可细分为财产保险、人身保险、责任保险和信用保证保险。

财产保险的保险标的是财产及与之相关的利益。

人身保险的保险标的是人的身体或生命，以生存、年老、伤残、疾病、死亡等人身危险为保险事故，被保险人在保险期间遭遇保险事故或生存到保险期满，保险人依据合同对被保险人给付约定的保险金。

广义的财产保险和人身保险有着本质的不同，前者是损失保险，可以用货币计量；后者是给付性质的，不能用货币计量。

2.按危险转移层次分类

按危险转移层次分类，商业保险可分为原保险和再保险。

原保险是指投保人与保险人直接签订合同，确立保险关系，将危险损失转移给保险人。

再保险也称作分保，是保险人将其所承保业务的一部分或全部分给另一个或几个保险人。

3.按照保险主体或投保单位分类

按照保险主体或投保单位分类，保险可以分为个人保险和团体保险。

4.按照是否在保险合同中列明保险标的物的价值

按照是否在保险合同中列明保险标的物的价值，商业保险可分为定值保险和不定值保险。

5.按照保险金额占标的物的价值的比例分类

按照保险金额占标的物的价值的比例分类，商业保险可以分为足额保险、不足额保险和超额保险。

三、商业保险的职能

（一）基本职能

1.分担风险的职能

商业保险公司通过向投保人收取保险费建立的保险基金将个体单独面临的风险分摊给集体，这类似于经济学中的规模效应，发挥了"人人为我，我为人人"的互助共济功能，从而提高了个体抵抗风险的能力。

2.补偿损失的职能

把风险分散给集体的过程就是对遭受损失的个体经济补偿的过程。人寿保险虽然没有以风险事故发生为前提，但是年老也可以被认为是一个逐渐发生损失的过程，因此，人寿保险是现在付出一定的成本换取年老导致的经济损失，更具有储蓄性质，是个体财富在生命周期的平滑，也可认为其具有补偿损失的职能。

（二）派生职能

1.融资职能

商业保险的融资职能实质是将保险基金暂时闲置的部分重新投入社会再生产中，产生经济效益。

商业保险的融资职能是派生职能，保险基金应当首先承担补偿损失的职能，保险产品的设计和管理都应当以风险分担和补偿危险带来的经济损失为前提，不可本末倒置。

2.防灾防损职能

商业保险公司作为以营利为目的的商业机构，为了尽力减少赔偿的损失，主动防灾防损具有客观必然性。

从自身条件看，商业保险公司具有参与防灾防损工作的能力和动力。此外，为了尽力减少损失和厘清双方责任，被保险人的相关行为也会被法律及合同约束，以增强其防灾防损意识。为此，无论是保险人还是被保险人都会在商业保险合同的约定下积极防灾防损，从而降低危险发生的可能性。

3.分配职能

商业保险实际参与了国民收入再分配。保险通过向多数投保人收取保险费建立保险基金，并在风险事故发生后向少数被保险人进行经济赔偿，这种情形就像财政中的转移支付一样，从而实现国民收入的再分配。

四、商业保险与社会保障、社会保险的关系

商业保险与社会保险本质有别，但都是多层次社会保障体系的一部分，只不过社会保险是现代社会保障体系的主体构成部分。

社会保险起源于商业保险，因此，商业保险与社会保险的技术手段相同，都是针对年老、疾病、生育、残障等社会风险，通过风险转移与分散达到"互助共济"的一种管理方式，但它们的区别也很明显。

1.属性不同

如前所述，商业保险是一种提供金融服务的市场产品，保险人与投保人双方遵循市场自愿交易、企业竞争的原则。社会保险则是国家为了履行保障社会成员的义务而建立的法定制度，具有强制性。

2.供给主体目的不同

商业保险的供给主体是商业保险公司，是以营利为目的，而社会保险的供给主体是政府，以促进社会公平、为社会成员提供保障、维护社会稳定为目的。

3.所属法律范畴不同

社会保险是国家规定的社会成员应当享有的基本权利，体现国家、用人单位、社会成员等责任主体的权利和义务，在立法方面属于社会法范畴；商业保险体现的是合同双方的责任、权利和义务的关系，属于经济法范畴。

|第四节| 个人养老金制度

一、个人养老金制度的概念和特点

个人养老金制度是由政府政策支持、个人自愿参加、市场化运营、实现养老保险补充功能的制度。

个人养老金实行个人账户制，缴费完全由参加人个人承担，自主选择购买符合规定的储蓄存款、理财产品、商业养老保险、公募基金等金融产品，实行完全积累，按照国家有关规定享受税收优惠政策。每年缴费上限为12 000元，可以按月、分次或者按年度缴费。

延展阅读12-1

个人养老金制度和基本养老保险不同，基本养老保险由国家强制实施，个人养老金由个人自愿参加。

与企业年金、职业年金由用人单位及其职工建立、共同缴费不同，个人养老金只由个人缴费。

为什么要建立
个人养老金
制度？

个人养老金制度有三个特点：

一是政府政策支持。政府通过给予税收优惠，鼓励参保人积极参加。参加人通过个人养老金信息管理服务平台建立本人唯一的个人养老金账户，记录所有相关信息，作为参加个人养老金制度、享受税收优惠政策的基础。

二是个人自愿。就是先有基本再有补充，要先参加基本养老保险，具备了这个条件，都可以自愿参加个人养老金。参加人的个人缴费全部归集到个人资金账户，完全积累。长期缴费则持续增加个人账户基金积累。参加人达到领取基本养老金年龄等条件后，可以自

已决定是按月还是分次或者一次性领取个人养老金，转入本人社会保障卡银行账户自由支配使用。

三是市场化运营。个人养老金缴费可以用于购买符合规定的银行理财、储蓄存款、商业养老保险、公募基金等金融产品。买什么金融产品、什么时候买，都由参加人自主选择、自主决定，充分发挥了市场的作用，营造公开公平公正的市场环境。

延展阅读12-2

参加个人养老金制度有什么好处？

二、个人养老金制度的发展历程

（一）设立背景

改革开放以来，我国养老金体系在传统退休金制度的基础上做了一系列重大改革，在城镇中形成了以城镇职工基本养老保险为基础、以企业年金和职业年金为补充的养老金制度体系。城镇职工基本养老保险制度几经周折，已经回归代际抚养为原则的现收现付模式。企业年金和职业年金则从一开始就选择了完全积累模式。

由于企业动力不足，加之第一支柱基本养老保险的缴费压力，第二支柱企业年金发展缓慢，大多数人只能依靠第一支柱基本养老保险。同时，伴随着就业形态的变化，大多数灵活就业群体难以被企业年金覆盖，因此，在人口老龄化加速的背景下，加快更具灵活性特征的个人养老金制度建设就显得极为重要。

1991年发布的《国务院关于企业职工养老保险制度改革的决定》提出，逐步建立起基本养老保险与企业补充养老保险和职工个人储蓄性养老保险相结合的制度。改变养老保险完全由国家、企业包下来的办法，实行国家、企业、个人三方共同负担。三支柱养老金制度的构想由此发展而来。

（二）发展初期

2018年4月，为贯彻落实党的十九大精神，推进多层次养老保险体系建设，对养老保险第三支柱进行有益探索，财政部等五部委联合发布《关于开展个人税收递延型商业养老保险试点的通知》，自2018年5月1日起，在上海市、福建省（含厦门市）和苏州工业园区实施个人税收递延型商业养老保险试点。

2018年5月16日，为促进个人税收递延型商业养老保险健康发展，保护各方当事人的合法权益，原中国银行保险监督管理委员会印发《个人税收递延型商业养老保险业务管理暂行办法》。

2019年1月12日，中国社会保险学会发布年度重点课题——"建立中国特色第三支柱个人养老金制度"。课题组建议，为保证2019年5月第三支柱按时顺利出台，中央应高度重视制度顶层设计。

2020年1月，原中国银行保险监督管理委员会、财政部、人力资源和社会保障部等多部门对构建多层次养老保险体系，推动养老保险第三支柱发展作出部署。

2021年12月17日，中央全面深化改革委员会第二十三次会议审议通过了《关于推动个人养老金发展的意见》，提出要推动发展适合中国国情、政府政策支持、个人自愿参加、市场化运营的个人养老金，与基本养老保险、企业（职业）年金相衔接，实现养老保险补充功能。

2022年2月26日，国务院新闻办公室举行就业和社会保障情况新闻发布会。时任人力资源和社会保障部副部长游钧表示，经过充分的研究论证，借鉴国际上的经验，总结国内一些试点经验，已经形成了初步思路。总的考虑是，建立以账户制为基础、个人自愿参加、国家财政从税收上给予支持，资金形成市场化投资运营的个人养老金制度。

2022年4月21日，国务院办公厅发布《关于推动个人养老金发展的意见》（以下简称《意见》）。《意见》规定，个人养老金实行个人账户制度，缴费由参加人个人承担，实行完全积累。《意见》明确，参加人每年缴纳个人养老金的上限为12 000元。

2022年7月，四川省人力资源和社会保障厅会同四川省财政厅、国家税务总局四川省税务局，面向全省21个市（州）开展了四川省个人养老金先行城市申报工作。通过各城市自愿申报、申报城市陈述、组织专家评审，并经省政府同意，确定成都为四川省个人养老金先行城市。

2022年7月22日，人力资源和社会保障部相关负责人在人力资源和社会保障部新闻发布会上表示，人力资源和社会保障部将继续完善企业职工基本养老保险全国统筹配套政策，制订2022年调剂资金调拨方案并做好资金调拨工作，进一步统一规范各省养老保险政策，会同相关部门制定配套政策，确定个人养老金制度试行城市。

2022年9月26日，时任国务院总理李克强主持召开国务院常务会议，会议决定，对政策支持、商业化运营的个人养老金实行个人所得税优惠：对缴费者按每年12 000元的限额予以税前扣除，投资收益暂不征税，领取收入的实际税负由7.5%降为3%。政策实施追溯到2022年1月1日。

2022年11月25日，人力资源和社会保障部、财政部、国家税务总局联合发布《关于公布个人养老金先行城市（地区）的通知》，宣布个人养老金制度在北京、上海、广州、西安、成都等36个先行城市或地区启动实施。从公布的36个先行城市或地区看，个人养老金试点覆盖了31个省份，大部分省会城市和计划单列市都被纳入其中。在先行城市（地区）所在地参加职工基本养老保险或城乡居民基本养老保险的劳动者，可参加个人养老金。可通过国家社会保险公共服务平台、全国人社政务服务平台、电子社保卡"掌上12333"App等全国统一线上服务入口或商业银行等渠道建立个人养老金账户。中国邮政储蓄银行作为首批银行在全国36个个人养老金制度先行城市或地区，正式上线个人养老金资金账户和基金交易业务。

2022年12月，"个人养老金"一词入选"2022劳动热词"。

截至2022年末，全中国参加基本养老保险人数达105 307万人，比上年末增加2 436万人。全国共有各类养老机构和设施38.7万个，养老床位合计829.4万张。个人养老金参加人数为1 954万人，缴费人数为613万人，总缴费金额为142亿元。

2023年9月5日，国家金融监督管理总局发布了《关于个人税收递延型商业养老保险试点与个人养老金衔接有关事项的通知》。

2023年10月26日，人力资源和社会保障部举办2023年三季度新闻发布会。人力资源和社会保障部数据显示，截至2023年6月底，中国36个先行城市（地区）开立个人养老金账户人数达到4 030万人。截至2023年11月16日，已有20余家公司的95款产品纳入个人养老金保险产品，储蓄、基金、理财类产品也历经多轮扩容，分别达到465只、162只和19只。多家银行在年报中披露养老金融发展情况，其中包括个人养老金账户开户情况等数据。根据多家银行发布的数据可以发现，在缴存个人养老金的人群中，年缴存1万元以上的主要是 40 岁以上的人群，尤其是临近退休的人群。

截至 2023 年末，建设银行累计开立个人养老金账户超 900 万户，招商银行累计开立个人养老金账户 535.62 万户，兴业银行累计开立个人养老金账户 424.91 万户。

同时，多家银行构建了全品类的个人养老金产品体系，覆盖储蓄、基金、理财、保险四类产品。

（三）平稳发展

2024 年 1 月 24 日，人力资源和社会保障部相关负责人在新闻发布会上表示，在 36 个城市及地区先行实施的个人养老金制度，运行平稳，先行工作取得积极成效。下一步将推进个人养老金制度全面实施。

2024 年 3 月 5 日，李强总理代表国务院在十四届全国人大二次会议上作的《政府工作报告》指出，城乡居民基础养老金月最低标准提高 20 元；继续提高退休人员基本养老金，完善养老保险全国统筹；在全国实施个人养老金制度，积极发展第三支柱养老保险。

2024 年 4 月 22 日，河南省人力资源和社会保障厅发布数据显示，作为全国 36 个个人养老金先行试点城市（地区）之一，郑州市（含省直单位）个人养老金账户开户数已突破 207 万户，累计缴费金额达 10.25 亿元。

2024 年 4 月 29 日，为更好满足投资者的投资需求，根据有关法律法规和基金合同的约定，富国基金决定降低富国鑫旺稳健养老目标一年持有期混合型 FOF 的基金管理费率和托管费率。该基金 A 份额的年管理费率由 1.00% 调整至 0.60%，年托管费率由 0.20% 调整至 0.15%；该基金 Y 份额的年管理费率由 0.50% 调整至 0.30%，年托管费率由 0.10% 调整至 0.075%。这也是个人养老金基金首次下调管理费率。

人力资源和社会保障部发布的统计数据显示，截至 2024 年 5 月，全国个人养老金账户开户数已超 6 000 万户。同期，安徽省银行保险机构数据显示：在售养老金融产品为 510 款；个人养老金账户开户 169 万户；老年人专属保险产品累计为 317 万人次提供风险保障，保额达 3.25 万亿元。

截至 2024 年 11 月底，我国个人养老金开户人数已突破 7 279 万户，个人养老金产品中的储蓄、基金、保险、理财产品数量分别为 466 只、200 只、144 只、26 只。

（四）全面实施

2024 年 12 月，业内人士透露，人力资源和社会保障部将对全面实施个人养老金制度进行动员部署。个人养老金试点将全面放开，从原来的 36 个试点城市扩展到全国。

2024 年 12 月 12 日，人力资源和社会保障部等五部门发布《关于全面实施个人养老金制度的通知》，自 12 月 15 日起，个人养老金制度从 36 个先行试点城市（地区）推开至全国。

2024 年 12 月 19 日，四川省人力资源和社会保障厅会同四川省财政厅、四川省税务局、国家金融监督管理总局四川监管局、四川证监局在成都举行四川省全面实施个人养老金制度启动活动。

三、个人养老金制度的设立原因

中国推出个人主导的第三支柱个人养老金有以下三个原因：

（一）人口老龄化的挑战

国际上通常用65岁及以上人口占总人口的比重来衡量人口老龄化的程度。中国"七普"数据显示，中国这一比重已经达到了13.5%。

根据联合国预测，中国65岁及以上人口占总人口的比重将有两个特点：一是发展速度快速增加，在2050年前后达到30%左右；二是该比重在达到30%之后，将长期维持不变，直到21世纪末。中国面对的不是人口老龄化"高峰"，而是人口老龄化"高原"。如果是"高峰"，可以使用一些应急措施度过高峰期；但如果是持续几十年的"高原"，养老金制度就必须作出相应的调整。

在人口老龄化程度日渐加深的背景下，现收现付的基本养老保险只能回归"保基本"的定位。并且，这种定位不是权宜之计，而是长期战略。既然是长期战略，就有必要对"保基本"做进一步的分析。

"保基本"有两种理解和制度设计：

第一种是建立在"多缴多得"原则上的保基本。除了特高收入者（如薪酬水平超过社会平均工资的300%），所有制度参与者都希望通过该制度实现不低于60%的养老金替代率，即领取的养老金不低于在职工资的60%。如果没有人口老龄化的影响，职退比高，不需要很高的缴费率，这一目标是有可能实现的。但是，在人口老龄化的情况下，职退比很可能低于1.5，要靠现收现付制度本身实现这一目标，要么提高缴费率，要么通过大量财政补贴，长期看都不具有制度可持续性。

第二种是建立在"制度可持续性"原则基础上的保基本，即制度的重点是保障参与者抵御长寿风险，防止发生老年贫困。为此，制度不过多强调"多缴多得"，而是注重制度内的再分配，即通过采取低收入者高替代率、高收入者低替代率的制度设计，实现制度内的资金自我平衡，增强制度的可持续性。

在人口老龄化程度加深的背景下，现收现付的制度只能选择第二种保基本理念下的制度设计。

因此，在这样的制度设计下，低收入者靠基本养老保险实现养老收入保障，中高收入者仅仅依靠第一支柱基本养老保险就不足以实现较好的养老收入保障，需要其他的养老金制度安排。为此，第二、三支柱养老金应运而生。

在部分发达国家，长期发展的第二、三支柱已经成为中等收入及以上群体的养老金的主要来源，第一支柱公共养老金在该群体养老收入中所占比重不高，主要承担抵御长寿风险的职能。

（二）企业年金发展步履维艰

从世界历史上看，企业建立的养老金制度早于国家建立的养老金制度。

企业之所以建立养老金制度，主要是为了吸引优秀员工，其财务安排体现了"利益分享"的原则。因为企业建立的养老金制度往往要求企业和员工共同投入，员工投入往往采取自愿原则，而企业的投入从财务制度上看源于企业利润，是将部分利润与员工分享。所以，国家为了鼓励企业建立企业养老金制度，通常对企业和员工采取税收优惠的政策激励。

需要指出的是，有些发达国家的第一支柱保基本的待遇水平很低，往往是普惠性质，因此，实施了强制或者半强制的第二支柱，如英国采取的自动加入制度。

此外，在企业主导的第二支柱发展过程中，并非所有企业都愿意或者有能力为员工建立第二支柱，所以，为了让没有建立企业养老金制度的企业员工和自雇者也能享受到税收优惠，许多国家先后推出了个人主导的、国家给予税收优惠的个人养老金制度。因此，很多发达国家都是第二支柱发展在前、第三支柱发展在后。

中国在养老金制度发展过程中遇到了特殊情况。一是中国在计划经济时期建立了传统的现收现付制养老金制度，虽然经过了多次改革，但该制度仍然是已经退休的人员和即将退休人员最主要的养老金来源。二是为了实现在改革中保障退休人员养老金足额发放的同时积累部分养老金，中国曾经制定了高达20%的企业名义缴费率。这样，出现了"企业无能力、个人无动力"建设第二支柱的局面，这就是中国企业年金自2004年试点建立以来发展缓慢、覆盖人群没有超过参加职工基本养老保险职工人数的10%的根本原因。

（三）就业形态发生重大转变

与发达国家不同，中国的工业化与城镇化没有同步推进。

在城乡分割的背景下，大量农民工进城务工，成为建筑业、制造业和服务业的主力军，但大多数没有被纳入正规就业的模式中。

另外一点与发达国家不同的是，中国的平台经济迅猛发展，大量劳动力成为灵活就业人员。这一就业形态的转变使得建立在传统劳动关系基础上的企业年金制度很难在中小企业和灵活就业人群中落地。

四、个人养老金制度的实施

（一）实施范围

1.参加人

在中国境内参加城镇职工基本养老保险或者城乡居民基本养老保险的劳动者，均可以参加个人养老金制度。

2.参加方式

参加人可以通过国家社会保险公共服务平台、电子社保卡、"掌上12333"App等全国统一线上服务入口或者符合规定的商业银行开立个人养老金账户，并在商业银行开立个人养老金资金账户。参加人每年可以变更两次个人养老金资金账户开户银行。

3.税收优惠政策实施范围

个人养老金税收优惠政策的实施范围从先行城市（地区）同步扩大到全国。各相关部门要密切配合，落实落细税收优惠政策，充分发挥政策激励作用。

（二）领取条件

1.领取情形

除达到领取基本养老金年龄、完全丧失劳动能力、出国（境）定居等领取条件外，参加人患重大疾病、领取失业保险金达到一定条件或者正在领取最低生活保障金的，可以申请提前领取个人养老金，具体办法另行制定。应强化个人养老金信息管理服务平台与相关信息平台的信息共享，为符合条件的参加人提前领取提供方便。

延展阅读12-3

个人养老金来了!怎么参加?何时领取?

延展阅读12-4

参加个人养老金,流程是什么?

参加人身故的，其个人养老金资金账户内的资产可以继承。

参加人因出国（境）定居、身故等原因社会保障卡被注销的，商业银行将参加人个人养老金资金账户内的资金转至其本人或者继承人指定的资金账户。

继承属于待遇领取的特殊形式，也应当按照规定单独按照3%税率计算缴纳个人所得税。

2.领取渠道

参加人达到个人养老金领取条件，可以通过各级社会保险经办机构、全国统一线上服务入口和个人养老金资金账户开户银行提出申请，经社会保险经办机构核实后，由开户银行将个人养老金发放至本人社保卡银行账户。

延展阅读12-5

3.领取方式

参加人可以选择按月、分次或者一次性领取个人养老金。参加人提出变更领取方式，商业银行应当受理。

个人养老金
如何领取？

（三）税费征收

1.缴费环节

个人向个人养老金资金账户的缴费，按照12 000元/年的限额标准，在综合所得或经营所得中据实扣除。

2.投资环节

记入个人养老金资金账户的投资收益暂不征收个人所得税。

3.领取环节

延展阅读12-6

个人领取的个人养老金，不并入综合所得，单独按照3%的税率计算缴纳个人所得税，即领取个人养老金时需要缴纳3%的个人所得税。

五、个人养老金制度的作用

推动发展个人养老金制度，是对"第三支柱"养老保险的重要补充和完善。

财政部 税务总
局关于个人养
老金有关个人
所得税政策的
公告

中国的"三支柱"养老保险体系中，全覆盖、保基本的"第一支柱"基本养老保险挑起大梁、"任务"较重；"第二支柱"企业（职业）年金发展迅速，但规模偏小；因此"第三支柱"养老保险被许多人寄予厚望。

尽管部分行业和机构此前推出了一些金融产品，但存在品种单一、覆盖面较窄等问题，围绕"第三支柱"养老保险也一直没有正式的制度出台。

个人养老金制度的落地推进，既是完善"第三支柱"养老保险的具体举措，也在顶层设计上为其未来发展打下了良好的基础。从更高的层面来说，建立个人养老金制度也有助于缓解中国基本养老保险当前面临的压力，使社会保障制度更可持续。

推动发展个人养老金制度，有利于加快构建养老金、资本市场与实体经济良性互动的格局。与设定短暂封闭期、可任意赎回的养老目标基金等产品不同，个人养老金制度的设计使其更具长期性、规范性和规模性，能为实体经济提供稳定的发展资金。同时，也将引导更多家庭养成全生命周期的储蓄理念，走向以养老为目标的长期投资和长期积累，实现养老金更好地保值增值。

本章小结

本章主要介绍了我国多层次社会保障体系中的第三个层次——补充社会保障制度。这一制度在现今社会中发挥着越来越重要的补充作用，为提高人们的生活质量，增强人们的参保意识奠定了坚实的基础，在我国应当大力提倡并发展。

企业年金亦称企业补充养老保险，是在国家政策指导下，企业在参加基本养老保险的基础上，为进一步提高员工退休后的生活水平，按照量力、自愿的原则，自主实行的一种企业养老金计划，是企业员工福利制度的重要内容，是多层次养老保险体系的重要组成部分。

商业保险是相对于社会保险而言的，是商业保险组织根据保险合同约定，向投保人收取保险费，建立保险基金，对于合同约定的可能发生的事故因其发生所造成的财产损失承担赔偿责任；或当被保险人死亡、伤残、疾病或者达到合同约定的年龄、期限时承担给付保险金责任的一种合同行为。

个人养老金制度是指政府政策支持、个人自愿参加、市场化运营、实现养老保险补充功能的制度。

个人养老金实行个人账户制，缴费完全由参加者个人承担。参加者自主选择购买符合规定的储蓄存款、理财产品、商业养老保险、公募基金等金融产品，实行完全积累，按照国家有关规定享受税收优惠政策。

关键术语

企业年金　员工福利　商业保险　个人养老金制度

复习思考题

一、单选题

即测即练

1.补充社会保障是相对于基本社会保障制度而言的，它是一个相对的概念。以下关于补充社会保障的描述，不正确的是（　　）。

A.补充社会保障是现代社会保障体系的一个组成部分

B.补充社会保障具有非强制性特征

C.补充社会保障在所有情况下都与基本社会保障制度相互独立，不会相互转换

D.补充社会保障可以满足不同人群的需求

2.与基本养老保险相比，以下（　　）不是企业年金的特点。

A.企业年金计划由企业自愿决定是否建立

B.企业年金属于私人产品，政府不直接承担责任

C.企业年金采用现收现付制

D.企业年金投资手段更多样化，更加注重基金的投资收益率

3.慈善事业作为补充社会保障形式之一，其本质是（　　）。

A.政府主导的社会救助

B.人类善爱之心的表现与标志

C.强制性的社会保障措施

D.以营利为目的的商业活动

4.商业保险与社会保险的主要区别在于（　　　）。

A.商业保险是无偿提供的

B.商业保险遵循最大诚信原则

C.商业保险是一种经济行为，基于收取保险费

D.商业保险不涉及风险转移

5.中国商业保险发展缓慢的原因中，以下不属于消费者方面原因的是（　　　）。

A.投保率低

B.消费者保险观念淡薄

C.保险价格高

D.保险产品同质性高

二、多选题

1.补充社会保障可以按照不同的标准进行分类，以下（　　　）属于补充社会保障的分类方式。

A.按照补偿方式划分

B.按照实施主体划分

C.按照与基本社会保障的相关性划分

D.按照保障水平划分

2.企业年金的功能包括（　　　）。

A.补充基本养老保险，提高劳动者的退休待遇

B.促进资本市场和劳动力市场的完善

C.为雇主提供新的收益分配形式

D.提高劳动生产率和增强企业凝聚力

3.慈善事业的基本特色包括（　　　）。

A.善爱之心是慈善事业的道德基础

B.贫富差别是慈善事业的社会基础

C.社会捐助是慈善事业的经济基础

D.民营机构是慈善事业的组织基础

4.商业保险的本质包括（　　　）。

A.商业保险是一种经济行为

B.商业保险是一种合同行为，遵循最大诚信原则

C.商业保险是一种风险转移机制

D.商业保险是一种强制性的社会保障措施

5.中国商业保险发展缓慢的原因中，属于保险公司方面的原因有（　　　）。

A.保险发展不平衡

B.保险产品同质性高，保险条款晦涩难懂

C.高素质保险人才匮乏

D.保险业存在着诚信缺失现象

三、简答题

1.简述补充社会保障在社会发展中的作用。

2.企业年金的运营需要哪些外部条件?

四、案例分析题

某大型企业计划建立企业年金制度,以提高员工的退休待遇和增强企业的凝聚力。企业年金的缴费由企业和员工共同承担,企业缴费比例为员工工资的5%,员工缴费比例为工资的3%。企业年金基金将通过市场化运作,投资于银行存款、债券、股票等多种金融工具。企业希望在确保基金安全性的前提下,实现较高的投资回报率。

1.请分析该企业建立企业年金制度的可行性。

2.请提出该企业年金基金投资策略的建议。

参考答案

主要参考文献

［1］曾湘泉．劳动经济学［M］．3版.上海：复旦大学出版社，2017.

［2］车峰，高煦洋，原珂．从"脱贫"到"振兴"：乡村振兴战略的阶段性演变与时代化转型——基于政策体制视角的分析［J］.晋阳学刊，2025（1）：69-75.

［3］丛春霞，刘晓梅．社会保障概论［M］．4版．大连：东北财经大学出版社，2019.

［4］邓大松．社会保险［M］.4版.北京：中国劳动社会保障出版社，2023.

［5］邓大松．社会保障概论［M］．北京：北京高等教育出版社，2019.

［6］邓蔚．我国社会保障水平适度性研究［J］.商业观察，2022（3）：47-52.

［7］丁建定．社会福利思想［M］.3版.武汉：华中科技大学出版社，2019.

［8］法律出版社法规中心．中华人民共和国社会保险法注释本［M］.北京：法律出版社，2019.

［9］范围．军人优抚保障制度比较研究［M］.北京：首都经济贸易大学出版社，2024.

［10］高和荣．社会福利［M］．北京：中国人民大学出版社，2022.

［11］桂桢．创新促就业 扩围保生活——失业保险实现多重创新［J］.中国人力资源社会保障，2021（1）：20-21.

［12］胡丽亚．中国社会保障水平适度性研究［J］.合作经济与科技，2022（21）：174-178.

［13］胡务．社会福利概论［M］.3版.成都：西南财经大学出版社，2022.

［14］胡晓义．社会保险经办管理［M］.北京：中国劳动社会保障出版社，2011.

［15］胡晓义．社会保障概论［M］．北京：中国劳动社会保障出版社，2012.

［16］黄晨熹．社会福利［M］.2版．上海：格致出版社，2020.

［17］黄俊铭，于新亮．长期护理保险能促进家庭消费吗？——基于相对剥夺的微观视角［J/OL］.财经论丛，2025：1-13.

［18］黄秀海，姚朋丽．国内外社会保障水平的对比分析［J］.统计与咨询，2020（4）：10-13.

［19］李丽．社会保险理论与实务［M］.3版．北京：中国财政经济出版社，2023.

［20］林义．社会保险［M］.5版.北京：中国金融出版社，2022.

［21］刘畅．社会保障概论［M］．北京：北京大学出版社，2012.

［22］刘晓梅，邵文娟．社会保障学［M］.3版．北京：清华大学出版社，2024.

［23］吕学静．现代社会保障概论［M］.4版．北京：首都经济贸易大学出版社，2021.

［24］穆怀中．社会保障国际比较［M］.3版.北京：中国劳动社会保障出版社，2014.

［25］潘锦棠．社会保险原理与实务［M］．北京：中国人民大学出版社，2011．

［26］潘锦棠．社会保障学［M］．大连：东北财经大学出版社，2015．

［27］蒲新微．社会福利史［M］．北京：中国劳动社会保障出版社，2023．

［28］邵文娟，奚伟东．社会保险理论与实务［M］．2版．北京：清华大学出版社，2023．

［29］孙光德，董克用，孙树菡．社会保障概论［M］．7版．北京：中国人民大学出版社，2024．

［30］孙林．社会保险理论与实务［M］．北京：中国劳动社会保障出版社，2021．

［31］谭建淋．社会保险知识读本［M］．北京：经济科学出版社，2020．

［32］唐丽娜．社会福利与社会救助［M］．北京：清华大学出版社，2020．

［33］田大洲．中国积极的失业保险政策［M］．北京：社会科学文献出版社，2018．

［34］王飞跃，杨阳．贫困治理中的就业与失业社会保险深化改革研究［M］．北京：社会科学文献出版社，2019．

［35］王国良．发展商业保险 构建和谐社会［J］．保险研究，2005（6）：2．

［36］王杰秀．老年人儿童福利政策实施研究［M］．北京：人民出版社，2019．

［37］习近平．促进我国社会保障事业高质量发展、可持续发展［J］．求是，2022（8）：4-10．

［38］谢冰清．论我国长期护理保险的基本价值及其实现路径［J/OL］．温州大学学报（社会科学版），2024：1-12．

［39］谢冰清．应对人口老龄化的长期护理保险的理念与路径［J］．武汉大学学报（哲学社会科学版），2024，77（3）：174-184．

［40］谢冰清．中国长期护理保险的制度建构逻辑与法制进路［J］．暨南学报（哲学社会科学版），2024，46（3）：148-164．

［41］许琳．社会保障学［M］．北京：清华大学出版社，2012．

［42］颜清，刘祎．2005年世界保险市场概况及中国近十年保险业务发展情况统计［J］．保险研究，2006（8）：92．

［43］尹传政．当代中国优抚制度研究［M］．北京：人民出版社，2018．

［44］岳福岚．德国长期护理需求的法律认定及对我国的启示［J］．德国研究，2023，38（4）：88-107；127．

［45］岳福岚．我国长期护理保险试点运行的实践、问题及建议——以德国长期护理保险法改革为镜鉴［J］．保险研究，2024（8）：113-127．

［46］张洪涛，郑功成．保险学［M］．北京：中国人民大学出版社，2002．

［47］张慧霞．社会保障理论与实务［M］．北京：中国人民大学出版社，2022．

［48］张纪南．开启社会保障事业高质量发展新征程［J］．求是，2021（12）：50-55．

［49］张奇林．社会救助与社会福利［M］．北京：北京大学出版社，2025．

［50］张琪，江华．社会保障学［M］．2版．北京：高等教育出版社，2023．

［51］赵薇．我国社会保障水平的现状及影响因素研究［D］．大连：东北财经大学，2023．

［52］赵映诚，王春霞，杨平．社会福利与社会救助［M］．大连：东北财经大学出版

社，2024.

[53] 郑秉文. 失业保险改革探索者：兼论国际比较 [M]. 北京：经济管理出版社，2021.

[54] 郑功成. 社会保险法及实践研究 [M]. 北京：人民出版社，2020.

[55] 郑功成. 社会保障学 [M]. 2版. 北京：中国劳动社会保障出版社，2024.

[56] 郑功成. 中国社会保障发展报告 [M]. 北京：人民出版社，2016.

[57] 郑尚元. 社会保障法 [M]. 北京：高等教育出版社，2019.

[58] 中共人力资源和社会保障部党组. 进一步织密社会保障安全网 [J]. 求是，2022（8）：23-27.

[59] 钟仁耀. 社会保障概论 [M]. 2版.大连：东北财经大学出版社，2009.

[60] 周沛，易艳阳，周进萍. 社会保障概论 [M]. 武汉：武汉大学出版社，2010.